中国古代社会生活史书系

辽宋西夏金

社会生活史

朱瑞熙　刘复生
张邦炜　蔡崇榜
王曾瑜 ● 著

中国社会科学出版社

图书在版编目(CIP)数据

辽宋西夏金社会生活史/朱瑞熙等著.—修订本.—北京:中国
社会科学出版社,1998.6(2024.5重印)

(中国古代社会生活史书系)

ISBN 978 - 7 - 5004 - 2047 - 7

Ⅰ.①辽… Ⅱ.①朱… Ⅲ.①社会生活—历史—中国—宋代
②社会生活—历史—中国—辽金时代 Ⅳ.①K24

中国版本图书馆 CIP 数据核字(1998)第 01114 号

出 版 人 赵剑英
责任编辑 张小颐
责任校对 王应来
责任印制 李寡寡

出　　版　中国社会科学出版社
社　　址　北京鼓楼西大街甲 158 号
邮　　编　100720
网　　址　http://www.csspw.cn
发 行 部　010 - 84083685
门 市 部　010 - 84029450
经　　销　新华书店及其他书店

印刷装订　北京君升印刷有限公司
版　　次　1998 年 6 月第 1 版
印　　次　2024 年 5 月第 5 次印刷

开　　本　710×1000　1/16
印　　张　27.75
字　　数　509 千字
定　　价　99.00 元

目　录

辽宋西夏金社会生活史

辽宋西夏金社会生活史

目录

辽宋西夏金社会生活史

目录

辽宋西夏金社会生活史

目录

前　言

　　历史进入宋、辽、西、夏金时代，是中国古代社会继续发展的时期。由唐朝中期开始的社会变革，到这一时期尤其是宋朝完全定型，辽和西夏、金朝社会也取得了显著的进步。由门阀士族和均田户、部曲、奴客、贱民、番匠、奴婢等组成的旧的社会阶级结构，到宋朝终于转变为官僚地主和佃客、乡村上户、乡村下户、差雇匠、和雇匠、人力、女使等组成的新的社会阶级结构。商人的社会地位有了很大的提高。这是中国古代社会内部阶级关系的一次重大变化，也是一次社会生产关系的调整。土地私有制进一步发展，土地买卖盛行，土地所有权转移频繁。国家制定了严密的法规，保障私人对土地的拥有和转移让渡的权利，使土地的占有和买卖、典当的法律更加规范化。地主阶级改变了对农民的剥削方式，普遍采用将土地租给农民而收取地租的办法，放松了对农民的人身束缚，租佃关系迅速发展。在此基础上，宋代的农业、手工业、商业和科学技术都取得了前所未有的新的成就。农业生产技术和粮食产量都居于当时世界上领先的地位。银、铜、铅、锡、铁等矿产量也在当时世界上首屈一指。广泛利用雕版来印刷书籍，并发明了胶泥活字印刷术。制造出水罗盘等指南仪器，用于海船远洋航行。应用火药制造武器，并由制造燃烧性的火器发展到制造爆炸性的火器，造出了世界上第一批火箭、火枪、火炮等新式武器。药线的发明，既加速了这些新式武器的发展，又促进了烟花爆竹式样的不断翻新。铜钱和铁钱的铸造量逐步增加，白银和黄金的货币机能也在不断增大，还发行了世界上第一批纸币。纸币的产生和推行，标志着中国的货币从金属铸币时期开始演进到信用货币时期。国内外交通更加发达，尤其是海上丝绸之路的开辟，使中外文化经济交往更加活跃。

法国史学家贾克·谢和耐教授（Prof. Jacques Gernet）所著《南宋社会生活史》（Lavie Quotidienne en Chine à la veille de I' invasion Mongole, 1250—1276, Paris, 1959）一书，主要研究南宋末年的社会生活情况。他认为："中国史并不是静止的一成不变的，却是一连串激烈的变革冲击和动荡。从公元 6 世纪直到 10 世纪，中国历经了一个使得它变得全然不可辨认的时期。"南宋的都城临安"在 1275 年前后，则为当时世界上最大、最富庶的城市"。"在蒙人入侵前夕，中国文明在许多方面正达灿烂的巅峰。"又指出："一支庞大的沿海船队维持东南沿海商埠与远达广东之间的交通；海上的大帆船则每年趁着季风往来于中国和南洋群岛、印度、非洲东岸和中东一带。陆上贸易在南北往还要道，与长江交会点上发达了起来，其交易数额之庞大，远迈当时欧洲主要商业中心的交易量。"还指出 13 世纪的中国"其现代化的程度是令人吃惊的：它独特的货币经济、纸钞、流通票据，高度发展的茶、盐企业……在人民日常生活方面，艺术、娱乐、制度、工艺技术各方面，中国是当时世界上首屈一指的国家，其自豪足以认为世界其他各地皆为化外之邦"①。

谢和耐教授与我们虽然相隔万里、从未谋面，且研究方法不同，但彼此的见解竟然如出一辙。拜读之后，我们更增强了如下信念：宋代社会生活的发展是显而易见的，宋代人们的世态风情、生活习尚、民间流俗，包括饮食、服饰、居室、用具、押字、称谓、避讳、节日、休假、生育、婚姻、丧葬、交往、语言、文字、宗教信仰、巫卜、交通、通信等，无不都在发展变化之中，并且呈现了许多新的特色，显得比前代更加异彩纷呈、绚丽多姿。宋代人们的社会生活，反映了中国古代社会新时期的时代精神，也揭示了当时的哲学思想、道德观念、民族心理、审美意识等，为中华民族描绘了一幅多姿多彩的历史风俗画卷。

辽和西夏、金朝的社会发展程度虽然赶不上宋朝，但它们分别在中国北部和西部的开发取得进展，加强了各民族的融合，在社会文化的某些方面已经接近宋朝。它们的社会生活、风尚习俗虽然比不上宋朝丽靡宏侈、丰富多彩，但也各具民族特色，有些习俗还被宋朝汉族人民所吸取，成为宋朝人民习俗的一

---

① 马德程译本，台北中国文化大学出版部，1982 年印行。

个组成部分。

有些学者强调，宋代的社会生活风尚由于统治者将儒学思想和理学思想作为官民生活与行动的准则，从整体上看是比较繁杂而保守的，相当部分外溢着一种古制的遗风，给人一种质朴、自然的复古感觉。甚至提出理学的"兴起和繁荣"是宋代社会生活全面"复古"的必然结果，也为这种社会需求提供了新的理论依托。尤其是宋代衣冠服饰，总的说来比较拘谨和保守，式样变化不多，色彩也不像前朝那样鲜艳，给人以质朴、洁净和自然之感。这与当时经济、政治和思想文化的状况，特别是程朱理学的影响有着密切的关系。服饰制度在按照古制礼仪之道厘定后，又多次进行修订，以靠拢统治者界定的"天理"，从而使宋代的服饰制度形成了一个尽求古制、追求等序、自上而下、由尊而卑、由贵到贱、等级划分十分严格的制度体系，其繁杂程度超过了以往的任何朝代。他们主要列举宋代皇帝的冕服制度，认为每次对皇帝冕服进行更改，都是以进一步恢复古制为缘由。而皇帝的冕服是指用于重大典礼所穿戴的衮冕，百官的衮服也只是指朝服中的进贤冠，平时其实很少穿戴。

宋朝理学家确实对当时的社会生活有独到的见解。比如朱熹，作为宋代理学的集大成者，对于当时的服装，并没有提出过恢复古代制度的主张。恰恰相反，他主张衣冠要"便身"和"简易"，否则自然而然会被淘汰。他说："某尝谓衣冠，本以便身，古人亦未必一一有义，又是逐时增添，名物愈繁。若要可行，须是酌古之制，去其重复，使之简易，然后可。"[1] 他认为衣冠首先要"便身"，如果要推行一种新的衣冠制度，应以现行的衣冠为基础，参酌古代的制度，去掉重复，使得简易，然后可以通行。他还以"期丧"时期的帽子为例，指出持服时不妨暂且"依四脚帽子加绖（按："绖"即丧服上的麻布带子）"。这种帽子"本只是巾，前二脚缚于后，后二脚反前缚于上，今硬帽、幞头皆是。后来渐变重迟，不便于事。如初用冠带，一时似好。某必知其易废，今果如此。若一个紫衫、凉衫，便可怀袖间去见人，又费轻。如帽带、皂衫是多少费！穷秀才如何得许多钱？是应必废也"[2]。提出衣冠要穿戴方便，而且费用要便宜，否则只能流行一时，不久就会被人们丢弃。此其一。

朱熹在谈及宋代服装的渊源时，明确指出"今世之服，大抵皆胡服。如上领衫、靴鞋之类，先王冠服扫地尽矣。中国衣冠之乱，自晋五胡，后来遂相承袭。唐接隋，隋接周，周接元魏，大抵皆胡服"。如皂鞋之类"乃上马鞋也，后世因袭，遂为朝服"。又指出宋代的公服始于隋代："隋炀帝游幸，令群臣皆以

---

① 黎靖德：《朱子语类》卷89，《礼六·冠昏丧·丧》。
② 《朱子语类》卷84，《礼一·论修礼书》。

戎服，五品以上服紫，七品以上服绯，九品以上服绿。只从此起，遂为不易之制。"到了唐代，这种戎服成为"便服"，又称"省服"；再到宋代，便改称"公服"。公服的衣袖唐初原来很窄，"全是胡服"，"中年渐宽，末年又宽"，"相承至今，又益阔也"。他还指出，宋代吏人所戴的冠，就是唐代官员朝服中的"幞头，圆顶软脚"。士人所穿的服装，在徽宗宣和末年（1125），京师的士人"行道间，犹着衫帽"。"至渡江，戎马中，乃变为白凉衫。绍兴二十年间，士人犹是白凉衫。至后来军兴，又变为紫衫，皆戎服也。"至于古人的衣冠，"大率如今之道士"，"道士以冠为礼，不戴巾"。他从衣冠的演变历史提出："而今衣服未得复古，且要辨得华夷。"① 显然，朱熹比较透彻地了解汉族的服装是不断变化的，所以他反对衣冠恢复古制，同时主张区分华夷（按：指周邻少数族），还有是要节省费用，穿着方便。此其二。

朱熹针对当时"衣服无章，上下混淆"的现状，提出现在即使不能"大定经制"，也应暂且"随时略加整顿"，这总比"不为"即无所作为要好。他的整顿设想有："小衫令各从公衫之色，服紫者小衫亦紫，服绯绿者小衫亦绯绿，服白则小衫亦白；胥吏则皆乌衣。余皆仿此，庶有辨别也。"② 主张将小衫的颜色改成与公服一致，以便各级官员和胥吏等易于识别。此其三。

可见朱熹并未主张宋代的服饰制度全面恢复古制。其他的理学家，即使个别可能有类似的观点，但绝不能代表所有的理学家都主张恢复古代的服饰制度，更不能夸大为宋代理学持此主张。

至于有的学者强调理学思想的"兴起和繁荣"（按："繁荣"一词似应改为"广泛传播"更为确切）导致了宋代社会生活的全面"复古"，这更不符合事实。笔者以为，第一，宋代理学，此处仅指程朱理学，对宋代社会生活的影响实际并不像某些学者想像中的那么严重。众所周知，二程的理学上距北宋开国百余年后，晚至宋神宗、哲宗元祐间（1086—1094）在社会上一度传播，但影响不大，到哲宗绍圣时（1094—1098），尤其在徽宗时，程颐受迫害，名列"元祐党籍"，还被朝廷下令严禁其"聚徒传授"③。王安石"新学"盛行，在各级学校中，"非（王安石）《三经义》、《字说》，不登几案"④。当时二程的理学只能转入"地下"传播。朱熹的一生也历尽坎坷。他在世71年，在地方或入朝真正担任差遣的时间并不多，充其量共九考，实际不过七年稍多，立朝仅40天。孝宗时，他两次受到政治上的打击。宋宁宗时，再次受到了政治上的沉重打击，

① 《朱子语类》卷91，《礼八·杂仪》。
② 同上。
③ 李心传：《道命录》卷2。
④ 李心传：《建炎以来系年要录》（以下简称《要录》）卷87，绍兴五年三月庚子。

前后持续了五年多时间，抑郁而终。嘉定元年（1208），宁宗下诏为朱熹平反昭雪，次年又在赐谥曰"文"的公文中肯定朱熹在思想学术上的贡献。但真正充分重视程朱理学，并使之取得思想学术方面的统治地位，更迟至南宋后期理宗时。笔者以为，过高估计程朱理学对宋代社会生活的影响是不符合史实的。

第二，宋代理学家并没有主张对当时的社会生活全面实行古制，也就是全面"复古"。我们知道，朱熹曾经反复对自己的学生指出："礼乐废坏二千余年，若以大数观之，亦未为远，然已都无稽考处。""古礼如此零碎繁冗，今岂可行！亦且得随时裁损尔。"又说："居今而欲行古礼，亦恐情文不相称，不若只就今人所行礼中删修，令有节文、制数、等威足矣。"① 认为古礼过于琐细繁冗，不过"具文"，即使在当时也"未必尽用"。到两千多年以后的宋代，自然更难实行。所以，只能以当时人们所通行的礼制为基础加以删修，使之适合"今人"的需要。由此证明，宋代理学家并没有提出过在当时的社会生活中全面恢复古代的礼制。

第三，本书以丰富的内容，翔实的史料，充分地证明宋代的社会生活所受理学的影响不深，古代严格的生活等级制度在宋代始终未被严格遵守。宋代的服饰正处于一个不断变化的过程，已如前述。婚姻观念，由中唐以前的重视士族门阀，转变为重视新的官僚门第，重视资产。婚姻和丧葬礼仪也变得简便、灵活和多样化。官府对民间房舍的等级限制比唐代有所放宽，居室用具种类日显繁复，如直腿椅和交椅的逐渐普及改变了以前席地而坐的习惯。饮食的原料和佐料都比前代有所增加，食品的花色品种也增加很多，形成了北食和南食两大饮食系统，面食中的汤饼逐渐向索面即面条演变。

凡此种种，都说明在两宋320年内，人们的生活不仅是绚丽多彩的，而且处于不断的变化之中。由此证明，宋代理学家并没有提倡社会生活全面恢复古制，也没造成社会全面复古的效果。

本书为第一部全面反映辽、宋、西、夏、金时期社会生活的专著，属初探性质。但在此书出版之前，诸如前述谢和耐教授的《南宋社会生活史》，除有1982年马德程先生的中译本外，最近又有刘东先生的中译本，题为《蒙元入侵前夜的中国日常生活》（海外中国研究丛书之一，江苏人民出版社，1995年），伊永文《宋代城市风情》（黑龙江人民出版社，1987年），周宝珠《宋代东京开封府》（《河南师范大学学报》增刊，1984年）和《宋代东京研究》（宋史研究丛书之一，河南大学出版社，1992年），吴涛《北京都城东京》（河南人民出版社，1984年），林正秋等《南宋故都杭州》（中州书画社，1984年），杭州市政

---

① 《朱子语类》卷81，《礼一·论考礼纲领》。

协办公室《南宋京城杭州》（1985 年）。有关宋代婚姻礼俗的研究，有彭利芸《宋代婚俗研究》（台北新文丰出版公司，1988 年），张邦炜《婚姻与社会（宋代）》（四川人民出版社，1989 年）。论述金代民俗的专书，有宋德金《金代的社会生活》（中国风俗丛书之一，陕西人民出版社，1988 年）。《文史知识》、《文史》、《浙江学刊》、《中国烹饪》、《上海师范大学学报》（社科版）、《历史月刊》（台北）等刊物，也都曾发表过一些论述这一时期社会生活的文章。我们在编写时作了参考，谨在此表示谢意。本书再版时，作了一些补充和修改。但在再版之前，史学界又发表不少相关新作，恕不逐一引证。为了大致保持原貌，也不作大的增补。

本书作者分工如下：

朱瑞熙：前言、第十九章、第二十章、第二十一章、第二十二章、第二十三章、第二十五章和第二十六章。

张邦炜：第六章、第七章、第八章、第九章、第十章、第十一章和第十二章，与蔡崇榜合写第十七章。

刘复生：第一章、第四章和第十三章。

蔡崇榜：第十八章，与张邦炜合写第十七章。

王曾瑜：第二章、第三章、第四章第四节、第五章、第十四章、第十五章、第十六章和第二十四章。

第一章

服饰

中国古代对服饰十分看重，除了衣着本身所具有的诸如御寒、美观等功效外，传统地把它看作是"礼仪"的一部分。古人说："中国有礼仪之大，故称夏；有服章之美，谓之华。"① 服饰成为中国文化的有机组成部分。宋、辽、西夏、金时期同前代一样，各国均有所谓"服制"的规定，但生活实际却并不恪守一律。作为物质文明和精神文明综合反映的衣冠服饰，在这个时期发生了许多变化，显示出了新的时代特色。

第一节　宋朝"衣服之制"

宋朝在立国之初就建立了服饰制度，三百余年间，尚文尚质，服饰"或因

---

① 《左传》定公十年，颜师古疏。

时王而为之损益"。宋初，"衮冕缀饰不用珠玉，盖存简俭之风"，徽宗时则"奢荡靡极"。南宋初"参酌时宜，务从省约。凡服用锦绣，皆易以缬，以罗"，说是"华质适时"①。服饰的具体制作或有不同，但服制维护上下等级关系和长上尊严的目的未变。

宋代"天子之服"包括大裘冕、衮冕、通天冠和绛纱袍、履袍、衫袍、窄袍、御阅服。其中除御阅服是南宋方有的戎服外，余皆用于祀享、朝会及视事、燕居等。"皇太子之服"主要有用于从祀的衮冕、受册、谒庙、朝会时穿戴的远游冠和朱明服，平时穿的常服为皂纱折上巾、紫公服、通犀金玉带。另有"后妃之服"和"命妇服"②。

诸臣服饰有祭服、朝服、公服、时服。祭服用于祭祀天地、宗庙以及各种大典。朝服又叫具服，用于朝会，也有时用于献祭，一般情况是，祭祀时"行事、执事官则服祭服，导引、陪祠官则服朝服"③。祭服皆朱衣朱裳，再佩带和衬以不同颜色和质地的衣饰，还有相应的进贤冠、貂蝉冠、獬豸冠。公服是品官的常服，自王公至一命之士通用，但各品服色不同：宋初因唐制，三品以上服紫，五品以上服朱，七品以上服绿，九品以上服青。元丰后，改为四品以上服紫，至六品服绯，九品以上服绿，去青不用。形式是圆领，大袖，大裾（大襟）加一横襕，腰间束以不同的革带，头戴幞头，脚穿乌皮靴或履。服绯、紫者必佩鱼，谓之章服。又规定任某些差遣或莅事至一定年时而官品未至，可改转服色，分别叫借紫、借绯，亦或官品未合服而特赐。有丧则不穿公服。又宋初江南初下，原任州县官者仍旧，服色"例令服绿"而不问官品高下。时服是每年端午、十月一日等赐发给文武群臣将校的各种冬夏装。④

上有所好，下必效之，宫中、朝中装束往往对社会的服饰风尚起着重大影响。真宗时，"粉饰太平，服用浸侈，不惟士大夫家崇尚不已，市井闾里以华靡相胜"。初，皇亲与内臣所衣紫，进而色深成黝色。士庶浸相效仿，言者以为"奇邪"之服，然屡禁不止。孝宗时人言："（衣饰等）由贵近之家，仿效宫禁，以致流传民间。鬻簪珥者，必言内样。"⑤ 官府一般未对民间服饰作具体规定，但对"士庶之服"常常发出某些禁令：一是对服色的限制，如端拱二年（989）

① 《宋史》卷152，《舆服志四》；卷149，《舆服志一》。
② 《宋史》卷151，《舆服志三》。
③ 《宋史》卷152，《舆服志四》。
④ 《宋史》卷153，《舆服志五》；顾炎武：《日知录》卷15，"衫帽入见"；王林：《燕翼诒谋录》卷4。参周锡保《中国古代服饰史》第9章《宋代服饰》，中国戏剧出版社1984年版。
⑤ 王林：《燕翼诒谋录》卷2；《文献通考》卷113，《王礼志八》；《宋史》卷153，《舆服志五》。

戴幞头、穿公服的官员

宋人绘《中兴祯应图》（摹本）　宋人绘《人物图卷》（摹本）

（选自周锡保《中国古代服饰史》）

禁止民间服紫；嘉祐七年（1062）十月，禁天下衣"墨紫"等。二是禁止以金银或珠玉等奢侈品装饰器服，如景祐三年（1036）禁非命妇之家"以真珠装缀首饰衣服"及项珠、璎珞、耳坠之类；绍兴五年（1135）禁"金翠为妇人服饰"。三是对某些花样或料质的限制，如天圣三年（1025）下令："在京士庶不得衣黑褐地白花衣服并蓝、黄、紫地撮晕花样"等；景祐元年（1034）"禁锦背、绣背、遍地密花透背采段"等。禁令的颁布表明在社会的现实生活中，所谓服制并未被完全遵行，故而朝中官员常有对服饰"逾僭"、"非礼"一类的指责。①

———————————

① 《宋史》卷153，《舆服志五》。

士大夫遵行"君子正其衣冠、尊其瞻视"的古训，讲求衣冠之饰，故宋人有责"王安石之衣冠不整亦一大病"①。司马光《涑水家仪》规定晚辈每日须早起盥漱并"栉总具冠带"；家宴时，须"卑幼成服序立"给长者斟酒。朱熹《训学斋规》更说它是"为人"的初步："童蒙之学，始于衣服冠履"，"大抵为人，先要身体端正。自冠巾衣服鞋袜，皆须收拾爱护，常令洁净整齐。我先人常训子弟云：男子有三紧，谓头紧、腰紧、脚紧。头谓头巾，未冠者总髻。腰谓以绦或带束腰，脚谓鞋袜"②。在实际生活中，形成了士大夫自己"约定俗成"的服式，如深衣、紫衫、凉衫、道服、帽衫、襕衫等。士庶家祭祀、冠婚等特定场所的着服则是民间的礼仪之服。淳熙年间，朱熹制定祭祀、冠婚之服而为朝廷认可："凡士大夫家祭祀、冠婚，则具盛服。有官者幞头、带靴、笏；进士则幞头、襕衫、带；处士则幞头、皂衫、带；无官者通用帽子、衫、带；又不能具，则或深衣，或凉衫。有官者亦通用帽子以下，但不为盛服。妇人则假髻、大衣、长裙。女子在室者冠子、背子。众妾则假紒、背子。"③

宋代纺织原料仍以丝、麻为主。一般所说的布就是麻布，是平民百姓的主要衣料，"布衣"则是指麻布做成的衣服。各类丝织品较贵重，主要为富家享用。在冬衣中，皮裘服的比例不大，丝絮则广泛用作冬天的各种绵服。棉花古代称之为木棉或吉贝，在宋代闽广地区已有广泛种植和利用，并逐渐向北发展，成为仅次于丝、麻的衣着原料。④

第二节　男子主要服饰

●冠帽类

古代帽类繁多，有冠、帽、巾、帻、冕、弁等名目。其中冕是统治阶层戴

---

① 《论语·尧曰篇》；吕希哲：《吕氏杂记》卷下。
② 引自《说郛》弓71。
③ 《宋史》卷153，《舆服志五》；朱熹：《晦庵集》卷68，《深衣制度》。
④ 漆侠：《宋代植棉考》（《求实集》，人民出版社1980年），《宋代植棉续考》（《史学月刊》1992年第5期）；王曾瑜：《中国古代的丝麻棉》（台湾《历史月刊》1991年第39期，1991年4月）。

用的一种最为庄重的礼帽。皇帝的冕顶有平版，故又叫平天冠。顶版前垂组缨，叫"旒"。皇帝十二旒，五品以上官员的冕旒数递减，六品官员以下平冕无旒。州郡祭服也要用旒。

冠是固定于发髻的一类帽子。宋代为帝王专用的叫通天冠或承天冠，有二十四梁，高广约一尺，与"绛纱袍"配套，用于一些大典礼，隆重次于衮冕。皇太子专用的叫远游冠，十八梁，形制特别。官员所戴有进贤冠、貂蝉冠、獬豸冠的不同。进贤冠用漆布做成，宋初有五梁、三梁、两梁之分，元丰后分为七等。梁的多少表示品位的高低。貂蝉冠是在进贤冠上加"笼巾貂蝉"，一名笼巾，是如中书门下一类的高官所用。獬豸冠是在进贤冠上加獬豸角，为御史一类的执法者服，獬豸是传说中的一种神羊，能别曲直，故又称为"法冠"。

上古贵族男子成年要行冠礼，被认作是"礼之始"。钦宗尚在储宫时始行此礼，高宗十六岁"始冠"。皇子冠礼，依古"三进"，一进折上巾，再加七梁冠，三加九旒冕。民间所行冠礼较为简单，北宋后期王巩记：届时置盛馔，"会乡党之德齿，使将冠者行酒。其巾裹如唐人之草裹，但系其脚于巾者。酒行，父兄起而告客曰：某之子弟近于成人，敢有请。将冠者再拜，右席者乃焚香善祝，解其系而伸之。冠者再拜谢而出。自是齿于成人，冠服遂同长者，故谓之巾裹。"说是此风废已百年。① 严格的冠礼宋时已不流行，正如治平元年（1064）蔡襄所说："冠礼今不复议。"② 大儒司马光、朱熹等力倡恢复冠礼。民间冠礼，或叫上头，北宋中期宫中有行之者。南宋一些地方，"官民不论小大家"，仍有"上头"的习俗。③ 上头又叫"裹头"，宋代有为规避丁税，三十余岁尚"不敢裹头"者。④

冠较庄重，《宋史》卷292《程戡传》载契丹使欲着帽见戡而被拒绝，不得不"冠而见"。上古庶人服巾，士人则冠。在宋代，冠一般仍然是有身份者所戴服，为一些笃守礼仪之士所重。史载范纯夫"燕居正色危坐，未尝不冠"；尹縠"夜灭烛始免巾帻，早作必冠而后出帷"；一些士人暑天也不欲露髻，顶以"矮冠"⑤。成人后，一般头发绾髻于顶，其上再加冠帽或巾。而小孩则剃削童发，留大钱许于顶左名"偏顶"，或留于顶前，束以彩缯，"宛若博焦之状，或曰鹁角"⑥。

① 王巩：《闻见近录》（《说郛》号50）。
② 蔡襄：《蔡忠惠集》卷18，《国论要目十二事疏·明礼》。
③ 吴自牧：《梦粱录》卷2，《清明节》。
④ 蔡條：《铁围山丛谈》卷2；吕祖谦：《吕东莱文集》卷1，《为张严州作乞免丁钱奏状》。
⑤ 晁说之：《晁氏客语》；《宋史》卷450，《尹縠传》；陶穀：《清异录》卷3。
⑥ 《宋史》卷65，《五行志三》，"博焦"即"婆焦"，详后。

叶梦得说："帽下戴小冠簪，以帛作横幅约发，号额子。"① 此小冠簪与
"冠"有不同。或"以绡缚其头"，叫做"抹额"②，实为一类。京城乐手、兵士
或着紫绣抹额、锦绣抹额、黄绣抹额。徽宗时，改僧为"德士"，皆加冠巾，或
为赝髻以簪其冠，一时成为笑柄。

头巾传统上为"贱者不冠之服"，"大抵士大夫无露巾者，所以别庶人
也"③。时人多巾上覆帽。一般两脚系脑后，两脚系额下，取其服劳不脱，无事
可反系于顶上。后来多不再系于额下，两带遂为虚设。以幅布裹头，宋时普遍
使用，不独"贱者"了。米芾《西园雅集记》中名士所戴巾类甚多，有仙桃巾、
幅巾、团巾、披巾、道巾、唐巾等。宣和初，有旨令士人结带巾，"不得向后长
垂"，士人或作词谑之："头巾带，谁理会？……法甚严，人尽畏，便缝阔大带
向前面系。"④ 东京乐工"裹介帻如笼巾"，帻亦为巾之一种，主要用于裹发髻。
教坊中有"浑裹"，亦巾类，开封、杭州"诸杂剧色皆浑裹"，教坊色长亦皆诨
裹。堂吏亦或戴"巾帻"⑤。淳熙间（1174—1189），临安人"巾制则辫发低髻，
为短统塌顶巾，棹篦则虽武夫力士，皆插巾侧"⑥。

宋人常用的"幞头"是由头巾发展而来的，周武帝以幅巾裹头，有四带，
二带系脑后垂下，二带反系头上，叫故又称之为四脚、折上巾。其制法是："裁
纱覆首尽韬其发，两脚系脑后，故唐装悉垂脚，其改为硬脚。"唐时，皇帝所用
者脚向上曲，用硬脚。宋代幞头有直脚、局脚、交脚、朝天、顺风五等，其中
直脚（平脚）"贵贱通服"⑦。《麈史》卷上《仪礼》记，较早时有将幞头巾
"折而敛前"，叫"敛巾"。绍圣后，又变而后仰，叫"偃巾"。其后又有若干变
化，不一而足。官员幞头背后，装上两脚，用铁丝弦、竹篾等为骨，趋脚加长，
俞琰《席上腐谈》说是"庶免朝见之时偶语"。宋之前多以皂纱等做成，或有以
桐木山子在前衬起，宋时乃易以纱或漆纱。幞头在宋代上至皇帝，下至庶人均
常戴用。东京市上有卖"生色销金花样幞头"，武士或顶"双卷脚幞头"，或顶
"两脚屈曲向后花装幞头"，或裹"交脚幞头"；教坊乐工喜戴"长脚幞头"等。
官员们在一些特定场合如上寿、赐宴等将花簪在幞头上，叫做"簪戴"，皇帝有
时赐与臣下不同的人工所做的"宫花"或鲜花，甚至成为礼仪的一部分。⑧ 糙光

① 叶梦得：《石林燕语》卷 10。
② 俞琰：《席上腐谈》（《说郛》卷 75）。
③ 叶梦得：《石林燕语》卷 10；陆游：《家世旧闻》。
④ 龚明之：《中吴纪闻》卷 6，"结带巾"。
⑤ 孟元老：《东京梦华录》卷 10，卷 9；吴自牧：《梦粱录》卷 3；曾敏行：《独醒杂志》卷 9。
⑥ 袁说友：《论衣冠服制》（《历代名臣奏议》卷 120）。
⑦ 程大昌：《演繁露》卷 12，"幞头垂脚不垂脚"；沈括：《梦溪笔谈》卷 1。
⑧ 《东京梦华录》卷 3，卷 6，卷 9；《梦粱录》卷 1，卷 5，卷 6。

幞头、素纱幞头则用于丧事。

与冠相比，帽较随便。宋真宗曾对冯元说很想"便裘顶帽"与士人尽笑谈，削去"进说之仪"。大观年间，"秃巾小帽皆当时浮薄子所尚"①。叶梦得说"帽乃冠之遗制"②，但帽比冠简单，不一定非得先有冠。东坡喜戴的乌角巾，是一种隐士帽。陆游憩道观后有诗云："道士青精饭，先生乌角巾。"③

帽是介于冠与巾的一种形式，将巾做成一定的固定形式，即为帽。帽的形制很多而且屡变，王得臣《麈史》卷上《礼仪》载："始时惟以幞头光纱为之，名曰京纱帽，其制甚质，其檐有尖而如杏叶者，后为短檐才二寸许者。庆历以来，方服南纱者，又曰翠纱帽者，盖前其顶，与檐皆圆故也。久之，又增其身与檐皆抹上竦，俗戏呼为笔帽，然书生多戴之。……比年复作后檐者，檐一二寸，其身直高，而不为锐势，今则渐为四直者。"有人嘲笑书生笔帽说："文章若在尖檐帽，夫子当年合裹枪。"乌纱帽在当时一般士庶都可戴用。据《梦粱录》等书记载，还有卷脚帽子、盖耳帽子、裹绿小帽等。苏轼《椰子冠》诗说："自漉疏巾邀醉客，更将空壳付冠师。规模简古人争看，簪导轻安发不知，更著短檐高屋帽，东坡何事不违时。"风流偶傥，并不遵行一定的帽式。元祐初，士大夫效东坡顶高桶帽，称为"子瞻样"④。程颐所戴帽，"桶八寸，檐七分，四直"。陈希亮"所著帽方而高，谓之方山子"。而雷简夫"始起隐者，出入乘牛，冠铁冠"。又，隐士魏野不喜巾帻，"无贵贱，皆绡帽白衣以见"⑤。各类帽子的质地不同，市值也异。如《江邻几杂志》说：都下的"裁翠纱帽直一千"，十分昂贵。苏轼也有记道士"铁冠"者。王安石受赠"竹冠"而有和诗云："竹根殊胜竹皮冠，欲著先须短发干。要使山林人共见，不持方帽御风寒。"⑥他书也不乏铁冠、竹冠的记载，大体谓有隐者风貌。另外较有特色的有席帽、重戴等。

"席帽"是一种围帽，四周以垂丝网之如盖网，故戴席帽叫做张盖，是未第者或野夫所戴。吴处厚有记道：李巽累举不第，乡人笑其不知"席帽甚时得离身"？他登第后回答说："为报乡闾亲戚道，如今席帽已离身。"⑦席帽前加全幅皂纱围其半，叫裁帽，为御史等官所用。

---

① 文莹：《玉壶清话》卷2；吕祖谦：《少仪外传》卷下。
② 《石林燕语》卷10。
③ 《剑南诗稿》卷8，《小憩长生观饭已遂行》。
④ 《东坡全集》卷24；苏轼：《调谑编》（《说郛》卷34下）。
⑤ 程颐：《程氏外书》卷12；《宋史》卷298，《陈希亮传》；卷278，《雷简夫传》；卷457，《魏野传》。
⑥ 苏轼：《东坡志林》卷2，《记道人问真》；王安石：《临川集》卷27，《和耿天骘以竹冠见赠四首》）。
⑦ 吴处厚：《青箱杂记》卷2。

"重戴"本野夫岩叟之服，《宋史》说："所谓重戴者，盖折上巾又加以帽焉。"是幞头连着帽。一般以皂罗做成，方形，垂檐，两紫丝组为缨，垂结于颔下。后来成为某些官员的帽式。"旧尚书郎中皆重戴，官制之后，大夫皆不许重戴。如朝请郎以下，虽通直奉议之类，职事为诸司郎中者，并重戴。"① 王禹偁《滁州谢上表》称自己"头有重戴，身披朝章"。《文献通考》说：唐时士人多尚"重戴"，而宋初"御史台皆戴，余官或戴或否"；淳化二年（991），"令两省及尚书省五品以上皆重戴。枢密、三司使副则不。又五代以来新进士亦重戴，遂以为俗"②。或言淳化时，京城公卿或既张伞又戴帽，故叫"重戴"。③

高承说，宋世士人"往往用皂纱若青全幅连缀于油帽或毡笠之前，以障风尘，为远行之服"，认为本于唐之帷帽。周煇认为"自昔人士皆著帽"，后取便于戎服④，单独戴帽的就少了。

■二 衣裳类

古代称上身为衣，下身为裳，但各种服装有不同的名称。两宋时期，人们的衫服屡经变化，因时而宜。官员虽常着公服，然也不固守如一。

上古士人所穿的"深衣"，前后深长，后世已不流行，但为宋时一些士人欣赏。司马光依《礼记》作深衣自穿，邵雍则说"今人当服今时之衣"⑤。朱熹作"深衣之制"："用白细布，度用指尺，衣全四幅，其长过胁"，与裳相连，"圆袂方领，曲裾黑缘"，于冠婚、祭礼、宴居、交际时穿服。⑥ 庆元朱熹受排挤，而被指为"怪服"。宋末金履祥说，深衣是古代士大夫的闲居之服，且以为合于周礼"规矩准绳"之义，撰《深衣小传》，力倡恢复，但成效并不大。

"襕衫"为士人穿用，上下相连，衫下摆加一横襕。《宋史》说："以白细布为之，圆领大袖，下施横襕为裳，腰间有辟积。进士及国子生、州县生服之。"又载太平兴国七年（982）李昉奏言服制，提到当时"举子白襕"。东京、临安教坊乐师或著黄义襕，这是"如人吏公袍俾加襕"的一种服装。著"襕、幞见贵人"，表示尊敬。⑦

北宋中期，京师士人朝服乘马，以浅青黑色衣蒙于外，称作"凉衫"。《江

① 《宋史》卷153，《舆服志五》；王得臣：《麈史》卷上，《礼仪》。
② 王禹偁：《小畜集》卷21；《文献通考》卷113，《王礼八》。
③ 《石林燕语》卷3，这是"重戴"的另解。
④ 高承：《事物纪原》卷3，"帷帽"；周煇：《清波杂志》卷2。
⑤ 邵伯温：《邵氏闻见录》卷19。
⑥ 《宋史》卷153，《舆服志五》。
⑦ 《宋史》卷153，《舆服志五》；王得臣：《麈史》卷上《仪礼》；罗大经：《鹤林玉露》卷7。

辽宋西夏金社会生活史

邻几杂志》说，士大夫着毛衫已受到讥讽，更有甚者的是"近年内臣或班行，制褐袖为凉衫，渐及士大夫，俄而两府亦服之，今正郎署中免靴者服之尤众"。北宋时，士大夫交际常着"帽衫"（衫帽），杜衍致仕后，服此见客。南宋时主要用于冠婚、祭祀或国子生穿用。衫以皂罗做成，与乌纱帽相配成套装。南渡初，战事频仍，士大夫多着本为军校服装的"紫衫"，后因有"以戎服临民"之嫌而一度被废。于是士大夫皆以凉衫作为便服，然颜色改为白色，其制与紫衫相类。正是《宋史》所谓"（帽衫）一变为紫衫，再变为凉衫"了，而乾道初被指为"纯素可憎，有似凶服"而遭禁止。于是紫衫仍存，前此仕族子弟未受官者皆衣白，而后非跨马及吊慰不敢用。朱熹曾说道："宣和末，京师士人行道间，犹著衫帽。至渡江戎马中，乃变为白凉衫。绍兴二十年间，士人犹是白凉衫，至后来军兴又变为紫衫，皆戎服也。"①

在形形色色的服装中，"背子"形制美观、穿着方便受到人们的喜爱。② 背子（褙子）袖大而长，前襟平行而不缝合，两腋以下开衩。另一种样式是在两腋和背后都垂有带子，腰间用勒帛束缚；或者任其左、右两襟敞开。袖管如今短袖者叫"半背"。不装袖管者叫"背心"。关于背子的来源，有多种说法，叶梦得说背子"本半臂，武士服"，后来"引为长袖"，"掖下与背皆垂带"。朱熹赞同这样的说法：认为"背子本婢妾之服，以其行直主母之背，故名背子"③。程大昌说：长背子古时无有，"今长背既与袭制大同小异而与古中单又大相似，殆加减其制而为之耳，中单腋下缝合而背子则离异其裾。中单两腋各有带穴，其腋而互穿之以约定里衣，至背子则既悉去其带，惟此为异也"。又言"今世好古而存旧者，缝两带缀背子腋下垂而不用盖，放中单之交带也。虽不以束衣而遂舒垂之欲，存古也"④。

朱熹、陆游均言其先辈时没有所谓"背子者"⑤，大体在北宋后期，背子普遍流行起来，皇帝、官吏，商贾、士人等都可穿用。哲宗、徽宗都曾披穿黄背子。北宋宰臣"衣盘领紫背子，至宣和犹不变"⑥。临安城"香铺人顶帽披背子"，一些武士着"打甲背子"、"团花背子"、"小帽背子"。半臂（半背）本为武士服，后来士庶均穿，但属"非礼之服"。背心则更随便，街市中有苎布或生

① 《宋史》卷153，《舆服志五》；《朱子语类》卷91。
② 参朱瑞熙：《宋代的服装风尚》（《文史知识》1989年第2期）。
③ 《石林燕语》卷10；《朱子语类》卷91。
④ 程大昌：《演繁露》卷8。
⑤ 《朱子语类》卷91；陆游：《家世旧闻》卷上。
⑥ 陆游：《老学庵笔记》卷2。

绢背心出售。①

袍是长大衣，或称长襦。宋初仍唐制，有官者服皂袍，无官者白袍，庶人布袍，紫色仅施于朝服。太平兴国七年（982）李昉请禁"近年品官绿袍"下服紫色②，后来对颜色的禁令有所松动。所赐"时服"中，品色繁多，如有"袍锦之品四"；天下乐晕锦、盘雕细锦、翠毛细锦、黄师子锦。③仪仗卫队则有着各种绣花袍。乐师或着紫宽袍，丧事则用惨紫袍。陆游《家世旧闻》言："衫袍下，冬月多衣锦袄，夏则浅色衬衫。"冬天除绵袄外，还有绵裤、绵袜和衲袄、衲袜之类，"衲"又写作纳，密缝牢结，常作军旅装。北宋末抗金，朱后令宫嫔为将士作绵"拥项"，是为项围。④

苏轼曾路过金陵与王安石相见，均着"野服"，表示不拘礼数。范镇退居京师，"客无贵贱皆野服见之"⑤。朱熹晚年亦着此服见客，说是旧京故俗。罗大经记说："上衣下裳，衣用黄白青皆可。直领，两带结之，缘以皂，如道服。长与膝齐。裳必用黄，中及两旁皆四幅，不相属。头带皆用一色，取黄裳之义也。别以白绢为大带，两旁以青或皂缘之，见侪辈则系带，见卑者则否，谓之野服，又谓之便服。"⑥又有便服叫"裰衣"，更为随意。徽宗时，曾孝广使北，因"裰衣相见接坐"失奉使礼等事而夺职。孝宗时，丞相王淮会百官时着朝服中暑，后来"许百官以裰衣见丞相"⑦。胡三省说裰衣起于唐：若客以世俗礼服来者，主人便传言"请裰衣"，客于是以便服进。⑧便服并不拘一定的式样，王朴为学士，"常便服，顶席帽"而行，魏泰以为"通脱简率"⑨。陆游《家世旧闻》言前辈平居往来皆具袍带，出游聚饮时，"始茶罢换帽子、皂衫，已为便服矣"。

"皂衫纱帽"被视为下人之服。张舜民《画墁录》记其兄服"皂衫纱帽"，被范鼎臣训斥："举子安得为此下人之服？当为白苎襕衫，系里织带也。"《宋史》杜衍本传谓他退隐后，居室卑陋，随从皆"乌帽、皂绉袍、革带"。开封甚至有"从人衫帽"可借赁，卖菜小儿有着"白虎布衫，青花手巾"者，兵士或著"黄绣宽衫"、"青窄衬衫"、"锦络缝宽衫"⑩。穷人穿着甚简，广南"贫家终

① 《东京梦华录》卷18、卷5；孔平仲：《珩璜新论》。
② 王林：《燕翼诒谋录》卷1；《宋史》卷153，《舆服志五》。
③ 杨亿：《杨文公谈苑》（《宋朝事实类苑》卷25引）。
④ 参《会编》卷66，卷67；岳珂：《鄂国金佗续编》卷27
⑤ 《宋会要》职官77之50。
⑥ 罗大经：《鹤林玉露》卷8。
⑦ 《宋会要》职官68之11；叶绍翁：《四朝闻见录》甲集。
⑧ 胡三省：《通鉴释文辩误》卷11，"《通鉴》卷252"。
⑨ 魏泰：《东轩笔录》卷13。
⑩ 《东京梦华录》卷4"皇后出乘舆"，卷2"饮食果子"；《梦粱录》卷3。

身布衣，惟婴妇服绢三日，谓为郎衣"①。作为雨具的莎衣即蓑衣为劳作者所服，杨朴以《莎衣》诗一首向朝廷表达了不愿出仕的恬闲心境："软绿柔蓝著胜衣，倚船吟钓最相宜。蒹葭影里和烟卧，菡萏香中带雨披。"②

沈括辨唐以来士人说武人多云"衣短后衣"时谓："近世士庶人，衣皆短后。"而"短后衣"后来被视为非礼之服。"名门子"赵汝说年少时，着短后衣会见过访其家的叶适而被斥为"不学"，竟至"自是终身不衣短后衣"。宋陶毂诗："尖檐帽子卑凡厮，短勒鞾儿末厥兵。"③"末厥"为俗语，衣短后者之意，大体谓卑贱者所衣。

宋时流行本为道家所穿的"道服"，其衣宽大飘逸，为一些隐士或文士欣赏。王禹偁《道服》诗谓"褚冠布褐皂纱巾"，范仲淹赞道服云："道家者流，衣裳楚楚。君子服之，逍遥是与。"④名士石曼卿就常道服仙巾，有的官员致仕后也爱衣道服。南宋初，道服"绦以大为美，围率三四寸，长二丈余，重复腰间至五七返，以真茸为之"⑤。绦是腰带，此种茸带甚贵重，一条价十余千钱。有著"鹤氅"者，以鸟类羽毛捻织成，取羽化成仙之意。南宋程大昌言道服云："（裘）斜领交裾，与今长背子略同。其异者，背子开胯，裘则缝合两腋也。然今世道士所服，又略与裘异。裘之两裙交相掩拥而道士则两裙直垂。"又言："巾者，冠中之巾也。褐者，长裾通冒其外衣也。巾褐皆具，乃中道家法服之制。"士人以道服为不拘礼数，章惇在相位，数以道服接宾客，人多不平。⑥或谓宋世衣服变古，"冠履两事，反使今之道流得窃，其似以坚执不变。凡闲居则以巾覆冠，及谒见士夫并行科升章，则簪冠而彻巾穿舄。是三代之制尚于羽士见之"⑦。

宋代理学兴起，特别在南宋，又流行另一种"道服"，是乃道学之服。崇宁初，衣服尚窄缘，指"褒衣博带"为元祐之风。绍兴时陈公辅说：伊川之徒"幅巾大袖，高视阔步"⑧。周密谈到"道学"时谓：韩侂胄当权时，不附己者被指为道学。于是一些"虽尝附于道学之名者，往往旋易衣冠"，表示与之有别。陆游举张耒元祐初《赠赵景平主簿诗》中句"定知鲁国衣冠异，尽戴林宗

① 庄绰：《鸡肋编》卷下。
② 《宋文鉴》卷24。
③ 沈括：《补笔谈》卷1；《宋史》卷413，《赵汝说传》；欧阳修：《六一诗话》引。
④ 王禹偁：《小畜集》卷8；范仲淹：《范文正公别集》卷4，《道服赞》。
⑤ 《石林燕语》卷10。
⑥ 程大昌：《演繁露》卷8，《褐裘背子，道服襦裙》；蔡絛：《铁围山丛谈》卷2。
⑦ 史绳祖：《学斋占毕》卷2，《饮食今皆变古》。
⑧ 吕祖谦：《少仪外传》卷下；李心传：《建炎以来系年要录》（下称《要录》）卷108，绍兴六年十二月。

折角巾"，认为当时程学之士幅巾已与人异。①

衣裳的附件除以上提到的绦、勒帛外，还有各种腹围、笏、鱼袋、革带等物。北宋末，"京师士庶竞以鹅黄为腹围，谓腰上黄"②。笏是官员用以临时记事备忘的象牙或木质做成的手板，不用时插于腰带中。鱼袋是佩或系挂在公服革带上的一种鱼形物，以金、银或玉做成，表示官品的高低，或某种特殊的荣宠。革带一般以绫绢等在外包裹之，带上有各种质料制成的装饰物。宋有所谓"带格"，《宋史》卷 153《舆服志五》云宋制尤详于此："有玉，有金，有银，有犀，其下铜、铁、角、石、墨玉之类，各有等差。玉带不许施于公服。犀非品官，通犀非特旨皆禁。铜、铁、角、石、墨玉之类，民庶及郡县吏、伎术等人，皆得服之。""带格"也非一成不变，岳珂说是"自金带而下，凡为种二十有七"，包括扣眼均有等次，各有名目，或言共有三十二个等级。③ 宋制，翰林学士得服金带，故时人相互戏言："腰下甚时黄？"④

南宋时有一种"貉袖"，"长不过腰，两袖仅掩肘，以最厚之帛为之。或其中用绵者，以紫皂缘之"⑤，是一种冬衣。据说起于御马院圉人，前后襟皆短以便乘骑，短袖则便于控驭。"裤褶"本为前代戎服，宋导驾官仍有着此服，亦是为便于骑乘。⑥

≡鞋履类

宋宫廷中有丝鞋局，制作"精细靴鞋"⑦，是专为皇室服务的。服制中有"舄履制度"，朝中有所谓"靴、履"之争。宋初沿前制，朝会时百官用穿靴，徽宗时改用履。乾道七年（1171）又改为靴，以黑革做成。不同官品有钩（履上饰）、繶（下缘饰）、纯（缘饰）、綦（履带）等饰品，与公服配用。史绳祖认为由履再改为靴是因秦桧"止知有北狄为国爷"之故。着靴较郑重，鞋履则礼简。欧阳修记"往时"学士见宰相，循唐不具靴笏而系鞋，而"近时学士始具靴笏"往见，日益自卑。⑧

① 周密：《齐东野语》卷 11，《道学》；陆游：《老学庵笔记》卷 9。
② 岳珂：《桯史》卷 5。
③ 岳珂：《愧郯录》卷 12，《文武服带之制》；王得臣：《麈史》卷上；陈世崇：《随隐漫录》卷 3。
④ 张师正：《倦游杂录》（《宋朝事实类苑》卷 25 引）。
⑤ 曾三异：《因话录》（《说郛》卷 19）。
⑥ 吕本中：《紫微杂记》（《说郛》卷 31）。
⑦ 《梦粱录》卷 1，《八日祠山圣庭》。
⑧ 《宋史》卷 153，《舆服志五》；《学斋占毕》卷 2，《饮食衣服今皆变古》；欧阳修：《归田录》卷 2。

步行称为屐步，屐就是鞋。鞋较浅，履则略深，靴则筒长。《梦粱录》所记有草履、云头履鞋、青履等。吕祖俭在谪所时，"每出必草履徒步，为逾岭之备"。张詠《谢云居山人草鞋》诗："云居山客草为鞋，路转千峰此寄来。"① 张孝祥《黄升卿送棕鞋》诗："编棕织薄绳作底，轻凉坚密稳称趾。帝庭无复梦丝絇，上客还同觇珠履。我家江南山水窟，日日行山劳屐齿。感君投赠欲别时，布袜青鞋从此始。"屐齿即木屐之齿，便于山行防滑。叶绍翁《游园不值》诗句"应怜屐齿印苍苔"也反映了这种情况，陆游《买屐》诗则言"百钱买木屐"以解泥雨之困。② 又有一种类似的"钉履"，专为山行之用。刘延世记孙升元祐被窜时，"幅巾、杖屦"往来于林谷间。"屦"即履的旧名。苏轼诗云"胡靴短靿格粗疏，古雅无如此样殊"③，靿即筒，大约是一种别致的短筒靴。袁说友言，淳熙（1174—1189）间"靴鞋常履必欲前尖后高，用皂草，谓之不到头"④，是为北方民俗之南传者。

第三节　妇女冠服

●头饰

南宋初周煇谈道，"自孩提，见妇女装束，数岁即一变，况乎数十百年前，样制自应不同。如高冠长梳，犹及见之，当时名大梳裹，非盛礼不用。若施于今日，未必不夸为新奇"⑤。乃是当时妇人服饰多变的真实写照。妇女们追求新颖、美观的装束，其中冠饰特别令人注目。

宋初，妇人头冠"以漆纱为之，而加以饰，金银珠翠，采色装花，初无定制"⑥。既无限制，自然可以花样翻新了，如前所述，朝廷颁布的禁侈令中，有

① 《宋史》卷455，《吕祖俭传》；张詠：《乖崖集》卷5。
② 张孝祥：《于湖集》卷2；叶绍翁：《靖逸小集》；《剑南诗稿》卷31。
③ 《东坡全集》卷28，《谢人惠云巾方舄》。
④ 林洪：《山家清事》；刘延世：《孙公谈圃·序》；袁说友：《论衣冠服制》（《历代名臣奏议》卷120）。
⑤ 《清波杂志》卷8。
⑥ 王栐：《燕翼诒谋录》卷4。

许多就是专门针对妇女而言的。

皇后、妃等的首饰及冠叫"花钗冠"，以花钗饰之，规定插花若干不等。命妇要赐以"冠、帔"，亦戴花钗冠。李廌《师友谈记》有载："太妃暨中宫皆缕金云月冠，前后亦白玉龙簪而饰以北珠，珠甚大。"今故宫旧藏有《历代帝后图》，宋代皇后戴一种凤冠。安阳韩琦墓也曾出土有金丝编成的花冠，极精巧。《梦粱录》卷20《嫁娶》载：士宦之家嫁娶，有"珠翠特髻、珠翠团冠、四时冠花、珠翠排环等首饰"。

宋初孟蜀末，妇女治发为高髻，号"朝天髻"，附为迎宋之谶。宋内官中有顶"龙儿特髻"或"皂软巾裹头"者。东京城内有专卖"特髻"的辅作。端拱二年（989），朝廷曾令"妇人假髻并宜禁断，仍不得作高髻及高冠"。理宗时宫妃梳高髻于顶曰"不走落"[1]。仁宗时，极尚衣冠之饰。如宫中所尚之白角冠梳，有至长三尺者，梳长亦逾尺。《师友谈记》说，早时禁中贵妇等"皆白角团冠，前后惟白玉龙簪而已"，白角冠正由此而来。沈括说，"近年所服角冠，两翼抱面，下垂及肩"，故又叫垂肩冠[2]，议者指为"服妖"。皇祐时，诏"妇人所服冠，高无得过四寸，广无得逾一尺，梳长无得逾四寸，仍无得以角为之"[3]。虽然终仁宗之世，无敢犯者，但其后侈靡之风盛行，"冠不特白角，又易以鱼枕；梳不特白角，又易以象牙、玳瑁矣"[4]。《麈史·礼仪》说，仁宗时妇人"冠服涂饰，增损用舍，盖不可名记"，禁用鹿胎、玳瑁后，有为假玳瑁形者，角长二三尺，登车檐皆须侧首而入；俄又编竹为团，谓之"团冠"；又屈四角，下至于肩，谓之"舁肩"；又以团冠少裁其两边，高其前后，谓之"山口"；又短其角，谓之"短冠"。后来则一用"太妃冠"。以金或以金涂银饰之，或以珠玑缀之。南宋末年，农村仍有白角冠流行，毛翊《吾竹小稿·吴门田家十咏》诗云："田家少妇最风流，白角冠儿皂盖头。"诗中所言"盖头"，是宋代流行起来的一种头饰。在一些士大夫的提倡下，妇女出门戴盖头者日益增多。

妇女成年古代有"及笄之礼"，宋已少行，或有"年六十余鬘两髻"，表示尚未婚嫁，说明女孩梳发结于头顶两旁较为平常。燕地一些地方，娼女"无寒暑必系绵裙"，而"良家士族女子皆剃发，许嫁，方留发"[5]。陆游在鄂西看到未嫁女头上"率为同心髻，高二尺，插银钗至六只，后插大象牙梳如手大"。其

---

① 《铁围山丛谈》卷1；《宋史》卷65，《五行志三》。
② 《梦溪笔谈》卷19，"器用"。
③ 《长编》卷167，皇祐元年十月。
④ 《燕翼诒谋录》卷4。
⑤ 何薳：《春渚纪闻》卷4，"施妳婆"条；庄绰：《鸡肋编》卷上。

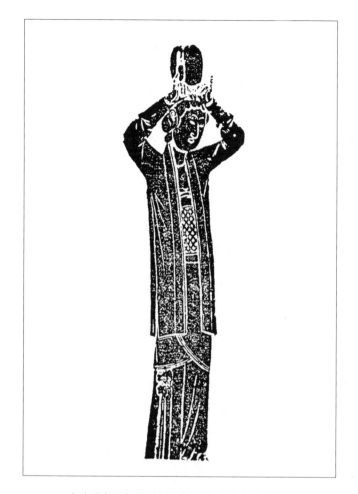

妇女结发画像砖（选自《文物》1979年第3期）

《冬夜》诗言"山童双髻丫"，也可能指女孩而言。①

一般妇女也多将头发盘裹成发髻，在髻或冠上插上各式饰物，茉莉花、白兰花等是常用的头花。东京街坊店内，有妇人"绾危髻"为客斟酒。临安酒楼妓女或"各戴杏花冠儿，危坐花架"②。每岁清明前举行的酒库开煮仪式中，官私妓女或"顶冠"，或"带珠翠朵玉冠儿"等③，不一而足。都城仕女节日夜，有"插戴灯毛球灯笼，大如枣栗，如珠茸之类"者。每至元宵节，"妇女首饰，至此一新。髻鬟簪插如蛾蝉蜂蝶、雪柳玉梅灯球，衮衮满头，其名件甚多"④。

---

① 陆游：《入蜀记》卷6；《剑南诗稿》卷26。
② 《东京梦华录》卷2，"饮食果子"；周密：《武林旧事》卷6，"酒楼"。
③ 《梦粱录》卷2，"诸库迎煮"，卷20，"嫁娶"。
④ 陈元靓：《岁时广记》卷11；朱弁：《续骫骳说》（《说郛》卷38）。

袁褧说："汴京闺阁汝抹凡数变,崇宁间少尝记忆作大鬐方额,政、宣之际又尚急把垂肩。宣和以后,多梳云尖巧额鬐撑金凤,小家至为剪纸衬发。"① 或者以银丝"屈曲作花枝插鬐,后随步辄摇,以增妩媚",称为"步摇"②。《宋史》卷65《五行志三》载:绍熙元年(1190),"里巷妇女以琉璃为首饰"。咸淳五年(1269),"都人以碾玉为首饰,有诗云:京师禁珠翠,天下尽琉璃"。

妇人面饰也是普遍存在的,淳化三年(992),"京师里巷妇人竞剪黑光纸团靥,又装镂鱼鳃中骨,号鱼媚子以饰面"。而理宗时,有"粉点眼角,名泪妆"。北宋末吕希哲说:"近世儒者有戒妇人不油发不涂面者,又有戒妇人不穿耳者。"③ 说明当时妇人油发、涂面、穿耳都是很平常的现象。临安城内,有经纪"面花儿"、"画眉七香丸"等妇女面饰用品的小买卖。④ 宋人诗词对妇人面饰的描述很多,如晏几道《小山词·生查子》:"轻匀两脸花,淡埽双眉柳。"又《小山词·临江仙》:"靓妆眉沁绿,羞脸粉生红。"秦观《淮海词·南歌子》:"香墨弯弯画,燕脂淡淡匀。揉蓝衫子杏黄裙,独倚玉阑无语点檀唇。"袁褧记道,闺阁妆抹有由北传南的"莹面丸"、"遍体香"之类⑤,说到妇女的化妆品类,则就不胜枚举了。

二 服饰

宋皇后常服有"龙凤珠翠霞帔","后妃之服"规定有纬衣、朱衣、鞠衣、礼衣等,是参加不同仪式的装束,常服则大袖、长裙、霞帔等,而其"背子、生色领皆用绛罗,盖与臣下不异"⑥。穿背子很普遍,《师友谈记》记禁中贵妇着有"黄背子"或"红背子"。《东京梦华录》卷5《娶妇》载:中等媒人着背子或只系裙,上等媒人着"紫背子"。广州妇女有穿黑色的半臂,也称为"游街背子"⑦。李心传说,中宫常服包括有:真红罗大袖、真红罗长裙、真戏罗霞帔、真红罗背子、黄纱或粉红纱衫子、熟白纱裆裤、白绢衬衣、明黄纱裙子、粉红纱抹胸、真红罗裹肚、粉红纱短衫子等,实与士大夫家无异,故对贾生所谓"娼优被后服"颇生同感。⑧

仁宗时,朝袍有染紫为黝色者,此乃禁色,士大夫慕而不敢用,而妇女却

---

① 袁褧:《枫窗小牍》卷上(《说郛》弓30)。
② 佚名:《采兰杂志》(《说郛》弓31)。
③ 《宋史》卷65,《五行志三》;《吕氏杂记》卷上。
④ 《武林旧事》卷6,《小经纪》。
⑤ 袁褧:《枫窗小牍》卷上。
⑥ 马端临:《文献通考》卷114;《宋史》卷151,《舆服志三》。
⑦ 朱彧:《萍洲可谈》卷2。
⑧ 李心传:《建炎以来朝野杂记》(《说郛》卷4)。

宋人绘《女孝经图》中穿窄袖衫、系长裙、
披帛的妇女（摹本）（选自周锡保《中国古代服饰史》）

有以为衫或佩带者。朝廷常禁民间妇人以金珠装缀衣服，又尝禁妇女将"白色、褐色毛段并淡褐色匹帛制造衣服"、仿契丹衣"铜绿兔褐之类"。妇人有服契丹"钓墩"者，是一种袜裤。① 北宋末，服饰多变。京城中"妇人便服不施衿纽，束身短制，谓之不制衿。始自宫掖，未几而通国皆服之"，被指为"服妖"②。陆游记，"京师织帛及妇人首饰衣服，皆备四时。如节物则春幡球、竞渡、艾虎、云月之类，花则桃杏荷花菊花梅花，皆并为一景，谓之一年景"③，种类和花色均极丰富。绍兴时，"妇人服饰犹集翠羽为之"，此北宋末时已有。理宗时，

①　王栐：《燕翼诒谋录》卷 5；《宋史》卷 65，《舆服志五》。
②　岳珂：《桯史》卷 5，"宣和服妖"。
③　《老学庵笔记》卷 2。

宫妃系前后掩初而长窄地，名"赶上裙"①，花样各有不同。

朱熹制定的祭祀、冠婚之服，除背子外，妇人还有"大衣、长裙"等。江西妇人因采薪负重，为便于操作，"衣服之上，以帛为带，交结胸前后，富者至用锦绣"②。

妇女冠履追求精巧，新意迭出，参本书《妇女》部分。

第四节　辽、西夏、金和南方少数民族服饰

●辽朝服饰

契丹入主黄河流域后，在服制问题上采用汉、契丹两制并行：皇帝与南班汉官用汉服，太后与北班契丹臣僚用"国服"。辽大同元年（947）正月，契丹入晋，于汴京受百官贺。同年北归，"唐晋文物，辽则用之"。契丹人显然并不喜好仿汉制的官服，真宗时，宋官员使辽，辽主见汉使时"强服衣冠，事已，即幅巾杂蕃骑出射猎矣"③。《东京梦华录》卷6《元旦朝会》记辽使"顶金冠，后檐尖长如大莲叶；服紫窄袍、金蹀躞"，其副使则着汉服。

其国服就是契丹族传统的服饰，《辽史》卷56《仪卫志二》载：契丹人早年"网罟禽兽，食肉衣皮。以俪鹿韦掩前后，谓之鞊。然后夏葛、冬裘之制兴焉"。辽太宗时（927—947），始定"衣冠之制"，有祭服、朝服、公服、常服、田猎服、吊服。其中祭服、朝服、公服、吊服均在一定的礼仪场所中穿用。皇帝朝服叫"实里薛衮冠"，络缝红袍或锦袍；臣僚朝服叫"盘紫"，为紫窄袍。公服称为"展裹"，著紫。吊服为素服。田猎服乃擐甲戎装，左衽，黑绿色。臣僚便衣叫"盘裹"，绿花窄袍。贵者披貂裘，贱者貂毛、羊、鼠、沙狐裘。《辽史》卷112《重元传》载，道宗即位（1055），赐予皇太叔重元"四顶帽、二色袍"，表示特别的尊宠。现今发掘的辽墓壁画中契丹人多剃去顶发，或四周留短发而两耳旁为长发，或只留额前左右各一绺垂于耳前，表现了一般契丹人的发型。

---

① 《宋史》卷65，《五行志三》。
② 范致明：《岳阳风土记》（《说郛》弓62）。
③ 《契丹国志》卷23"衣服制度"。

契丹引马者

辽宁昭乌达盟（今划归内蒙古自治区赤峰市）辽墓壁画（选自《中国文明史》第 6 卷）

契丹人发型

辽东陵壁画和契丹人狩猎图（摹本）（选自周锡保《中国古代服饰史》）

大中祥符元年（1008），晁迥北使，言辽人"每秋则衣褐裘"。天禧五年
（1021）宋绶出使辽国后，进一步谈到"蕃官"服饰："毡冠，上以金华为饰，
或以珠玉翠毛，盖汉魏时辽人步摇之遗象也。额后垂金花织成夹带，中贮发一

河北宣化辽代张世卿墓壁画，描绘鞍马仆从伫立敬候主人出行

（选自河北省文物研究所编《河北古代墓葬壁画》）

总。……又有纱冠，制如乌纱帽，无檐，不撼双耳，额前缀金花，上结紫带，带末缀珠。"头上"贮发一总"，可能是官场上的流行发饰。又言："紫窄袍，加义襕，系䪕鞢带，以黄红色绦裹革为之，用金玉、水晶、碧石缀饰。……或紫皂幅巾，紫窄袍，束带。丈夫或绿中单，绿花窄袍，中单多红绿色。贵者被貂裘，貂以紫黑色为贵。青色为次。又有银鼠，尤洁白。贱者被貂毛、羊、鼠、沙狐裘。"[1] "䪕鞢"又写作"䪐鞢"，是指带上饰物。

契丹使用腰带，其上者称为"徐吕皮"。韦而红，光滑可鉴。兴宗（1031—1055）"尝禁国人服金玉犀带及黑斜喝里皮，并红虎皮靴"，道宗（1055—1101）即位后弛其禁。徐吕皮即黑斜喝里皮，是回纥野马皮之意，十分可贵。红虎皮是回纥獐皮，揉以卤砂，用以为靴。又喜用"兔鹘带"，汉地叫做"腰条皮插头垂者"。沈括谓："带衣所垂蹀躞，盖欲佩带弓箭、帉帨、算囊、刀砺之类。"[2] "蹀躞"也是指带上的饰物。

契丹富豪民"要裹头巾"。契丹妇女着围裙，多以黑紫，上绣全枝花。上衣叫"团衫"，直领左衽，前拂地，后曳地尺余。前双垂红黄带。年老者以皂纱笼

---

① 分别见《长编》卷81，大中祥符六年九月乙卯；卷97，天禧五年九月甲申。

② 厉鹗：《辽史拾遗》卷15，引《燕北杂记》及《契丹国志》；《梦溪笔谈》卷1。

髻如巾状，散缀玉钿于上，叫"玉逍遥"①。《江邻几杂志》载："契丹鸭渌水出牛鱼鳔，制为鱼形，赠遗妇人贴面花。"北宋更为流行的面饰是"佛妆"。宋使至辽，见燕地"胡妇以黄物涂面妆，谓之物妆"，物妆当即"佛妆"。朱彧也记其父使北时，见有妇人"面涂深黄，红眉黑吻，谓之佛妆"②。《鸡肋编》卷上进一步谈到了其化妆法："冬月以括蒌涂面，谓之佛妆，但加傅而不洗，至春暖方涤去，久不为风日所侵，故洁白如玉也。"颇异于南方。括楼即"栝楼"，是一滕生植物，果实又叫黄瓜。宋人谓有"悦泽人面"的功效。③

契丹周边的一些民族服饰，渤海步骑"并剃发左衽，窃为契丹之饰"。妪厥律"其人长大，髡头，酋长全其发，盛以紫囊"；靺劫子"其人髡首，披布为衣"；狗国"长毛不衣"。室韦国"丈夫皆披发，妇人皆盘发，衣服与契丹同"④。今新疆地区的高昌国，"妇人戴油帽，谓之苏幕遮"。衣类以貂鼠皮、白氎（细棉布）、绣文花蕊布做成。有木底鞋，采硇砂者使用。龟兹国国主"衣黄衣，宝冠"，有花蕊布。⑤ 敦煌莫高窟第 409 号窟中，西夏王妃供养人像头戴桃形金凤冠，四面插花钗，身穿窄袖翻领长袍，手执供养花，据研究这种装束为回鹘妇女的服饰。⑥《东京梦华录》卷 6《元旦朝会》记说："回纥皆长髻高鼻，以匹帛缠头，散披其服。于阗皆小金花毡笠，金丝战袍束带。"

▇二 西夏服饰

西夏王国的创立者元昊反对其父附宋而"衣锦绮"，以为："衣皮毛，事畜牧，蓄性所便。英雄之生，当王霸耳，何锦绮为？"他"少时好衣长袖绯衣，冠黑冠"⑦，是西夏本民族的服饰。

元昊立国后，"制衣冠袄，下令国中悉用蕃书、胡礼"。建立了具有本民族特色的衣冠制度，"始衣白窄衫，毡冠红裹，冠顶后垂红结绶"。文武百官各有服制："文资则幞头、靴笏、紫衣、绯衣；武职则冠金帖起云镂冠、银帖间金镂冠、黑漆冠，衣紫旋襕，金涂银束带，垂蹀躞，佩解结锥、短刀、弓矢韣，马乘鲵皮鞍，垂红缨，打跨钹拂。便服则紫皂地绣盘毬子花旋襕，束带。民庶青绿，以别贵贱。"⑧ 此前他就下令国人剃发，以复鲜卑之旧，不从则杀之，于是

① 武珪：《燕北杂记》（《说郛》卷 4）；《金史》卷 43，《舆服志下》。
② 《说郛》卷 4，《使辽录》；《契丹国志》卷 25，《张舜民使北记·佛妆》；《萍洲可谈》卷 2。
③ 唐慎微：《证类本草》卷 8，"栝楼"。
④ 《契丹国志》卷 23，《兵马制度》；卷 25，胡峤《陷北记》；卷 26，《诸蕃记·室韦国》。
⑤ 《宋史》卷 490，《外国传六》。
⑥ 参史金波等：《西夏文物》，文物出版社，1988 年。
⑦ 《宋史》卷 485，《夏国传上》。
⑧ 《梦溪笔谈》卷 25；《宋史》卷 485，《夏国传上》。

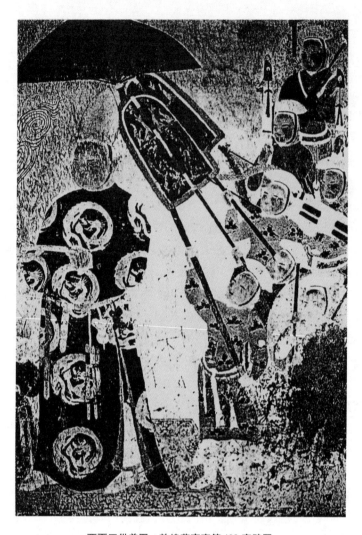

西夏王供养图　敦煌莫高窟第 409 窟壁画

"民争秃发，耳垂重环"。元符二年（1099），有冒夏人降宋，打扮是"剃发，穿耳，戴环"①，正是西夏人的头饰特征。

　　据武威出土的西夏图像②，驭马人披短发，着交领补襦、腰束带；武士戴毡盔，盔顶红结绥，着宽袖战袍，肩披掩膊，重甲；弓腰人头戴方巾，身着交领宽袖长；童子或环状发髻，着交领长衫，腰束带，或蝶状双鬟发式。《东京梦华录·元旦朝会》记西夏使臣"皆金冠短小样制，服绯窄袍、金蹀躞。吊敦背叉

---

　　① 《长编》卷 115，景祐元年十月丁卯；卷 512，元符二年七月丙午。参吴天墀：《西夏史稿》第 30、42 页，四川人民出版社 1983 年增订本。
　　② 本段所言西夏图像，均据史金波等《西夏文物》所附图版。

手展拜"。敦煌莫高窟西夏王供养像为"高冠龙袍，束带"，榆林窟中之西夏官员则着"窄袖紧身"衣。武威出土的西夏男侍图，分别着不同颜色的圆领窄袖长衫、腰束带。发式作飞鸟状。或拱手佩剑，肩披长巾。女侍则披发，着圆领窄袖长衫，肩披巾。或梳高髻，着各色梅花交领窄袖长衫。据《文海》所记的西夏服饰，妇女有裙、锦袍，衣服上有锦线绣的花。衣服质料有毛制褐布、毛料，有兽皮做的衣服如裘。有雨鞋和雪泥中穿的套鞋。装饰品有耳环、珰、碧珊、琥珀、珊瑚、钗等。①

⬛ 金朝服饰

女真早年，"俗好衣白，栎发垂肩，与契丹异。垂金锁，留颅后发，系以色丝，富人用珠金饰，妇人辫发盘髻，亦无冠"。其土产无桑蚕，惟多织布（麻布），贵贱以布之粗细为别。贫富皆衣皮御寒。"富人春夏多以苎丝、锦纳为衫裳，亦间用细皮布，秋冬以貂鼠、青鼠、狐貉或羔皮，或作苎丝绸绢。贫者春夏并用为衫裳，秋冬亦衣牛马、猪羊、猫犬、鱼蛇之皮，或獐鹿麋皮为裤为衫，裤袜皆以皮。至妇人衣曰大袄子，不领，如男子道服。裳曰锦裙，裙去左右，各阙二尺许，以铁条为圈，裹以绣帛，上以单裙袭之。"衣短而左衽，富者或以珠玉为饰。② 大体说来，女真族早期服饰虽然已有贫、富之异，但等级分别还不十分明显，黑龙江阿城亚沟石刻提供了早期女真衣着的实物资料，有武士头戴盔，盔顶有大玉，其衿较广，全身皆有装饰花纹。两肩有披肩。妇人服装与契丹略同，戴帽，衣为左衽，袖甚长。近几十年出土有许多金代首饰和佩饰，如银制钏、簪、钗、耳坠，金指环等③，则反映了较晚时的情况。

金立国后，也仿宋制制定了舆服制度，总的情况如《金史》卷43《舆服志中》所述："金制皇帝服通天、绛纱、衮冕、逼舄，即前代之遗制也。其臣有貂蝉法服，即所谓朝服者。章宗时，礼官请参酌汉、唐，更制祭服，青衣朱裳，去貂蝉竖笔，以别于朝服。惟公、朝则又有紫、绯、绿三等之服，与夫窄紫、展皂等事。"事实上，金朝服制是从立国之初直至章宗明昌年间（1190—1196）经过多次修订才制定完成的。世宗大定年间（1161—1189），定官民衣服之制④，规定士人及官员方"许服花纱绫罗丝绸"，"妇人许用珠为首饰"。章宗时又为王公及士庶人制定了"衣服通制"，目的是"使贵贱有等"。其常服有四：带、巾、盘领衣、乌皮靴。头巾一般以皂罗做成，上结方顶，折垂于后。有附带长六七

---

① 参史金波等：《文海研究》，中国社会科学出版社1983年版。
② 宇文懋昭：《金志》（《历代小史》卷62）；《会编》卷3。
③ 参宋德金：《金代的衣食住行》（《辽金史论集》第3辑，书目文献出版社1987年版）。
④ 以下"衣服之制"未注明者，参《金史》卷43《舆服志下》。

戴尖笠、穿盘领窄袖袍、尖头靴的金代男子

山西沁源金墓壁画（摹本）（选自周锡保《中国古代服饰史》）

寸，贵者在方顶上缝饰以珠。其衣色多白，三品以皂，为窄袖盘领，饰以金绣花纹，依春水、秋山景物为纹饰，服长至小腿以便于骑。束带叫"吐鹘"，以玉、金、犀象骨角等做成，上亦刻琢多如春水秋山之饰。

妇女着围裙，多以黑紫，上绣全枝花。上衣叫"团衫"，直领左衽，前拂地，后曳地尺余。前双垂红黄带。年老者以皂纱笼髻如巾状，散缀玉钿于上，叫"玉逍遥"，此乃袭辽之服。待嫁女子服"绰子"，制如妇人服，以红或银褐明金作成，对襟彩领。章宗李元妃画像为金人手笔，妃貌端妍，小领窄袖，乃金人国服。①

对庶人之服则加以了许多限制，例如大定年间规定：庶人只许用䌷绸、绢布、毛褐、花纱无纹素罗、丝绵等做成的衣服；头巾、系腰、领帕只许用芝麻罗、绦用绒织成者；妇人不许用珠翠钿子等物为首饰，翠毛除许装饰花环冠子外一并禁止。兵卒只许服无纹压罗、䌷绸、绢布、毛褐，奴婢大体也如此。倡优除遇迎接、公筵承应许暂服绘画之服外，私服与庶人同。又"以吏员与士民之服无别"而制定悬书袋之制，各司吏员须佩悬不同标志的书袋，以便有司检察。

---

① 罗继祖：《枫窗脞语·金李元妃画像》，中华书局 1984 年版。

金国骑兵及马具装

宋人绘《中兴祯应图》（摹本）（选自周锡保《中国古代服饰史》）

金人发型为辫发，头顶留发，周则剃之。南下后，数下剃发令，"不如式者，杀之"。代州一军人"顶发稍长，大小且不如式，即斩之"①。同时亦"禁民汉服"，一律皆"短巾、左衽"，违者也要被处死。承安五年（1200），司空完颜襄说当时"诸人衽、发皆从本朝之制"②，长期保持了辫发习俗。开禧三年

① 《要录》卷28，建炎三年九月末。
② 《金史》卷35，《礼志八》。

（1207）吴曦叛宋时，为了迎合金人，曾"议行削发左衽之令"①。汉人秉持身体发肤受之父母而不可毁伤的古训，剃发政策引起了强烈的社会矛盾。

一些士人描绘了在金国的所见所闻。范仲熊《北记》说："凡番官平居惟著上领褐衫，无上下之辨，富者著褐色毛衫，以羊裘狼皮等为帽。"② 陈准谓其"富人用珠金为饰，男子亦衣红黄，与妇人无别"。南宋初洪皓使金，见有"以金相瑟瑟为首饰，如钗头形，而曲一二寸，如古之笄形；又善结金线相瑟瑟为珥及巾环；织熟锦、熟绫、注丝、线罗等物；又以五色线织成袍，名曰克丝，甚华丽；又善燃金线，别作一等，背织花树。"③ 范成大于乾道六年（1170）出使金国，见其地汉民习俗已深受女真影响，"最甚者衣装之类，其制尽为胡矣。自过淮已北皆然，而京师尤甚。惟妇女之服不甚改而戴冠者绝少，多绾髻。贵人家即用珠珑璁冒之，谓之方髻"。又见有胡妇"衣金镂鹅红大袖袍"。周煇记其淳熙丙申（1176）至金国时，见"男子衣皆小窄，妇女衫皆极宽大。有位者便服，立止用皂苎丝或番罗系版缘，与皂隶略无分别。缘反插，垂头于腰，谓之有礼。无贵贱，皆著尖头靴。所顶之巾谓之蹋鸱"④。袁褧说金国闺饰有"瘦金莲方"等⑤，可能当时金人妇女已有缠足。

南宋后期，北方蒙古人兴起，赵珙《蒙鞑备录》记蒙族有一种叫"婆焦"的发式，如汉族儿童的"三搭头"。头顶前头发长即剪去，两下的总小角垂在肩上。其妇人所衣"如中国道服之类"，而"诸酋之妻则有顾姑冠，用铁丝结成，形如竹夫人，长三尺许，用红青锦绣或珠金饰之。其上又有杖一枝，用红青绒饰之。又有文袖衣如中国鹤氅，宽长曳地，行则两女奴拽之"。

（4）南方少数民族服饰：

南方民族众多，以西南地区为最繁杂。大体与宋王朝相始终的"大理国"地处今云南及周边地区，主要居住着乌蛮和白蛮。还有以"国"称的罗殿、自杞等的少数民族不同族群的势力集团。乌蛮和白蛮主要是今彝语支各民族的先民。

西南诸蕃普遍使用一种"蛮毡"："自蛮王而下至小蛮，无一不披毡者。但蛮王中锦衫披毡，小蛮袒裼披毡尔。"毡特长阔，"以一长毡带贯其摺处，乃披毡而紧带于腰，婆娑然也。昼则披，夜则卧。雨晴寒暑未始离身。其上有核桃纹，长大而轻者为妙。大理国所产也，佳者缘以皂"。大理国兵士所穿一种以大

---

① 《宋史》卷475，《吴曦传》。
② 《会编》卷99。
③ 陈准：《北风扬沙录》；洪皓：《松漠记闻》，均见《说郛》号55。
④ 范成大：《揽辔录》；周煇：《北辕录》（《说郛》号56）。
⑤ 《枫窗小牍》卷上。

象皮做成的甲胄，坚厚如铁。又联缀小皮片为披膊护项之用，以小白贝累于甲缝及装兜鍪。[1]

唐末成书的樊绰《蛮书》卷8《蛮夷风俗》说，除披毡外，"其余衣服略与汉同，唯头囊特异耳"。所谓"头囊"为红或皂色绫绢等做成，"总发于脑后为一髻，即取头囊都包裹头髻上结之"。大理国《张胜温画卷》中，其世俗人像，男女着宽袍大袖，或披毡、椎髻，戴两角外翘的头囊，与南诏时期无多大差异，画卷中另有佩金腰带或老虎皮等的人物形象。

李京《云南志略·诸夷风俗》记云南少数民族："男女首戴次工，制如中原。渔人之薄笠差大，编竹为之，覆以黑毡。……男子披毡、椎髻，妇人不施脂粉，酥泽其发，以青纱分编，绕首盘系，裹以攒顶黑巾。耳金环。象牙缠臂。衣绣方幅。以半身细毡为上服。"又载乌蛮"罗罗"："男子椎髻，摘去须髯，或剃其发。……妇人披发，衣布衣。贵者锦缘，贱者披羊皮。乘马则并足横坐。室女耳穿大环，翦发齐眉。裙不过膝。男女无贵贱皆披毡。"此为彝族先民的写照。又载"金齿百夷"："男女文身，去髭须鬓眉睫，以赤白土傅面，彩缯束发，衣赤黑衣，蹑绣履带镜。……妇女去眉睫，不施脂粉，发分两髻，衣文锦衣，联缀珂贝为饰。……女子红帕首，余发下垂。……金裹两齿谓之金齿蛮，漆其齿者谓之漆齿蛮，文其面者谓之绣面蛮，绣其足者谓之花脚蛮，彩缯分撮其发者谓之花角蛮。"此皆今傣族先民衣饰。又记"末些蛮"："挟短刀，以碎渠为饰。……妇人披毡皂衣，跣足，风鬟高髻。女子剪发齐眉，以毛绳为裙。"此为纳西族先民装束。又言"土僚蛮"（土獠蛮）："妇人跣足高髻，桦皮为冠。耳附大双环。衣黑布顶带，锁牌以为饰。""土僚蛮"多为仡佬族先民。另有"蒲蛮"："跣足，衣短甲，膝颈皆露。善用枪弩，首插雉尾，弛突如飞。"一般认为"蒲蛮"乃布朗族和德昂族先民。服饰具有相当的稳定性，李京所记为元初时情况，当与大理国时期无多大的不同。

《桂海虞衡志·蛮》载，在广马贸易中，西南"诸蛮之至邕管卖马者，风声气习，大略抵同。其人多深目、长身、黑面、白牙，以锦缠椎髻，短褐、徒跣、戴笠、荷毡珥，刷牙，金环约臂，背长刀，腰弩箭服，腋下佩皮箧，胸至腰骈束麻索，以便乘马"。卖马者，以罗殿、自杞诸国为最，此乃彝族先民，亦乌蛮一类。

宋代所谓"西南番"，大致在今贵州一带。《宋史》卷496《蛮夷传四》记其地有"五姓蕃"，"俗椎髻、左衽，或编发"。宋初龙番贡方物，"皆蓬发，面目黧黑。……使者衣虎皮毡裘，以虎尾插首为饰"。但其于绍圣四年（1097）贡

<hr>

① 周去非：《岭外代答》卷6，《服用门·毡》；范成大：《桂海虞衡志》之《志器·蛮甲》。

奉时，"使者但衣布袍，至假伶人之衣入见"。《东京梦华录·元旦朝会》记"南蛮五姓番皆椎髻乌毡"。南宋吴儆记"西南番"，"皆椎髻旃裘跣足，有被发剃首者。……衣方领大袖，长裾左衽如中国半臂之制。富者以黄紬为之，贫者以布，其首领以锦带缠腰腹间"①。或者"著木履，衣青花斑布"；"大率椎髻跣足，或衣斑花布，或披毡而背刀带弩。其髻以白纸搏之"。戴有一种"蛮笠"，以竹为身，而冒以鱼毡，其顶尖圆而高。②

地处湘西地区的"五溪蛮"居住有"苗、瑶、僚、仡伶、仡佬"等不同民族，朱辅《溪蛮丛笑》言其"风声气习，大略相似。不巾不履，言语服食率异乎人"，与汉族的习俗不同。有"仡佬裙"，"裙幅而关缝断，自足而入，阑班厚重。……盖裸袒，以裙代裤，虽盛暑不去"。女子"以织带束发，状如经带，不阑者班也"。有一种丫桑，仡佬取其皮绩成布，缠系于腰，名"圈布。"又"蛮类既不巾，发皆拳如"，即所谓"椎结"。"伶、佬妻女年十五六，敲去右边上一齿。以竹围五寸、长三寸裹锡穿之两耳，名筒环"。范致明《岳阳风土记》记其地"妇人皆用方素蒙首，屈两角，系脑后，云为伏波将军持服，鼎沣之民率皆如此。陆游说，当地妇女"以金鸡羽插髻，女未嫁者以海螺为数珠挂颈上"③。

介于巴蜀、湖广间的瑶人"椎髻跣足，衣斑斓布褐"，酋领有着"紫袍巾，裹横梃"；或则"椎髻鬎衣，以青红染苎织成花缦为服"④。周去非说："诸蛮甲胄皆以皮为之，瑶人以熊皮为甲胄，以一种似漆的木叶涂饰。"⑤

在以壮族先民为主的广西地区，壮年男子"皆青布巾，跣足"，或"穿皮履"，其民"冬编鹅毛、木绵，夏缉蕉、竹、麻、苎为衣"。王安石《论邕管事宜》说是"冬被鹅毛衣棉以为裘，夏缉蕉竹麻苎以为衣"⑥。西南广大地区又有僚人（獠人），种类甚多，其中有白衫、花面、赤浑等僚（獠），当为依其服饰特点而名。地处今川东南的"南平僚"，其"妇人衣通裙"。钦州土人有一种"婆衫、婆裙"，为一大方帕，缝合而成。长止及腰为衫，裙则聚拢于腰，腰看起来特大。⑦

《宋史》卷495《蛮夷传三》载海南"黎洞"妇人"服缌缏，绩木皮为布"。据《桂海虞衡志》所记，海南黎人"皆椎髻跣足，插银铜锡钗，腰缭花

① 吴儆：《竹洲集》卷10，《邕州化外诸国土俗记》。
② 《桂海虞衡志·蛮》；《岭外代答》卷3，《外国门下·西南夷》。
③ 《老学庵笔记》卷4。
④ 《桂海虞衡志·瑶》；王象之：《舆地纪胜》卷114 "融州"。
⑤ 《岭外代答》卷6，《器用门·蛮甲胄》。
⑥ 《桂海虞衡志·西原蛮》；唐顺之：《荆川稗编》卷117。
⑦ 《长编》卷270；周去非：《岭外代答》卷6，《服用门·婆衫婆裙》。

布。……妇人绣面高髻，钗上加铜环，耳坠垂肩。衣裙皆五色吉贝，无裤襦，但系裙数重，制四围合缝，以足穿而系之腰"。吉贝为一种木棉布。《岭外代答》卷2《海外黎蛮》亦记云："黎装椎髻徒跣裸袒，而腰缭吉贝。首珥银钗，或铜或锡。首或以绛帛彩帛包髻，或带小花笠，或加鸡尾，而皆簪银篦二枝，亦有著短织花裙者。"武士则或戴"黎兜鍪"，是一种用藤织成的头盔。淳熙元年（1174），地方长官图其形状衣制，其略云："髻露者以绛帛约髻根，或以彩帛包髻，或戴小花笠，皆簪二银篦，或加雉尾，衣花织短衫，系花袄裙，悉跣足，是其盛饰也。惟王居则青布锦袍，束带，麻鞋。"黎人有文身之俗，黎女绣面年将及笄时施行。黎人以大环为耳坠，致使耳下垂至肩。①

闽广地区是宋代的主要外贸口岸，有不少海外来的人在此居住。其服饰也颇奇特，如广州波斯妇，"绕耳皆穿穴带环，有二十余枚者"②，为宋代服饰增加了一道新的色彩。

第五节　"衣服变古"

社会经济的繁荣和商品经济的发展必然使衣着形式丰富多彩。在宋代，不但许多衣装可以在市上买到，就是"纽扣"一类的小物件也成了商品。③ 在唐宋之际中国社会的急剧变化和民族交融不断加深的大背景中，人们的衣饰也随之而"变古"。

南宋淳祐庚戌（1250）年，史绳祖撰文说：与三代相较，衣裳冠履"乖甚"，古代有冠而无巾，"近代反以巾为礼而戴冠不巾者为非礼"；朝服幞头，"乃后魏狄制，后唐施长脚以别伶优之贱，至今士夫安之"；古有舄，有履，有屦而无靴，武灵王之后用靴。北宋末尝变靴为履，高宗时又变履为靴；后魏胡服便于鞍马，遂施裙于衣，为横幅而缀于下，谓之襕，成为"今之公裳"；庆元间"四凶"劾朱熹，"以深衣冠履而为怪服、妖服"④。凡此诸条，史氏以为皆

① 《桂海虞衡志·黎》；《岭外代答》卷10，《古迹门·儋耳》。
② 庄绰：《鸡肋编》卷中。
③ 《武林旧事》卷6，《小经纪》，《东京梦华录》和《梦粱录》多有此类记载。
④ 《学斋占毕》卷2，《饮食、衣服今皆变古》条。

"变古"之制。此言大体道出了宋代服饰上的两个变化，即：一是等级严格的古代服制已不再被恪守；二是宋代服饰深受少数民族的影响。宋时于较新奇的冠幅、衣裳以至鞋履，不时有"服妖"的指责，正好说明宋代的服饰正处于一个不断变化的过程中，有着鲜明的时代特征。

服饰等级制度从宋初就未被严格遵行。《宋史》卷153《舆服志五》载，太平兴国七年（982）有诏说："士庶之间，车服之制，至于丧葬，各有等差。近年以来，颇成逾僭。"景祐三年（1036），有民间冠服等犯制之禁。至和二年（1055）禁天下衣黑紫服者，也是因为"士庶浸相效"宫中衣色引起。仁宗时张方平上奏曾言："巾履靴笏，自公卿大臣以为朝服，而卒校胥吏，为制一等，其罗縠、绮纨，织文、絺绣，自人君至于庶人，同施均用。"① 元祐时，文彦博指出："数十年风俗僭侈，车服器玩多逾制度。"② 张耒在《衣冠篇》中也说，当时胥徒的冠服与知州、县令相差无几，公卿大夫与武官、技术官的衣冠没有太大的区别。③《麈史·仪礼》亦言当时"衣冠之制，上下混一"。宋时出现的印花丝织品，称"缬帛"；加入金钱编织的丝织品，称"销金"④，民间多有生产和服用，政府也是屡禁不止。

南宋时，服饰的这种变化更趋明显。绍兴四年五月，朝中对衣服"贵贱几无差等"的问题进行了一番讨论。⑤ 赵彦卫说："至渡江，方着紫衫，号为穿衫尽巾，公卿皂隶，下至间阎贱夫，皆一律矣。"⑥ 孝宗时，李椿曾上奏说："自军兴以来，士大夫服紫衫以便戎事，不为过也，而四方皂吏士庶服之，不复有上下之别。且一衫之费，贫者亦难办。甲服而乙不服，人情尤耻，故虽欲从俭，不可得也。"⑦ 略同时，梁克家记闽地昔日风俗，"自缙绅而下，士人、富民、胥吏、商贾、皂隶衣服递有等级，不敢略相陵躐。士人冠带，或褐笼衫，富民、胥吏皂衫，贩下户白布襕衫，妇人非命妇不敢用霞帔，非大姓不敢戴冠用背子"。而"三十年来渐失等威，近岁尤甚。农贩细民至用道服、背子、紫衫者，其妇女至用背子霞帔"。原先的"等级"已不再被遵行。⑧ 如前所叙李心传说，中宫常服与士大夫家无多大区别。秦桧子僖尝衣"黄葛衫"，说这是"贵贱所通

---

① 张方平：《车服论》（《历代名臣奏议》卷119）。
② 《长编》卷396，元祐二年三月。
③ 张耒：《柯山集拾遗》卷9。
④ 参朱瑞熙：《宋代社会风尚概述》（《抚州师专学报》1991年第3期）。
⑤ 《宋史》卷152，《舆服志四》。
⑥ 赵彦卫：《云麓漫钞》卷4。
⑦ 李椿：《论非命官军兵朝省人不得服紫衫》（《历代名臣奏议》卷117）。
⑧ 梁克家：《淳熙三山志》卷40，《岁时·序拜》。

用"的。朱熹也说："今衣服无章，上下混淆。"①嘉定八年（1215）十二月三十日朝会之时，仗卫者之冠服"或乃持幞帽于手，系衫服于腰，短褐便衣，恬无忌惮"②，可见"服制"的混乱程度了。

除了等级差别已"上下混淆"外，各行业原已有的服饰区别也在发生着变化。《东京梦华录》卷5《民俗》说："其士农工商，诸行百户，衣装各有本色，不敢越外。谓如香铺裹香人，即顶帽披背。质库掌事，即着皂衫角带，不顶帽之类。街市行人，便认得是何色目。"而《梦粱录》卷18《民俗》记杭城风俗，谈到上述各行有各行服色之后接着说："自淳祐（1241—1252）年来，衣冠更易，有一等晚年后生，不体旧规，裹奇巾异服，三五成群，斗美夸丽，殊令人厌见，非复旧时淳朴矣。"行服"旧规"不再被严格遵行了。

沈括说："中国衣冠，自北齐以来，乃全用胡服。窄袖绯绿、短衣，长靿靴，有蹀躞带，皆胡服也。窄袖利于驰射，短衣长靿，皆便于涉草。"③宋代屡次下令禁止士庶和妇女仿效契丹人的衣冠和装饰。如庆历八年（1048），禁止"士庶仿效胡人衣装，裹番样头巾，着青绿，及乘骑番鞍辔，妇人多以铜绿兔褐之类为衣"④。《江邻几杂志》载：番俗"妇人不服宽裤与襜，制旋裙必前后开胯，以便乘驴。其风闻于都下妓女，而士人家反慕效之，曾不知耻"。大观四年（1110），又下诏说："京城内近日有衣装杂以外裔形制之人，以戴毡笠子，着战袍，系番束带之类"，"宜严行禁止"。政和（1111—1117）初，朝廷下令禁止"著蕃服"，"不得辄戴毡笠子"，后又多次禁止百姓穿戴契丹服装，如毡笠、钓墪（妇女袜裤）之类⑤。这说明违禁者极多，大有无法禁绝之势。在金人日益严重的威胁面前，禁断更加严格了。宣和五年（1123）十二月四日，尚书省称，禁"蕃装胡服"虽已很严，但"近日士庶于头巾后垂长带，有类胡服，亦合禁止"⑥。类似者不免，真可谓风声鹤唳了。据袁褧记载，徽宗（1101—1125）初，汴京妇女们"作大鬓方额"，后又"尚急扎垂肩"，旋又"多梳云尖巧额，鬓撑金凤"⑦。契丹服装的颜色，如"茶褐、黑绿诸品间色"，也在这时传入汴京。⑧

---

① 叶绍翁：《四朝闻见录》乙集"秦小相黄葛衫"；《朱子语类》卷91。
② 《宋会要》刑法2之141。
③ 《梦溪笔谈》卷1。
④ 《宋会要》舆服4之7。
⑤ 吴曾：《能改斋漫录》卷1，《禁蕃曲毡笠》；卷13，《诏禁外制衣装》；《宋会要》舆服4之7。
⑥ 《宋会要》刑法2之88。
⑦ 《枫窗小牍》卷上。
⑧ 周密：《癸辛杂识》别集卷上。

而契丹原有的小袖圆领衫也逐渐成为汉族服装，如宋公服"曲领大袖"乃是。①
政和时，袁褧为教坊判官制撰文字，曾有"浅淡梳妆，爱学女真梳掠"之语。
正如苏辙诗所描述的那样："左衽今已半。"②

孝宗时有人指出：在临安府，归附人"往往承前不改胡服"，而"诸军又有
效习蕃装"；又有言自十数年来"服饰乱常"；"今来都下年来衣冠服制，习为虏
俗。官民士庶浸相效习。……姑以最甚者言之：紫袍紫衫必欲为红赤紫色，谓
之顺圣紫。靴鞋常履必欲前尖后高，用皂草，谓之不到头。巾制则辫发低髻，
为短统塌顶巾。棹篦则虽武夫力士皆插巾侧。如此等类，不一而足。"不仅"习
以为仪略无愧色"，甚至"又身披虏服而敢执事禁庭"③，说明几乎已完全与北
方民族结合了。

朱熹说过："今世之服，大抵皆胡服，如上领衫、靴鞋之类，先王冠服扫地
尽矣。"④这是说得不错的。宋朝的服装，大抵只有"祭服"、"朝服"等，或者
如司马光等提倡但不太流行的"深衣"等还保留了汉制外，其他都是从"胡服"
变化而来或受其深刻影响。

影响是互动的，少数民族也深受汉族服装的影响。契丹、女真早期服饰等
级并不严格，南下后，方仿汉制制定了严格等级关系的"服制"。如《辽史》
卷56《仪卫志二》说："契丹转居荐草之间，去邃古之风犹未远也。……太祖
帝北方，太宗制中国，紫银之鼠，罗绮之筐，麇载而至。纤丽胄毳，被土绸木。
于是定衣冠之制，北班国制，南班汉制，各从其便。"其实，其所定"国服"，
也带有很强的汉制影响："重熙以后，大礼并汉服矣。"真宗时路振奉使契丹，
在幽州见居民棋布，"俗皆汉服，中有胡服者，盖杂契丹、渤海妇女耳"，显然
已有汉化者。后见"虏主……衣汉服，黄纱袍，玉带"。正如他所说："（契丹）
自与朝廷通好已来……服冠带以却毡毳。"⑤ 女真服饰受汉制影响更为明显，北
宋末"番官"平居衣着简易便，无上下之辨。传金太子初入中原时，"止着褐布
衫。既拔京城，其下无不衣锦绣。至月旦及视事，则幞头、公服、靴笏皆如中
国之制"⑥。《金史·舆服志》载"服制"："皇帝服通天、绛纱、衮冕、逼舄，
即前代之遗制也。其臣有貂蝉法服，即所谓朝服者。章宗时，礼官请参酌汉唐，

---

① 杜承武：《谈契丹小袖圆领衫为左衽——兼谈圆领衫的款式变化和衣衽关系》（《辽金史论
集》第3集，书目文献出版社1987年版）。
② 朱弁：《续骫骳说》（《说郛》卷38）；苏辙：《栾城集》卷16，《燕山》。
③ 《宋会要》兵15之12；《宋史全文》卷25上，乾道四年（1168）七月袁说友：《论衣冠服
制》。
④ 《朱子语类》卷91，《礼·杂仪》。
⑤ 路振：《乘轺录》（《宋朝事实类苑》卷77引）。
⑥ 《会编》卷99。

更制祭服。……"金熙宗"雅歌儒服",海陵王"见江南衣冠文物"而慕之。天德二年（1150）六月，海陵王"诏河南民衣冠许从其便"①。大定二十七年（1187），世宗禁女真人"学南人衣装"②，均表明受汉人服饰影响日益强烈。也正如《金志·男女冠服》所说："自灭辽侵宋，渐有文饰，妇人或裹逍遥巾，或裹头巾，随其所好。"西夏统治者时常受宋的封赏，锦衣之赐为其大宗，李德明曾说"吾朝三十年衣锦绮，此宋恩也"③，是受宋服饰影响而不可低估。

南方民族亦然。《岭外代答·海外黎蛮》说："熙宁中王祖道伐定黎峒，其酋亦有补官，今其孙尚服锦袍，银束带，盖其先世所受赐而服之云。"又言黎人半能汉语，"十百为群，变服入州县墟市，人莫辨焉"。南方其他地区各民族在与宋朝政府的交往中，也时有得到包括衣装在内的赏赐，如《东京梦华录》卷6《元旦朝会》记南蛮五姓番入拜，"旋赐汉装锦袄之类"，受至宋人服饰的影响也是必然的。

---

① 《要录》卷161。
② 《金史》卷8，《世宗纪》。
③ 《宋史》卷485，《夏国传上》。

第二章

饮食（上）：宋代饮食

汉人的饮食文明经历千百年的发展，饮食的水平不断提高，饮食的品种也愈益丰富。但是，限于古代的生产水平，饮食文明的成果往往被社会上层享用，而社会上层和下层之间的差距却不断地扩大。

第一节　饮食品种

●五谷

汉人作为农业民族，五谷一直在饮食中占有主要地位。宋代尚无玉米、白薯之类作物，因地制宜，北方人的粮食以粟麦为主，南方人的粮食以稻米为主。

面食的品种最为繁多，"火烧而食者呼为烧饼，水瀹而食者呼为汤饼，笼蒸而食者呼为蒸饼"。宋仁宗名赵祯，为了避皇帝名讳，人们又将蒸饼读成炊饼，

托面食侍女（选自《中国文明史》第 6 卷）

亦名笼饼，类似于今天的馒头。汤饼就是面片汤，处在向面条的演变过程中，又名索饼和馎饦。[①] 开封面食店出售的软羊面、桐皮面、插肉面、桐皮熟脍面等，临安面食店出售的猪羊腌生面、丝鸡面、二鲜面、笋泼肉面等，都属汤饼。南宋晚期，出现了"药棋面"的挂面，"细仅一分，其薄如纸"。烧饼又称胡饼，开封的胡饼店出售的烧饼有门油、菊花、宽焦、侧厚、髓饼、满麻等品种，有的烧饼无疑沾带芝麻，油饼店则出售蒸饼、糖饼、装合、引盘等品种，食店和夜市还出售白肉胡饼、猪胰胡饼和菜饼之类。馓子又名环饼，苏轼诗称"碧油煎出嫩黄深"，无疑是油炸面食。临安市内出售各种面点，统称"蒸作从食"。另有"酥蜜裹食，天下无比，入口便化"，估计也应用米粉或面粉制成。[②]

---

① 黄朝英：《靖康缃素杂记》卷 2，《汤饼》；程大昌：《演繁露》卷 15，《不托》；续集卷 6，《蒸饼》；何薳：《春渚纪闻》卷 4，《宗威愍政事》；吴曾：《能改斋漫录》卷 15，《辨汤饼》、《煮汤饼》；高承：《事物纪原》卷 9，《汤饼》。

② 孟元老：《东京梦华录》卷 3，《马行街铺席》；卷 4，《食店》、《饼店》；吴自牧：《梦粱录》卷 16，《面食店》；《事物纪原》卷 9，《胡饼》；庄绰：《鸡肋编》卷上；周密：《武林旧事》卷 6，《蒸作从食》；《西湖老人繁胜录》；凌万顷：《玉峰志》卷下，《土产·食物》。

宋人面食中还有带馅的包子、馄饨①、饆饠馉饳之类，如有王楼梅花包子、曹婆婆肉饼、笋蕨馄饨、灌浆馒头、薄皮春茧包子、虾肉包子、肉油饼、糖肉馒头、太学馒头等名目。②岳珂《馒头》诗说："公子彭生红缕肉，将军铁杖白莲肤。"就是指那种带馅的包子。宋仁宗出生后，其父宋真宗"喜甚"，"宫中出包子以赐臣下，其中皆金珠也"③，这是以"包子"一词寓吉祥之意。蔡京"集僚属会议"，"命作蟹黄馒头"，竟"为钱一千三百余缗"，其府第专设"包子厨"，其中"缕葱丝者"竟不能"作包子"④。这是统治者穷奢极侈的一个侧面。饆饠一作毕罗，外包面皮，内装水果或肉类及佐料，然后烤熟。⑤馉饳大约类似锅贴和饺子。

　　稻和粟主要用于煮饭和熬粥。临安一带的粥品有七宝素粥、五味肉粥、粟米粥、糖豆粥、糖粥、糕粥等。⑥宋时南北方都有喝腊八粥的习俗。开封称七宝五味粥，临安称五味粥。腊月二十五，"士庶家煮赤豆粥祀食神，名曰人口粥"⑦。范成大诗叙述苏州一带的风俗，"家家腊月二十五，淅米如珠和豆煮"，"镂姜屑桂浇蔗糖，滑甘无比胜黄粱"⑧。北方食用豌豆大麦粥之类，但更多的应是小米粥。⑨糯米食品还有栗粽、糍糕、豆团、麻团、汤团、水团、糖糕、蜜糕、栗糕、乳糕等。蓬糕是"采白蓬嫩者，熟煮，细捣，和米粉，加以白糖（饴），蒸熟"而成。水团是"秫粉包糖，香汤浴之"，粉糍是"粉米蒸成，加糖曰饴"⑩。宋代还有米面，时称米缆或米线，谢枋得诗描写"米线"说，"翕张化瑶线，弦直又可弯。汤镬海沸腾"，"有味胜汤饼"⑪。粽子"一名角黍"，宋时"市俗置米于新竹筒中，蒸食之"，称"装筒"或"筒粽"，其中或加枣、栗、胡桃等类，用于端午节。⑫这种风俗流传至今。

　　①　《演繁露》卷9，《馄饨》；戴埴：《鼠璞》卷上，《馄饨》。

　　②　袁褧：《枫窗小牍》卷下；林洪：《山家清供》卷上、卷下，《梦粱录》卷16，《酒肆》、《荤素从食店》。

　　③　岳珂：《玉楮集》卷3；王栐：《燕翼诒谋录》卷3。

　　④　曾敏行：《独醒杂志》卷9；罗大经：《鹤林玉露》丙编卷6，《缕葱丝》。

　　⑤　《圣济总录》卷189，《食治妇人血气》；虁明：《饆饠考》（《中国烹饪》1988年第7期）。

　　⑥　《武林旧事》卷6，《粥》；《梦粱录》卷13，《天晓诸人出市》。

　　⑦　《东京梦华录》卷10，《十二月》；《梦粱录》卷6，《十二月》。

　　⑧　范成大：《石湖诗集》卷30，《口数粥行》。

　　⑨　苏轼：《东坡后集》卷4，《过汤阴市得豌豆大麦粥示三儿子一首》；周辉：《清波别志》卷1。

　　⑩　《梦粱录》卷13，《诸色杂货》；《武林旧事》卷6，《糕》；《山家清供》卷下；陶宗仪：《说郛》号106，《蔬食谱》。

　　⑪　高似孙：《纬略》卷4，《糁》；谢枋得：《叠山集》卷3，《谢人惠米线》。

　　⑫　《事物纪原》卷9，《粽》。

河南温县宋墓庖厨砖雕

（选自徐海荣主编《中国饮食史》第 4 卷）

　　限于古代的生产水平，广大的社会下层要维持温饱，也十分不易。正如司马光所说："农夫蚕妇所食者糠籺而不足。"① 北方穷人平时常喝小米稀粥，或"杂蔬为糜"②。粥还常用于灾年救济，如"湖州孔目官朱氏以米八百石作粥散贫"。欧阳修《食糟民》诗说，"田家种糯官酿酒"，"釜无糜粥度冬春，还来就官买糟食"③。糟糠不厌，这就是社会下层的生活写照。

　　宋代南北主食的差别相当明显。但由于北宋每年漕运六七百万石稻米至开封等地，故部分北方人，特别是官吏和军人也以稻米作主食。宋徽宗宠臣"王黼宅与一寺为邻"，"每日在黼宅沟中流出雪色饭颗"，一名僧人"漉出洗净晒干，不知几年，积成一囤"。蔡京"诸孙生长膏粱，不知稼穑"，蔡京曾问他们：

---

①　司马光：《司马文正公传家集》卷 48，《乞省览农民封事札子》。
②　岳珂：《鄂国金佗稡编》卷 4，《鄂王行实编年》。
③　王巩：《甲申杂记》；欧阳修：《欧阳文忠公全集》卷 4。

"米从何处出?"一人说:"从臼子里出。"另一人说:"不是,我见在席子里出。"这是因为宋时用席袋运米。南方人"罕作面饵",宋时有戏语说:"孩儿先自睡不稳,更将檊面杖挂门。何如买个胡饼药杀著。"① 宋高宗绍兴末年,金军攻宋失败后北撤,"遗弃粟米山积",而宋军"多福建、江、浙人,不能食粟,因此日有死者"②。这可算是南人不吃北食的极端事例。

在北宋和南宋之交,随着大批北方人的南迁,长江流域一带的稻麦两熟制更加普遍。不少地方的农民四月间"便饱吃麦饭",但有的地区,如江西抚州"出米多","厌贱麦饭,以为粗粝,既不肯吃,遂不肯种"③。信州玉山县"谢七妻不孝于姑,每饭以麦,又不得饱,而自食白粳饭"。此外,如饶州"民种荞麦,可充一两月粮。异时饥馑,得萝卜、杂菜,和米作糜,亦可度日"④。"沅、湘间多山,农家惟植粟"⑤,他们的主食与北方人相同。在海南岛,"所产粳稌不足于食,乃以薯芋杂米作粥糜以取饱"⑥。南方瑶人"耕山为生,以粟、豆、芋魁充粮,其稻田无几"。上述事例说明南方人也并不单纯食稻。⑦

二 蔬菜

蔬菜在宋人饮食中占有重要地位,人称"蔬亚于谷"。宋时的蔬菜品种已十分丰富。在两浙路的临安府,蔬菜品种有苔心、矮黄、大白头、小白头、黄芽、芥、生菜、波棱(菠菜)、莴苣、苦荬、姜、葱、薤、韭、大蒜、小蒜、茄、梢瓜、黄瓜、冬瓜、葫芦、瓠、芋、山药、牛蒡、萝卜、甘露子、茭白、蕨、芹、菌等。在江南东路的徽州,蔬菜品种有芥、芹(包括竹芹、水芹)、蒜、葱、姜、韭、胡荽、芸薹、苜蓿、颇棱(菠菜)、芦菔、百合、芋、牛蒡、茭首(茭白)、菌、笋、苏、枸杞、蒿、苦荬、苦薏、马兰、荠、苋、藜、蕨、瓠等。⑧在福建路的福州,蔬菜品种有菘、芥、莱菔、凫葵、白豆、莴苣、芸薹、雍菜、水靳、菠稜、苦荬、莙荙、东风菜、茄、苋、胡荽、同蒿、蕨、姜、葱、韭、薤、葫、冬瓜、瓠、白蘘荷、紫苏、香芹子、茵陈、紫菜、鹿角菜、芋、枸杞

① 张端义:《贵耳集》卷下;《独醒杂志》卷10;《鸡肋编》卷上。
② 徐梦莘:《三朝北盟会编》(以下简称《会编》)卷246。
③ 黄震:《黄氏日抄》卷78,《咸淳七年中秋劝种麦文》。
④ 洪迈:《夷坚丙志》卷8,《谢七嫂》;洪适:《盘洲文集》卷46,《奏旱灾札子》。
⑤ 张淏:《云谷杂记》补编卷2,《刀耕火种》。
⑥ 《东坡后集》卷6,《闻子由瘦》;《东坡续集》卷3,《和劝农》;李光:《庄简集》卷2,和苏轼诗。
⑦ 周去非:《岭外代答》卷3,《猺人》。本节叙事参见朱瑞熙:《宋代的北食和南食》,载《中国烹饪》1985年第11期,《米线考》,载《中国烹饪》1994年第11期。
⑧ 罗愿:《新安志》卷2,《蔬茹》;潜说友:《咸淳临安志》卷58,《物产》;《梦粱录》卷18,《物产》。

等。很多蔬菜也有不同品种，按《菌谱》记载，菌类就有合蕈、稠膏蕈、栗壳蕈、松蕈、竹蕈、麦蕈、玉蕈、黄蕈、紫蕈、四季蕈、鹅膏蕈等名品。①

看来各地的蔬菜品种也有差别，而南方和北方的差别尤其突出。苏轼是四川人，曾写诗赞美故乡的元修菜，"点酒下盐豉，缕橙芼姜葱。那知鸡与豚，但恐放箸空"，自称"去乡十有五年，思而不可得"。他的另一首《春菜》诗说："蔓菁宿根已生叶，韭牙戴土拳如蕨，烂烝香荠白鱼肥，碎点青蒿凉饼滑。""北方苦寒今未已，雪底波棱如铁甲。岂如吾蜀富冬蔬，霜叶露芽寒更茁。久抛菘葛犹细事，苦笋江豚那忍说。"南方冬菜丰富，而北方"冬月无蔬菜"，开封"上自宫禁，下及民间，一时收藏，以充一冬食用"②。宋时荤素调配的菜肴也相当普遍。

宋人沿用和发展了前代的腌渍等加工技术。如开封夜市中出售者有辣脚子姜、辣萝卜、咸菜、梅子姜、莴苣、笋、辣瓜儿等。临安市中出售者有姜油多、薤花茄儿、辣瓜儿、倭菜、藕鲊、冬瓜鲊、笋鲊、茭白鲊、糟琼枝、莼菜笋、糟黄芽、糟瓜齑、淡盐齑、鲊菜、醋姜、脂麻辣菜、拌生菜、诸般糟腌、盐芥等。③

素食的发达当然与佛教有关，不少"士人多就禅刹素食"。有一仲殊长老，"所食皆蜜也，豆腐、面筋、牛乳之类，皆渍蜜食之。客多不能下箸"，惟有苏轼"性亦酷嗜蜜，能与之共饱"④。

宋时已出现了素菜用荤腥命名的情况。如素蒸鸭是"蒸葫芦一枚"。玉灌肺是用真粉、油饼、芝麻、松子、核桃、莳萝六种作料，加"白糖（饴）、红曲少许为末，拌和入甑蒸熟，切作肺样"。假煎肉是用"瓠与麸薄切，各和以料煎，麸以油浸煎，瓠以肉脂煎，加葱、椒、油、酒共炒"⑤。

㊂肉类和水产

宋人的肉食中，北方比较突出的是羊。北宋时，皇宫"御厨止用羊肉"，原则上"不登彘肉"。陕西冯翊县出产的羊肉，时称"膏嫩第一"⑥。宋真宗时，"御厨岁费羊数万口"，即"市于陕西"。大致在宋仁宗、宋英宗时，宋朝又从"河北榷场买契丹羊数万"。宋神宗时，一年御厨支出为"羊肉四十三万四千四百六十三斤四两，常支羊羔儿一十九口，猪肉四千一百三十一斤"⑦，可见猪肉

① 梁克家：《淳熙三山志》卷41，《菜蔬》；《说郛》卷70，《菌谱》。
② 《东坡集》卷9，《春菜》；卷13，《元修菜》；《东京梦华录》卷9，《立冬》。
③ 《东京梦华录》卷2，《州桥夜市》；《武林旧事》卷6，《菜蔬》。
④ 吕希哲：《吕氏杂记》卷下；陆游：《老学庵笔记》卷7。
⑤ 《山家清供》卷上、卷下。《说郛》卷22的文字有所出入。
⑥ 周煇：《清波杂志》卷1；陈师道：《后山谈丛》卷2；陶毂：《清异录》。
⑦ 《宋会要辑稿》（以下简称《宋会要》）职官21之3、10，方域4之10。

妇女斫鲙画像砖（选自《文物》1979 年第 3 期）

的比例很小。宋哲宗时，高太后听政，"御厨进羊乳房及羔儿肉"，"下旨不得宰羊羔以为膳"。看来羊羔肉尤为珍贵。即使到南宋孝宗时，皇后"中宫内膳，日供一羊"。南宋时，产羊显然不多，"吴中羊价绝高，肉一斤为钱九百"。有人写打油诗说："平江九百一斤羊，俸薄如何敢买尝。只把鱼虾充两膳，肚皮今作小池塘。"①

随着南北经济交往的日益密切，京都开封的肉食结构也逐渐发生变化。欧阳修诗说，在宋统一中原以前，"于时北州人，饮食陋莫加，鸡豚为异味，贵贱无等

---

① 《甲申杂记》；《宋会要》后妃 2 之 21；《夷坚丁志》卷 17，《三鸦镇》。

差"。自"天下为一家"后，"南产错交广，西珍富邛巴，水载每连轴，陆输动盈车。溪潜细毛发，海怪雄鬃牙。岂惟贵公侯，闾巷饱鱼虾"。尽管如此，苏轼诗中仍有"十年京国厌肥羜"之句，说明在社会上层中，肉食仍以羊肉为主。①

仅次于羊肉者，当然是猪肉。开封城外"民间所宰猪"，往往从南薰门入城，"每日至晚，每群万数，止数十人驱逐"。当地"杀猪羊作坊，每人担猪羊及车子上市，动即百数"。临安"城内外，肉铺不知其几"，"悬挂成边猪"，"各铺日卖数十边"。另有"修义坊，名曰肉市，巷内两街，皆是屠宰之家，每日不下宰数百口"，以供应饮食店和摊贩。② 可见这两大城市的猪肉消费量之大。

在宋代农业社会中，牛是重要的生产力。官府屡次下令，禁止宰杀耕牛。宋真宗时，西北"渭州、镇戎军向来收获蕃牛，以备犒设"，皇帝特诏"自今并转送内地，以给农耕，宴犒则用羊豕"。官府的禁令，又使牛肉成为肉中之珍。如"浙民以牛肉为上味，不逞之辈竞于屠杀"③。"秀州青龙镇盛肇，凡百筵会，必杀牛取肉，巧为庖馔，恣啖为乐。"④

鸡、鸭、鹅等家禽，还有兔肉、野味之类，也在宋代的肉食中占有一定比例。在当时的经济技术条件下，江河湖海中的水产品是取之不尽、用之不竭的。开封市场中出售盘兔、野鸭肉、鹑、鸠、鸽、螃蟹、蛤蜊之类。饮食店出售的菜肴有新法鹌子羹、虾蕈羹、鹅鸭签、鸡签、炒兔、葱泼兔、煎鹌子、炒蛤蜊、炒蟹、洗手蟹、姜虾、酒蟹等。开封的新郑门、西水门和万胜门，每天"生鱼有数千担入门。冬月即黄河诸远处客鱼来，谓之车鱼，每斤不上一百文"⑤。据说，淮南"虾米用席裹入京，色皆枯黑无味，以便溺浸一宿，水洗去，则红润如新"⑥。

苏轼描写海南岛的饮食诗说，"五日一见花猪肉，十日一遇黄鸡粥"，"荐以熏鼠烧蝙蝠"。鼠和蝙蝠肉也成为当地的重要肉食。其诗又称"粤女市无常，所至辄成区，一日三四迁，处处售虾鱼"⑦。南方的水产无疑比北方更加丰富和便宜。《宝庆四明志》卷4《叙产》和《淳熙三山志》卷42《水族》分别记录了明州（治今浙江宁波）和福州的好几十种鱼类和水产。地区性的肉食，如"闽

① 《欧阳文忠公全集》卷6，《初食车螯》；《东坡后集》卷6，《闻子由瘦》。

② 《东京梦华录》卷2，《朱雀门外街巷》；卷3，《天晓诸人入市》；《梦粱录》卷16，《肉铺》。

③ 《宋会要》食货17之23，63之165—166，刑法2之7、12。

④ 《湖海新闻夷坚续志》前集卷2，《戒食牛肉》。

⑤ 《东京梦华录》卷2，《州桥夜市》、《东角楼街巷》、《饮食果子》；卷4，《鱼行》。

⑥ 《清波杂志》卷12；《清波别志》卷下。

⑦ 《东坡后集》卷6，《闻子由瘦》；《东坡续集》卷1，《雷州》。

浙人食蛙，湖湘人食蛤蚧"，即"大蛙"，而"广南食蛇，市中鬻蛇羹"①。广东人吃蛇肉的习俗是古已有之。

宋代对肉类和水产的各种腌、腊、糟等加工也有相当发展。梅尧臣的《糟淮鲌》诗说："空潭多鲌鱼，网登肥且美，糟渍奉庖厨。"② 临安有不少"下饭鱼肉鲞腊等铺"，如石榴园倪家犯鲊铺。市上出售的"犯鲊"有胡羊犯、兔犯、糟猪头、腊肉、鹅鲊、玉板鲊、黄雀鲊、银鱼鲊、鲞鱼等。大将张俊赋闲后，宋高宗亲至张府，张俊进奉的御筵中专有"脯腊一行"，包括虾腊、肉腊、奶房、酒醋肉等十一品。③ 在广南一带，"以鱼为鲊，有十年不坏者。其法以豝及盐、面杂渍，盛之以瓮。瓮口周为水池，覆之以碗，封之以水，水耗则续，如是故不透风"④。这确是一种科学的腌渍方法。

四 果品

宋时果品的数量、质量和品种都相当丰富。北宋西京洛阳的桃有冬桃、蟠桃、胭脂桃等 30 种，杏有金杏、银杏、水杏等 16 种，梨有水梨、红梨、雨梨等 27 种，李有御李、操李、麝香李等 27 种，樱桃有紫樱桃、腊樱桃等 11 种，石榴有千叶石榴、粉红石榴等 9 种，林檎有密林檎、花红林檎等 6 种。⑤ 在南方沿海的台州，其水果品种包括梅、桃、李、杏、梨、莲、安石榴、枇杷、橘、金橘、橙、朱栾、柚、杨梅、樱桃、林檎、葡萄、栗、榛、银杏、枣、柿、杨桃、瓜、木瓜、榧、菱、芡、荸荠、藕、甘蔗、葛、茨菰等。福州出产的果品有荔枝、龙眼、橄榄、柑橘、橙子、香橼子、杨梅、枇杷、甘蔗、蕉、枣、栗、葡萄、莲、鸡头、芰、樱、木瓜、瓜、柿、杏、石榴、梨、桃、李、林檎、胡桃、柰、杨桃、王坛子、茨菰、菩提果、新罗葛等。⑥ 宋人的果品概念与今人略有不同，如藕、菱、莲之类，今人已不作为水果。此外，宋时称为"果子"者，有时专指橘红膏、荔枝膏、二色灌香藕、糖豌豆、蜜枣儿、乌梅糖、薄荷蜜一类食品。⑦

宋代果品的地区差别比蔬菜更为显著。梨以北方为上，名品有语儿梨、凤栖梨、金凤梨等，"最佳者鹅梨，江南所产大不及"。葡萄传入中原后，为宋代

① 朱彧：《萍洲可谈》卷 2。
② 梅尧臣：《宛陵先生集》卷 12。
③ 《梦粱录》卷 13，《铺席》；卷 16，《鲞铺》；《武林旧事》卷 6，《犯鲊》，卷 9。
④ 《岭外代答》卷 6，《老鲊》。
⑤ 周叙：《洛阳花木记》（《说郛》卷 26）。
⑥ 陈耆卿：《嘉定赤城志》卷 36；《淳熙三山志》卷 41，《果实》。
⑦ 《梦粱录》卷 18，《物产》；《武林旧事》卷 6，《果子》。

珍果，以太原所产"名重天下"。荔枝是宋代最负盛名的水果，宋人认为，唐朝杨贵妃所嗜的四川荔枝，实际上是荔枝中的次品。① 荔枝中的极品是福建兴化军的陈紫。蔡襄的《荔枝谱》列举了陈紫、江绿、方家红、游家紫等32个著名品种，都是福建沿海四郡所产。福州一地就有江家绿、绿核、圆丁香、虎皮、牛心等28个品种。荔枝"佳者莫如兴化，海南荔枝可比闽中，不及兴化矣。然广西诸郡富产圆眼"，圆眼即是龙眼，"大且多肉，远胜闽中"②。在四川，"绿荔枝为戎州第一"，而王公权家的"荔枝绿酒亦为戎州第一"③。一般说来，南方的果品自然比北方丰富。据宋人介绍，在广南出产的水果，尚有石栗、龙荔、木竹子、冬桃、罗望子、人面子、乌榄、方榄、椰子、蕉子、芽蕉子、红盐草果、菠萝蜜等。④

宋时的果品也有各种加工技术。如有荔枝、圆眼、香莲、梨肉、枣圈、林檎旋之类干果，蜜冬瓜鱼儿、雕花金橘、雕花枨子之类"雕花蜜煎"，香药木瓜、砌香樱桃、砌香葡萄之类"砌香咸酸"，荔枝甘露饼、珑缠桃条、酥胡桃、缠梨肉之类"珑缠果子"⑤。《荔枝谱》介绍荔枝的三种加工技术。一是红盐，"以盐梅卤浸佛桑花为红浆，投荔枝渍之。曝干，色红而甘酸，可三四年不虫"，"然绝无正味"。二是日晒，用"烈日干之，以核坚为止，畜之瓮中，密封百日，谓之出汗"。三是蜜煎，"剥生荔枝，榨出其浆，然后蜜煮之"。

五 饮料

茶和酒是宋时最重要的饮料。由于赢利丰厚，一直归官府专卖。

宋人的制茶和饮茶方式与今人不同。制茶分散茶和片茶两种。按宋人的说法："唐造茶与今不同。今采茶者得芽，即蒸熟焙干，唐则旋摘旋炒。"焙干后，即成散茶。片茶又称饼茶或团茶。其方法是将蒸熟的茶叶榨去茶汁，然后将茶碾磨成粉末，放入模内，压制成形。后一种方法不免破坏茶的真味，降低茶的养分，逐渐被后世所淘汰。然而在宋时，片茶却是茶之上品。有的片茶"以珍膏油其面"，又称腊茶或腊面茶。还须指出，"唐未有碾磨，止用臼"⑥，宋时方大量推广碾磨制茶的技术。

---

① 顾文荐：《负暄杂录》（《说郛》卷18）；刘敞：《公是集》卷7，《葡萄》；文彦博：《文潞公集》卷17，《蒙惠咸阳水梨极佳快太原凤栖梨少许纳上非报也欲校其味耳》。

② 《淳熙三山志》卷41，《果实》；《岭外代答》卷8，《荔枝圆眼》。

③ 黄庭坚：《山谷内集诗注》卷13，《廖致平送绿荔枝为戎州第一王公权荔枝绿酒亦为戎州第一》。

④ 范成大：《桂海虞衡志·志果》。

⑤ 《武林旧事》卷9；《东京梦华录》卷2，《饮食果子》。

⑥ 朱翌：《猗觉寮杂记》卷上；蔡襄：《茶录》（《说郛》卷81）。

片茶中品位最高的是福建路的建州和南剑州所产，"既蒸而研，编竹为格，置焙室中，最为精洁，他处不能造。有龙、凤、石乳、白乳之类十二等，以充岁贡及邦国之用"。在江南西路和荆湖南、北路的一些府、州、军，出产的片茶"有仙芝、玉津、先春、绿芽之类二十六等"，两浙路和宣州、江州、鼎州"又以上、中、下或第一至第五为号"。散茶出产于淮南、江南、荆湖等路，有龙溪、雨前、雨后等名品。四川茶的产量高于东南，但"蜀茶之细者，其品视南方已下，惟广汉之赵坡、合州之水南、峨眉之白牙、雅安之蒙顶，土人亦珍之"①。

蔡襄《茶录》说："茶有真香，而入贡者微以龙脑和膏，欲助其香。建安民间试茶皆不入香，恐夺其真。若烹点之陆，又杂珍果香草，其夺益甚。"这反映北宋时已出现花茶。

妇女烹茶画像砖（选自《文物》1979年第3期）

宋人饮茶，也沿用唐人煎煮的方式，北宋刘挚诗说，"双龙碾圆饼，一枪磨新芽。石鼎沸蟹眼，玉瓯浮乳花"。"欢然展北焙，小鼎亲煎烹"。描写了煎煮御茶的情景。陆游诗称"汲水自煎茗"，"雪液清甘涨井泉，自携茶灶就烹煎"②，也是用水煎茶。或说"南人未知煮茶"，但陆游就是南方人。但后来的饮茶"鲜以鼎镬"，多为"用瓶煮水"，用开水烫茶盏，将少许水调成茶膏，然后以沸水冲泡，称为点。点茶是宋代的特色茶饮。南宋罗大经认为，"瀹茶之法，汤欲嫩而不欲老，盖汤嫩则茶味甘，老则过苦矣"，"惟移瓶去火，少待其沸止而瀹

---

① 《宋史》卷183、184，《食货志》。

② 刘挚：《忠肃集》卷15，《煎茶》、《石生煎茶》；陆游：《剑南诗稿》卷14，《夜汲井水煮茶》；卷31，《效蜀人煎茶戏作长句》；卷80，《雪后煎茶》。

之，然后汤适中而茶味甘"①。

此外，据苏轼说，"唐人煎茶用姜"，"又有用盐者矣。近世有用此二物者，辄大笑之"②。看来，唐人在茶中加姜和盐的习惯逐渐被宋人抛弃。

自唐迄宋，饮茶的习俗愈益普遍，"茶之为民用，等于米盐，不可一日以无"。即使在社会底层，茶也成为重要的交际手段。如"东村定昏来送茶"，而田舍女的"翁媪"却"吃茶不肯嫁"。"田客论主，而责其不请吃茶"。农民为了春耕，"裹茶买饼去租牛"③。但是，由于官府实行榷茶，即专卖，平民的食茶有相当大的比例不免质量低劣。④

自社会上层至下层，酒也是宋时消费量很大的饮料。按今人的研究，当时的酒可分黄酒、果酒、配制酒和白酒四大类。黄酒以谷类为原料，"凡酝用粳、糯、粟、黍、麦等及曲法酒式，皆从水土所宜"⑤。由于宋代南方经济的发展，糯米取代黍等，成为主要的造酒原料。宋代果酒包括葡萄酒、密酒、黄橘酒、椰子酒、梨酒、荔枝酒、枣酒等，其中以葡萄酒的产量较多，《五总志》说："葡萄酒自古称奇，本朝平河东，其酿法始入中都。"河东盛产葡萄，也是葡萄酒的主要产区。但宋代的果酒制作技术还比较原始，在酒类消费中的比例不大。宋时的配制酒多属品味的滋补性药酒，如有酴醾酒、菊花酒、海桐皮酒、蝮蛇酒、地黄酒、枸杞酒、麝香酒等，今人统计约近百种。白酒是中国独有的一种蒸馏酒。关于白酒的起源，学者们有不同的看法，一种说法认为，白酒起源于唐宋时期，是中国人独立完成，而非外域传入。但宋人所谓的"白酒"，并不具有蒸馏酒的性质，当时的称呼是蒸酒、烧酒、酒露等。

宋酒的一大特点，是相当普遍地使用瓶装。直到唐代，沽酒往往行用升斗之类，宋时则大量使用酒瓶。瓶装酒大致自一升至三升不等。宋太宗时，因酒质低劣，皇帝下诏将两浙"湖州万三千三百四十九瓶，衢州万七千二百八十三瓶"，"并许弃之"。宋真宗末，"杭州酒务每岁卖酒一百万瓶，每瓶官价六十八文"。宋神宗时，"每年宫观道场设醮"，使用大量皇室"法酒"，要"勾收空瓶"。南宋时，"临安岁供祠祭酒一千六百余瓶、坛，又供天章阁、景灵宫及取赐酒一万四千二百余瓶、坛"⑥。

———————————

① 袁文：《瓮牖闲评》卷6；《鹤林玉露》丙编卷3，《茶瓶汤侯》。

② 苏轼：《东坡志林》卷10。

③ 王安石：《王文公文集》卷31，《议茶法》；李荐：《济南集》卷3，《田舍女》；朱熹：《朱子语类》卷123；《剑南诗稿》卷31，《春耕》。

④ 关于宋人饮茶，参见漆侠：《宋代经济史》第22章；贾大泉、陈一石：《四川茶业史》第3章第3节。

⑤ 《宋史》卷185，《食货志》。

⑥ 《宋会要》食货20之4、6，职官21之3；赵彦卫：《云麓漫钞》卷3。

妇女煮酒画像砖（选自《文物》1979 年第 3 期）

宋时出现了一批名酒。《曲洧旧闻》卷 7 和《说郛》弓 94《酒名记》所记录的，是北宋晚年的名酒。如有宋英宗高后家的香泉、宋神宗向后家的天醇、宋徽宗郑后家的坤仪、宋徽宗钟爱的儿子郓王赵楷府的琼腴、宠臣蔡京家的庆会、宦官童贯家的襄功、梁师成家的嘉义和杨戬家的美诚之类，都是达官贵人家酿造的。另有如开封丰乐楼的眉寿、白矾楼的和旨、忻乐楼的仙醪等，都是大酒楼之类酿造的。还有各地的名酒，如北京大名府的香桂和法酒，南京应天府的桂香和北库，西京河南府的玉液和醁醁香，相州的银光和碎玉，定州的中山堂和九酝等。宋孝宗时，"禁中供御酒，名蔷薇露，赐大臣酒，渭之流香酒"。到南宋晚期，名酒还有如军队殿前司的凤泉、浙东提举常平司的爱咨堂、浙西提举常平司的皇华堂、江东转运司的筹思堂、苏州的双瑞、越州的蓬莱春等，都由官府生产。又如秀王府的庆远堂、宋高宗吴后家的蓝桥风月、宋宁宗杨后家的清白堂等，属达官贵人家酿造。临安"人物浩繁，饮之者众"，而"诸司、邸第及诸州供送之酒"，尚不在名酒之列。① 上述名酒仅有一部分是商品，但无疑是宋时酒文化发达的标志。②

宋时另有其他饮料，如在临安的"诸般水名"，有瀌梨浆、椰子酒、木瓜汁、皂儿水、绿豆水、卤梅水、富家散暑药冰水等。③ 宋人饮用豆浆也有某种普遍性。《夷坚支甲》卷6《七姑子》载，赣州"有卖豆乳者，数女妇从宅出就买"。

☉ 调味品

宋人说："盖人家每日不可缺者，柴、米、油、盐、酱、醋、茶。"另一说作"早晨起来七般事，油、盐、酱、豉、姜、椒、茶"④。此处大部分涉及了食物的调味品。盐在调味品中居于首位，宋代的盐由官府专卖，是重要的财政收入。"酱，八珍主人也，醋，食总管也。"方回说，"单稻酱则麦、豆和面蒸煮，和盦成酱黄，调水下盐，曝以赫日，凡羹味煎熬，无不用之"。当时的词义与古时不同，"酱自是酱，醯自是醋"。除盐之外，油、酱和醋无疑是宋时最重要的调味品。北宋沈括说："今之北方，人喜用麻油煎物，不问何物，皆用油煎。"⑤

今人普遍使用的酱油，起源于何时，尚无定论。《山家清供》卷下介绍"忘忧齑"的制作，"以酱油滴醋，作为齑"，但《说郛》卷22 的同段文字作"以醯酱作为齑"。"酱油"也可理解为"酱、油"，未必就是现代的酱油。《山家清供》卷下的《豆黄签》，《说郛》卷22 作"豆黄羹"，其中提及使用"酱汁"，可能就是酱油。但从宋代的记载看，当时使用酱无疑比酱汁普遍。

宋代的甜味有白糖、砂糖和蜂蜜。程大昌说："凡饴谓之饧，自关而东通语也，今人名为白糖者是也，以其杂米糵为之也。饴即饧之融液，而可以入之食

---

① 《老学庵笔记》卷7；《武林旧事》卷6，《诸色酒名》。
② 关于宋代的酒，参见李华瑞：《宋代酒的生产和征榷》，载《中国史研究》1991 年第 3 期《宋代酿酒业简述》；朱瑞熙：《宋代的酒瓶和瓶酒》，载《中国烹饪》1991 年第 8 期。
③ 《西湖老人繁胜录》。
④ 《梦粱录》卷16，《鲞铺》；《湖海新闻夷坚续志》前集卷1，《俗谚试题》。
⑤ 《清异录》；魏了翁、方回：《古今考》卷34；沈括：《梦溪笔谈》卷24。

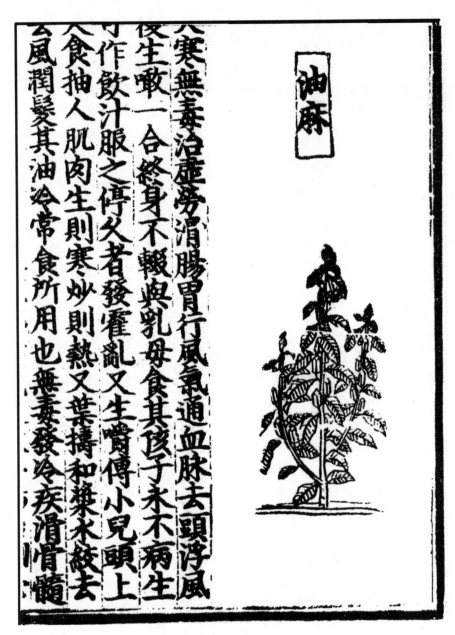

油麻　（选自曹孝忠《重修政和经史证类备用本草》）

饮中者也。"① 砂糖"以甘蔗汁煎"成②，宋时尚是红黑色原糖。宋代甘蔗种植

---

① 《演繁露》卷4，《饧饧》。
② 《老学庵笔记》卷6；史绳祖：《学斋占毕》卷4，《煎糖始于汉不始于唐》。

面积有所扩大，蔗糖的名贵产品是糖霜，即糖冰，以致有《糖霜谱》传世。甜味用于制作糕点，浸渍食品以及某些菜肴的调味。但限于产量，其普及的程度尚不能与油盐酱醋相比。宋时已出现所谓"戏剧糖果"，有行娇惜、糖宜娘、打秋千等名目。在临安"沿街叫卖小儿诸般食件"有麻糖、锤子糖、鼓儿饧等名目。①

宋代的调味品品类繁多，甚至包括一些药物。除酱油和味精外，已与今人差别不大。如江南、福建一带，"食红糟，蔬菜鱼肉，率以拌和，更不食醋"②，与今福建菜的风味相似。

对穷乡僻壤的农民而言，调味品也是十分难得的。有的"荷薪刍入城市"，换得几十文钱，"买葱、茹、盐、醯，老稚以为甘美"，甚至有"经年不食盐者"③。

第二节　饮食业的兴旺

宋代的饮食业是与商品经济，特别是大城市同步发展的。在北宋后期的开封城中，"市井经纪之家往往只于市店旋买饮食，不置家蔬"，"夜市直至三更尽，才五更又复开张，如要闹去处，通晓不绝"。"冬月虽大风雪阴雨，亦有夜市"。夜市中出售各种糕饼、果品、肉食、羹汤等，还有"提瓶卖茶者"。"每日交五更"，瓠羹店"间有灌肺及炒肺，酒店多点灯烛沽卖，每分不过二十文，并粥饭、点心，亦间或有卖洗面水，煎点汤茶药者"。开封的饮食业大致包括酒楼、食店、饼店和茶肆。食店的饮食风格和菜系可分为北食、南食和川饭三类。"都人侈纵，百端呼索，或热，或冷，或温，或整，或绝冷，精浇、膘浇之类。"开封有很多著名的酒楼食店，如白矾楼后改名丰乐楼，在宋徽宗宣和时，"更修三层相高，五楼相向，各用飞桥栏槛，明暗相通，珠帘绣额，灯烛晃耀"。寺院的素斋也成为饮食业的一种。著名的相国寺内，"每遇斋会，凡饮食茶果，动使

① 耐得翁：《都城纪胜·食店》；《梦粱录》卷13，《诸色杂货》。
② 《鸡肋编》卷下。
③ 张方平：《乐全集》卷26，《论率钱募役事》；杨时：《龟山集》卷1，《上渊圣皇帝》。

器皿，虽三五百分，莫不咄嗟而辨"①。

南宋临安的饮食业包括茶肆、酒肆，分茶酒店、面食店、荤素从食店等。其名店如有杂货场前甘豆汤、戈家蜜枣儿、官巷口光家羹、钱塘门外宋五嫂鱼羹、涌金门灌肺、五间楼前周五郎蜜煎铺、太平坊大街东南角虾蟆眼酒店、朝天门里朱家元子糖蜜糕铺、和乐楼、熙春楼等。临安饮食业往往仿效北宋开封风尚，也有早市和夜市，而水产品菜肴尤为丰富。酒楼中各种山珍海味，"凡下酒羹汤，任意索唤，虽十客各欲一味，亦自不妨。过卖、铛头记忆数十百品，不劳再四，传喝如流，便即制造供应，不许小有违误。酒未至，则先设看菜数碟，及举杯则又换细菜，如此屡易，愈出愈奇"。当地"经纪市井之家往往多于店舍，旋买见成饮食，此为快便耳"②。

宋代饮食业当然也呈现阶级差别。如临安城中"有卖菜羹饭店，兼卖煎豆腐、煎鱼、煎鲞、烧菜、煎茄子，此等店肆乃下等人求食粗饱，往而市之矣"。另有生产团子、馒头、灌肺之类的"作坊"，"或有贫而愿者，凡货物盘架之类，一切取办于作坊，至晚始以所直偿之。虽无分文之储，亦可糊口"。城市中沿街叫卖吃食的小贩甚多。开封的"后街或闲空处团转盖屋，向背聚居，谓之院子，皆小民居止，每日卖蒸梨枣、黄糕糜、宿蒸饼、发芽豆之类"③。"番阳城中，民张二以卖粥为业。""福州城西居民游氏家素贫，仅能启小茶肆，食常不足。""饶州市贩细民鲁四公煮猪羊血为羹，售人，以养妻、子，日所得不能过二百钱。"④

在小市镇和交通要冲也有饮食业。如"韩洙者，洺州人，流离南来，寓家信州弋阳县大郴村"，"地名荆山。开酒肆及客邸。乾道七年季冬，南方举人赴省试，来往甚盛"。当时村市邸店往往兼营饮食，"浦城永丰境上村民作旅店，有严州客人赍丝绢一担来，僦房安泊"。夫妇"即醉以酒"，图财害命。⑤"德兴南市乡民汪一启酒肆于村中"⑥，这又是单一的乡村酒店。陆游诗有"三更投小市，买酒慰羁旅"，"牛饮桥头小市东，店门系马一樽同"，"陌上歌呼簪稻穗，

---

① 《东京梦华录》卷2，《州桥夜市》、《酒楼》、《饮食果子》；卷3，《相国寺内万姓交易》、《马行街铺席》、《天晓诸人入市》；卷4，《食店》。关于开封饮食业，参见周宝珠：《宋代东京研究》第7章商业（二）。

② 《梦粱录》卷13，《铺席》、《天晓诸人出市》、《夜市》；卷16，《茶肆》、《酒肆》、《分茶酒店》、《面食店》、《荤素从食店》；《武林旧事》卷6，《酒楼》。关于临安饮食业，参见林正秋：《南宋都城临安》第8章，《都市的经济（二）》，"商业"。

③ 《梦粱录》卷16，《面食店》；《武林旧事》卷6，《作坊》；《东京梦华录》卷3，《诸色杂卖》。

④ 《夷坚丙志》卷11，《张二子》；《夷坚支癸》卷8，《游伯虎》、《鲁四公》。

⑤ 《夷坚丁志》卷7，《荆山客邸》；《夷坚乙志》卷3，《浦城道店蝇》。

⑥ 《夷坚三志壬》卷10，《汪一酒肆客》。

桥边灯火买官醅","草市寒沽酒","饥从野店烹葵饭","小市疏灯有酒垆"等句①，都是描写草市和小市的饮食业。此类饮食店自然不能与大城市的高级食店酒肆相比，陆游的另一首诗叙述他投宿四川一个十八里草市的情形："月黑叩店门，灯青坐床簀。饭粗杂沙土，菜瘦等草棘。泰然均一饱，未觉异玉食。"宋时官办的驿站也往往安排过往官员士人的饮食，如陆游在四川弥牟镇驿舍的诗说："邮亭草草置盘盂，买果煎蔬便有余。"②

第三节　饮食习俗及烹饪技艺

众所周知，各个民族和时代的饮食习俗及烹饪技艺有很大差别。宋人较普遍的是一日三餐，陈淳说，乡村贫苦客户"不能营三餐之饱，有镇日只一饭，或达暮不粒食者"③，穷人还不可能保证一日三餐。方回说，"诸寺观不耕而食"，"披剃之余，二粥一饭"，这大致上是指东南一带的僧道饮食习俗。他又说："近世东南省斗学粮养士，一餐破七合半，上等白米也。人家常食百合斗，一餐人五合可也。多止两餐，日午别有点心。"④ 虽然同是一日三餐，但正餐又各不相同。僧道的正餐是在一饭，而学生的正餐应是早晚两顿。按宋时沿用唐代的饮食习俗，"例以早晨小食为点心"，这又与学生"日午别有点心"不同。点心相当于今人点饥之意。⑤

今人食用果品，往往是在饭后，而宋人却是在饭前。《武林旧事》卷9记载宋高宗亲幸大将张俊府中的御筵"节次"，最初是"进奉"干果，"雕花蜜煎"和"砌香咸酸"瓜果、"脯腊"、"切时果"、"时新果子"等，然后再进菜"下酒"。这种习俗在《水浒》中也有所反映，设酒筵待客，都要铺陈果品。

---

① 《剑南诗稿》卷3，《长木夜行抵金堆市》；卷6，《牛饮市中小饮呈坐客》；卷24，《立秋前四日夜泛舟至跨湖桥》；卷28，《村居》；卷80，《游山步》。

② 《剑南诗稿》卷6，《弥牟镇驿舍小酌》；卷8，《自广汉归宿十八里草市》。

③ 陈淳：《北溪大全集》卷44，《上庄大卿论鬻盐》。

④ 《古今考》卷18。

⑤ 《能改斋漫录》卷2，《点心》；《鸡肋编》卷下叙述孙卖鱼给宋徽宗蒸饼，说："可以点心。"

此外，宋代的饮食习俗也有很多地区、民族等差别。如时称"南食多盐，北食多酸，四夷及村落人食甘，中州及城市人食淡"。古时寒食节不用热食，而"寒食火禁"，尤"盛于河东"，"太原本寒食一月，遂谓寒食为一月节"，"而陕右亦不举爨者三日"，开封却并不严格。古时席地饮食的习俗，到宋时已完全改变。但至少部分僧人仍保留了古俗，史绳祖"曾观成都华严阁下饭万僧"，"席地而坐，不设椅桌，即古之设筵敷席也"，"终食之间，寂然无声"。北宋时，开封"相国寺饭僧"，也是类似情形。① 至于僧人吃素，自不待言。

广南"桂州妇人产男者，取其胞衣，净濯细切，五味煎调之。召至亲者合宴，置酒而啖。若不与者，必致怒争"②。广州人"不以贫富、长幼、男女，自朝至暮，宁不食饭，唯嗜槟榔"。钦州人"亲死，不食鱼肉，而食螃蟹、车螯、蚝、螺之属，谓之斋素，以其无血也。海南黎人亲死，不食粥饭，唯饮酒，食生牛肉，以为至孝在是"。广南汉人和一些少数民族，"不问鸟兽蛇虫，无不食之"，他们的食品包括鼠、蝗虫、蜂房等，有些少数民族还有"鼻饮"，即用"小管"插入鼻中饮水的习惯。③ 南方的蜑人则"以舟楫为家，采海物为生，且生食之"④。瑶族"种禾、黍、粟、豆、山芋，杂以为粮，截竹筒而炊，暇则猎食山兽以续食"。他们"岁首祭盘瓠"时，"杂揉鱼肉酒饭于木槽，扣槽群号为礼"。壮族人喜欢"抟饭掬水以食"⑤。凡此种种，都成为宋代丰富多彩的饮食文明的组成部分。

中华的烹饪技艺源远流长。宋代实际上按照色、香、味、形、名五者兼全的原则，烹制了很多美馔佳肴。但限于当时的生产水平和社会条件，烹饪技艺只能归社会上层的很少数人享用。前述《武林旧事》卷9记录宋高宗亲幸大将张俊府的御筵，提供了中国今存最早的御筵清单。其中光是"下酒十五盏"，就有三十道菜，如"第一盏"是"花炊鹌子、荔枝白腰子"，"第二盏"是"奶房签、三脆羹"，"第三盏"是"羊舌签、萌芽肚胦"。此外，还有炒白腰子、炙鹌子脯、润鸡、润兔等"插食"，"砌香果子"、"雕花蜜煎"等"劝酒果子库十番"，煨牡蛎、蝤蛑签等"厨劝酒十味"，莲花鸭签、三珍脍、南炒鳝等"对食十盏二十分"，真可谓是山珍海味，食不厌精，脍不厌细。有宋人得皇帝"每日赐太子玉食批数纸"，由"司膳内人所书"，如有酒醋白腰子、三鲜笋炒鹌子、

① 《萍洲可谈》卷2；《鸡肋编》卷上；《学斋占毕》卷2。
② 彭乘：《墨客挥犀》卷2。
③ 《岭外代答》卷6，《食槟榔》、《异味》、《斋素》；卷10，《鼻饮》；《文献通考》卷331，引《桂海虞衡志》。
④ 《桂海虞衡志·志蛮》。
⑤ 《文献通考》卷328、卷330，引《桂海虞衡志》。

烙润鸠子、湖鱼糊、炒田鸡等，共计约二十种。①

宋代豪华宴会的排场，有所谓"四司六局"。帐设司掌管各种陈设；茶酒司掌管茶汤、热酒，安排座次，迎送等；厨司掌管烹饪；台盘司掌管杯盏碗碟的传送之类。果子局、蜜煎局和菜蔬局负责三种食品的供送，油烛局、香药局和排办局负责灯烛、香料以及打扫等事。②

南宋后期某知府雇一"京都厨娘"，须以"回轿接取"。她置办"羊头签五分，合用羊头十个"，只"剔留脸肉，余悉掷之地"，说："此皆非贵人之所食矣。"五斤葱则仅"取条心之似韭黄者，以淡酒、醯浸喷，余弃置了不惜"。其他仆人捡起剩下的羊头，则被她讥笑说："若辈真狗子也！"宋代的"签"即是羹③，厨娘做出的羊头签等菜肴固然"馨香脆美，济楚细腻，难以尽其形容，食者举箸无赢余，相顾称好"。但厨娘却要按惯例索取重金"支赐"，这个官员不得不感到"事力单薄"，认为"此等厨娘不宜常用，不两月，托以他事，善遣以还"。临安"最为下色"的厨娘，连一个知府也无力雇用④，足见统治者的豪侈，高级烹饪的昂贵。

从今存宋代史料，包括《山家清供》所提供的食谱看，宋人使用水、油以及各种作料的烹饪，如煮、蒸、炒、煎、炸、脍、炙等，大体已与今人相似。宋时喜欢对各种食肴取以美名，在前已引证不少，如《山家清供》中有黄金鸡、玉灌肺、神仙富贵饼、脆琅玕、东坡豆腐等，豆腐以文豪苏轼的号命名，也独具特色。相沿至今，对食肴取以美名，已成为中华饮食文明的重要组成部分。⑤

---

① 陈世崇：《随隐漫录》卷2；《说郛》号95，《玉食批》。
② 《都城纪胜·四司六局》；《梦粱录》卷19，《四司六局筵会假赁》。
③ 参见朱瑞熙：《中国古代的"签"》，载《中国烹饪》1993年第6期。
④ 洪巽：《畅谷漫录》（《说郛》卷73）。
⑤ 本章参见陈伟明：《唐宋饮食文化初探》。

第三章
饮食（下）：辽、西夏、金等饮食

第一节　辽代饮食

　　主宰辽朝的契丹人长期保持了游牧民族的风俗，这是十分独特的。史称契丹人"马逐水草，人仰湩酪"，他们生活在"大漠之间，多寒多风，畜牧畋渔以食，皮毛以衣，转徙随时，车马为家"。但大致在"长城以南"的汉人、渤海人等聚居地，却是"耕稼以食"①。

　　契丹人的饮食不仅依赖于牲畜的肉和乳，"亦有挈车帐，逐水草射猎，食止糜粥、麨糒"②。沈括也说，契丹人"食牛羊之肉酪而衣其皮，间啖麨粥"③。可见他们也食用五谷，并用以煮粥，制作干粮"麨糒"。辽兵"每正军一名"，须备"麨一斗，麨袋"一个④。按契丹人的风俗，产妇要服用"调酥杏油"，"黑豆汤调盐三分"⑤。沈括又说，辽朝"中京始有果蓏，而所植不蕃。契丹之粟、果、

────────────────

① 《辽史》卷 32，《营卫志》；卷 59，《食货志》。
② 《宋会要》蕃夷 2 之 8；《文献通考》卷 346。
③ 贾敬颜：《〈使契丹图抄〉疏证稿》（《文史》第 22 辑）。
④ 《辽史》卷 34，《兵卫志》。
⑤ 王易：《重编燕北录》（《说郛》卷 38）。

契丹奴仆备食图（选自徐海荣主编《中国饮食史》第 4 卷）

瓠皆资于燕，粟车转，果、瓠以马送之虏廷"①。这表明在契丹统治者的食品中，肉和乳的比例就更小。每年"正月一日，国主以糯米饭、白羊髓相和为团，如拳大，于逐帐内各散四十九个"，用于师巫"惊鬼"②，估计平时也应食用此类糯米团。辽朝产羊很多，如前所述，有大量的羊出口宋朝。"燕北第产羊，俗不畜猪。"③

　　渔猎所得，在契丹人的食物中占有相当比例。按辽朝皇帝四时捺钵的习俗，每年春捺钵，首先要"卓帐冰上，凿冰取鱼"，"得头鱼，辄置酒张宴"，名"头鱼宴"。"头鱼"不是普通的鱼类，而是鳇鱼、鲟鱼之类，体重力大，不易捕取。接着，他们又用海东青鹘捕天鹅，"鹘擒鹅坠"，"举锥刺鹅，取脑以饲鹘"，"皇帝得头鹅，荐庙"，又要举行头鹅宴。在秋捺钵时，"鹿性嗜咸，洒碱于地以诱鹿"，或诱"鹿饮盐水，令猎人吹角效鹿鸣，既集而射之。谓之舐碱鹿，又名呼鹿"，最后是"打虎豹之类"。契丹人"又好以铜石为锥以击兔"④。可见鱼和天鹅肉、鹿肉是辽宫的美食。辽太宗自称"以打围食肉为乐"⑤。

　　① 贾敬颜：《〈熙宁使契丹图抄〉疏证稿》。
　　② 叶隆礼：《契丹国志》卷 27。
　　③ 韩元吉：《桐阴旧话》。
　　④ 《辽史》卷 32，《营卫志》；卷 116，《国语解》；《宋会要》蕃夷 2 之 8、10；《说郛》卷 3，《使辽录》。
　　⑤ 《新五代史》卷 72，《四夷附录》。

辽代西瓜图（选自韩世明编著《辽金生活掠影》）

燕京路一带是辽朝最发达的地区，也是汉人的聚居区。"城北有三市，陆海百货萃于其中"，"蔬蔌、果实、稻粱之类，靡不毕出，而桑柘麻麦，羊豕雉兔，不问可知"①。看来当地汉人的饮食风俗同宋朝的北方汉人大致相同。

辽朝接待宋使路振一行，先在燕京"置宴于亭中，供帐甚备，大阉具馔，盏斝皆颇璃（玻璃）、黄金釦器"。其次又"宴于副留守之第"，使用"文木器"，"先荐骆麋，用杓而啖焉。熊肪、羊、豚、雉、兔之肉为濡肉，牛、鹿、雁、鹜、熊、貉之肉为腊肉，割之令方正，杂置大盘中"。此后路振等参加辽圣宗的生辰宴，肉食也与燕京相仿，酒杯之类则用玉器。② 看来在标准的契丹人宴会中，野味占了相当比例。宋辽和好后，宋真宗生辰，辽朝赠送的礼品中，包括"法渍法曲面曲酒二十壶，蜜晒山果十栈棂碗，蜜渍山果十栈棂匣，匹列山梨、柿梨四栈棂罐，榛栗、松子、郁李、黑郁李、面枣、楞梨、棠梨二十箱，面粳麋梨栈十碗，芜荑白盐十碗，青盐十箱，牛、羊、野猪、鱼、鹿腊二十二箱"③。这些当然都是契丹食物中的珍品。由于年代悠远，其中有些食物的名称，今人已不易理解。

辽朝的一种特别的"珍味"，称貔狸，"其状如大鼠，而极肥脂"，"常以羊

① 《靖康稗史笺证，宣和乙巳奉使金国行程录》。

② 路振：《乘轺录》。

③ 李焘：《续资治通鉴长编》（以下简称《长编》）卷61，景德二年十二月己卯；《宋会要》蕃夷1之36；《契丹国志》卷21。

西夏酿酒图（选自《中国文明史》第 6 卷）

乳饲之"，"性能糜肉，一鼎之肉，以此物一脔投鼎中，旋即糜烂"。宋人出使，辽帝或"密赐羊羓十枚，毗黎邦十头"，"毗黎邦"即是貔狸。① 貔狸今称黄鼠、蒙古黄鼠或地松鼠，肉味鲜美。此外，辽朝"破回纥"，得西瓜种，在其统治区逐渐推广种植，"大如中国冬瓜而味甘"②，这也是当时中原地区吃不到的瓜类。辽朝不产茶，但通过贸易和宋朝的赠礼，契丹贵族也颇为嗜茶。据宋人说，他们"非团茶不纳也，非小团不贵也"，"待客则先汤后茶"③。

---

① 陆游：《家世旧闻》（《说郛》卷 5）；张舜民：《画墁录》；《梦溪笔谈》卷 25 王闢之：《渑水燕谈录》卷 8；周密：《齐东野语》卷 16，《北令邦》。

② 《新五代史》卷 73，《四夷附录》。

③ 《画墁录》。

第二节　西夏等饮食

党项人最初"养牦牛、羊、猪以供食，不知稼穑"①但后来也从事农业。西夏文字典《文海》和《番汉合时掌中珠》中出现的作物有麦、黍、荞、稞、秫、粳、麻、豌豆、黑豆、荜豆等，还有萝卜、蔓菁、藁菜等蔬菜以及果品。《辽史》卷115《西夏传》所载的作物还包括床子、古子蔓、咸地蓬实、苁蓉苗、小芜荑、席鸡草子、地黄叶、登厢草、沙葱、野韭、拒灰藤、白蒿、咸地松实等，此类产品都可食用。西夏军的装备中包括"麨袋"，用于装干粮。上述两部字典中列举的食品有细面、粥、乳头、油饼、胡饼、蒸饼、干饼、烧饼、花饼、油球、盏锣、角子、馒头、甜酪、酸酩、肉饼、酪、酥油、奶渣等。食品的烹饪有烧烤、搅拌、煮熬、炒等方式，使用的调味品有盐、油、椒、葱、蜜等。西夏不产茶，但茶在党项人的饮食中，有特殊的重要性，食肉必须用茶帮助消化。"惟茶最为所欲之物"，而完全依赖于宋朝的供应，宋人"以茶数斤，可以博羊一口"。司马光说，宋朝是西夏"茶绛百货之所自来"，"故其民如婴儿"，由中原"乳哺之"②，可见其对宋贸易的迫切性。此外，西夏也酿酒和制醋。狩猎在西夏的食品中也占有一定地位，西夏景宗元昊"每举兵，必率部长与猎，有获，则下马环坐饮，割鲜而食"③。

吐蕃人也食用"五谷"，他们"喜啖生物，无蔬茹、醯、酱，独知用盐为滋味，而嗜酒及茶"。但也有一部分"以牧放射猎为生，多不粒食"④。党项人和吐蕃人看来都不吃鱼。当地"鱼大如椽柱臂股，河中甚多，人浴波间，鱼驯驯不惊避"。宋王韶攻占熙河，"始命为网，捕以供膳，其民相与嗟愕曰：孰谓此堪食耶"⑤？

在西部回鹘、高昌等地，"其地宜白麦、青稞麦、黄麻、葱、韭、胡荽，以橐驼耕而种"。人们"以蒲桃为酒，又有紫酒、青酒，不知其所酿，而味尤美。

---

① 《文献通考》卷334，《党项》。
② 《长编》卷149，庆历四年五月甲申；《司马文正公传家集》卷50，《论西夏札子》。
③ 《宋史》卷485，《夏国传》。关于党项人的饮食，参见陈炳应：《略论西夏的社会性质及演变》；白滨：《从西夏文字典〈文海〉看西夏社会》，均载《西夏史论文集》，宁夏人民出版社1984年版。
④ 《宋史》卷492，《吐蕃传》；李远：《青塘（唐）录》（《说郛》卷35）。
⑤ 《能改斋漫录》卷15，《羌俗不食鱼》。

其食粳沃以蜜，粟沃以酪"。宋太宗曾命王延德等出使高昌，据王延德记载，当地"产五谷，惟无荞麦，贵人食马，余食羊（牛?）及凫、雁"，"贫者皆食肉"，可见肉类的生产十分丰富。有一种羊，"尾大而不能走，尾重者三斤，小者一斤，肉如熊白而甚美"①。240年后，女真人出使蒙古，他来到回纥，即回鹘一带，看到其"桑、五谷颇类中国"，"盐产于山，酿葡萄为酒，瓜有重六十斤者，海棠色殊佳，有葱、蕗，美而香。其兽则驼而孤峰"，"羊而大尾"②。可见大尾羊确是当地的特产和美味。

西南的大理物产丰富，由于人们崇信佛教，"一岁之间，斋戒几半，绝不茹荤饮酒，至斋毕，乃已"。当地"麻、麦、蔬、果颇同中国"，人们"食贵生，如猪、牛、鸡、鱼皆生醢之，和以蒜泥而食"③。

第三节　金代饮食

辽代的女真人从事畜牧业和狩猎业，"多牛、鹿、野狗，其人无定居，行以牛负物"，"常作鹿鸣，呼鹿而射之，食其生肉"。但当时已有农业，故"能酿糜为酒。醉则缚之而睡，醒而后解，不然，则杀人"④。此种习俗保留了很久，到辽朝晚期，女真人的"饮食则以糜酿酒，以豆为酱，以半生米为饭，渍以生狗血，及葱韭之属和而食之，芼以芜荑。食器无瓠陶，无匕箸，皆以木为盆。春夏之间，止用木盆贮鲜粥，随人多寡盛之，以长柄小木杓子数柄，回环共食。下粥肉味无多品，止以鱼生、獐生，间用烧肉。冬亦冷饮，却以木碟盛饭，木碗盛羹。下饭肉味与下粥一等。饮酒无算，只用一木杓子，自上而下，循环酌之。炙股烹脯，以余肉和菜捣臼中，糜烂而进，率以为常"。可见他们的食具只有木器，已经学会使用豆酱，但饮食方式比较原始，烹饪也相当粗糙。当用兵之时，"自主将至卒"，"以粟粥燔肉为食，上下无异品"⑤。

---

① 《新五代史》卷74，《四夷附录》；王明清：《挥麈前录》卷4；《宋史》卷490，《高昌传》。
② 刘祁：《归潜志》卷13。
③ 郭松年：《大理行记》；李京：《云南志略》（《说郛》卷36）。
④ 《新五代史》卷73，《四夷附录》；《北风扬沙录》（《说郛》卷25）。
⑤ 《会编》卷3；《北风扬沙录》。

山西繁峙岩上寺金代壁画所绘饮酒演唱与市肆食物买卖图（摹本）

（选自《中国文明史》第 6 卷）

金太宗时，宋许亢宗出使，记录了一些当时的饮食。在石城县晚饭，"酒五行，进饭。饭用粟，钞以匕，别置粥一盂，钞一小杓，与饭同下。好研芥子，和醋拌肉食，心血脏瀹羹，芼以韭菜，秽污不可向口，虏人嗜之。器无陶埴，惟以木刓为盂碟，糅以漆，以贮食物"。尽管女真人已建立强大的金朝，但女真人的饮食及器皿显然远不如中原精致。宋使来到位于今东北的咸州，金人又请他们吃一餐高级的女真酒宴，"酒九行，果子惟松子数颗。胡法，饮酒食肉不随盏下，俟酒毕，随粥饭一发致前，铺满几案。地少羊，惟猪、鹿、兔、雁。馒头、炊饼、白熟胡饼之类，最重油煮面食，以蜜涂拌，名曰'茶食'，非厚意不设。以极肥猪肉或脂，阔切大片，一小盘子虚装架起，间插青葱三数茎，名曰'肉盘子'，非大宴不设"。可知女真人喝酒不用菜，而面食的改进，大约是受了辽文明的影响。最后在金廷，宋使又受到"御厨宴"的款待，"所食物与前叙略同，但差精细而味和耳"。值得注意的则是，金廷的器皿，有"朱漆银装镀金几案，果碟以玉，酒器以金，食器以玳瑁，匙箸以象齿。遇食时，数胡人抬舁十数鼎镬致前，杂手旋切细钉以进"①，其器皿显得十分气派。

金朝入据中原后，女真人迅速汉化，这当然包括饮食在内。据一些宋人记录，他们沿袭契丹人的习俗，宴会也是"先汤后茶"。在辽宋金时代，"汤取药材甘香者屑之，或温或凉，未有不用甘草者"。宋人是"客至则啜茶，去则啜汤"②，契丹人和女真人则反之。"茶食"做得愈来愈精致，有蜜糕，"以松实、胡桃肉渍蜜，和糯粉为之，形或方或圆"，又有"瓦垄、桂皮、鸡肠、银铤、金刚镯、西施舌，取其形似，蜜和面油煎之，虏甚珍此"。宋楼钥使金，到中都后，金人送"分食二盘，一盛大肉山，以生葱、枣、栗饰之，其中藏一羊头，一盛茶食，糖糯粥、粟饭、麦仁饭，皆以枣、栗布其上"。看来女真人的茶食有其特色，但其他的酒食却已与宋人差别不大。金世宗时，在宋旧都开封接待宋使楼钥，先"就座点汤"，"初盏燥子（肉丁）粉，次肉油饼，次腰子羹，次茶食，以大盘贮四十碟，比平日又加工巧，别下松子糖粥、糕糜、裹蒸腊黄批羊饼子之类"，"次大茶饭，先下大枣豉两大饼肉山，又下燠鱼醎豉等五碟，继即数十品源源而来"，"两下饭与肚羹，三下饼子，五下鱼"，往后还有饼馐、小杂碗、羊头、煿肉、劙子、羊头假灶、灌浆馒头、粟米水饭等。另一次招待宋使周辉的宴会上，还有如罗肚羹、荡羊饼子、解粥、肉畜羹之类。与前述招待许亢宗宴会相比，也反映其饮食汉化的一个侧面。③

金朝境内的汉人约占五分之四，他们的饮食大致沿袭宋时以粟麦为主的北食。在金与南宋对峙的情势下，自黄河以南到大江以北，人口锐减，经济凋敝，南方的水产不可能像北宋时那样大量北运。尽管如此，北食中的水产品仍占一定比例。如"参知政事魏子平嗜食鱼，厨人养鱼百余头，以给常膳"。"东平薛价，阜昌初进士，尝令鱼台，嗜食糟蟹。凡造蟹，厨人生揭蟹脐，纳椒一粒，盐一捻，复以绳十字束之，填入糟瓮，上以盆合之，旋取食。""曹州定陶县之北有陂泽，民居其傍者，多采螺、蚌、鱼、鳖之属，鬻以赡生。"④

女真人"所喜者莫过于田猎"，最初以上京会宁府为国都时，"四时皆猎"。金海陵王迁都大兴府（今北京）后，只能"候冬月则出，一出必逾月"，以军队布置围场，"待狐、兔、猪、鹿散走于围中"，皇帝"必射之，或以雕鹰击之"。金海陵王"以子光英年十二获獐，取而告太庙"⑤。足见他们对狩猎的重视，而

① 《靖康稗史笺证·宣和乙巳奉使金国行程录》，以《会编》卷20参校。
② 《萍洲可谈》卷1。
③ 洪皓：《松漠纪闻》卷上；楼钥：《北行日录》上、下；周辉：《北辕录》。
④ 元好问：《续夷坚志》卷4，《魏相梦鱼》，《介虫之变》；《夷坚支乙》卷1，《定陶水族》。
⑤ 《会编》卷244，《金房图经》；《大金国志校证》卷36。

野味自然在食物中占有一定的比重。然而自进入中原后，女真人的射猎习俗也必然逐步衰落。

在瓜果中，比较突出的是辽代西瓜种植的南移。曾长期被金人扣押北方的洪皓说，西瓜"味甘脆，中有汁，尤冷"，他将西瓜种带到了南方，于是"禁圃、乡圃皆有"种植。金世宗时，宋范成大出使，说西瓜"味淡而多液，本燕北种，今河南皆种之"。他写诗说："碧蔓凌霜卧软沙，年来处处食西瓜。形模漫落淡如水，未可蒲萄苜蓿夸。"① 他对西瓜的味道评价不高，但各地的广泛种植，说明西瓜仍有其不可忽视的优点。河中府临晋县"乔英家业农，种瓜三、二顷"，他曾"种出西瓜一窠，广亩二分，结实一千二三百颗"，"瓜根如大椽"②，实为罕见。金朝境内还有不少名果，如"内丘鹅梨为天下第一"，范成大赋诗说："梨枣从来数内丘，大宁河畔果园稠。荆箱扰扰拦街卖，红皱黄团满店头。"南京开封的撷芳园产橙，金朝专门组织橙纲，运往中都大兴府，供应皇宫。③"河内民家有多美橙者，岁获厚利"④。

金朝的饮料主要也是酒和茶。金世宗说："朕顷在上京，酒味不嘉。"⑤ 这反映女真人的酿酒技术不佳。然而据出使宋人记录，大兴府的"酒固佳"，而招待宋使者"尤为醇厚"，酒名"金澜，盖用金澜水以酿之也"⑥。相州的著名酒楼有康乐楼、月白风清楼、秦楼和翠楼，秦楼有三层高，当地的名酒为十洲春色。中山府的佳酿名九酝和琼酥，九酝是继承北宋原定州的酒名，其味类似葡萄酒。即使是相当荒凉的宿州城内，也有"酒楼二所，甚伟，其一跨街，榜曰清平，护以苇席"⑦。

金朝不产茶，"自宋人岁供之外，皆贸易于宋界之榷场"。但食用极为广泛，"上下竞啜，农民尤甚，市升茶肆相属，商旅多以丝绢易茶"⑧。据洪皓说，女真人"宴罢，富者瀹建茗，留上客数人啜之，或以粗者煎乳酪"⑨。这自然是由于名贵的建茶，在北方尤为难得。

---

① 《松漠纪闻》卷下；《石湖居士诗集》卷12，《西瓜园》。

② 《续夷坚志》卷4，《临晋异瓜》。

③ 《石湖居士诗集》卷12，《内丘梨园》、《大宁河》、《橙纲》。

④ 《金史》卷128，《石抹元传》。

⑤ 《金史》卷49，《食货志》。

⑥ 《北辕录》，以《说郛》卷54参校。

⑦ 《北行日录》上；范成大：《揽辔录》；《石湖居士诗集》卷12，《秦楼》、《翠楼》；《北辕录》；程卓：《使金录》；耶律楚材：《西游录》。

⑧ 《金史》卷49，《食货志》。

⑨ 《松漠纪闻》卷上。

上:《清明上河图》绘宋东京民间的茶肆　北宋　张择端绘　北京故宫博物院藏
（选自《中国历代绘画·故宫博物院藏画集》Ⅱ）

下:《清明上河图》绘宋东京的酒楼　北宋　张择端绘　北京故宫博物院藏
（选自《中国历代绘画·故宫博物院藏画集》Ⅱ）

《清明上河图》绘宋代百姓服装　北宋　张择端绘　北京故宫博物院藏　（选自《中国历代绘画·故宫博物院藏画集》Ⅱ）

辽宋西夏金社会生活史

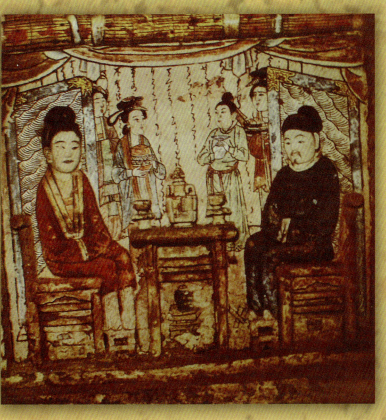

上：河南禹州白沙镇宋墓壁画富人夫妇对宴图
（选自宿白《白沙宋墓》）
下：宋人绘《柳溪捕鱼图》
（选自上海博物馆编《宋人画册》）

辽宋西夏金社会生活史

上左：河北宣化辽代张世卿墓壁画《备宴图》
（选自河北省文物研究所编《河北古代墓葬壁画》）

上右：河北宣化辽代张世卿古墓壁画《备茶图》
（选自河北省文物研究所编《河北古代墓葬壁画》）

下：河北宣化辽代张文藻墓壁画《童戏图》
（选自河北省文物研究所编《河北古代墓葬壁画》）

戴直脚幞头、穿公服的宋太祖像（南薰殿旧藏《历代帝王像》）
（选自《中国大百科全书·中国历史》Ⅱ）

上：范仲淹、范纯仁父子像
（元代吴廷辉绘 香港景范教育基金会提供）

下：（传）刘松年绘《中兴四将图》（局部）中的岳飞、张俊像
（选自《中国美术全集·绘画编》4《两宋绘画》下

上：山西高平开化寺北宋壁画
　　《华色比丘尼品》绘官、吏、平民的服装
　　（选自《中国美术全集·绘画编》13《寺观壁画》）

中：福州南宋黄昇墓出土妇女褐黄罗广袖袍
　　（选自福建省博物馆编《福州南宋黄昇墓》）

下：福州南宋黄昇墓出土妇女绉纱窄袖袍
　　（选自福建省博物馆编《福州南宋黄昇墓》）

左：北宋灵鹫窠纹锦袍（青海海西出土）
（选自吕济民主编《中国收藏与鉴赏》）

右上：辽代镀金双龙宝珠银冠（辽宁建平辽墓出土）
（选自《中国文明史》第 6 卷）

右中：太学生漆纱幞头（江苏金坛南宋周瑀墓出土）
（选自上海戏曲学校编写组编著《中国历代服饰》）

右下：福州南宋黄昇墓出土妇女花罗开裆裤
（选自福建省博物馆编《福州南宋黄昇墓》）

辽宋西夏金社会生活史

第四章
居室和居室用具

中国汉语习惯称衣食住行，就住的方面而言，古代主要有两次变革：一是自西周始，逐渐使用砖瓦，取代以往的茅茨土阶，使传统的砖瓦木结构建筑大致定型；二是在唐宋之际，由席地而坐改为垂足而坐，引起了家具、礼仪等方面的变化。宋人说的"家生动事"亦即生活用具呈现出丰富多彩的景象，然而东西南北，无论是居室还是生活用具，各地风格都有很大差异。

第一节　居室"法式"

同前代一样，宋朝对房屋建筑也有所谓"制度"的规定。宋京城有外城、内城、宫城三重。宫城又称为大内，正门宣德楼列五门，左右各为掖门。入楼正门为大庆殿，是朝会之地。以此为中轴，分列各个官署，布局规整华丽。宫城周回五里，是建隆三年（962）下诏扩建的。徽宗时，兴"花石纲之役"，在内城东北隅建造了一座大型皇家园林——艮岳，周十余里，亭台楼观、花竹奇石不可胜纪。"汴宋之制，侈而不可以训"，南宋宫室则较简，主要大殿垂拱、崇政"修广仅如大郡之设厅"①。

官府对各类建筑，包括人们的居住规模、式样甚至称呼等都有等级的限制。《宋史》卷154《舆服志六》载"臣庶室屋制度"："宰相以下治事之所曰省、曰台、曰部、曰寺、曰监、曰院，在外监司、州郡曰衙。……私居，执政、亲王曰府，余官曰宅，庶民曰家。诸道府公门得施戟，若私门则爵位穹显经恩赐者，许之。……凡公宇，凡栋施瓦兽，门设梁枑。诸州正牙门及城门，并施鸱尾，不得施拒鹊。六品以上宅舍，许作乌头门。父祖舍宅有者，子孙许仍之。凡民庶家，不得施重栱、藻井及五色文采为饰，仍不得四铺飞檐。庶人舍屋，许五架，门一间两厦而已。"

等级规定反映了中国古代专制社会的一般特征，它使人一望而知房主的家第，正如朱熹所说看问题要看实质："譬如看屋，须看那房屋间架，莫要只去看那外面墙壁粉饰。"② 与唐制相比，宋代对房舍的"级别"限制已有放宽，如唐制五品以上方可作乌头大门，庶人房屋不得过三间四架。徽宗时，对民庐作了不切实际的礼仪要求，然而"民庐隘陋，初无堂、寝、户之别，欲行之亦不可得"，朝廷不得不放弃这种规定。③

朝廷对居室甚至器用常常颁发一些禁令，《宋史》卷153《舆服志五》载：天圣（1023—1032）中，诏士庶僧道无得以朱漆饰床榻，又禁民间造朱红器皿。景祐三年（1036）诏臣庶之家："屋宇非邸店、楼阁临街市之处，毋得为四铺作闹斗八；非品官毋得起门屋；非宫室、寺观毋得彩绘栋宇及朱黝漆梁柱窗牖、雕镂柱础。凡器用毋得表里朱漆、金漆，下毋得衬朱。非三品以上官及宗室、戚里之家，毋得用金棱器，其用银者毋得涂金。玳瑁酒食器，非宫禁毋得用。纯金器若经赐者，听用之。……凡帐幔、缴壁、承尘、柱衣、额道、项帕、覆旌、床裙，毋得用纯锦遍绣。宗室戚里茶檐、食合，毋得以绯红盖覆。""斗八"是天花板上凸出为覆井形的图纹。禁令的颁布从另一方面反映了这些制度并未得到很好的遵行。如包拯《请断销金等事》中，指责市肆工匠"任意制造……故违条制"，要求予以取缔。政和七年（1117），臣僚上言说京城中"居室服用以壮丽相夸"；嘉泰（1201—1204）初，"以风俗侈靡，诏官民营建室屋，一遵

<hr>

① 《宋史》卷154，《舆服志六》。
② 《朱子语类》卷120。
③ 陆游：《家世旧闻》卷下。

制度，务从简朴"。其实，"制度"本来就可网开一面，如开宝中，太祖令造宅赐功臣郭进，"悉用筒瓦"，虽有司言依旧制非亲王公主之第不可用，但被太祖拒绝。"制度"当然也往往被"自觉"遵行，如李遵勖娶万寿长公主，"主下嫁，而所居堂甍或瓦甓多为鸾凤状，遵勖令镵去"[1]，赢得真宗的赞许。

宋代的建筑发展到了一个新的水平，出现了许多能工巧匠。宋初木工喻皓撰写《木经》，李诫于元符三年（1100）撰成《营造法式》，都反映了当时的建筑水平。后者主要是为政府管理宫室、坛庙、官署、官员府第等建筑工程而作出的建筑规范，同时也给民间居室建筑带来了重要影响。一般说来，官府建筑和官僚宅第较多地受到"制度"的限制。司马光《涑水家仪》规定："凡为宫室，必辨内外，深宫固门，内外不共井，不共浴堂、不共厕。"反映了传统礼教对士大夫家族或家庭内部尊卑秩序在居室方面的要求。

宋朝周边广阔的众多民族居住地区，如辽、西夏、金以及大理等，由于社会发展和自然条件的限制，居室比较简陋。除官府建筑有若干规定并受到汉文化的影响外，对民居一般没有类似宋朝的"制度"。

第二节 居室建筑

●宋朝城乡居室风貌及建造特色

宋代城市数量不断增多，社会经济的发展和市民生活的丰富促进了民居建筑的多样化。前代所行的里坊制逐渐废弛，代之而起的是管制较为松动的街巷民居。大城市中房屋建筑栉比鳞次，人口稠密。北宋名画《清明上河图》绘有大量房屋建筑，城内建筑为各种形式的瓦房，合围成院子。房为梁架结构，除壁面上有窗外，房顶上有的加建天窗。南宋《中兴祯应图》中表现的贵族官僚的宅第相当宏丽，前堂后寝，以穿廊相连，两侧有耳房或偏院。

营建第宅是士大夫时髦的风气，都城一带公卿第宅最为集中，构造精妙称如神工。赵普私第制作雄丽，太祖见之亦以为过，且数十年后仍然完壮。王拱辰第宅甚侈且极高大，有"巢居"之讥。欧阳修《寿楼》咏道："碧瓦照日生青

---

① 《宋史》卷 273，《郭进传》；卷 464，《李遵勖传》。

烟，谁家高楼当道边？昨日丁丁斤且斫，今朝朱栏横翠幕。主人起楼何太高，欲夸富力压群豪。"① 活现筑室竞富的心态。苏辙言其退老还家，筑室"且作百间计"。毕仲游曾言"于颍阳所在旧屋之外，增盖二十余间小屋"，作为退隐调养所。② 宋代贫富无定，识者深明于此，如郭进治第既成，聚族人宾客，指诸子为卖宅者，后来果如其言。范仲淹等人则不愿治第，杜衍退寓后第室庳陋而居之裕如。

私家园林承前代之旧，更有新的发展。李格非《洛阳名园记》记名园共 19 处，馆榭池台，富于自然情趣。其中"董氏西园"有三重堂屋，"开轩窗，四面甚敞，盛夏燠暑，不见畏日，清风忽来，留而不去。幽禽静鸣，各夸得意"。其屈曲深邃，甚至"游者至此往往相失"。就如"卑小"的司马光"独乐园"，也是亭堂池台，应有俱全。"园圃之胜，不能相兼者六。务宏大者少幽邃，人力胜者乏闲古，多水泉者无眺望。"而"湖园"兼有此，追求宏大、幽邃、工巧、闲古、湖泉、坡亭六者的完美统一，体现了宋代士人的精神情趣。

江南特别是苏杭一带私家园林也很盛行。周密《吴兴园林记》言："吴兴山水，清远升平日，士大夫多居之。其后，秀安僖王府第在焉，尤为盛观。麓中二溪横贯，此天下之所无，故好事者多园池之胜。"吴兴为今江苏湖州。吴自牧《梦粱录》卷 19《园圃》详述了遍布临安的范围，亭馆台榭，藏歌贮舞。规模一般比洛阳小一些，但精巧不减。韩侂胄之"南园"，贾似道之园池，均极营度之巧。南方园林更重"值景而造"，叠石造山，引水开池，竞为奇峰、峭壁、涧谷、阴洞等，堆砌明显。③

宋王希孟《千里江山图》所绘的乡村住宅较为规整，以瓦房为主，有围墙、大门、厢房，还有厅、廊等。赵伯驹《江山秋色图卷》也绘有江南村落和住宅的情况，有园庭、围墙，竹木围绕，或依山构廊，或临水筑台，均非普通农户的住宅。农村住宅以简陋的草房为主，《清明上河图》所绘有少量瓦屋，三五间合成一组。在南方，"茅檐竹屋"、"芦藩映茆屋"④ 构成了村居的特色。范成大、陆游述其亲历，在长江中游沿岸所见乡村中几乎全是茅荻结庐。陆游《葺舍》诗言："补漏支倾吾可笑，呼奴乘屋更添茅。"其《杂题》诗云："茆屋三间已太奢。"自言时为"半俸"不望厚禄。归州（今湖北秭归）"满目皆茅茨"，

---

① 欧阳修：《居士外集》卷 4。

② 苏辙：《栾城后集》卷 4，《诸子将筑室以画图相示》；毕仲游：《西台集》卷 11，《上范德孺侍郎》。

③ 刘郭桢：《中国古代建筑史》第 6 章，中国建筑工业出版社 1983 年版；（日）冈大路：《中国宫苑园林史考》中译本第 10 章，农业出版社 1988 年版。

④ 郑刚中：《北山文集》卷 21，《春雨村居》；陆游：《剑南诗稿》卷 39，《峰谷互回映》。

王洪绘《潇湘八景图》中的市镇民居（选自《中国文明史》第6卷）

惟州宅才有"盖瓦"。而鄂西地区的一些民屋虽茅屋却很整洁，"苫茆皆厚尺余，整洁无一枝乱"，"茆屋尤精致可爱"①。苏轼《鱼蛮子》诗描绘了江淮渔民的室居景观："江淮水为田，舟楫为室居。鱼虾以为粮，不耕自有余。异哉鱼蛮子，本非左衽徒。连排入江住，竹瓦三尺庐。"②

①《剑南诗稿》卷57、卷76；范成大：《吴船录》卷下；陆游：《入蜀记》卷5。
②苏轼：《东坡全集》卷13。

对一般百姓来说，"起造屋宇，最人家至难事"，常常"屋破风斜漏不休"①，十分简陋。张耒《芦藩赋》言己穷芦"昼风雨之不御，夜穿窬之易干；上鸡栖之萧瑟，下狗窦之空宽"，而"公宫侯第，万瓦连碧，紫垣玉府，十仞涂青"，反映了穷富房舍建筑的迥异。富家居室门户往往壮伟，而贫士"蓬门"则如陆游诗咏的那样，《书壁》："稻草高茨屋，绳枢窄作门。"谓以绳系门代替转轴。《幽居》："幽居竹织门"。又《破屋叹》："竹椽与绳枢，岂敢求牢坚。"②

一般建筑多坐北朝南，故开窗多北向及东西向。苏轼《南堂》诗："客来梦觉知何处，挂起西窗浪接天。"苏辙《葺居》诗说："开窗北风入，爽气通户牖。"陆游《居室记》："东西北皆为窗，窗皆设帘，障视晦暝，寒燠为舒卷启闭之节。南为大门，西南为小门。"③金元好问《刘光甫内乡新居》："为向长安旧游道，世间元有北窗凉。"乃是中原风貌。有于屋顶上开"天窗"的，陆游《秋夜》："月明渐见天窗白。"张耒《天窗》诗道："凿屋分将一尺明，坐令隔幌见帘屏。"④古代窗户一般较小，光线不足，"天窗"主要作采光之用。

当时的窗格以直棂为多。棂子称为破子棂，截面呈三角形，外尖里平，糊经纱或纸。⑤陆游《闲居初冬作》谈到"东窗换纸"。郑刚中曾记夏日湿热，乃"破窗纸三分之一，易以蓝纱"，以透暑气；又有云："轩前有修竹，穿纸入窗棂"⑥。或则编蓬为窗，一般是简陋住房的象征。贫者甚至无窗，或"以室不露明，上安油瓦以窃微光"⑦。

淮浙人注重居室外观之美，熙宁（1068—1077）年间淮浙闹旱荒时，仍是"家有百千，必以太半饰门窗，具什器"⑧。又有记"杭州流俗"："其或借债等，得钱首先充饰门户，则有漆器装折，却日逐籴米而食，妻孥皆衣弊跣足而带金银钗钏，夜则赁被而宿。似此者非不知为费，欲其外观之美而中心乐为之耳。"⑨

临安城沿河居民，"门首各为阑障，不相联属"⑩。前揭张耒《芦藩赋》咏其被谪客居齐安（今湖北黄冈）时："陋屋数椽，织芦为藩。"梅尧臣《小村》诗："淮阔州多忽有村，棘篱疏败谩为门。"陆游《初春》诗说："茅屋三间围短

---

① 袁采：《袁氏世范》卷下；《西台集》卷20，《即事》。
② 张耒：《柯山集》卷1；《剑南诗稿》卷79、卷37、卷80。
③ 《东坡全集》卷13；苏辙：《栾城后集》卷4；陆游：《渭南文集》卷20。
④ 元好问：《遗山集》卷8；《剑南诗稿》卷77；《柯山集》卷24。
⑤ 赵丽雅：《中国古建筑中的窗》（《文史知识》1988年第1期）。
⑥ 《剑南诗稿》卷37；郑刚中：《北山文集》卷5，《小窗记》；卷21，《偶题》。
⑦ 《清异录》（《说郛》卷61）。
⑧ 张师正：《倦游杂录》（《宋朝事实类苑》卷60引）。
⑨ 张仲文：《白獭髓》（《说郛》卷25）。
⑩ 杨和甫：《行都纪事》（《说郛》卷20）。

篱。"郑樵诗《过桃花洞田家留饮》云当地山家"竹篱环草屋"。鄂西一些地方，"芦藩茅屋，宛有幽致"，或者"虽茆荻结庐，而窗户整洁，藩篱坚壮"[1]。居室外围护以藩篱看来比较普遍。

南方竹楼别有特色。王禹偁撰《新建小竹楼记》云："黄冈之地多竹，大者如椽，竹工破之刳去其节，用代陶瓦，比屋皆是，以其价廉而工省也。……闻竹工云：竹之为瓦仅十稔，若重复之，得二十稔。"或记竹楼的建造说："截大竹长丈余，手破开，去其节编之。又以破开竹覆其缝脊，檐则横竹夹定，下施窗户，与瓦屋无异。西戎又有版屋。诗云：'在其版屋。'各从其土俗云。"[2] 陆游诗《村居》说"蔽雨筊代瓦"，"覆屋如茅"[3]，筊是小竹。

宋代砖瓦业较前代有了相当发展，《营造法式》对砖瓦技术进行了较为全面的总结，据载砖型有 13 种，瓦则按质分为素白、青混、琉璃三大类。筒瓦 6 种，覆于两行板瓦之间；板瓦 7 种，仰铺于屋顶。前代已有的琉璃瓦宋代更为普及，颜色以绿、黄为多，《清明上河图》绘有铺满琉璃瓦的屋顶。民间建筑中瓦的使用逐渐扩大。

城镇瓦料已有较多使用。辛弃疾在湖南时，曾于居民家取沟瓦共 20 万片创营栅。在浔州（今广西桂平）任职的崔与之，也"撤居廨瓦"来覆盖常平仓。[4] 房盖的质料常常是身份的象征，刘挚诗咏道："苟能适意茅檐足，何必鸳鸯碧瓦筒。"[5] 广西地区富室之居亦"覆之以瓦，不施栈板，唯敷瓦于椽间，仰视其瓦，徒取其不藏鼠。日光穿漏，不以为厌也"；一般百姓则"垒土墼为墙，而架宇其上，全不施柱，或以竹仰覆为瓦，或但织竹笆两重，任其漏滴"。而"广中居民，四壁不加涂泥，夜间焚膏，其光四出于外，故有'一家点火十家光'之讥。原其所以然，盖其地暖，意在通风，不利埋窒也，未尝禁有茅屋。然则广人于茅，亦以为劳事"[6]。土墼即土坯。

诸军营垒房屋一般都较简陋，往往不堪水火之灾。如大中祥符三年（1010）五月京中大雨，"诸军营壁圮坏"，急忙予以修葺。天禧四年（1020）二月，枢密使丁谓言：昇州（治今南京）抽税竹木官瓦甚多，而"营垒多葺茅为舍"，一遇火灾，难于救止。南宋初有的军兵甚至"架筊枝蒙破席，而寝处雨不能免沾

---

① 梅尧臣：《宛陵集》卷34；《剑南诗稿》卷74；郑樵：《夹漈遗稿》卷1；陆游：《入蜀记》卷5。

② 王禹偁：《小畜集》卷17，赵彦卫：《云麓漫钞》卷4。

③ 《剑南诗稿》卷62。

④ 《宋史》卷401，《辛弃疾传》；卷406，《崔与之传》。

⑤ 刘挚：《忠肃集》卷18，《又次韵（景修题萃景亭）四首》之4。

⑥ 周去非：《岭外代答》卷4，《风土门·屋室》。

濡，暑无以芘烈日"，后来广泛"收买席竹盖屋"。绍兴二十八年（1158），平江府（治今苏州）等地修造了大量瓦屋作为营寨。孝宗时，营寨建筑得到普遍改善，其中很大部分都是砖瓦结构。①

在一些官员的倡导下，有些城镇改茅屋为瓦屋。欧阳修《夷陵县至喜堂记》述夷陵（今湖北宜昌）民居："灶廪匽井无异位，一室之间，上父子而下畜豕。其覆皆用茅竹，故岁常火灾。"② 景祐（1034—1038）时当地官员才教民为瓦屋，别灶廪，异人畜。邕州（今广西南宁）官舍民居"悉以茅覆"，元丰时，地方官员集陶匠烧瓦，利用当地丰富的竹木资源来建造公私屋宇。叶康直知湖北光化县，"县多竹，民皆编为屋，康直教用陶瓦，以宁火患"。孝宗时，郑兴裔知扬州，"民旧皆茅舍，易焚，兴裔贷之钱，命易瓦，自是火患乃息"③。宋代是瓦屋推广的重要时期。

在长江流域一些地区，冬天要凿"地炉"烤火，如欧阳修在荆地时，有诗咏道："霜降百工休，居者皆入室。墐户畏初寒，开炉代温律。规模不盈丈，广狭足容膝。"④ 陆游《冬日排闷》："地炉微火伴寒灰。"又《秋冬之交杂赋》："地炉烧荮火，土塌藉蒲团。"又《霜夜》："楉柚烧残地炉冷。"⑤"楉柚"是指用作柴烧的树木。

二北方民族居室

史载"契丹之初，草居野次，靡有定所"。神册二年（917），辽太祖进围幽州，"毡车、毳幕弥漫山泽"，其败则"委弃车帐"⑥。车为毡车，帐为幕帐，是契丹以及一些北方民族的主要"居室"，便于迁徙。姜夔有《契丹风土歌》描绘说："大胡牵车小胡舞，弹胡琵琶调胡女。一春浪荡不归家，自有穹庐障风雨。"穹庐就是帐篷，或叫毡帐，宋人也称之为"虏帐"。毕仲游记："桑干地寒毡作屋……边风吹雪罞毡城，毡城在处为屯营。"⑦ 生动地描述了当地的居住特征。桑干河属辽南京道，在今北京境。

《辽史》卷32《营卫志中》载契丹皇帝"四时各有行在之所，谓之捺钵"，"以枪为硬寨，用毛绳连系"。即皇帝的牙帐。周围则是卫士的小毡帐。又有

---

① 参《宋会要》兵6之30。
② 欧阳修：《居士集》卷39。
③ 《长编》卷297，元丰二年（1079）二月；《宋史》卷426，《叶康直传》；卷465，《郑兴裔传》。
④ 欧阳修：《居士外集》卷2，《新营小斋凿地炉辄成五言三十七韵》。
⑤ 《剑南诗稿》卷79、卷73、卷74。
⑥ 《辽史》卷32，《营卫志中》引旧《志》；《契丹国志》卷1。
⑦ 姜夔：《白石道人诗集》卷上；《西台集》卷18，《送范德孺使辽》。

"殿"，"皆木柱竹榱，以毡为盖，彩绘韬柱，锦为壁衣，加绯绣额。又以黄布绣龙为地障，窗、槅皆以毡为之，傅以黄油绢。"比"帐"的制作已较固定和复杂。契丹族以面东为尊，故其建筑往往东向，与汉族以南为尊不同。

《辽史》卷56《仪卫志二》言契丹太祖仲父时，"始置城邑"。辽有五京，南京城是明清北京城的最早基础。《契丹国志》所载《王沂公行程录》记中京大定府（今辽宁境内），"城垣庳小，方圆才四里许。门但重屋，无筑阇之制"。并记在辽境内，"居人草庵板屋，亦务耕种。……亦有挈车帐，逐水草射猎"。而东北渤海人所居，"皆就山墙开门"，或"编荆为篱"。又载《胡峤陷北记》说，"过卫州，有居人三十余家，盖契丹所虏中国卫州人筑城而居之。……距契丹国东至于海，有铁甸，其族野居皮帐"。又载契丹以北之室韦国，"乘牛车，以蘧蒢为屋，如毡车状"。"蘧蒢"是用苇草或竹编成的粗席。

以党项羌为主体的西夏国，据西夏《文海》所载，其房屋建筑有宫、寺、房舍、草房、厩等。宫为国君所住，普通民居建筑叫"舍"，与家、门、户、房、屋舍等字互注。一般房室亦称帐，如"房室"释为："屋也，家舍也，室屋也，帐也，庖也，住宿处是也。"①《宋史》卷486《夏国传下》亦谓："其民一家号一帐。"一般将毛毡覆盖于木质框架上成一毡帐，易于移动。而包括西夏在内的西戎之俗，有"所居正寝，常留中一间以奉鬼神，不敢居之，谓之神明，主人乃坐其傍"②，当是农耕定居者的居室了。

《夏国传下》又谓："俗皆土屋，惟有命者得以瓦覆之。"《文海》中有柱、檩、橡、枚等字样，反映了若干木结构建筑的状况。如释"枚"为"房舍之檐，枚，大木之名也"。在"蕃汉杂居"的麟州府（今陕西神木），"廨舍庙宇，覆之以瓦，民居用土，止若栅焉。驾险就中，重复不定，上引瓦为沟，虽大澍亦不浸润。其梁柱榱题，颇甚华丽，在下者方能细窥。城邑之外，穹庐窟室而已"③。

洪皓《松漠记闻》所记西北地区："甘凉瓜沙旧皆有族帐，后悉羁縻于西夏。"北宋初，王延德出使西域，撰有《高昌行纪》说："地无雨雪而极热，每盛暑，居人皆穿地为穴以处。……屋宇覆以白垩，开宝三年，雨及五寸，即庐舍多坏。"颇异于中原。

东北女真等民族，旧俗无室庐，负山水坎地，梁木其上，覆以土，夏则出随水草以居，冬则入处其中，迁徙不常。至阿骨打四世祖时乃行徙居海古水，

---

① 白滨：《〈文海〉所反映的西夏社会》，载《〈文海〉研究》，中国社会科学出版社1983年版。
② 沈括：《梦溪笔谈》卷18。
③ 上官融：《友会谈丛》（《说郛》卷40）。

耕垦树艺，始筑室，"依山谷而居，联木为栅，屋高数尺，无瓦，覆以木板，或以桦皮，或以草绸缪之。墙垣篱壁，率皆以木，门皆东向"①。

胡峤述其在北方的见闻谓：东女真"无定居，行以牛负物，遇雨则张幔为屋"。黑车子"善作车帐"。陈准亦述其亲历说：契丹东北隅之生女真，地多山林，"屋无瓦，履以板，或桦皮，墙壁亦木为之。……屋绝高数丈，独开东南一扉。扉掩复以草绸缪之"②。

金天会三年（1125）始建乾元殿，而此殿外仅"栽柳行以作禁围而已"③。此前金人君臣与平民屋室并无多大差别。金初上京周围的建筑："一望平原旷野，间有居民数十家，星罗棋布，纷揉错杂，不成伦次，更无城郭里巷，率皆背阴向阳，便于牧放，自在散居。"④ 金多次迁都，其中都大兴府（今北京）建筑规模已很宏大。

◉三 南方民族居室

南方比较潮湿，"干栏"式建筑是当地民族传统而典型的居住模式，一般分为两层，人居其上，下层作为饲养畜生、存放杂物等之用，各地又略有不同。

大体与两宋相始终的大理国时期的记载缺佚，然从唐末或元初的史料中，可了解其大概。唐后期樊绰记南诏国："凡人家所居，皆依傍四山，上栋下宇，悉与汉同，惟东西南北，不取周正耳。别置仓舍，有栏槛，脚高数丈，云避田鼠也。上阁如车盖状。"又言"裸形蛮……作葛栏舍屋"⑤。元初期李京《云南志略·诸夷风俗》亦载："居屋多为架栀如殿制"，是以干栏式建筑为主。又记位于今滇南"金齿百夷"（今傣族等先民），"风土下湿上热，多起竹楼，居濒江，一日十浴"。居今川滇之交的"末些蛮"（今纳西族先民），"依江附险，酋寨星列"。又有散居于岩谷之上，或"巢居山林"者。

宋代一般称今桂、黔、湘、鄂地区诸民族所居为"溪峒"，大抵依阻山谷并林木为居，"峒"是壮侗语村寨之意。其中，广西抚水州"中有楼屋战棚，卫以竹栅，即其酋所居"。今滇东北地的石门蕃部"居必栏棚"，此与其"不喜耕稼，多畜牧"有关。⑥《岭外代答》卷5《风土门》记两广民族"结栅以居，上设茅屋，下豢牛豕"。朱辅《溪蛮丛笑》载湘西山瑶"穴居野处，虽有屋以庇风雨，

---

① 《会编》卷3。
② 分别见《说郛》号56，《陷虏记》；卷25，《北风扬沙录》。
③ 《会编》卷66。
④ 耐庵辑：《靖康稗史·宣和乙巳奉使金国行程录》。
⑤ 樊绰：《蛮书》卷8，《诸夷风俗》；卷4，《名类》。
⑥ 《宋史》卷493，《蛮夷传一》；卷495，《蛮夷传三》；卷496，《蛮夷传四》。

不过蓊茅刈木，深依崖谷"，名为"打寮"；仡佬"所居不着地，虽酋长之富，屋宇之多，亦皆去地数尺，以巨木排比如省民，羊棚杉叶覆屋，名羊栖"。在岭南的贺州（今广西贺州市），"俗多构木为巢，以避瘴气。豪渠皆鸣金鼎食，所居谓之栅节"；康州（今广东德庆）"其俗栅居，实惟俚之氓落焉"①。

地处海南的吉阳（今三亚西），郡治"止茅茨散处数十家"。海南黎人居处"皆栅屋"，而钦州之蜑人"以舟为室，浮海而生"②。岳珂曾见番禺（今广州）"海獠"屋室稍侈靡逾禁："居无溲匽。有高楼百余尺，下瞰通流。……楼上雕镂金碧，莫可名状。……中堂有四柱，皆沉水香，高贯于栋，曲房便榭不论也。"③此之"海獠"系定居此地的海外商人，非原住居民，居室颇奇特。

在四川地区：会川（今会理）"室屋相次，皆是板及茅舍"④。黎州（今汉源）以西的五部落"其居叠石为碉，积糗粮器甲于上"⑤，这种碉楼是川西民族地区传统的居室建筑。嘉州（今乐山）夷人"以竹木为楼居"；昌州（今大足）"无夏风，有獠风，悉住丛莆，悬虚构屋，号阁阑"；渝州（今重庆）边界"乡村有獠"，其俗亦"构屋高树，谓之阁栏"⑥。今雷波境一带的"马湖蛮"，"比屋皆覆瓦，如华人之居"⑦，而在泸州以南的一些民族"巢居岩谷，因险凭高"⑧，居住条件尚未走出原始状态。

第三节　居室用具

宋时社会经济的发展，人们的居室用具日显丰富。《东京梦华录》卷3记汴京城内"诸色杂卖"，包括日常生活所用的"铜铁器、衣箱、磁器之类"；又记"相国寺内万姓交易"："第二三门皆动用什物，庭中设采幕露屋义铺，卖蒲合簟

---

① 《太平寰宇记》卷161，"贺州风俗"，卷164，"康州·泷水县"。
② 周辉：《清波杂志》卷7；《岭外代答》卷2，《海外黎蛮》；卷3，《五民》。
③ 岳珂：《桯史》卷11，《番禺海獠》。
④ 《太平御览》卷958，引《云南记》。
⑤ 李心传：《建炎以来朝野杂记》乙集卷19，《庚子五部落之变》。
⑥ 《太平寰宇记》卷74"嘉州风俗"，卷88"昌州风俗"，卷136"渝州风俗"。
⑦ 《建炎以来朝野杂记》乙集卷20，《辛未利店之变》。
⑧ 《太平寰宇记》卷88，"剑南东道·泸州"。

席，屏帏洗漱……之类"。《梦粱录》卷13《诸色杂货》则记载了临安市场上的"家生动事"亦即家庭生活用具，品类之多，可说是应有尽有。宋周边少数民族的居室中，器用一般十分简陋，甚至几近一无所有。

朱熹《训学斋规》要求，"凡百器用，皆当严肃整齐顿放有常处"。从质地来讲，"凡百器用"主要有陶瓷器与木竹器两大类，另还有富家所用的金银制品。从用途来讲，可分作炊食类、床榻类、被褥类、桌椅类、文具类、卫生用具类等。

●炊食具

炊食具大致可分为炊具、食具、酒具和茶具四类。《梦粱录》所载"诸色杂货"中，铜铁炊食器有铜铫、铜罐、火锹、火箸、火夹、漏杓、铜匙箸、铜瓶、铜火炉等；"镴器"如樽榼、果盆、果盒、酒盏、注子、盘、盂、杓等，镴是锡铅合金。陶瓷饮食器使用广泛，宋有柴、定、汝等名官窑，其中柴窑的瓷食器，被形容为"青如天，明如镜，薄如纸，声如磬"。除碗、盘、碟、罐等陶瓷食具外，也有较大的罐盆类日用器皿。家中或有水瓮贮水，司马光儿时以石破瓮的故事人皆尽知。熙宁年间，因久旱而"令坊巷各以大瓮贮水"[1]。

陆游有诗咏道："浊醪小瓮酿，香饭别甑炊。瓦盆进豚肩，石臼捣花糍"；"瓦盆盛酒荐豚肩"；"瓦甑炊豆荚"[2]，说明粗陋陶食器为民家普遍使用。庆历前后有南方造的漆木食具"绿髹器"盛行，尚称质朴。《清异录》载："富家出游，运致馔具，皆用髹椟。"金银食器在一些酒肆中和富贵人家中也有使用，贫富之间，自是不可同日而语。1993年四川彭州出土宋代砖砌窖藏金银器350余件[3]，主要就是食具，如碗、壶、盘等，制作极为精美，不大可能为井市之民所用。

酒具有酒杯、执壶、注子、浅碗、盏托等，有的本身就是精美的工艺品。梅尧臣曾得山工精琢的石制食具、果具和茶具，十分别致。吕公著诗咏"瘿木壶"，"刳剔虚其中，朱漆为之伪"[4]，很令人注目。苏东坡有"药玉盏"和"荷叶杯"，黄庭坚有"梨花盏"，宋初高昌国曾进"琥珀盏"，孝宗有"玛瑙觥"等，都工制美妙。沈括《忘怀录》记温酒器"汤枪"："深三寸，平底，可贮二寸汤。以酒杯排汤中，酒温即取饮。"钱功《澹山杂识》言其家酒器"银葵花最大，几容一升"。

---

① 彭乘：《墨客挥犀》卷3。
② 《剑南诗稿》卷69，《村老留饮》；卷65，《山村经行因施药》；卷73，《梅市暮归》。
③ 成都市文物考古所等：《四川彭州宋代金银器窖藏》，科学出版社，2003年。
④ 《宋文鉴》卷17，《分题得瘿木壶》。

蔡襄《茶录》记茶具有用以烘茶的茶焙、贮生茶的茶笼、碎茶的砧椎、可用于加热的茶盏，还有茶匙、汤瓶等。徽宗《大观茶论》记说，瓶宜金银，以小口茶瓶为佳，对茶盏、茶杓均有讲究。南宋时长沙茶具以精妙著称一时，士大夫家常置几案间，以相夸耀。而雷州铁工巧制的"茶碾汤匮"之类，皆若铸就。①

北方民族饮食具颇有自己的特色。王安石在《北客置酒》诗中说："紫衣操鼎置客前，巾韝稻饭随梁饘。引刀取肉割啖客，银盘擘臑蕘与鲜。""鼎"当为烹煮器，刀和银盘则为餐具了。② 近年考古发掘出多种契丹人的饮食具，其中装水或酒用的鸡冠壶等颇具特色。契丹治下的嗢热国，"饮食皆以木器"③。西夏所用的饮食具则有煮锅、铫、壶、罐，盘、碗、锅铲以及烧饼用的鏊、烧肉用的叉等④。女真人"食器无瓠陶，无匕箸，皆以木为盆"，"冬亦冷饮，却以木碟盛饭，木碗盛羹"⑤。鏊，又写作"熬"，普遍使用于北方，人们用"热熬翻饼"形容一件简单的事。

范成大《桂海虞衡志》记广西瑶人用一种"竹釜"，截大竹筒以当铛鼎，食物熟而竹不熠。又有木刻成的"蛮碗"，朱黑间漆之，"侈腹而有足"。当地"土人家至以银锡作小合，如银铤样，中为三室，一贮灰，一贮藤，一贮槟榔"。又载广西有雕琢青螺或鹦鹉螺为酒杯，又有鼻饮杯、牛角杯。朱辅而《溪蛮丛笑》载，仡佬之富者，"多以白金象鸟兽形为酒器，或为牛角鹁鸠之状。每聚饮，盛列以夸客，名银鹁鸠"。而记载南方山瑶居处，舍烧饭用具之外无有。

㈡床榻类

天圣七年（1029），诏士庶僧道不得用"朱漆床榻"，而后蔡卞家卧榻用"滴粉销金为饰"，真是"奢俭不同如此！"⑥贵富家床前有置脚踏，《宋史》卷243《刘贵妃传》载刘氏尝因盛夏"以水晶饰脚踏"，被高宗呵止。大床内或置支架，用以置放衣物。有些床饰奢靡非常，如金王朋寿《类林·床席篇》所说："龙须象牙，妆饰雕锼。"

苏轼《仇池笔记》谓成都青城山老人村中有"竹床"。杨万里咏竹床上纳凉："已制青奴一壁寒，更揩绿玉两头安。"周密记"昼寝"：丁谓有诗"脱巾

① 周密：《癸辛杂识》前集，《长沙茶具》；《清波杂志》卷4；《岭外代答》卷6。
② 王安石：《临川集》卷6。
③ 《契丹国志》卷26，《诸蕃记·嗢热国》。
④ 白滨：《〈文海〉所反映的西夏社会》。
⑤ 《会编》卷3。
⑥ 《清波杂志》卷7。

斜倚绳床坐"，吕荥阳诗"竹床瓦枕虚堂上"，蔡确诗云"纸屏瓦枕竹方床"。苏辙则说："独卧绳床已七年。"或谓绳床即交椅。① 沈括《忘怀录》记有"欹床"，如倚床，两向，施档齐高，令曲而上平。僧亦有"偏禅倚"，但形制略有不同。

宋人诗多次提到土床，如陆游："土床纸帐卧幽寂"；"土榻藉蒲团"；"煮药土床前"② 等，当就南方土床而言。《宋文鉴》卷28载张载《土床》诗言"土床烟足䌷衾暖"，是北方普遍使用的"炕"。女真族"环屋为土床，炽火其下，而饮食起居其上，谓之炕，以取其暖"③。长期居于金地的朱弁在《炕寝三十韵》中咏道："御冬貂裘敝，一炕且跧伏。西山石为薪，黝色惊射目。"石薪就是煤炭。赵秉文也有《夜卧炕暖》诗云："地炕规玲珑，火穴通深幽。……田家烧榾柮湿烟炫泪流。"④

三 被褥类

宋人俗语云夏至后，"七九六十三，夜眠寻被单。八九七十二，被单添夹被"。富者有锦被，一般人则用麻布被。范祖禹《司马温公布衾铭记》言司马光"被服如陋巷之士"，其"布"即麻布。毕仲游《即事》诗："屋破风斜漏不休，布衾无里卧穷秋。"是无里子的麻布衾，活现贫士的窘相。或以为"被当令正方，则或坐或睡，更不须觅被头"⑤。

有一种冬天用的"纸被"，陆游《谢朱元晦寄纸被》诗说："纸被围身度雪天，白于狐腋软于绵。"又："木枕藜床席见经，卧看飘雪入窗棂。布衾纸被元相似，只欠高人为作铭。"刘子翚也有诗《答吕居仁惠建昌纸被》谢纸被之赠。⑥

朱彧《萍洲可谈》言，"狨之脊毛色如黄金，取而缝之，数十斤成一座，价直钱百千。"狨，类鼠而大，宋人或取其尾为卧褥、坐毡之用。林洪《山家清事》言每年须"采蒲花作坐褥或卧褥"，胡寅《斐然集》卷1《蒲团》诗有咏坐褥之宜人。

广西邕（今南宁）南的溪洞酋长唐时已用一种鹅毛被，甚暖。然湘西等地，

① 杨万里：《诚斋集》卷31，《竹床》；周密：《齐东野语》卷18"昼寝"；苏辙：《栾城集》卷16，《古北口道中呈同事》；曾三异《因话录》（《说郛》卷19）。
② 《剑南诗稿》卷73，《霜夜》、《秋冬之文杂赋》；卷64，《枕上》。
③ 《宋文鉴》卷28；《会编》卷66。
④ 元好问：《中州集》卷10；《闲闲老人滏水文集》卷5。
⑤ 范祖禹：《范太史集》卷63；《西台集》卷20；陆游：《老学庵笔记》卷2。
⑥ 《剑南诗稿》卷36；刘子翚：《屏山集》卷13。

辽宋西夏金社会生活史

"仡佬冬无绵，揉茅花絮之布中，一被数幅，联贯成筒。山徭皆卧板，夜然以火。仡佬视徭则为富矣，名茅花被"。又瑶佬"睡不以床，冬不覆被，用三叉木支阔板，旁然骨拙火炙背，终夜不绝火。透则易板盖，以板之易得也。以展转之意，名骨浪"。而彝族先民"罗罗"说不上什么被褥，"虽贵，床无褥，松花铺地，惟一毡一席而已"①。陆游多次提到卧拥"蛮毡"②，当是南方民族传入者。

㈣枕席类

宋人富于枕趣，隋唐时已有的瓷枕十分流行，更具特色。瓷枕暑日用，张耒《柯山集》卷10《谢黄师是惠碧瓷枕》诗云："巩人作枕坚且青，故人赠我消炎蒸。"故宫博物院收藏有北宋磁州（今河北磁县）窑烧制的白地黑花"婴戏纹枕"，椭圆形，前低后高，中部枕面微凹，精美可爱。另有石枕，也是夏天所用。欧阳修喜得端溪绿石枕与蕲州竹簟，"呼儿置枕展方簟，赤日正午天无云"③。

各类药枕有广泛使用，如菊花枕，田锡《菊花枕赋》言其有"当夕寐而神宁，迨晨兴而思健"之功效。④ 林洪《山家清事》说，山房三益，"秋采山菊作枕"居其一。胡寅有"竹枕"，甚得其喜爱。郑刚中《春昼》诗则言"竹枕傍屏山"⑤，自得其乐。王安石夏日常用"方枕"，以为睡久枕热，则可转一方冷处。司马光以圆木为"警枕"，小睡而觉，乃起读书。黄庭坚六月以"石枕"而有"一卧洗烦"之乐。⑥ 酷暑之时，北方也用"石枕、绳床、夏簟藤"⑦ 等类物品消暑。陶穀《清异录》说：卢文纪有"玉枕骨"，坚实不可用，亲旧以"杨花枕"赠之，缝青缯充以柳絮。另蔡襄有"水精枕"、洛阳有"黑水晶枕"，中有花束如新，均是名贵的工艺品。

席的种类很多，竹席的使用较为普遍。王安石《次韵信都公石枕蕲簟》诗："端溪琢枕绿玉色，蕲水织簟黄金纹"，视为宝物，端溪石是一种名贵的石料。吴处厚记说：曹司封修睦知邵武军时，曾以竹簟赠禅僧，并作偈云："翠筠织簟

---

① 朱辅：《溪蛮丛笑》（《说郛》卷5）；李京：《云南志略》（《说郛》卷26）。
② 陆游：《剑南诗稿》卷13，《醉眠曲》；卷28，《十日下旬暄甚戏作小诗》。
③ 欧阳修：《居士集》卷8。
④ 田锡：《咸平集》卷7。
⑤ 胡寅：《斐然集》卷1，《竹枕》；郑刚中：《北山文集》卷22。
⑥ 欧阳修：《试笔·琴枕说》；范祖禹：《范太史集》卷36，《司马温公布衾铭记》；黄庭坚：《山谷外集》卷12，《石枕》）。
⑦ 《闲闲老人滏水文集》卷7，《酷暑》。

北宋磁州窑白地黑花莲花纹枕（选自《中国文明史》第 6 卷）

寄禅斋，半夜秋从枕底来。"郑刚中也记，曾得人赠"宾州竹簟甚佳"①。陆游《秋晓》："菅席多年败见经，布衾木枕伴残更。"其《冬夜》诗曾说："百钱买菅席。"② 也真是天上人间，各不相同。

竹夫人是一种憩臂休膝的消暑器，即竹几，唐时称为竹夹膝。苏轼诗《送竹几与谢秀才》云："留我同行木上座，赠君无语竹夫人。"陆游诗《初夏幽居》咏道："瓶竭重招麴道士，床空新聘竹夫人。"黄庭坚称竹夫人为"青奴"："憩背休膝似非夫人之职，而冬夏青青，竹之所长，故易名青奴耳。"③ 宋时竹夫人使用较广，文士融进感情色彩，多有咏叹之调。如吕本中《秋后竹夫人诗》

---

① 《临川集》卷 5；吴处厚：《青箱杂记》卷 10；郑刚中：《北山文集》卷 21。
② 《剑南诗稿》卷 55、卷 26。
③ 《东坡全集》卷 15；《剑南诗稿》卷 66；黄庭坚：《山谷集》卷 9。

枕面绘唐朝元稹《会真记》的金代磁州窑白地铁绘人物图枕
崔莺莺月夜焚香情景（选自《中国文明史》第6卷）

云："与君宿昔尚同床，正坐西风一夜凉。便学短檠墙角弃，不如团扇箧中藏。人情易变乃如此，世事多虞只自伤。"①

脚婆，又称汤婆，即暖足瓶，是冬日床上用品。黄庭坚《山谷集》卷7《戏咏暖足瓶》："少姬暖足卧，或能起心兵。千金买脚婆，夜夜睡天明。脚婆元不食，缠裹一衲足。天明更倾泻，颒面有余燠。"范成大、虞俦等均有关于"脚婆"的戏诗。

㊄帏幔帘屏

帏幔即幕帐，障隔内外之用，也叫帏箔、帷薄。帏与帷同，织品；箔与薄同，指竹席帘。帏幔的制作有奢俭不同，范仲淹家法清俭，其子娶妇不准以罗为帏。宋祁《景文集》卷20《海棠》诗云："长衾绣作地，密帐锦为天。"吴人语"帐天"即帐额，帐檐，用为床帐的装饰。

纸帐比较特别，《宋史》载李观象以清苦自励，"帐帏寝衣，悉以纸为之"。胡寅《纸帐》诗言"志士安贫素"，大体较为简俭。苏轼则赞纸帐"洁似僧巾白氎布，暖于蛮帐紫茸毡"②。陆游也多次提到"纸帐"，如《睡》诗说"纸帐青毡暖有余"；《霜夜》诗云："土床纸帐卧幽寂。"③ 林洪《山家清事》载"梅花纸帐"，以透气之纸为帐，周围插梅花数枝，有出世之风。如朱敦儒《樵歌·鹧鸪天》："道人还了鸳鸯债，纸帐梅花醉梦间。"郑刚中《春昼》诗："柏香熏

① 吕本中：《东莱诗集》卷14。
② 《宋史》卷483，《李观象传》；胡寅：《斐然集》卷1；《东坡全集》卷3。
③ 《剑南诗稿》卷14，卷73。

纸帐。"①

屏风的使用主要在官府公堂以及贵家大室。王钦若未第时，寿王（后来的真宗）过其舍，王氏亟取"纸屏障风"②，前揭蔡确诗也言及"纸屏"。其上可绘以图画或题以诗句，有的屏风置于厅堂坐椅后面。陆游《东偏纸阁初成》诗说："我亦联屏为燠室，一冬省火又宜香。"置于床头的，叫"枕屏"。欧阳修使契丹时，携有"尺素屏"一副，暮则"开屏置床头，辗转夜向晨"③。时人爱在屏上写几句诸如"勿欺暗，毋思邪"之类的文辞作为警语。

窗帘有较多的使用，宋初宫殿内惟挂较为廉价的"青布缘帘"。有的帘挂则十分精美，田锡《斑竹帘赋》，极言其锦纹之工："或叠若连钱，或浓如湿烟，或黯若阵云之起，或累如滴水之圆。疏密增华，漏月光而未卷；斓斑若画，隔花影以初悬。"④ 前揭苏轼《南堂》诗："扫地烧香闭阁眠，簟纹如水帐如烟。"张耒《柯山集》卷25有《道榻》诗云"纸阁芦帘小榻安"，则是纸窗并挂上芦苇窗帘。

㈥椅子、桌子

唐宋之前以席地而坐为主，故几、案较矮，如《新唐书》卷49下《百官志四下》载节度使礼案"高尺有二寸，方八尺"，特大而矮。唐五代已使用桌、椅，宋时普遍流行，于是逐渐养成垂足而坐的起坐方式。⑤ 北宋初年，皇帝宴请群臣，尚是坐"绣墩"、"蒲墩"，还有"绯缘毡条席"，供席地坐。⑥ 南宋晚期，皇帝举办生日宴，仍有"东、西两朵殿庑百官系紫沿席，就地坐"⑦。可见席地而坐习俗的变革还是相当缓慢。河南禹县白沙宋墓壁画表现有中间置桌，两旁双椅对坐的形式。河北巨鹿出土的长方桌、靠背椅已与近代的桌椅差别不大。装饰性的线、脚大量应用，桌椅四足有方形、圆形，也有马蹄形，桌面下开始用束腰⑧。座上也有席垫一类的东西，如木棉坐、蒲团等。

宋时椅类尚未完全代替旧习，陆游记时人语："往时士大夫家女子坐椅子、兀子，则人皆讥笑其无法度，梳洗床、火炉床家家有之，今犹有高镜台，盖施

① 郑刚中：《北山文集》卷22。

② 胡仔：《苕溪渔隐丛话前集》卷25"王文穆"。

③ 《剑南诗稿》卷73；《居士集》卷6，《书素屏》。

④ 田锡：《咸平集》卷7。

⑤ 刘敦桢：《中国古代建筑史》第6章，《宋辽金时期的建筑》，中国建筑工业出版社1983年版。

⑥ 参见陈振：《中国通史》第7卷，第12章第1008—1010页，上海人民出版社1999年版。

⑦ 《宋朝事实》卷12，《仪注二》。

⑧ 《梦粱录》卷3，《皇帝初九日圣节》。

床则与人面适平也。或云禁中尚用之，特外间不复用也。"① 此知南宋时不论男女全废席地而坐，而"往时"凳椅的使用还受到习惯势力的阻碍。

丁谓《谈录》载，宋初窦仪在堂前雕起"花椅子"二把，以备右丞及太夫人同坐。王铚《默记》卷上说，李后主入宋后，徐铉往见，引"椅"稍偏乃坐。中国历史博物馆藏有大观（1107—1110）年间民家椅子，与今制不殊。"椅"字宋之前多作"倚"，北宋末黄朝英则对"今人用倚卓字多从木旁"不以为是②，说明当时桌椅尚未定型。《东京梦华录》卷5《娶妇》有载：众客"于中堂升末榻，上置椅子，谓之高坐"。

早年从北方南传的"胡床"已广泛使用。《宋史》卷258《曹彬传》载，曹彬出为晋州兵马都监时，"坐素胡床"而称简。张端义《贵耳集》卷下："今之交椅，古之胡床也，自来只有栲栳样。宰执侍从皆用之。……今诸郡守倅必坐银交椅，此藩镇所用之物，今改为太师样，非古制也。"栲栳是笆斗之类的凹形盛物器具。皇帝出巡，亲从官则执"金交椅"③ 等御物以从。

王明清谓"背靠交椅"的推广始于绍兴初，其时梁汝嘉尹临安，有人推荐使用一种便于假寐的背靠交椅，"用木为荷叶，且以一柄插于靠背之后，可以仰首而寝"，说是"今达官者皆用之，盖始于此"④。本为乘具的"木马子"，也有喜坐者，且"坐则不下，或饥则便就其上饮食"⑤。

几、案亦桌类。吴淑《几赋》："几，庛也。所以庛物者也。"⑥ 或者在几上刻写铭文以自警，称为"几铭"。《宋史》林特本传：其人"精敏，喜吏职，据案终日不倦"。夏日则有竹几，陆游初夏有诗说："堪笑山家太早计，已陈竹几与藤床。"⑦ 黄长睿绍熙甲寅（1194）作《燕几图序》言"燕几"有三种尺寸，俱宽1尺7寸5分，高2尺8寸，长分别为宽的2至4倍。以为"以之展经史，陈古玩，无施而不宜，宁不愈于世俗之泥于小大一偏之用者乎"? 说明"燕几"早前尺寸长期无甚变化。

七 其他

古人"灯烛"，油灯价较低廉，烛灯称贵。寇準自少年富贵，不点油灯，

---

① 《老学庵笔记》卷4。
② 黄朝英：《靖康湘素杂记》卷3"倚卓"。
③ 孟元老：《东京梦华录》卷6，《十四日车驾幸五岳观》。
④ 王明清：《挥麈三录》卷3。
⑤ 江少虞：《宋朝事实类苑》卷62。
⑥ 吴淑：《事类赋》卷14。
⑦ 《剑南诗稿》卷32，《四月旦作时立夏已十余日》。

交椅　宋人绘《中兴祯应图》（摹本）（选自《中国文明史》第 6 卷）

"尤好夜宴剧饮，虽寝室亦燃烛达旦。每罢官去后，人至官舍，见厕溷间烛泪在地，往往成堆。"而杜祁清俭，"在官未尝燃官烛，油灯一炷，荧然欲灭"①。奢俭不同如此。每过年节等，庭院及街灯花样翻新，自然不是一般家居平时所用了。

陆游诗《谢韩实之直阁送灯》说："旧友年来不作疏，华灯乃肯寄蜗庐。宁知此老萧条甚，二尺檠前正读书。"檠亦灯，或铜质或陶质。其《秋思》诗说："临海铜灯喜夜长"。其《夏中杂兴》诗说："陶人售瓦檠。"古人照明，也用松脂。其《冬夜》："昨者南山僧，松肪寄一车。可以照读书，坚坐待朝霞。"② 沈与求《灯华赋》亦言夜中"引短檠"观书③，蜀中使用一种夹瓷的省油灯，宋代传入朝中。陆游记道："一端作小窍，注清冷水于其中，每夕一易之。寻常盏为火所灼而独燥，胡速干，此独不然，其省油几半。"④

宋人俗语言夏至后："一九至二九，扇子不离手。"扇的质地、式样各有不同，扇面往往绘以各种图画，制作有的已相当工艺化。赞宁《笋谱·五之杂说》记江东"笋皮扇"，"漆纸饰缘，内书画适意"。文士甚多咏扇之作，如吴淑《扇

①　欧阳修：《归田录》卷 2；参《宋史》卷 281，《寇準传》。
②　《剑南诗稿》卷 52，卷 77，卷 83，卷 26。
③　沈与求：《龟溪集》卷 11。
④　《老学庵笔记》卷 10。参陈德富：《邛窑省油灯研究》，载《四川古陶瓷论文集》，四川省社会科学院出版社 1984 年版。

辽宋西夏金社会生活史

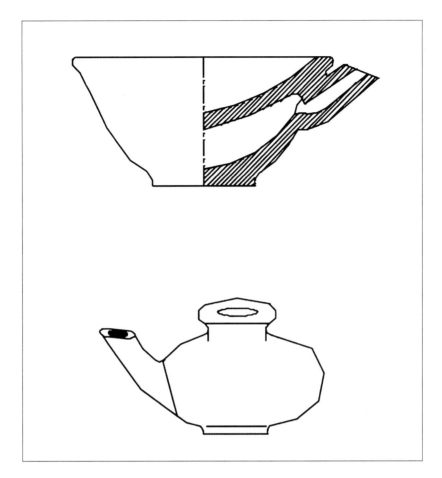

邛窑"省油灯"剖面图及外形　刘复生绘

赋》言纨扇可珍：其上"或以纪羊孚之雪，或以书柳恽之云。想王莽之屏面，思梁冀之拥身。则有介子辞禄，何植居贫。张敷缠哀于丧母，黄香显名于待亲。途修反影，丁缓漆轮，彦回障日，诸葛挥军"①，等等，扇画内容十分丰富。

"团扇"是使用普遍的传统手扇，苏辙《感秋扇作》："团扇经秋似败荷，丹青仿佛旧松萝。"黄庭坚《扇》诗："团扇如明月，动摇微风兴。"②秦观有《答罗正之惠绵扇》，张舜民亦有《纨扇》诗，金王朋寿《类林·扇枕篇》提到蒲葵扇。赵文昌有《题歌扇》云："媚娘巧作贯珠喉，画扇团团半掩羞。"史载哲宗"独用纸扇"③，群臣称贺以为俭，宋帝以扇赐臣下的例

---

① 吴淑：《事类赋》卷14。
② 《栾城三集》卷3；《山谷外集》卷12。
③ 朱弁：《曲洧旧闻》卷2。

子则屡屡有见。北宋末，以木为柄的竹骨扇"忽变为短柄，止插至扇半，名不彻头"①，被指为妖。《岭外代答》卷6《器用门》载："静江人善捕飞禽，即以其羽为扇。"鹫羽扇长达数尺，鹭羽扇则轻质而风细。宋辽还使用一种纸做的折叠扇，由朝鲜传入。郭若虚《图画见闻志》卷6《高丽图》说："彼使人每至中国，或用折叠扇为私觌物"，上面画有人物、花木、云水等图，称为"倭扇"，出自日本。②

存放书籍有书架、书箧等。沈与求《灯花赋》记夜寒不寐，遂起而"凭插架之丛书，引短檠使置前兮，聊纵观以嬉娱"。《宋史》卷256《赵普传》载，赵普每归私第则"阖门启箧，取书读之"。《春渚纪闻》卷3《王乐仙得道》载有童子"负书箧、竹笥"于林中行，竹笥贮物，书箧放书，便于搬动。笥也可用来藏书，叫"书笥"。孙甫著《唐书》，常别缄其稿于笥。后失火，弟子负其笥而避。李焘撰《长编》作带有抽屉的木橱，则如今之"卡片柜"。前揭张耒《谢黄师是惠碧瓷枕》云："我老耽书睡苦轻，绕床惟有书纵横。"有一种为"卧视书"时便于取书的欹架叫懒架，陆游诗《池亭夏昼》云："懒架书横梦未残。"③龙泉（今属浙江）等窑烧制有瓷笔筒、笔架等文房用具。

《墨庄漫录》卷1载禁中或以孔雀翠尾作帚，还有扫帚、竹帚、筅帚等，筅帚是用篾丝等做成的锅碗洗刷具。《大观茶论·筅》记洗刷用具"茶筅"说，以筋竹老者为之。宋人亦或使用麈尾，即拂尘子。梅尧臣《麈尾赋》言"饰雕玉以为柄"，谢翱《玉麈尾》："客持麈尾柄，色夺环与玦。"相当精美。孔平仲记道："仁宗暑月不挥扇，以拂子驱蚊蝇而已。"④麈尾自然不仅仅用来"拂尘"，也是手中的一件工艺玩物。

卫生用具唾、溺器主要在富贵人家中使用，史载宋仁宗"用素漆唾壶盂子"，称为"简质"。文彦博一次过郑，失"金唾壶"。高宗母韦贤妃"性节俭"，有司曾进"金唾壶"，被令易以涂金者。⑤宋破后蜀时，获孟昶七宝溺器，溺器宋时又称为虎子、厕马。由于一般"街巷小民之家，多无坑厕，只用马桶"⑥，在商品经济发达的宋代，便器也就成为了商品。

---

① 《老学庵笔记》卷3。
② 参见王颋：《驾泽抟云》第7章《华匠仿制——折迭扇的输入与流播》，南方出版社2003年版。
③ 高承：《事物纪原》卷8；《剑南诗稿》卷76。
④ 梅尧臣：《宛陵集》卷60；谢翱：《唏发集》卷6；孔平仲：《孔氏谈苑》卷3。
⑤ 《归田录》卷1；朱弁：《曲洧旧闻》卷5；《宋史》卷243，《韦贤妃传》。
⑥ 吴自牧：《梦粱录》卷13，《诸色杂货》。

第四节 生活燃料

自从人类懂得火的利用以来，燃料，即能源就成了人类文明不可缺少的支柱。古代的生活燃料是用于烹饪和取暖。

宋时广大农村的生活燃料比较容易解决，大致是就地取材，使用柴和草。如范成大的《四时田园杂兴》诗说，"老盆初熟杜茅柴，携向田头祭社来"。"榾柮无烟雪夜长，地炉煨酒暖如汤。"① 另有在北方嵩山寺中一诗说："一团茅草乱蓬蓬，驀地烧天驀地红。争似满炉煨榾柮，慢腾腾地暖烘烘。"② "榾柮"是指木块。陆游诗有"蓺火正红煨芋熟"，大约是指用芜菁的干茎作燃料。③

与乡村不同，城市，特别是人口密集的大城市，燃料的供应量就相当大。周必大《二老堂杂志》卷4《临安四门所出》说："临安土人谚云：东门菜，西门水，南门柴，北门米。"城内坊郭户的烧柴全由南方的山区供应。炭也是一种重要燃料，南宋初，供应皇室的"御炭，须胡桃文、鹁鸽色者"，受到官员王居正的论奏，说："民以炭自业者，率居山谷，安知所谓胡桃文、鹁鸽色耶？"④ 据宋神宗熙宁十年（1077）的统计，宋宫御厨当年用"柴一百四十五万四百一十三斤半，炭三千五百五十七秤六斤"⑤。开封的主要运输渠道汴河"下西山之薪炭"，宋英宗时，"籴京西、陕西、河东运薪炭至京师"，"薪以斤计一千七百一十三万，炭以秤计一百万"⑥，大都应是生活燃料。

辽宋金代一个值得注意的情况，就是在北方的生活燃料中，煤当时称石炭，已占相当比重，而其使用还愈来愈普遍。陆游《老学庵笔记》卷1说："北方多石炭，南方多木炭，而蜀又有竹炭，烧巨竹为之，易然，无烟，耐久，亦奇物。"朱弁《曲洧旧闻》卷4说："石炭用于世久矣，然今西北处处有之，其为

---

① 《石湖居士诗集》卷27。
② 《贵耳集》卷上。
③ 《剑南诗稿》卷69，《夜投山家》。
④ 《宋史》卷381，《王居正传》。
⑤ 《宋会要》方域4之10。
⑥ 《宋史》卷93，《河渠志》，卷175，《食货志》。

利甚薄。"朱翌《猗觉寮杂记》卷上说："石炭自本朝河北、山东、陕西方出，遂及京师。"

到北宋后期，石炭已成为开封的主要生活燃料。庄绰在《鸡肋编》卷中回忆说："昔汴都数百万家，尽仰石炭，无一家然薪者。"宋徽宗时减各地贡品，就将"汜水白波辇运司柴三十六万斤，减二十万斤"①。石炭还需木柴等引火助燃，减少贡柴，是与当地石炭供应的增加相平行的。

宋人楼钥使金，途经河北永年县临洺镇，看到几家酒店中置备"石炭数块，以备暖荡"②。看来还是整块燃烧石炭。但北宋苏轼的著名《石炭》诗有"投泥泼水愈光明"③之句，说明也有类似后世做煤球之类的加工技术。

辽金在今北京一带是产煤的。④ 金人赵秉文《夜卧炕暖》诗说，"京师苦寒岁"，"田家烧榍柚，湿烟泫泪流"。"近山富黑璺，百金不难谋。地炕规玲珑，火穴通深幽"，用石炭取暖，"长舒两脚睡，暖律初回邹"⑤。在辽金的西京大同府一带，宋使朱弁写《炕寝三十韵》诗说："御冬貂裘敝，一炕且跧伏。西山石为薪，黝色惊射目。方炽绝可迩，将尽还自续。飞飞涌玄云，焰焰积红玉。"⑥也是用石炭取暖。甚至在多用竹炭的四川，陆游《初到荣州》诗也有"地炉堆兽炽石炭"⑦之句。

有的地方，因燃烧石炭过多，甚至引起污染。沈括《梦溪笔谈》卷24说，"石炭烟亦大，墨人衣"，他作延州诗说："石烟多似洛阳尘。"《鸡肋编》卷上也载延州诗，有"石炭烟中两座城"，都反映了今延安一带已存在空气污染问题。

中国人最早发现和使用煤炭，而到辽宋金代，煤的开发和利用又有相当的普及，使生活燃料的构成发生了重大变化。

---

① 《宋会要》崇儒7之59。
② 《北行日录》上。
③ 《东坡七集·东坡集》卷10。
④ 《文物》1978年第5期，鲁琪：《北京门头沟区龙泉务发现辽代瓷窑》。
⑤ 《闲闲老人滏水文集》卷5。
⑥ 《中州集》卷10。
⑦ 《剑南诗稿》卷6。

第五章

交通与通信

第一节　交通设施和管理

　　中国自秦以降，每个中央皇朝都十分重视道路的修建。秦代修筑驰道，以作皇帝巡行天下的通衢大道。北宋以汴京为中心，修建了抵达各州各县的"官道"。官府往往命令各地"夹官道植榆柳，或随土地所宜，种杂木"。有的地方则在"通州县官路两畔栽种杉、松、冬青、杨柳等木"。但是，古代的土路一般难以承受大雨和积潦。宋仁宗时，"河北比岁积雨，坏道途"，皇帝特别下诏，命令"堑官路两旁，阔五尺，深七尺"，"以泄水潦"①。这类开挖排水沟的措施，当然并不限于河北一地。

　　北宋后期，陈与义写诗描述开封府中牟县官道的景色说："杨柳招人不待媒，蜻蜓近马忽相猜。如何得与凉风约，不共尘沙一并来。"说明尽管官道上载种了杨柳，但尘沙依然很大。他的另一首诗描写荆湖南路杉木铺的情景说："数株苍桧遮官道，一树桃花映草庐。"② 陆游在汉中一带的《山南行》诗说，"我

————————

① 《宋会要》方域 10 之 1、2、6。
② 《陈与义集》卷 10，《中牟道中二首》；卷 24，《将至杉木铺望野人居》。

行山南已三日，如绳大路东南出"，"苜蓿连云马蹄健，杨柳夹道车声高"①。说明当地的"大路"也同样是"杨柳夹道"。

道路的标志有所谓堠子，筑土为堠，上插木牌、石刻之类。吴安中的《堠子》诗有"行客往来浑望我，我于行客本无心"之句。陆游《果州驿》诗说："驿前官路堠累累，叹息何时送我归。"②《八琼室金石补正》卷121《大阳堠石刻》载宋官道有一石堠，其上刻有"贱避贵，少避长，轻避重，去避来"等字。

堠子分里堠、界堠等。里堠一般为五里、十里立一堠，其要求无非是"里堠分明"③。李曾伯诗说，"行尽潇湘第几山"，"柳边官驿堠十里"。朱继芳《严衢道中》诗有"草白三丫路，苔青五里牌"之句。④ 由于唐宋官道上有较准确的里程标志，故《元和郡县志》、《元丰九域志》等地理总志上，都记录了各地到京都的里程。如广南第一都会广州至"东京四千七百里，东至本州界二百一十里，自界首至惠州一百五里"，"东南至海四十一里"。此类里程记录当然都来自官道的里程测量。界堠是国界和州界、县界的标识。如宋英宗时，"吕大防知青城县"，"卓立封堠，凿石为界"。宋孝宗时，将"茂州、永康军税地更展三里，别立新堠"，"仍刻石，各书地名及今所立年月，以为限隔"⑤。

按照宋制，"二十里置马铺，有歇马亭"，"六十里有驿，驿有饩给"⑥。当时士人行旅往往在驿站暮宿朝行。陆游有不少诗句描写他投宿驿舍的情况，"凄凉古驿官道傍，朱门沈沈春日长"，"古驿怪藤合，荒陂群雁鸣"，"衣上征尘鬓畔霜，信州古驿憩归装"，"夜行星满天，晨起鸡初唱。槁枝烧代烛，冻菜撷供饷"⑦。上述诗句反映宋代不少驿站是沿用前朝的。

自关中入川的蜀道，自古号称天险。宋时也承袭前代旧规，修筑栈道。"入川大路"的"桥阁约九万余间，每年系铺分兵士于近山采木，修整通行"，"所使木植，万数浩瀚"。"阁道平坦，驿舍、马铺完备，道店稠密，行旅易得饮食"，看来交通设施相当完备。但"四处溪江或遭泛涨，即阻节过往，及飞石中行人，常有死者"⑧。南宋陆游的诗中也屡及栈道之险，"淡日微云共陆离，曲阑危栈出参差"，"天险龙门道，霜清客子游。一笻缘绝壁，万仞俯洪流"，"危阁

① 《剑南诗稿》卷3。
② 《墨庄漫录》卷1；《剑南诗稿》卷3。
③ 《大金吊伐录》卷上，《又书·乞宽限送纳赏物》。
④ 《可斋续稿》后卷10，《过衡州值雨偶赋》；《南宋六十家集·静佳乙稿》。
⑤ 《元丰九域志》卷9；《宋会要》兵29之41、方域12之8。
⑥ 《事物纪原》卷7，《驿》。
⑦ 《剑南诗稿》卷3，《驿舍海棠已过有感》；卷10，《梦藤驿》；卷11，《信州东驿晨起》；卷13，《乾封驿早行》。
⑧ 《宋会要》方域10之2—5。

闻铃驮，湍流见硪船。汲江人负盎，骑马客蒙毡"①，生动地描绘了宋代栈道风光。

在燕山以北，属人烟稀少的辽朝控制区，道路条件显然比中原更差。宋人苏辙出使，于燕山道中作诗说："乱山环合疑无路，小径萦回常傍溪。"② 燕山五关，除榆关外，"居庸可以行大车，通转粮饷，松亭、金坡、古北口止通人马，不可行车。外有十八小路，尽兔径鸟道，止能通人，不可走马"。据宋人记载，出榆关后，"彼中行程并无里堠，但以行彻一日，即记为里数"。在辽与女真的"古界"以外，"行终日之内，山无一寸木，地不产泉，人携水以行"③，道路之艰难，更可想见。宋人沈括使辽，前往辽道宗御帐，需要穿行"原薮"和"大碛"，而并无道路。④ 故另一宋使刘跂诗描写辽境的道途说，"记里无官堠，更衣有短亭"，"但逐银牌使，何堪记驿程。路迷如欲尽，山转忽通行"⑤。

至于内地前往位于今新疆的高昌，交通条件更差，"度砂碛，无水，行人皆载水"，有些地段"砂深三尺，马不能行，行者皆乘橐驼"⑥。

位于中原地区的宋朝，其水路交通以开封为中心，包括汴河、广济河、惠民河和金水河，构成了连接黄河、黄河以北的御河、运河和大江的水道。宋朝的沿海以至远洋交通也有相当发展。但辽金的水上交通都不发达。至于西部地区的水上交通自更不待言。

现代水运必须有码头之类设备，而古代的小木船自然无须有专用码头。但宋时的大江航运，"沿江税场，如江州、蕲口、芜湖，以至池州、真州，皆有岸夹，依泊客舟"。南宋中期，黄州税场"开新澳，以便民旅"，臣僚上奏说，"尚有六百八十丈不曾开通"，建议"于农隙用工开浚，实为商旅永久之利"。所谓岸夹或夹，实际上就是码头或避风港。大诗人陆游的《入蜀记》记载，他自建康府"出夹，行大江"，在池州"过雁翅夹，有税场，居民二白许家，岸下泊船甚众。遂经皖口至赵屯"，"而风益大，乃泊夹中"。"有一舟掀簸浪中，欲入夹者再三，不可得，几覆溺矣，号呼求救，久方能入。"他继续西行，"晚泊白杨夹口，距鄂州三十里"。离鄂州后，"始入沱，实江中小夹也"⑦。宋朝在一些漕

① 《剑南诗稿》卷3，《驿亭小憩遣兴》、《再过龙洞阁》、《栈路书事》。
② 《栾城集》卷16，《绝句二首》。
③ 《靖康稗史笺证·宣和乙巳奉使金国行程录》。
④ 贾敬颜：《〈熙宁使契丹图抄〉疏证稿》。
⑤ 《永乐大典》卷10877，《宋刘学易先生集·房中作》（其五、其十七）；四库全书本《学易集》卷3《使辽作》十四首，删其诗四首。
⑥ 《挥麈录》卷4。
⑦ 《宋会要》食货18之21；《渭南文集》卷44—47。

运口岸设置排岸司，负责装卸物资。① 看来排岸司应有专用码头之类设施。

在陆路与水道的交会处，需要修筑桥梁或设置津渡。宋时官府在一些重要津渡往往禁止"私置津渡"，由私人"买扑"，每年向官府纳钱，成为官府的一项财政收入。买扑者又向行人收费。如宋太宗时，"许州郾城东螺湾渡系百姓买扑，每年纳钱四百五十千"。宋仁宗时，"荆南公安县渡新增收渡牛钱，每一牛五十文"。买扑津渡，也必然产生弊端。"广济县张家渡系是官民客旅往来之冲"，"奸欺百出，除纳官钱之外，恣行骗胁，甚者夺攘财物，邀求收赎，方肯付还，违法已甚"。霸渡也始终成为宋时的社会弊病。南宋的一份判案记载，"郑在九捉讨过渡客人方太渡钱，抢去麻布一匹，及将方太等缚打"，而被官府"决脊杖十五，配一千里"②。

在古代的经济技术条件下，水路交通往往不如陆路交通安全。为保持陆路交通的畅通，宋朝建造了不少桥梁，包括石桥、木桥、浮桥等。在大江大河中，限于当时的技术条件，多造浮桥。浮桥更须加强保养和维修。有的浮桥当"夏秋涨水"之际，还须"解拆"。宋徽宗时，在通利军依山造天成桥和圣功桥，"两桥四马头"，称天成桥东马头、西马头等③，马头当即是桥头。

第二节　交通工具

宋、辽、金代的交通中，畜力占有重要地位，畜力包括马、驴、骡、骆驼、牛之类。辽、西夏、金等产马甚多，而宋却严重缺马，需要耗费巨资，向周边买马。宋朝将马分为十五等，大致前十三等充战骑，末二等"低弱不被甲"，则供应厢军或作递铺铺马。北宋文彦博说，城乡上等户"生计从容，皆须养马，以代徒步之劳"④。《麈史》卷下说，"京师赁驴，涂之人相逢，无非驴也"。宋神宗"熙宁以来，皆乘马也"。这些记载反映民间乘驴马有某种普遍性。中国东部自古以来是蒙古马种。宋人称"契丹马骨骼颇劣"，而宋境内"凡马所出，以

---

① 《宋会要》食货 46 之 8、15，47 之 2—3。
② 《宋会要》方域 13 之 4—5；《名公书判清明集》卷 14，《约束张家渡乞觅》、《霸渡》。
③ 《宋会要》方域 13 之 25—26。
④ 《宋会要》兵 24 之 3；《文献通考》卷 160；《历代名臣奏议》卷 242。

辽代车骑出行图（摹本）

（选自韩世明编著《辽金生活掠影》）

府州（今陕西府谷）为最，盖生于黄河之中洲曰子河汉者有善种"①。好马是西北的西夏、吐蕃、回鹘等所产，时称"西方良马"②。其实是自汉以来，来自今中亚、新疆的良种或其杂交改良。但据太平老人《袖中锦》所载，"契丹鞍"为"天下第一"，制造最精。骆驼在西北和塞外是重要的交通工具。东北的女真人则"行以牛负物"③。

按照宋朝的"运粮之法，人负六斗"，"驼负三石，马、骡一石五斗，驴一石"④。苏辙说蜀道"茶递，一人日般四驮，计四百余斤"。在开封城中，骆驼、驴、骡等"驮子，或皮或竹为之，如方匦、竹篓两搭背上"，粮食则用麻袋作驮。⑤

辽、宋、金代的车乘有人力车和畜力车。宋朝缺乏马力，其畜力车多用牛、驴、骡等，特别是牛。从传世的宋画看，如《清明上河图》、《溪山行旅图》、《盘车图》、《雪溪行旅图》等，大多是牛车，也有少量驴车。在开封，大车有太平车，"上有箱无盖"，"前列骡或驴二十余，前后作两行，或牛五、七头拽之""可载数十石"。其次为平头车，乃独牛车，"以手牵牛鼻绳驾之"。另有一种串车，乃"独轮车，前后两人把驾，两旁两人扶拐，前有驴拽"⑥。"每遇冬月"，四郊向开封城中"纳粟秆草牛车阗塞道路"，"数千万量不绝"。贵妇人出入，也乘"犊车"，另带香球，"香烟如云"。"成都诸名族妇女，出入皆乘犊车，惟城

① 《宋会要》兵24之3。
② 《长编》卷192，嘉祐五年八月庚辰。
③ 《新五代史》卷73，《四夷附录》。
④ 《梦溪笔谈》卷11；《长编》卷469，元祐七年正月壬子："驴、骡每头运粮一石。"骡的运粮额比沈括所说少五斗。
⑤ 《栾城集》卷36，《论蜀茶五害状》；《东京梦华录》卷3，《般载杂卖》。
⑥ 《东京梦华录》卷3，《般载杂卖》；另可参《癸辛杂识》续集上，《北方大车》。

辽代毡车停歇图

（选自韩世明编著《辽金生活掠影》）

北郭氏车最鲜华。"① 宋徽宗被俘北上时，"乘平日宫人所乘木牛车"②。后宋使至金，金方用"细车四辆奉南北使、副"，"每车用驴十五头"，"粗车三十六辆，每辆挽以四牛"③。

北方辽朝很有特色的畜力车是驼车，又称奚车，"契丹之车，皆资于奚"。"其乘车驾之以驼，上施幰，惟富者加毡幰文绣之饰"④。五代后晋时，辽太宗"坐奚车中"，指挥作战，"晋军奋死击之，契丹大败"，辽太宗"丧车，骑一白橐驼而走"⑤。苏辙使辽，有"高屋宽箱虎豹裀"，"双驼借与两轮红"之诗⑥，即是描写此种驼车。

---

① 《东京梦华录》卷1、《外诸司》；《宋史》卷150，《舆服志》；《老学庵笔记》卷1 \ 卷2。
② 《会编》卷89，《北狩闻见录》；《要录》卷3，建炎元年三月丁巳。
③ 《北辕录》；《建炎以来朝野杂记》乙集卷12，《奉使入北境车子数》。
④ 贾敬颜：《〈熙宁使契丹图抄〉疏证稿》（《文史》第22辑）。
⑤ 《新五代史》卷72，《四夷附录》。
⑥ 《栾城集》卷16，《赵君偶以微恙乘驼车而行戏赠二绝句》。

人力车如开封有浪子车，"平盘两轮"，"止一人或两人推之，此车往往卖糕及麋之类"。在陕西一带，"每三人挽小车，载二百五十斤至三百斤"。"江乡有一等车，只轮两臂，以一人推之"，"以竹为篼载两旁，束之以绳，几能胜三人之力"，"虽羊肠之路可行"。这与今日的独轮车相似。此外，"蜀中有小车，独推载八石，前如牛头。又有大车，用四人推载十石"①。

在山道、小路等无法通车之处，负担也是必须的运输工具。递铺的"铺兵每人约担官物六十斤"。宋时官员上路，差兵士或役夫负担，是常见的事。北宋后期名臣范纯仁之孙范直方官为主簿，启程时有行李"十担"，而叔祖父范纯礼赴遂州知州时，只有三担。② 宋徽宗招方士王老志，"许差担擎兵士三十人"③。

轿又名肩舆、檐子、兜子等，宋时达官贵人乘轿已相当普遍。武夫出身的宋太祖也曾"乘肩舆，从十数骑幸讲武池"④。北宋名臣王安石"辞相位，居钟山，惟乘驴，或劝其令人肩舆"，他说："自古王公虽不道，未尝敢以人代畜也。"北宋时，"百官皆只乘马"，"唯是元老大臣老而有疾底，方赐他乘轿"。如司马光拜相后，"许乘肩舆"⑤。宋代的轿一般"凸盖无梁，以箆席为障，左右设牖，前施帘，舁以长竿二"。宋太宗时，"工商、庶人家乘檐子，或用四人、八人"，被下令"禁断"，规定乘"兜子，舁不得过二人"。宋哲宗时，"京城士人与豪右大姓"乘四人抬的轿，也被指为"僭拟"；宋徽宗时，"富民、娼优、下贱"等乘"暖轿"，都予以禁止。南宋初，宋高宗在扬州，因为"路滑"，下令"百官得于寓京乘轿"。此后"百官不问大小，尽乘轿，而宦者、将命之类皆乘轿"⑥。宋高宗退位前"幸建康府"，"时方雨雪，高宗御毡衣毡笠乘马"，时为皇子的宋孝宗"亦骑从"，"而宰相以下多肩舆者"⑦。

宋朝是当时世界上重要的海上贸易国，其"海舟以福建为上"。海船都是尖底，"上平如衡，下侧如刃"。平底船用于内河，"不可入海"⑧。大的河船可载米一万二千石。宋时的"海商之舰，大小不等，大者五千料，可载五六百人，中等二千料至一千料，亦可载二三百人"⑨。"料"为载重单位，一料即载重一石。船的动力除传统的

① 《东京梦华录》卷3，《般载杂卖》；《宋史》卷324，《张亢传》；《独醒杂志》卷9；《后山集谈丛》卷4。

② 《宋会要》方域10之36；《范文正公集·言行拾遗事录》卷4。

③ 《宋会要》选举34之50作王志老，据《宋史》卷462，《王老志传》，应作王老志。

④ 《事物纪原》卷8，《檐子》、《兜子》；《长编》卷12，开宝四年六月壬午。

⑤ 《邵氏闻见录》卷11；《朱子语类》卷127；《宋史》卷336，《司马光传》。

⑥ 《演繁露》卷7，《肩舆》；《朱子语类》卷127；《宋史》卷150、卷153，《舆服志》；《要录》卷10，建炎元年十一月丁亥朔。

⑦ 《建炎以来朝野杂记》乙集卷1，《壬午内禅志》；《会编》卷249。

⑧ 《会编》卷176；《宣和奉使高丽图经》卷34，《客舟》；《宋会要》食货50之20。

⑨ 《画墁集》卷8，《郴行录》；《梦粱录》卷12，《江海船舰》。

山西繁峙岩上寺金代壁画所绘海船（摹本）

（选自《中国文明史》第 6 卷）

帆、桨等外，还有车船，即以人力踩踏翼轮，激水而行。翼轮是原始的螺旋桨。① 宋人已开始将指南针用于航海，"风雨晦冥时，惟凭针盘而行"②。

---

① 《梁溪全集》卷 29 有关车船的诗，卷 103，《与宰相论捍贼札子》，卷 121，《与吕安老龙图书》。
② 《萍洲可谈》卷 2；《宣和奉使高丽图经》卷 34，《半洋焦》；《诸蕃志》卷下，《海南》；《梦粱录》卷 12，《江海船舰》。

第三节　邮递

宋人称"前代邮置，皆役民为之"，宋太祖开始"以军卒代百姓为递夫"。宋邮递制度依快慢分类。金字牌递规定日行五百里，专门传递皇帝御前发下的急件。金字牌用红漆，上有金字"御前文字，不得入铺"。其次是急脚递，再次是马递和步递，其速度分别规定为四百里、三百里和二百里。急脚递又简称急递。演义小说、戏曲等给人们的错误印象，是将金字牌误作令牌。其实，金字牌只是最快速传递的标志，但用金字牌传递的御前文字有紧急之意。此外，南宋时又有雌黄青字牌和黑漆红字牌，规定日行三百五十里，也用于传递"军期急速文字"①。

辽朝为传递紧急文件，铸"银牌二百面，长尺"，其上有契丹字，意为"宜速"和"敕走马牌"，规定"昼夜驰七百里，其次五百里"②。宋人王巩《甲申杂记》说："大辽谓天使为敕例郎君，依敕例，日行五百里也。"

据宋使楼钥《北行日录》上说："金法，金牌走八骑，银牌三，木牌二，皆铺马也。木牌最急，日行七百里，军期则用之。"此处的"木牌最急"疑为"金牌最急"。大约在金章宗即位之初，仿宋制造红字牌和金字牌，"绿油红字者，尚书省文字省递用之，朱漆金字者，敕递用之"，"日行二百五十里"③。

在古代的原始交通条件下，各种邮递往往达不到规定的速度。宋孝宗时发布大赦，用金字牌，自临安"至襄阳府三千一百里，合行六日二时，稽十日方至，荆南二千六百四十里，合行五日三时，稽九日方至"④。

宋仁宗时"诏中外臣僚许以家书附递"，于是"小官下位"也可使用官府的邮递。司马光在书信中说："光初离并州一驿，曾于递中领所赐书。"朱熹也在信中说："熹此月二日递中领赐教，即以尺书附递拜答。"都反映了士大夫利用

---

① 《燕翼诒谋录》卷 1；《梦溪笔谈》卷 11；《宋会要》方域 10 之 18、25、52，11 之 20；《长编》卷 457 元祐六年四月丁酉；《建炎以来朝野杂记》乙集卷 9，《金字牌》。

② 《辽史》卷 57，《仪卫志》。

③ 《金史》卷 58，《百官志》。

④ 《宋会要》方域 11 之 20。

邮递寄信的情况。但当时的邮递速度颇慢，陆游《渔家傲》词描述本人在四川的思乡之情说："东望山阴何处是，往来一万三千里。写得家书空满纸，流清泪，书回已是明年事。"[①]

当时也有以鸽子传递信件和公文。宋将曲端"纵五鸽，则五军顷刻而集"。西夏军在著名的好水川战役中使用了"家鸽百余"，作为信号。[②]

辽宋金代的书信通常有两种体例。一是书简，用散文，即古文书写；二是启，用骈文书写。启往往用于致贺。

宋时朝廷编"邸报"，又称"朝报"，"凡朝廷已行之命令，已定之差除"，都通过邸报"报行天下"。由此又派生了所谓"小报"，又称"新闻"，大致都是胥吏抢先"誊播""命令未行，差除未定"的事，其流弊则是"以虚为实，以无为有"。宋廷虽屡下禁令，并无多大成效。邸报的传播面较广，如陆游致仕家居，也"观邸报"而了解前方战事，写下了"上蔡临淮奏捷频"的诗句。[③]

第四节　各阶层对交通的需求和利用

宋朝是以农村自然经济为主的社会。"穷乡荒野，下户细民，冬至节腊，荷薪刍入城市，往来数十里，得五七十钱，买葱、茹、盐、醯，老稚以为甘美。"有些"田野山谷之氓，止知蚕而衣，耕而食"，"自少至老，足不履市门"[④]。他们对交通设施的需求最少。农民对交通的需要更多是在灾年逃荒之时。北宋富弼上奏说："自襄城县至（开封）南薰门共六程，臣见沿路流民大小车乘及驴马驰载，以至担杖等相继不绝。"王禹偁《感流亡》诗更描写流民的惨状，"门临商于路，有客憩檐前。老翁与病妪，头鬓皆皤然。呱呱三儿泣，茕茕一夫鳏。

---

① 《燕翼诒谋录》卷 5；《长编》卷 118，景祐三年五月辛卯；《司马文正公传家集》卷 59，《与夏秘丞（倚）书》；《朱文公文集》卷 24，《答汪尚书书》；《渭南文集》卷 50。

② 《宋朝事实类苑》卷 61，《鸽寄书》；《齐东野语》卷 15，《曲壮闵本末》；《宋史》卷 485，《夏国传》。

③ 《宋会要》刑法 2 之 123—126；《朝野类要》卷 4，《朝报》；《海陵集》卷 3，《论禁小报》；《要录》卷 44，绍兴元年五月己未；《剑南诗稿》卷 67，《观邸报感怀》。

④ 《乐全集》卷 25，《论免役钱札子》；《长编》卷 269，熙宁八年十月辛亥。

道粮无斗粟，路费无百钱"。"褴负且乞丐，冻馁复险艰。唯愁大雨雪，僵死山谷间。"①

在古代的所谓四民之中，商人和士人无疑是利用交通设施最多者，而手工业者居其次。

宋朝淮南转运司在舒州刊印《太平圣惠方》，"募匠数十辈"，其中包括来自福建的"建州叶滂、杨通、福州郑英"。当时的个体工匠须外出谋生，甚至远离故土。四川"阆中人蒲大韶"，制墨甚精，来到千里之遥的长江下游，"东南士大夫喜用之"②。

至于大商人的足迹更遍及城乡以至海内外。如"抚州民陈泰以贩布起家，每岁辄出捐本钱，贷崇仁、乐安、金溪诸［绩］户，达于吉之属邑，各有驵主其事。至六月自往敛索，率暮秋乃归"③。他每年有三四个月往返于江西抚州、吉州等地。陆游《估客乐》诗描述了大江之上商人的活跃和奢纵："长江浩浩蛟龙渊，浪花正白蹴半天。轲峨大艑望如豆，骇视未定已至前。帆席云垂大堤外，缆索雷响高城边。牛车辚辚载宝货，磊落照市人争传。倡楼呼卢掷百万，旗亭买酒价十千。"④ 宋朝的海外贸易更盛于前朝，如福建"滨海之民所造舟船，乃自备财力，兴贩牟利而已"⑤。商人势力的发展，是绝对依赖于交通的。

士人无论是科举赴试，或宦游四方，也必须依赖于交通。按照宋制，官员因公外出，往往发付驿券，"以为传食之费"。国家用于驿券的财政支出相当可观。宋神宗时，西南蕃八百九十人"来贡方物"，也"赐缘路驿券"⑥。一些远方士人赴京赶考，也可发放驿券。官府驿馆的供应自然有品级的差别。如低级武官三班奉职"驿券肉半斤"。北宋胡顺之任浮梁县令，州衙门派胥吏教练使前来，胡顺之责问他"应入驿乎"，"应受驿吏供给乎"，说明胥吏无此种待遇。⑦

宋时官府的馆驿和私人的邸店有严格区别，交通发展，往来行人多，邸店业必然发达。僧人参寥诗说："数辰竞一虚（墟市），邸店如云屯，或携布与楮，或驱鸡与狁。"⑧ 说明宋代邸店业的兴盛。

在开封、临安等城市中，已有一些交通工具的出租行业。开封城中"有假

---

① 《历代名臣奏议》卷244；《小畜集》卷3。
② 《夷坚丙志》卷12，《舒州刻工》；《夷坚甲志》卷16，《蒲大韶墨》。
③ 《夷坚支癸》卷5，《陈泰冤梦》，以《永乐大典》卷13136参校。
④ 《剑南诗稿》卷19。
⑤ 《宋会要》刑法2之137。
⑥ 《会编》卷250；《长编》卷244，熙宁六年四月乙亥。
⑦ 《长编》卷10，开宝二年十月丁亥；卷103，天圣三年八月辛亥；《梦溪笔谈》卷23；《涑水纪闻》卷6。
⑧ 《参寥子诗集》卷1，《归宗道中》。

赁鞍马者，不过百钱"。独牛车之类"亦可假赁"，还有"赁轿之家"①。临安城中，"若大庶欲往苏、湖、常、秀、江、淮等州，多催舺船、舫船、航船、飞蓬船等"。"官员士夫等人欲出路，还乡，上官赴任，游学，亦有出陆行老，顾倩脚夫、脚从，承揽在途服役，无有失节"，也可租赁"轿子"。②

出门远行者一般自然有行有宿，在当时的交通条件下，行速相当缓慢。按金朝规定，官员"行程，马日行七十里，驴及步人日行五十里，车三十里"③，这大致反映了当时的一般行速。

在交通不发达的时代，交通规则当然十分简单。宋代的交通规则即是"贱避贵，少避长，轻避重，去避来"，但末一条宋人也不易理解。为便于行旅，当时也有交通地图。如临安一带有白塔桥，印卖《朝京里程图》。有人写小诗一首："白塔桥边卖地经，长亭短驿甚分明，如何只说临安路，不数中原有几程。"④ 用以讽刺南宋小朝廷苟安于半壁江山。⑤

---

① 《东京梦华录》卷4，《皇后出乘舆》、《杂赁》；《靖康纪闻》。
② 《梦粱录》卷12，《河舟》；卷19，《顾觅人力》；《武林旧事》卷6，《赁物》。
③ 《大金国志校证》卷35。
④ 《宋史》卷276，《孔承恭传》；《事物纪原》卷7，《仪制令》；《癸辛杂识》后集，《律文去避来》；李有：《古杭杂记》。
⑤ 本章参据赵效宣：《宋代驿站制度》；漆侠：《宋代经济史》第26章2节；朱家源、何高济：《从几幅宋画上的车谈宋代的陆路交通》（《故宫博物院院刊》1981年第3期）；周宝珠：《宋代东京研究》第4章"交通与漕运"；程民生：《略述宋代陆路交通》（《陈乐素教授（九十）诞辰纪念文集》）。

第六章
妇女(上):宋辖汉族居住区

传统社会以男尊女卑为主导倾向,妇女几乎被排除在历史记录之外。但依据有限的资料,仍可对宋辖汉族居住区妇女的生活状况有所了解。

第一节 阶级

宋辖汉族居住区妇女分属不同阶级,可粗略划分为三大类:普通妇女处于中层;处于上、下两极的是"贵"妇人与"贱"妇人,她们分别受到特殊的优待与歧视。

● 内外命妇

受到特殊优待的"贵"妇人叫命妇,即有封号的妇女。命妇又有内、外之别。内命妇在皇后之下,分为两大等级。第一等级是妃嫔,系皇帝的妾媵,其

宋代女性

宋人绘《瑶台步月图》（选自沈从文《中国古代服饰研究》）

位序为：贵妃、淑妃、德妃、贤妃（正一品），太仪、贵仪、淑仪、淑容、顺仪、顺容、婉仪、婉容（从一品），昭仪、昭容、昭媛、修仪、修容、修媛、充仪、充容、充媛（正二品），婕妤（正三品），美人（正四品），才人（正五品）。第二等级是女官，系宫中服务人员，有的可望晋升妃嫔，主要供职于尚书内省。其长官为司宫令或知尚书内省事（正四品），下设六尚（正五品）、二十四司（正七品）。并置宫正（正五品）、司正（正七品），职责类似于外朝的御史台官员。不少女官有国夫人、郡夫人、郡君、县君之类的封号。

外命妇主要有两类，一类是皇室的女性亲属，如皇帝的女儿封公主，姊妹封长公主，姑母封一国大长公主，姑祖封两国大长公主；太子、亲王的女儿封郡主、县主。政和三年（1113）闰四月，公主、郡主、县主改称帝姬、宗姬、族姬。建炎元年（1127）六月，恢复旧称。另一类是高中级官员的母亲和妻子，如宰相、使相之母封国太夫人，妻封国夫人；枢密使、副使、参知政事、尚书、节度使之母封郡太夫人，妻封郡夫人；直学士以上给谏、大卿监、观察使之母封郡太君，妻封郡君；少卿监、防团以下至升朝官之母封县太君，妻封县君①。

---

① 据宋敏求：《春明退朝录》卷中；孙逢吉：《职官分纪》卷70，《妇人封》。

政和年间，改动外命妇封号，"各随其夫之官称封之"，具体规定为："通直郎以上初封孺人，朝奉郎以上封室人，朝奉大夫以上封宜人，中散大夫以上封恭人，太中大夫以上封令人，侍郎以上封硕人，尚书以上封淑人，执政官以上封夫人。"① 室人后改称安人。

二 女使之类

受到特殊歧视的"贱"妇人，包括娼妓、姬妾、婢女和女使。

娼妓是家妓、官妓、营妓的统称。家妓类同姬妾，官妓、营妓近似于后世的妓女，区别在于官妓隶属于州郡，营妓隶属于军营。娼妓既锦衣玉食，又备受歧视。有的系罪犯家属，更多的是良家女卖身为妓。一旦失身妓籍，想要脱籍从良，很不容易。士大夫李文清闲居富春（今属浙江），系当地一霸，官妓蔡闰为李"所盼"。李"每欲与之脱籍而未能"，岂止未能，反而受到知县嘲弄，以致"面发赤"②。娼妓改变身份之难，可想而知。

宋代士大夫普遍拥有姬妾。梅询认为"仕有五瘴"，其五为"帷薄之瘴"，即"盛拣姬妾，以娱声色"。"帷薄"指私生活，"瘴"则是恶性传染病。姬妾平时生活优裕，但毕竟是买来的。当时买妾大多不是一次买断，有一定年限。如赵长卿买下一妾，取名文卿，"元约三年"。年限已满，文卿"不忍舍主"，其母"不容与议，坚索之去"，嫁与一农夫。妾与婢无严格界限，"婢妾"往往连称。当时禁止"以妾为妻"，妾上升为妻并非绝对不可能，但颇费周折。如宗室赵宗景"丧其夫人，将以妾继室"。办法是"先出之于外"，再"托为良家女"，然后"纳焉"。他因此受到朝廷惩罚："坐夺开府，既而还之。"③ 但其爱妾身份剧变。

婢女就其来源，大致可以分为罪犯奴婢、掠卖奴婢、雇佣奴婢三类。④与前代相同，宋代犯重罪者，其妻子儿女没官为奴婢，服杂役于官府。法律禁止掠卖奴婢："略人之法，最为严重"；"略人为奴婢者，绞"。但禁而不止，掠卖奴婢的事时有发生。如《宋史》卷300《周湛传》载："江、湖之民掠良人，鬻岭南为奴婢。"更有甚者，知临江军（治今江西清江西南）詹抡身为官员，居然"专事贩卖生口，前后起发归乡几六七十舟，父母相别，哭声震野，闻者惨然"。大多数奴婢系迫于贫困，不得不受雇于富豪。真宗

① 《宋大诏令集》卷164，《改命妇封号御笔》。
② 周密：《癸辛杂识》后集，《先君出宰》。
③ 陈郁：《藏一话腴》；李调元：《乐府侍儿小名》卷下，《宋二·文卿》；《宋史》卷245，《镇王元偓传》。
④ 参看王曾瑜：《宋朝阶级结构》第4编第5章《奴婢和人力、女使》，河北教育出版社1996年版。

说："今之僮使，本佣雇良民"，反映了富豪雇佣奴婢的普遍性。当时的雇佣奴婢不能同近代的雇佣工人等量齐观，地位仍然低下："奴仆，小人就役于人者"，"雇主于使令之际，常多叱咄"①。但与雇主毕竟属于雇佣关系，因而被称为佣力者。由于婢女呈现出向雇佣制演变的趋势，女使这一新名称在宋代使用较普遍。

女使泛指受雇于人的女性家内服役者。按照法律，"雇人为婢，限止十年。其限内转雇者，年限、价钱，各应通计"。女使雇佣期满，即可归家。《袁氏世范》卷3《治家·雇女使年满当送还》称："以人之妻为婢，年满而送还其夫；以人之女为婢，年满而送还其父母，以他乡之人为婢，年满而送归其乡。此风俗最近厚者，浙东士大夫多行之。"宋代的女使比唐代的奴婢、官户、杂户的地位要高。唐律明确规定："奴婢贱人，律比畜产。"官户、杂户的法律地位与奴婢相似。这一法律规定在宋代已无效。费衮《梁溪漫志》卷9《官户杂户》指出："律文有官户、杂户、良人之名，今固无此色人，谳议者已不用此律。"宋人的观念是："贵贱虽殊，人则一也。"宋代的法律禁止雇主对包括女使在内的僮仆私设公堂、私自惩处、私刺其面。不少主人遵守禁令，有的甚至主动照顾女使。如杨万里的夫人罗氏认为"奴婢亦人子也"，她"年七十余，每寒月黎明即起，诣厨躬作粥一釜，遍享奴婢，然后使之服役"②。然而女使终究是服役者，属于"贱"妇人。罗愿指出："今世所云奴婢，一概本出良家，或迫饥寒，或遭诱略，因此终身为贱，诚可矜怜。"他主张"脱贱还良，稍有期日，及时婚嫁，不失人道"。这表明包括女使在内的家内服役者存在着"脱贱还良"的问题，还良之后还得姓主姓，但不是世袭贱民。宋代法令将强迫、买卖、引诱良人为女使视为犯罪，按照"嘉祐敕"，"依略、和诱人为部曲律，减一等"；按照"政和敕"，"论如为部曲律"③。而《唐律疏议》卷20《贼盗·略卖良贱》的规定则是："诸略人、略卖人为奴婢者，绞；为部曲者，流三千里；为妻妾子孙者，徒三年。和诱者，各减一等。"可见，宋代女使的社会地位高于唐代的奴婢乃至部曲，但低于当时的普通妇女，受到法律歧视。

---

① 《宋会要》食货69之69，职官74之2；《宋史》卷201，《刑法志三》；《袁氏世范》卷3，《治家·待奴当宽恕》。

② 罗愿：《罗鄂州小集》卷5，《鄂州到任五事札子》；《唐律疏议》卷6，《名例·官户奴婢犯罪》；程颢、程颐：《河南程氏文集》卷12，《上谷郡君家传》。

③ 罗大经：《鹤林玉露》丙编卷4，《诚斋夫人》；《罗鄂州小集》卷5，《鄂州到任五事札子》；《宋会要》刑法1之33。

第二节　地位

妇女的社会地位在中国古代总的趋势是逐渐下降，宋代处于逐渐下降的过程之中，并非直转急下。

●理学家的妇女观

宋代确实出了一批理学家，他们歧视妇女。程颐强调："饿死事极小，失节事极大。"① 司马光也说什么"夫天也，妻地也"。但有两点不可忽视。

首先，理学家并非歧视妇女的始作俑者。"夫者，妻之天也"，妇人"从一而终"一类的说教早已出自前代儒家者流之口。何况"失节事极大"一语不足以概括理学家的妇女观。程颐主张："出妻令其可嫁"；司马光指出："夫妇以义合，义绝则离。"并不绝对反对离婚。他们提倡"终身夫妇"，希望夫妇白头偕老。程颐认为："凡为夫妇时，岂有一人先死，一人再娶，一人再嫁之约？只约终身夫妇也。"至于宋代民谚"嫁得鸡，逐鸡飞；嫁得狗，逐狗走"，唐代已有之。杜甫《新婚别》："嫁女有所归，鸡狗亦相得"②，即脱胎于此。

其次，当时的社会舆论并非理学的一统天下。持反对态度者大有人在："众则非之，以为无行。"谢伋提出与理学家相左的看法，将宋代视为阴盛阳弱的时期："自逊、杭、机、云之死，英灵之气不钟于世之男子，而钟于妇人。"所谓"逊、杭、机、云"，是指东吴陆逊及其子陆杭、孙陆机、陆云。听罢这番议论，理学家陆九渊无可奈何，只得"默然"③。袁采《袁氏世范》描述妇女的种种痛苦，强调"女子可怜宜加爱"，其同情范围包括下层妇女，指出"婢仆不可自鞭挞"。他不拘泥于"妇人不必预外事"，认为以下三种人都是"贤妇人"："其夫蠢懦，而能自理家务，计算钱谷出入，人不能欺者"；"有夫不肖，而能与其子同理家务，不致破家荡产者"；"夫死子幼，而能教养其子，敦睦内外姻亲，料

---

① 朱熹编定：《河南程氏遗书》卷 22 下，《附杂录后》。

② 《河南程氏遗书》卷 18，《刘元承手编》；司马光：《训子孙文》（刘清之：《戒子通录》卷 5）；《河南程氏遗书》卷 22 下，《附杂录后》；庄绰：《鸡肋编》卷下。

③ 司马光：《训子孙文》；庞元英：《谈薮》。

109

理家务，至于兴隆者"。这些议论在当时实属难得，因而袁采被誉为"中国历史上倡女性同情论的第一人"①。

⬛离婚改嫁权

宋代社会的实际状况是两性地位不平等，但妇女仍然在一定程度上享有某些权利，元代以后妇女权利才全面丧失。下面先说妇女仍享有一定的离婚改嫁权。

宋人反复指出，当时妇女离婚改嫁者较多。如《玉壶清话》卷 2 称："膏粱士族之家，夫始属纩，已欲括橐结囊求他耦而适者多矣。"《袁氏世范》卷 1《睦亲·同居不必私藏金宝》云："作妻名置产，身死而妻改嫁，举之自随者多矣。"这是就夫死再嫁而言，还有就夫在改嫁来说的。如郑至道称："为妇人者视夫家为过传，偶然而合，偶然而离。"② 范仲淹母亲谢氏、王安石儿媳庞氏、岳飞前妻刘氏、赵明诚遗孀李清照等改嫁另适，便是人所熟知的实例。据初步统计，见于史籍的再嫁妇女仅北宋时期即达 52 位之多。③ 坐家招后夫是当时寡妇改嫁的一种形式。张齐贤《洛阳缙绅旧闻记》卷 5《焦生见亡妻》载，洛阳刘某死后，其妻经人做媒，招焦生为夫。"俚语谓之接脚"。"接脚夫"一词后来不仅是俚语，还见于法令："在法有接脚夫，盖为夫亡子幼，无人主家设也。"④实际上无子也可招后夫。

宋代妇女离婚再嫁者较多，社会舆论并不笼统谴责改嫁是个重要原因。相反母亲改嫁后，仍是儿子尽孝的对象。如果事之不恭，反倒会被指责为"则非人类矣"。北宋初期，张永德将被其父亲休弃的生母马氏迎归奉养，受到太宗赞扬："此可为人子事出母之法。"神宗时，朱寿昌赤脚跑遍四方，历尽千辛万苦，终于找到已改嫁并生子的母亲，得到朝廷表彰。更有甚者，一妇女先嫁单氏，生单夔，又嫁耿氏，生耿延年，死时，两个儿子争"葬其母"。孝宗出面调停："二子无争，朕为葬之。"皇上居然为再嫁妇女主持葬礼，南宋后期仍传为"美谈"。社会舆论如此，难怪妇女再嫁不难，以致人们如此嘲讽"老娶少妇"者："依他门户傍他墙，年去年来来去忙。采得百花成蜜后，为他人作嫁衣裳。"岂止不难，只要其他条件还好，愿娶者不乏其人。如魏了翁的女儿"既寡，谋再适人"。消息一经传出，邀媒下聘者甚多。刘震孙走红运，百里挑一，竟被选

---

① 陈东原：《中国妇女生活史》，第 149 页，中华书局 1937 年版。
② 陈耆卿：《嘉定赤城志》卷 37，《天台令郑至道论风俗·重婚姻》。
③ 参见陶晋生：《北宋妇女的再嫁与改嫁》（《新史学》第 6 卷第 3 期）。
④ 《名公书判清明集》卷 9，《已出嫁母卖其子物业》。

中，但"不得者疾之"①。

更重要的原因在于法律原则上允许妇女离婚改嫁。《宋刑统》卷14《户婚律·和娶人妻》规定："若夫妻不相安谐而和离者，不坐"；"彼此情不相得，两愿离者，不坐"。夫妻关系不好，双方愿意离婚，法律予以认可。《宋刑统》禁止的仅仅是居丧改嫁、背夫改嫁、强迫他人改嫁以及嫁娶有夫之妇。此后基本原则未变，改动的只是具体规定。如后来规定"女居父母及夫丧，而贫乏不能自存，并听百日外嫁娶"。直到南宋后期，法律仍然肯定："已成婚移乡编管，其妻愿离者听；夫出外三年不归，亦听改嫁。"难怪仁宗时，参知政事吴育的弟媳"有六子而寡"，多年未嫁，御史唐询弹劾吴育："弟妇久寡，不使再嫁。"南宋末年，李孝德告发其寡嫂阿区"以一妇人而三易其夫"。胡颖在审理此案时，虽然从道义上指责阿区"失节固已甚矣"，但从法理上替阿区辩护：其夫"既死之后，或嫁或不嫁，惟阿区之所自择"。他宣布阿区无罪，而李孝德则被"杖一百"②。

当然社会现象是复杂的。既有因娶改嫁妇女而遭到嘲笑者，如士人萧轸"娶再婚之妇"，同舍张任国写下《柳梢青》词加以戏弄："挂起招牌，一声喝采，旧店新开，熟事孩儿家怀，老子毕竟招财，当初言下安排，又不是豪门买呆。自古道正身替代，见任添差。"也有因坚持守寡而受到表彰者，如仁宗时，包颐之妻崔氏"丧夫守子"，发誓不再嫁："生为包妇，死为包鬼"，被视为"美行"。淳熙年间，临海（今属浙江）陈氏"夫亡，年少子幼，有媒议亲"，她"抚膺恸哭仆地，复欲自刃。父母许以不复议嫁，方免"。孝宗认为："此当旌表，以励风俗"③，将她封为安人。

三 财产继承权

宋代两性的经济权利虽无平等地位可言，但妇女仍在不同程度上享有一定的家庭财产继承权。④ 因妇女在家庭中角色的不同，可分为三类。

第一类：作为女儿。在室女、归宗女、出嫁女在财产权利上又有区别，在室女在两种情况下可继承部分乃至全部家庭财产。一种是父母双亡，《宋刑统》

---

① 王栐：《燕翼诒谋录》卷2；张端义：《贵耳集》卷下；陈师道：《后山诗话》，《癸辛杂识》别集上，《刘朔斋再娶》）。
② 《长编》卷484，元祐八年六月壬戌；《名公书判清明集》卷9，《嫂嫁小叔入状》，《已成婚而夫离乡编管者听离》；《长编》卷158，庆历六年六月丙子。
③ 李有：《古杭杂记》；《宋史》卷460，《列女崔氏传》；《宋会要》仪制10之30。
④ 据袁俐：《宋代女性财产权述论》（杭州大学历史系宋史研究室编：《宋史研究集刊（二）》，浙江省社联《探索》杂志1988年增刊）。并参看柳田节子：《宋元社会经济史研究》，第221—242页，东京创文社1995年版。

沿用唐《户令》："诸应分田宅者，及财物，兄弟均分。""其未娶妻者，别与娉财。姑姊妹在室者，减男娉财之半。"南宋时期的法令更明确："在法，父母已亡，儿女分产，女合得男之半。"另一种是户绝，即财产所有者死后无子孙。《宋刑统》沿用唐《丧葬令》："诸身丧户绝者，所有部曲、客女、奴婢、店宅、资财，并令近亲转易货卖，将营葬事及量营功德之外，余财并与女。"元符元年（1098）八月颁行的法令更具体："户绝财产尽均给在室及归宗女，千贯已上者，内以一分给出嫁诸女。"南宋时期对此作了调整："诸户绝财产尽给在室诸女。"①

归宗女的财产继承权在北宋时期，与在室女相似。《宋刑统》卷12《户婚律·户绝资产》称："如有出嫁亲女被出，及夫亡无子，并不曾分割得夫家财产入己，还归父母家，后户绝者，并同在室女例。"南宋时期调整为："户绝财产尽给在室诸女，而归宗女减半。"②

出嫁女在北宋前期，只有在无在室女的条件下，才能继承部分家庭财产。《宋刑统》卷12《户婚律·户绝资产》称："今后户绝者，所有店宅、畜产、资财，营葬功德之外，有出嫁女者，三分给与一分，余财并入官。"元符元年八月法令对此作了全面调整："户绝财产尽均给在室及归宗女，千贯已上者，内以一分给出嫁诸女。止有归宗诸女者，三分中给二分外，余一分中以一半给出嫁诸女，不满二百贯给一百贯，不满一百贯亦全给。止有出嫁诸女者，不满三百贯给一百贯；不满一百贯亦全给；三百贯已上，三分中给一分。已上给出嫁诸女，并至二千贯止。若及二万贯以上，临时具数奏裁增给。"在有在室女和归宗女的条件下，出嫁女也可继承部分家庭财产，但其数额受到限制，实行数额小从宽、大从紧的原则。南宋时期，户绝之家，"其财产依户绝嫁女法，三分给一，至三千贯止"③。其基本原则仍然是出嫁女继承户绝财产的三分之一，只是限额有变化。

第二类：作为妻子。妻子带着陪嫁来到夫家，此后有时还从娘家得到财产。"妻家所得之财"，不属于大家庭共有，而属于小家庭私有。法律强调："诸应分田宅者，及财物，兄弟均分，妻家所得之财，不在分限。"同时规定："妇人财产，并同夫为主。"④妻子从娘家所得之财与丈夫共有，但妻子的支配权较大。

① 《宋刑统》卷12，《户婚律·分异财产》、《户绝资产》；刘克庄：《后村集》卷193，《鄱阳县东尉检校周丙家财产事》；《长编》卷501，元符元年八月丁亥；《名公书判清明集》卷7，《立继有据不为户绝》。

② 《名公书判清明集》卷9，《孤女赎父田》。

③ 《长编》卷501，元符元年八月丁亥；《宋会要》食货61之64。

④ 《宋刑统》卷12，《户婚律·分异财产》；《名公书判清明集》卷5，《妻财置业不系分》。

辽宋西夏金社会生活史

第三类：作为寡妇。其中改嫁者与所谓守节者的财产权利不同。守节寡妇又有有子与无子之分。有子守节寡妇，家庭财产属于儿子，她只是代为管理。法律规定："寡妇无子孙年十六以下，并不许典卖田宅。"如有子孙在 16 岁以下，出于供养子孙的需要，可典卖田宅。儿子年满 17 岁后，可自行买卖田宅，但须经母亲同意。宋人说："交易田宅，自有正条，母在，则合令其母为契首。"无子守节寡妇则有继承丈夫财产的权利。法律规定："寡妻妾无男者，承夫分。若夫兄弟皆亡，同一子之分。"但不能典卖："夫所有之产，寡妇不应出卖。"只能立继子继承："户绝命继，从房族尊长之命"，"夫亡妻在，则从其妻"[①]。

改嫁寡妇又有两种情况。一种是招接脚夫，如无继承人，可占有前夫全部财产。北宋法令规定："其前夫庄田，且任本妻为主，即不得改立后夫户名，候妻亡，其庄田作户绝施行。"南宋则有限制：其田宅"计直不得过五千贯"。另一种是改嫁他族，"妻家所得之财"属于寡妇，可带回娘家，也可携带改嫁。但改嫁妇女对前夫家庭财产无支配权。法令规定："尝为人继母而夫死改嫁者，不得占夫家财物，当尽付夫之子孙，幼者官为检校，俟其长然后给之，违者以盗论。"[②] 所谓检校，即代为保管并经营。如果无子，则按户绝法处理。法令虽然如此，但在实际生活中，寡妇携带夫家财产改嫁的事例不少。如郭象《睽车志》卷 4 载，李贯"资财且多"，死后，其妻"乃尽奄有，为再嫁资"。《夷坚甲志》卷 2《陆氏负约》载，陆氏在其丈夫郑某死后，"尽携其资，适苏州曾工曹"。

㈣家事管理权

传统社会，男主外，女主内。一家之长只能是身为男性的丈夫，但家事则由作为主妇的妻子管理。如欧阳修夫妇，丈夫"尽力于朝"，妻子"治其家事"。家事管理权涉及面很广，包括对子女的教育、监护乃至惩罚。对于妇女的这项权利，真宗极其尊重。《涑水记闻》卷 6 载，"京师民家子有与人斗者，其母追呼之，不从，母颠踬而死"，法官认为此子"当笞"，真宗当即予以反驳："母言不从，违反教令，当徒二年，何谓笞也。"妻子还享有执掌家庭财产权，如欧阳修"平生不事家产，事决于夫人，率皆有法"[③]。袁采将能"自理家务，计算钱

---

① 《名公书判清明集》卷 5，《继母将养老田遗嘱与亲生女》；卷 9，《母在与兄弟有分》；《宋刑统》卷 12，《户婚律·分异财产》；黄榦：《勉斋集》卷 39，《张凯夫诉谢知府宅贪并田产》；《名公书判清明集》，卷 7，《已有养子不当求立》）。

② 《宋会要》食货 61 之 158；《名公书判清明集》卷 8，《夫亡而有养子不得谓之户绝》；《长编》卷 18，太平兴国二年五月丙寅。

③ 参看刘静贞《女无外事？》（台湾大学人口研究中心编：《妇女与两性学刊》，第 4 期）；苏辙：《栾城集》卷 25，《薛氏墓志铭》。

谷出入”的妇女称为“贤妇人”。

由于妻子“主家政”，往往“不易制”，甚至丈夫反而受控制。这种现象在宋代士大夫家庭中屡见不鲜。宰相王旦就以惧内而闻名。赵概《闻见录》载，王旦“宅后作堂，名‘三畏’”。杨亿风趣地说：“可改作‘四畏’。”王旦“问其说”，杨亿回答道：“兼畏妻。”鉴于大臣普遍畏妻，真宗刘皇后在大臣们的夫人面前，对“阃范严酷”的夏竦之妻杨氏加以“苛责”，以便责一儆百。此后杨氏“少戢”①，但风气并未改变。沈括尤其可怜，《萍洲可谈》卷3载，他晚年再娶张氏。张氏不仅将其长子逐出家门，而且沈括本人“时被捶骂，摔须堕地。儿女号泣而拾之，须上有血肉者，又相与号恸”。张氏病故，人们都为沈括庆祝。但沈括“自张亡，恍惚不安”，不久便去世。

或许与教育子女、掌管家产的责任主要由妇女承担有关，她们自身受教育的权利并未完全被剥夺。连司马光也主张女子应当读书：“古之贤女，无不好学，左图右史，以自儆戒。”并说：“人皆不可以不学，岂男女之有异哉？是故女子在家不可以不读《孝经》、《论语》及《诗》、《礼》，略通大义。”他只是不赞成妇女作歌诗之类：“今人或教女子以作歌诗、执俗乐，殊非所宜也。”程颐称颂其母亲侯氏“好读书史，博知古今”。但她“好文而不为辞章，见世之妇女以文章笔札传于人者，深以为非”。欧阳修亲自动手编写《州名急就章》，“以示儿女曹”，目的在于为包括女性在内的后辈学习文化提供方便。朱熹“病《女戒》鄙浅”，打算另编一部。在他拟定的篇目中，有《讲学》。袁采提倡“妇人自识书算”，以便管理家务。朝廷则允许女童参加童子科考试，并有女童林幼玉在淳熙年间中选，吴志端在嘉定年间通过国子监挑试。②

第三节　贡献

宋代不同阶层、不同职业的妇女对社会、对家庭的贡献是多方面的。

---

① 《宋史》卷464，《李昭亮传》；江少虞：《宋朝事实类苑》卷16，《顾问奏对·杨蟠》。
② 司马光：《家范》卷6，《女》；《司马氏书仪》卷4，《婚仪下·居家杂仪》；《河南程氏文集》卷12，《上谷郡君家传》；欧阳修：《欧阳文忠公集》卷58，《州名急就章》；《鹤林玉露》乙编卷5，《女戒》；《宋会要》选举12之39。

●参与政治

少数上层妇女在特定的条件下，突破了"妇人不预政"的禁忌，参与政治。主要有三种人：其一，后妃特别是垂帘太后。宋代先后有真宗刘皇后、仁宗曹皇后、英宗高皇后、神宗向皇后、哲宗孟皇后、高宗吴皇后、宁宗杨皇后、理宗谢皇后、度宗杨淑妃等9位垂帘太后，是历史上为数最多的朝代之一。其中有的只具有象征意义，但刘皇后、曹皇后、高皇后曾大权在握，并颇有政治才干。她们垂帘听政的消极作用在于倾向保守、延误改革，而稳定政局、避免动乱则是其积极贡献。

其二，宫人女官。如刘皇后垂帘听政期间，其乳母林氏被封为晋国夫人，史称："皇太后内管政事，林氏预掌机密。"仁宗张贵妃的乳母贾氏对朝政颇有影响力，"宫中谓之贾婆婆"，宰相贾昌朝"连结之"，把她认作"姑姑"①。徽宗即位后，他从前的爱妾彭氏被召入宫中，"恩幸一时，举无与比，父党、大族颇招权、顾金钱，士大夫亦有登其门而进者"②。当时又有"女官吴知古用事，人皆侧目"③。宫人女官参政的社会效果多半是消极的。

其三，官员妻室。如给事张公雅与士大夫谈论，其妻符氏"多窃听之，退而品第其人物贤否，无不曲当。尤喜闻政事与讼狱之疑难者，悉能区别情伪，裁之义理"。死后，陈襄在墓志铭中称赞道："给事所至有异政，号为良吏，抑夫人之助也。"河东都转运使施某赞扬其夫人徐氏："吾妻助我而贤。"④ 还有对朝政提出建议者。如《栾城集》卷25《薛氏墓志铭》载，欧阳修之妻薛氏在仁宗曹皇后垂帘听政期间，"每入辄被顾问，遇事阴有所补"。

战争是政治的延续。从这个意义上说，宋代妇女参政者则为数较多，不限于上层。韩世忠之妻梁氏的事迹早为人所熟知。此外，如18岁的少女韩希孟在对蒙古贵族的战争中，以死抗争，临死留诗于裙带中："我质本瑚琏，宗庙供苹蘩。一朝婴祸难，失身戎马间。宁当血战死，不作衽席完。汉上有王猛，江南无谢安。长号赴洪流，激烈摧心肝。"⑤ 诗中充满对南宋统治者抗击蒙古贵族不力的怨愤。同样悲壮的人和事，仅在《宋史》卷460《列女传》中，即可再举

---

① 《长编》卷98，乾兴元年四月庚子；苏轼：《东坡志林》卷3。

② 王明清：《挥麈后录》卷4，《张邦昌僭伪事迹》。"彭氏"，李纲《建炎时政记》、《会编》卷105"建炎元年六月四日张邦昌潭州安置"、《宋史》卷475，《张邦昌传》作"李氏"。

③ 周密：《齐东野语》卷13《优语》。

④ 陈襄：《古灵集》卷20，《崇国太夫人符氏墓志铭》；《欧阳文忠公集》卷36，《万寿县君徐氏墓志铭》。

⑤ 《宋史》卷460，《韩氏女传》。

出张晋卿妻丁氏、王氏二妇，吴永年妻何氏、王衮妻赵氏、谢枋得妻李氏、王贞妇、赵淮妾、谭氏妇、吴中孚妻、王氏妇、刘仝子妻林氏等。这些自尊、倔强的女性以其宝贵的生命高扬了民族气节，从根本上说她们并非为赵宋王朝死节，也不是简单地为丈夫保持贞洁，不同于传统社会一般意义上的所谓节妇与烈女。

二　主持家政

家政主要由身为母亲的女性主持，她们在这方面的贡献尤其突出，其主要表现有二：1. 支持丈夫敬业。如苏洵之妻程氏善于经营家产，她"罄出服玩，鬻之以治生，不数年遂为富家"，苏洵"由是得专志于学，卒成大儒"，司马光赞扬她"能开发辅导，成就其夫子"。苏洵以至苏轼、苏辙成为文学家，其成绩一半属于程氏。袁文之妻戴氏承担全部家务，她"攻苦食淡，斥房奁、营丧葬、偿逋负、买田宅，恭俭恪勤，生理粗立，岁时祭祀，洁蠲尽诚，睦宗族，待宾客，井井有条"。袁文则专心学问，有《瓮牖闲评》等著作传世。袁方之妻范普元对丈夫帮助更大。袁方放荡不学，范氏"裁以正道，勉使从学，修脯之费，率由己出"。袁方"于是乎收敛精神，遵蹈规距"①，结果学有所成，尤精于诗。

2. 教育儿子成才。如朱熹《五朝名臣言行录》卷4《丞相莱国寇忠愍公》载，寇準"少时不修小节，颇爱飞鹰走狗"。他的母亲"性严，尝不胜怒，举秤锤投之，中足流血"。体罚虽不足取，但这一秤锤作用很大，寇準"由是折节从学"。母亲死后，他"每扪其痕，辄哭"。陈省华之妻冯氏同样"性严"，她的三个儿子尧叟、尧佐、尧咨均中进士且任高官，但"冯氏不许诸子事华侈"。尧咨任知府，冯氏询问："汝典郡有何异政？"尧咨回答："日有宴集，尧咨每以弓矢为乐，坐客罔不叹服。"冯氏训斥道："汝不务行仁化，而专一夫之伎。"并"杖之，碎其金鱼"。苏易简之母薛氏教子有方，太宗召见并询问："何以教子，成此令器？"薛氏答道："幼则束以礼让，长则教以诗书。"太宗夸奖："真孟母也。"李筠之妻耿氏因材施教，要求长子李弼"且吏而役"，次子李辅"且耕而役"，三子李垂"且使游学"。结果，李弼、李辅"生业果不甚废"，李垂"于学亦将有成"②，后来不仅中进士，并且擅长文学议论。李光远贬岭南，其妻管氏携孟珍、孟传二子返回家乡居住，"教之学，既冠皆以文行称"。李光从岭南归来，高兴地说："吾自教之，亦

---

① 《司马文正公传家集》卷78，《程夫人墓志铭》；袁燮：《絜斋集》卷21，《太夫人戴氏圹记》、《太孺人范氏墓志铭》。

② 《宋史》卷284，《陈尧佐传》；王辟之：《渑水燕谈录》卷9，《杂录》；《宋史》卷266，《苏易简传》；公孙简：《宋赠大理寺丞赵郡李君墓志铭》（曾枣庄等主编：《全宋文》第8册，第394页，巴蜀书社1990年版）。

不过如是耳。"孟传后来"博学多闻，持身甚严"，有著作《磐溪文稿》50卷，《宏词类稿》、《左氏说》、《读史》、《杂志》各10卷，《记善》、《纪异录》各5卷等，号称"能世其家"①。

■ 发展经济

宋代妇女并不全都温文尔雅，劳动妇女更是泼辣雄健。张用之妻一丈青便是一位巾帼英雄。《鄂国金佗稡编》卷5《经进鄂王行实编年·绍兴元年》称："相州人张用勇力绝群，号张莽荡。其妻勇在用右，带甲上马，敌千人，自号一丈青。"她在张用军中任中军统领，出战时马前挂两面大旗："关中贞烈女，护国马夫人。"而李全之妻杨妙真则号称"梨花枪天下无敌手"②。某些地方如广州有"妇人强，男子弱"之说。在当时的劳动妇女当中，还涌现出打虎英雄。如鄞县（今属浙江）女子童八娜，"虎衔其大母"，她"手拽虎尾"。猛虎只得"释其大母"，她则被猛虎衔去。分宁（即今江西修水）农户彭泰之女技高一筹，父女二人"入山伐薪，父遇虎，将不脱"，她"拔刀斫虎，夺其父而还"③。对于劳动妇女来说，什么"女无外事"，根本不适用。她们不仅从事家内劳动，而且参与社会生产，对农业、手工业、商业等各个经济领域的发展都作出了贡献。④

在农业方面，采桑养蚕主要依靠妇女。戴复古《罗敷词》、郑震《采桑曲》、陈允平《采桑行》等诗篇即是其写照。张俞《蚕妇》诗云："昨日入城市，归来泪满巾。遍身罗绮者，不是养蚕人。"表达了蚕妇对毫无公正可言的社会制度的愤懑。农妇抛头露面，劳作于田间。徐积《贫女扇》诗曰："自织青溪蒲，团团手中持。朝携麦陇去，莫汲井泉归。"她们同男性农民一样，过着日出而作、日落而息的生活。妇人还干重活。范致明《岳阳风土记》称，荆湖南路一带"妇人皆习男事，采薪负重，往往力胜男子。设或不能，则阴相抵消"。泉州、福州的劳动妇女则抬轿子，以弥补农业收入的不足。⑤

在手工业方面，妇女主要从事纺织与裁缝。此情在谢幼睿《缝衣诗》、王镃《裁衣曲》、徐集孙《促刺词》、徐绩《织女》、谢翱《织妇叹》等诗篇中均有反

① 《朱文公文集》卷92，《荣国夫人管氏墓志铭》；《宋史》卷363，《李光传》；卷401，《李孟传传》。
② 《会编》卷138"建炎四年五月十三日间勍被执"；《要录》卷28，建炎三年九月；《宋史》卷477，《李全传下》。
③ 朱彧：《萍洲可谈》卷2；《宋史》卷460，《童八娜传》、《彭氏传》。
④ 参看全汉昇：《宋代女子职业与生计》（《食货》第1卷第9期）。
⑤ 厉鹗：《宋诗纪事》卷23，《徐积》；《鸡肋编》卷中。

映。文同《织妇怨》既描述了织妇的辛劳与精细："掷梭两肘倦，踏綜双足跰。三日不住织，一匹才可裁。织处畏风日，裁时谨刀尺。皆言边幅好，自爱经纬密。"又揭露了官吏的刻薄与横蛮："昨朝持入库，何事监官怒。大字雕印文，浓和油墨污。父母抱归舍，抛下中门下。相看各无语，泪迸若倾泻。"① 她们的产品除用于交税外，也投入市场。在开封相国寺商品交易会上，各尼庵里的女尼们制作的各种纺织品占据两廊，人们争相选购。

在商业方面，妇女参与的范围相当广泛。既有开药铺的，如开封的丑婆婆药铺，杭州的陈妈面具风药铺；也有作小贩的，如在杭州夜市上，张婆卖糖，点茶婆婆敲响盏。既有开茶坊的，如杭州王妈妈的一窟鬼茶坊；也有开食店的，如杭州李婆婆羹便相当有名。而宋五嫂鱼羹由于"常经御赏"，以致"人争赴之"，她"遂成富媪"。福建有不少妇女穿梭于市场上，充当牙侩。陈普《古田女》诗云："插花充牙侩，城市称雄霸。梳头坐列肆，笑语皆机诈。新奇弄浓妆，会合持物价。愚夫与庸奴，低头受凌跨。"② 她们作为交易的中介人，促进了商品的产销。

（四）繁荣文化

宋代在中国文化史上形成新高峰，妇女是个推动力。当时中上层妇女大多具有较高的文化素养，有的还有著作行世，其著作可考者达 43 人。③ 在《宋诗纪事》入选的诗作者中，妇女达 106 人；在《全宋词》著录的词作者中，妇女达 107 人。这些女诗词作者出身不同阶层，上自皇后，如宁宗杨皇后著有《杨太后宫词》，下至妓女，如周韶、胡楚、龙靓著有《三妓诗》。魏泰《临汉隐居诗话》指出："近世妇女多能诗，往往有臻古人者。王荆公家最众。"他称赞王安石的妻子吴氏、妹妹张奎妻、女儿吴安持妻、侄女刘天保妻能文工诗，作品"皆脱洒可喜"。连反对妇女作诗的程颐之母侯氏也有诗作 30 篇，其中一首因夜闻雁鸣而思念远在河朔的丈夫，当即起而提笔，写下"良人沙塞外，羁妾守空房"等语。只是由于观念方面的缘故，她不肯出以示人。朱熹虽然认为"诗不必作"，但肯定"本朝妇人能文，只有李易安与魏夫人"④。魏夫人是曾布的妻子、魏泰的妹妹，她博涉群书，工诗，著有《魏夫人集》。李易安即李清照，她与朱淑真则是宋代女诗词作者中的佼佼者。当时，妇女特别是其下层并非不

---

① 文同：《丹渊集》卷 3。
② 潘永因：《宋稗类钞》卷 7，《饮食》；陈普：《石堂先生遗集》卷 16。
③ 据胡文楷：《历代妇女著作考》卷 3《宋代》，上海古籍出版社 1985 年新 1 版。
④ 《河南程氏文集》卷 12，《上谷郡君家传》；《朱子语类》卷 140，《论文下》；胡仔：《苕溪渔隐丛话》前集卷 60，《丽人杂纪》。

"执俗乐",而是活跃于文体娱乐场所。她们广泛参与歌舞、戏曲等各个艺术领域的创作与实践以及杂技、相扑等体育活动,并涌现出一批女名艺人、女国手,为促进文艺体育事业的发展作出了贡献。

宋代某些妇女还对科学技术的进步有所贡献。《归田录》卷1载,建筑学专著《木经》为两浙工匠喻皓之女所作。她"年十余岁,每卧则交手于胸为结构状,如此逾年,撰成《木经》三卷,今行于世"。但《梦溪笔谈》卷18《技艺》、《郡斋读书后志》卷1等资料都称《木经》的作者为喻皓。喻皓之女或许只是协助父亲完成这一科技名著。女棉纺织技术革新家黄道婆南宋末年离开家乡松江(今属上海市),去海南岛,学习并总结黎族妇女的棉纺织技术,从而改进了从轧花到织布等一系列棉纺织生产工具。她将先进技术带回家乡并加以推广,已是元朝初年的事情。

第四节　时尚

由于某些士大夫的赞美与提倡,妇女缠足与盖头在宋代逐渐成为时尚,但远非所有妇女都如此。①

●缠足

缠足对妇女在生理和心理上都是一种摧残,始于五代。南唐宫嫔窅娘"纤丽善舞",后主李煜令她"以帛绕脚,令纤小屈上,作新月状"。唐镐《金莲步诗》云:"金陵佳丽不虚传,浦浦荷花水上仙。未会与民同乐意,却于宫里看金莲。"② 当时虽有人效尤,但为数极少,仅限于宫中。

北宋某些士大夫赞赏缠足,如章惇说:"近世有古所不及者三事:洛花、建茶、妇人脚。""妇人脚"指妇女的裹足。苏轼《菩萨蛮·咏足》词云:"涂香莫惜莲承步,长愁罗袜凌波去;只见舞回风,都无行处踪。偷穿宫样稳,并立

---

① 据朱瑞熙:《宋代社会研究》第8章《宋代妇女的社会地位》(三)裹足、(四)戴盖头,中州书画社1983年版。
② 周密:《浩然斋雅谈》卷中。

杂剧女艺人丁都赛砖雕

河南偃师北宋墓出土（选自《中国文明史》第 6 卷）

双跌困，纤妙说应难，须从掌上看。"① 可见教坊乐籍舞女效仿"宫样"，缠足
已从宫中传到教坊乐籍。陶宗仪《辍耕录》卷 10《缠足》指出："熙宁、元丰
以前，人犹为者少。"以后"人人相效，以不为者为耻"。《老学庵笔记》卷 3
称："宣和末，妇人鞋底尖，以二色合成，名'错到底'。"为适应小脚女人的需
要，社会上出现了尖底鞋。《枫窗小牍》卷上载，宣和以后，开封"花靴弓屐，

---

① 太平老人：《袖中锦》；《宋六十名家词·菩萨蛮·咏足》。

穷极金翠"。并称"瘦金莲方","自北传南"。两宋之际，缠足已从北方传到南方。

南宋时期，妇女裹足的现象增多。南宋初年，大将刘光世的家妓都缠足，赵令畤称赞她们"脚绝"："稳小弓鞋三寸罗"；举人邓端若家中的缠足妇女受到文人墨客赞赏："尺六腰围柳样轻，娉娉嫋嫋最倾城。罗裙新翦湘江水，缓步金莲袜底生。"① 有的女子从幼年时起即"扎腰缚脚"，并被视为美。《夷坚支景》卷2《易村妇人》载，湖州（今属浙江）"一妇人颜色洁白，著皂弓鞋，踽踽独行"。"弓鞋"为小脚女人所穿。《宋史》卷65《五行志三·木》载，理宗时，"宫人裹足纤直，名'快上马'"。姚勉《贺新郎》词称，歌妓"怕立损弓鞋红窄"②。总之，当时缠足的妇女主要是宫人、妾媵、家妓和歌女。

宋人车若水首先起而提倡天足，他在《脚气集》卷1中尖锐抨击缠足："小儿未四五岁，无罪无辜，而使之受无限之痛苦，缠得小束，不知何用？"《湛渊静语》卷1载，程颐的六世孙程准在度宗时曾任安庆府（治今安徽潜山）通判，规定程氏家族"妇人不缠足，不贯耳"，直到元朝初年"仍守之"。妇女缠足既痛苦，又不便于行动。徐积称赞蔡氏寡妇勤俭持家："何暇裹两足，但知勤四肢。"③ 缠足在宋代仅限于供人观赏型妇女，还不像元代以后那样普遍。

盖头

盖头是遮蔽脸面的用具，汉代早已有之，当时叫面衣或面帽，主要功用在于遮挡风沙，以便妇女骑马远行。唐代有帷帽与幂䍦，区别在于前者"施裙及颈"，后者"全身障蔽"。宋代某些士大夫提倡妇女出门遮蔽面容，如司马光强调："妇女无故不窥中门，有故出中门，必拥蔽其面，如盖头、面帽之类。"④ 朱熹任同安县（今属福建）主簿、漳州（治今福建漳州）知州期间，要求妇女出门必须用花巾兜面，后人称之为"文公兜"。

宋代的盖头即唐代的帷帽。《清波别志》卷中称："妇女步通衢，以方幅紫罗障蔽半身，俗谓之盖头，盖唐帷帽之制也。"盖头与汉代的面衣的区别在于盖头无带，面衣有带。《事物纪原》卷3《帷帽》称："面衣前后全用紫罗为幅下垂，杂他色为四带，垂于背。"宋代妇女特别是其中上层出门戴盖头者较多。司马光《家范》卷2《祖》载，一位名臣的后代因遗产问题而纷争不已，"其处女亦蒙首执牒，自讦于府庭"。中上层妇女结婚时以红巾蒙首，服丧时则"以三幅

① 徐士鸾：《宋艳》卷7，《爱慕》；《夷坚三志壬》卷5，《邓氏紫姑诗》。
② 陈亮：《龙川集》卷20，《壬寅答朱元晦秘书》；《宋艳》卷5，《狭邪》。
③ 徐积：《节孝集》卷14，《渔父乐之六·濰阳》。
④ 《事物纪原》卷3，《帷帽》；《司马氏书仪》卷4，《婚仪下·居家杂仪》。

布为之，或曰白碧绢，若罗也"。不仅替官员、宗室说媒的上等媒人"戴盖头"，而且妓女出门也"将盖头背系冠子上"①。

　　然而劳作于田间的农家妇女与活跃于街市的商贾妇女不可能不抛头露面，盖头对她们很不适用。毛珝诗云："田家少妇最风流，白角冠儿皂盖头。笑问旁人披得称，已遮日色又遮羞。"这一少妇显然不是贫苦乃至普通农家女。知识妇女中也有不戴盖头的，如女童吴志端参加童子科考试，置"女子出门必拥蔽"的规矩于不顾，"艳装怪服，遍见朝士"。她因此被黜落，但朝廷仍"量赐束帛，以示优异"②。在宋代，妇女戴盖头虽属时尚，但谈不上普及。

---

① 《事物纪原》卷3，《盖头》；《东京梦华录》卷7，《驾回仪卫》。
② 毛珝：《吾竹小稿·吴门田家十咏》（《南宋六十家小集》）；《宋会要》选举12之38—39。

第七章

妇女(下):辽、西夏、金、大理辖区及宋辖少数民族居住区

与宋辖汉族居住区相比,辽、西夏、金、大理辖区及宋辖少数民族居住区妇女的社会地位较高,对社会的贡献也较大。

第一节　契丹、女真等东北各族

●契丹

契丹社会长期保留母权制痕迹,下面三种礼俗表明女性受到社会尊重:一、再生仪。《辽史》卷116《国语解》称:"国俗,每十二年一次,行始生之礼,名曰再生。惟帝与太后、太子及夷离堇得行之。又名覆诞。"夷离堇即统军马大官,后改称大王。每隔12年回顾一次初生时的情景,以表达并启发人们对母亲的崇敬。二、呷里蛴。指耶律氏每年固定在二月一日、六月十八日宴请舅族萧氏。可见在具有姻亲关系的两个氏族或家族之间,男方与女方地位较平等。三、

拜奥礼。《辽史》卷65《公主表》称:"契丹故俗,凡婚燕之礼,推女子之可尊敬者坐于奥。谓之奥姑。"奥指房屋西南隅,古时为尊长所居。此礼起源于母系氏族社会时期,婚礼由氏族中年纪最长、威望最高的妇女主持。进入父系氏族社会后,演变为由男方氏族中地位最高的同姓女性主持。祖母、母亲系异姓,因而主持婚礼的女性往往是未出嫁的少女,阿保机之女质古儿时就做过奥姑。辽朝建立后,婚礼仍必须由女性主持。

按照契丹习俗,丈夫死后,妻子可以再嫁。如圣宗的外甥女秦晋国妃萧氏在丈夫耶律隆庆死后,奉诏再嫁耶律宗政,宗政借故辞婚,又嫁刘二玄。圣宗第八女长寿在丈夫大力秋死后,改嫁萧慥古。即使丈夫在世,妻子也可提出离婚并再嫁。如道宗第三女特里"以驸马都尉萧酬斡得罪,离之","改适萧特末"。景宗第四女淑哥"与驸马都尉卢俊不谐,表请离婚,改适萧神奴"。圣宗第二女岩母董初嫁萧啜不,"改适萧海里,不谐,离之。又适萧胡靓,不谐,离之,乃适韩国王萧惠"。兴宗长女跋芹"与驸马都尉萧撒八不谐,离之","改适萧阿速"。她因所谓"妇道不修"被休弃,"又嫁萧窝匿"①。特别是景宗皇后萧绰以国母之尊,再嫁韩德让,并当众公开,对北宋使者曹利用也不避讳。圣宗对继父十分尊重,父事之。

东胡族系的传统是:"凡事只从妇谋。"契丹保持这一传统,妇女有权参与政治、军事、文化等各种社会事务,并贡献不小。在政治上,秦晋国妃萧氏"知国家之大体",道宗"诏赴行在,常备询问"。她"轻财重义,延纳群彦","内外显寮,多出其门"②。最有政治才干的契丹妇女,当推太祖皇后述律平与景宗皇后萧绰。述律平儿时便"简重果断,有雄略"。立为皇后后,太祖行兵御众,她常预其谋。太祖死后,她成功地制服了反对派。萧绰儿时即聪明能干,受到父亲夸奖:"此女必能成家!"立为皇后后,协助景宗处理朝政,景宗"谕史馆学士,书皇后言亦称'朕'暨'予',著为定式"。她在景宗晚年,"以女主临朝,国事一决于其手"③;圣宗时,临朝称制27年。《辽史》卷71《后妃传》云:"圣宗称辽盛世,后教训为多。"

在军事上,契丹妇女的才能与作用尤其突出。《辽史·后妃传论曰》:"辽以鞍马为家,后妃往往长于射御,军旅田猎,未尝不从。如应天之奋击室韦,承天之御戎澶渊,仁懿之亲破重元,古所未有,亦其俗也。"应天即述律平,她选

---

① 《辽史》卷65,《公主表》。

② 方凤:《夷俗考·北》;陈觉:《秦晋国妃墓志铭》(陈述辑校:《全辽文》卷8,中华书局1982年版)。

③ 《辽史》卷71,《后妃传》;卷8,《景宗本纪上》;叶隆礼:《契丹国志》卷6,《景宗孝成皇帝》。

蕃汉精壮组成属珊军，多达二万骑。太祖与党项交战，黄头、臬泊二室韦趁机偷袭辽朝，述律平"勒兵以待其至，奋击，大破之，由是名震诸夷"。承天即萧绰，她在统和年间，跨马行阵，亲自指挥对宋作战。仁懿即兴宗皇后萧挞里，皇太叔耶律重元拥兵谋反，她"亲督卫士，破逆党"[1]。

在文化上，道宗皇后萧观音与天祚帝文妃萧瑟瑟就是两位才女。萧观音"姿容冠绝，工诗，善谈论，自制歌词，尤善琵琶"。其《伏虎》诗云："威风万里压南邦，东去能翻鸭绿江。灵怪大千俱破胆，那教猛虎不投降！"道宗"大喜"："皇后可谓女中才子！"萧瑟瑟"善歌诗"，天祚帝"畋游不恤，忠臣多被疏斥"，她作歌讽谏："勿嗟塞上兮暗红尘，勿伤多难兮畏夷人；不如塞奸邪之路兮，选取贤臣。直须卧薪尝胆兮，激壮士之捐身；可以朝清漠北兮，夕枕燕云。"[2] 矛头直指"奸邪"。萧观音、萧瑟瑟二人后来均因受诬陷，被赐死。这表明对契丹妇女的社会地位不能估计过高，即使贵族妇女仍是男子的附属品。

辽朝建立之初，便尊崇孔子并建孔庙。契丹受中原儒家文化影响，在妇女问题上的主要表现有三：1. 建立命妇制度。内命妇制度始于太祖时，基本仿效唐制，妃嫔有贵妃、惠妃、德妃、元妃、文妃、丽仪、淑仪、昭仪、顺仪、芳仪、和仪等封号，女官有尚寝、尚服、尚功、尚仪等职位。外命妇制度始于太宗时，与唐制几乎完全相同，有大长公主、长公主、公主及国夫人、郡夫人、郡君、县君一类的封号。与"贵"妇人形成鲜明对比的是"贱"妇人。洪皓《松漠纪闻》卷上称："契丹、女真诸国皆有女倡，而其良人皆有小妇、侍婢。"2. 开始讲究"妇道"。契丹上层妇女原本十分喜欢打扮。《鸡肋编》卷上说：燕地良家士族女子"冬月以括蒌涂面，谓之佛妆，但加傅而不洗，至春暖方涤去，久不为风日所侵，故洁白如玉也"。在中原文化的影响下，某些契丹妇女起而反对妖艳。《辽史·后妃传》称：耶律重元之妻"以艳冶自矜"，萧观音发现后，当即加以劝戒："为贵家妇，何必如此！"《辽史·公主表》载，景宗第三女延寿女"性沉厚"，"甚得妇道，不以贵宠自骄"，其母萧绰"于诸女尤爱"。圣宗第三女槊古有"礼法自将"之称。3. 接受节烈观念。《辽史》卷107《列女传序》认为："与其得烈女，不若得贤女。天下而有烈女之名，非幸也。"该传表彰了两位贤女，即被誉为"女秀才"的邢简之妻陈氏及"能诗文"的耶律常哥，这与儒家观念并不完全合拍。同时又表彰了三位所谓烈女：耶律奴之妻萧意辛以"夫妇之义，生死从之"为理由，请求与因受诬陷而被流放的丈夫同行；耶律术者之妻萧讹里本，丈夫死后，她表示"无阳则阴不能立"，立即自杀；耶律中之

---

① 《资治通鉴》卷269，后梁贞明二年；《辽史》卷71，《后妃传》。
② 《辽史》卷71，《后妃传》；王鼎：《焚椒录》。

契丹妇人背水图

（选自韩世明编著《辽金生活掠影》）

妻萧掭兰"为贼所执"，发誓："人欲污我者，即死之。"这三位妇女都接受了节烈观念。开泰六年（1017）四月，圣宗"禁命妇再醮"①。这道禁令虽然难以实行，但从一个侧面反映了契丹妇女的社会地位呈下降趋势。

○女真

女真妇女在一定程度上享有以下两项权利：1. 财产支配权。《金史》卷1《世纪》载，始祖函普结婚时，"以青牛为聘礼而纳之，并得其赀产"。《金史》卷120《徒单恭传》载，兀鲁丈夫死后，徒单恭"谋取其家财，强纳兀鲁为室"。可见函普之妻及兀鲁都是财产拥有者。2. 离婚改嫁权。如兀鲁初嫁徒单定哥，再嫁徒单恭；阿里虎初嫁阿虎迭，再嫁南家，又嫁完颜亮；唐括定哥初嫁乌带，再嫁完颜亮；唐括石哥初嫁完颜文，离婚后再嫁完颜亮；择特懒初嫁萧拱，再嫁完颜文；又察初嫁特里，再嫁乙剌朴，离婚后又嫁完颜亮。女真上层社会，男性有妾媵，女性有假厮儿。《金史》卷63《后妃传上》称：宫中"凡诸妃位皆以侍女服男子衣冠，号假厮儿"。如阿里虎与假厮儿胜哥"同卧起，如夫妇"，可称同性夫妻。

下面两种习俗表明女真社会保留母权制痕迹：1. 男下女。《金志·婚姻》载，成亲时，"妇家无大小，皆坐炕上，婿党罗拜其下，谓之男下女。"这一习

---

① 《辽史》卷15，《圣宗本纪六》。

俗颇有女尊男卑的意味。2. 复姓。如耨盌温敦系耨盌与温敦二姓的复合，分别为父系与母系的族姓。这种现象是母权制向父权制转化时期的产物。

与宋辖区汉族妇女相比，女真妇女的社会地位从总体上说要高些。但女真婢女的社会地位低于宋辖汉族居住区，她们既被作为陪嫁物、随葬品，又被视为牲畜、财货："北人以金银、奴婢、羊马为博"，还被主人任意屠杀。南宋使者范成大在定兴县（今属河北）客邸前，看到婢女脸上刺有"逃走"二字，并称："主家私自黥涅，虽杀之不禁。"其《清远店》诗云："屠奴杀婢官不问。"大定十八年（1178），世宗颁布法令，对杀奴稍加限制。与契丹妇女相比，女真妇女的社会地位又要低些。女真源出肃慎，其传统是所谓"妇贞而女淫"① 之类。金朝建立后，女真受中原文化影响，妇女社会地位呈下降趋势。《松漠纪闻》卷上载，金朝法律规定"殴妻致死，非用器刃者不加刑"，原因是"侧室多，恐正室妒忌"。对此，妇女"莫不唾骂，以为古无此法"。

女真不少上层妇女在政治上、军事上颇有才干。如女真首领乌古乃之妻唐括氏"有识度"，"政事狱讼皆与决焉"，被誉为"有丈夫之度"。蒲察氏系起兵反抗契丹贵族的决策者之一，其子阿骨打"每出师还，辄率诸将上谒，献所俘获"。金朝建立后，熙宗皇后裴满氏一度权势颇大，"干预政事，无所忌惮，朝官往往因之以取宰相"。沙里质、阿鲁真、完颜仲德之妻则是当之无愧的巾帼英雄。天辅六年（1122），黄龙府（治今吉林农安）发生兵变，沙里质率众击退叛兵，被封为金湖郡夫人。兴定元年（1217），阿鲁真率众打败来犯的东真军队，被封为郡公夫人。金朝末年，蒙古军队围攻蔡州（治今河南汝南），完颜仲德之妻"率诸命妇，自作一军，亲运矢石于城下，城中妇女争出继之"②。城破后，她自尽。

金朝建立后，女真受中原文化影响，在妇女问题上主要表现有三：1. 限制后妃权势。海陵王完颜亮见裴满氏"干政，心恶之"，即位后"不使母后得预政事"。此后，后妃大多号称"其得妇道"。2. 提倡节烈观念。太宗时，金军攻破宜州（治今辽宁义县），将俘获的韩庆民之妻配将士，她"誓死不从，遂自杀"。此事当时并未受到重视，后来世宗大加赞赏："如此节操，可谓难矣。"金朝中期以后，提倡贞烈观念并褒奖所谓节烈妇女。如鄜州（治今陕西富县）康住住，"夫早亡，服阕，父取之归家，许严沂为妻"。她"誓死弗听，欲还夫家不可得，乃投崖而死"。朝廷令"有司致祭其墓"。3. 建立命妇制度。内命妇始于熙宗时，位号、品秩仿照唐制。外命妇则有公主、郡主、县主及国夫人、郡夫人、

---

① 洪遵：《谱双》；范成大：《石湖居士诗集》卷12；《晋书》卷97，《肃慎氏传》。
② 《金史》卷63，《后妃传上》；卷130，《列女传》。

郡君、县君等。至于金代的"贱"妇人，除女倡、小妇、侍婢而外，还有女使及女性官户、驱口、宫籍监户等。如李师儿，"其家有罪，没入宫籍监"。她本人"以监户女子入宫"，虽被章宗封为元妃，但不能正位中宫。金代有"主死，婢将安归"之说，完颜忙哥之妻、陀满胡土门之妻死时，均有"一婢从死"①。

当时居住在东北的渤海与女真同源，但妇女的地位要高。《松漠纪闻》卷上称：渤海"妇人皆悍妒，大氏与他姓相结为十姊妹，递几察其夫，不容侧室及他游，闻则必谋，置毒死其所爱。一夫有所犯而妻不之觉者，九人则群聚而诟之，争以忌嫉相夸"。她们发挥群体力量，维护自身利益，以致渤海无女倡、无小妇、无侍婢。

第二节　党项、吐蕃等西北各族

●党项

与民族传统有关，党项妇女具有以下三种禀赋：其一，敢战斗。《金史》卷134《西夏传赞》称：其"民俗强梗尚气，重然诺，敢战斗"。男性固然如此，女性也不例外。西夏军队中有"麻魁"即女兵，可见党项妇女中不乏善战者。其二，喜报仇。并且往往由妇女出面，对方如有丧事，暂时停止进攻。《辽史》卷105《西夏外记》称：党项"喜报仇，有丧则不伐人，负甲叶于背识之"。"有力小不能复仇者，集壮妇，享以牛羊酒食，趋仇家纵火，焚其庐舍。俗曰敌女兵不祥，辄避去。""敌女兵不祥"禁忌的形成与党项实行氏族外婚姻制有关。前来报仇的妇女，已婚者系本氏族从前嫁过去的女子，未婚者是本氏族即将接过来的媳妇，当然不能同她们战斗。其三，好参政。景宗皇后没藏氏不仅参政，而且在毅宗初年大权在握。毅宗皇后梁氏在其儿子惠宗秉常时，既"自主国事"，又"自主兵，不以属其子"。她"屡劝秉常不行汉礼，秉常不从"②。因而母子发生冲突，母亲一度将儿子囚禁。可见，对于妇女参政、太后掌权，汉礼不利而番礼则有利。西夏文字书《文海》中有"父骨亲、母肉亲"之说，这种

---

① 《金史》卷63，《后妃传上》；卷64，《后妃传下》；卷130，《列女传》。
② 沈括：《梦溪笔谈》卷25，《杂志二》；彭百川：《太平治迹统类》卷15，《种谔建议大举》。

重父系而轻母系的倾向，与汉族相似。但《文海》又把父母放在同等地位，认为均系"源本出生处，根是也"①。这与汉族的习俗显然不同。由于党项外亲地位较高，以致西夏接连出现外戚专权局面。

●吐蕃

吐蕃妇女在生活上所受约束较小，她们爱好踏歌，男女毫无拘束，手拉手，脚踏地，载歌载舞。如熙宁年间，吐蕃女子"连袂围绕汉官踏歌"，即兴放声歌唱："自今后无仇杀，有买卖，快乐作得活计，不被摩正来夺人口牛马也。"摩正即吐蕃首领木征。但吐蕃"妇人无及政"。妇女削发为尼者为数不少，李立遵之女及瞎征之妻即是其例。妇女削发为尼与"蕃俗为僧尼者例不杀"有关②，是吐蕃崇尚佛教的反映。

当时居住在西北的回鹘"俗好骑射，妇人戴油帽，谓之苏幕遮"③。回鹘的油帽类似中原的盖头，但其功用在于防止风沙，便于骑射。

第三节　西南、南方诸族

●大理辖区

大理辖区部族虽多，但这个地区的妇女大致具有三个共同特点：1. 武勇雄健。其中以望蛮尤其突出，《蛮书》卷4《名类》称："其人勇捷，善于马上用枪，所骑马不用鞍，跣足衣短甲，才蔽胸腹而已，股膝皆露，兜鍪上插牦牛尾，驰突如飞。"并强调："其妇人亦如此。"李京《云南志略·诸夷风俗》载，扑子蛮同样"性勇健"，"骑马不用鞍，跣足衣短甲，膝颈皆露，善用枪弩，首插雉尾，驰突如飞"。2. 开朗活泼。望蛮外喻部妇女喜爱外出游玩，《蛮书·名类》称：其"妇人惟嗜乳酪，肥白，俗好遨游"。么些蛮更豪放，"男女皆披羊皮，

---

① 《文海》8·222、26·212、28·211（史金波、白滨、黄振华：《文海研究》，中国社会科学出版社1988年版）。

② 《长编》卷241，熙宁五年十二月丁酉；卷514，元符二年八月戊子；《新唐书》卷216上，《吐蕃传上》。

③ 《宋史》卷490，《高昌传》。

俗好饮酒歌舞"。她们狂饮之后，还要载歌载舞。此俗经两宋，到元代无变化。《云南志略·诸夷风俗》载，其"男女动百数，各执其手，团旋歌舞，以为乐"。

3. 充当社会生产主力军。金齿蛮已进入农业社会，《云南志略·诸夷风俗》称，其妇女"尽力农事，勤苦不辍"。《马可波罗行纪》的记述较具体："其俗男子尽武士，除战争游猎养鸟之外，不作他事。一切工作皆由妇女为之，辅以战争所获之俘奴而已。"[1] 裸形蛮即野蛮"多女少男"，仍停留在采猎经济阶段，其分工是男性保卫家园，女性从事生产。《蛮书·名类》称：其夫"尽日持弓，不下樆栏，有外来侵暴者则射之；其妻入山林，采拾虫鱼菜螺蚬等归，啖食之"。

某些部族的妇女还有两大特殊作用：一、在特定条件下，出任酋长。《云南志略·诸夷风俗》载称：乌蛮"如酋长无继嗣，则立妻女为酋长"。二、发生仇杀时，作为调解人。如末些蛮"少不如意，鸣钲鼓，相仇杀，两家妇人中间和解之，乃罢"[2]。原因在于她们原本是对方家族的成员。和解后，照例要立誓言、喝血酒。

◉壮、黎等族

南方各族大多男弱女强，壮族先民最明显："男子身形卑小，颜色黯惨；妇人则黑理充肥，少疾多力。"其性别分工是："城郭虚市，负贩逐利，率妇人也。"男子则"终日抱子而游，无子则袖手安居"。丈夫如此"慵惰"，"其妻乃负贩以赡之"。妇女外出做生意，男子在家带孩子，并靠妻子供养。黎族先民情况相似："男子不喜营运，家无宿储"；"妇人不事蚕桑，惟织吉贝。"吉贝即棉花。黎女"淳朴俭约"，"不曳罗绮，不施粉黛"[3]，但以精于纺织而闻名，对我国棉纺织技术的提高作出了突出的贡献。其产品如黎单、黎饰、鞍褡等，深受人们喜爱。壮、瑶等族先民乃至居住在湖南西部山区的五溪蛮纺织技术也不低。朱辅《溪蛮丛笑》载，五溪蛮妇女能生产"不阑带"、"娘子布"等纺织品。山区运输物资靠背驮，承担这一繁重劳动的主要不是男子，而是妇女。《老学庵笔记》卷4称："其负物则少者轻、老者重，率皆束于背，妇人负者尤多。"

在南方各族中，有不少女强人。对壮族首领侬智高之母阿侬应当如何评价，另当别论，但她"有计谋，智高攻陷城邑，多用其策，僭号皇太后"。黎族女酋长王二娘"有夫而名不闻，家饶财，善用众，能制服群黎"，她在乾道七年（1171）被朝廷特封为宜人，并任三十六峒都统领。官府"有号令，必下王宜

---

① 冯承钧译：《马可波罗行纪》，第473页，商务印书馆1936年版。
② 李京：《云南志略·诸夷风俗》。
③ 周去非：《岭外代答》卷10，《十妻》；卷3，《惰农》；赵汝适：《诸蕃志》卷下，《志物·海南》。

人，无不帖然"①。王二娘年迈，膝下无男，仅有一女，淳熙八年（1181）经朝廷批准，其封号与职位由女儿王氏承袭。嘉定九年（1216），王氏之女吴氏袭封宜人，统领三十六峒。王二娘等女性对黎族社会的安定与发展作出了积极的贡献，理当受到历史的肯定。

① 《宋史》卷495，《广源州蛮传》；《文献通考》卷331，《四裔考八·黎峒》引《桂海虞衡志》。

第七章 妇女（下）

第八章

婚姻(上)：宋辖汉族居住区

宋辖汉族居住区社会生产发展、商品经济活跃、门阀制度崩溃，人们的婚姻观念与习俗也随之发生变化，呈现出某些新的特色。

第一节　择婿贵进士

人们选择配偶不重旧门阀世族而重新科举官僚，就是个明显的变化。这一变化对当时的婚姻习俗乃至制度都影响较大。

●榜下择婿

宋代不像唐代那样，婚姻重门阀世族。郑樵《通志》卷25《氏族略一》指出："自隋唐而上"，"家之婚姻必由于潜系"；"自五季以来"，"婚姻不问阀阅"。

但这并不意味门第观念消逝，相反人们十分重视官僚门第。宋人说："国家用人之法，非进士及第者不得美官。"当时的现实是："满朝朱紫贵，尽是读书人。"① 进士未来前程远大，成为最佳女婿人选。人们采用三种方式选择进士做女婿。

一是榜下择婿。《墨客挥犀》卷1称："今人于榜下择婿，号脔婿。"王安石诗云："却忆金明池上路，红裙争看绿衣郎。"苏轼诗曰："囊空不办行春马，眼眩行看择婿车。"宋代每逢科举考试发榜那天，达官富室之家清晨便出动"择婿车"，去到"金明池上路"，争相选择新科进士即"绿衣郎"做女婿，一日之间"中东床者十八九"。这类事例太多，如高清"景德中进士，宰相寇準以弟之女妻之，寇卒，李沆家复取为婿"；王拱辰、欧阳修在天圣年间榜登科，又同时成为参知政事薛奎的女婿②；傅察"登进士，蔡京欲妻以女"，他"拒弗答"；胡寅初擢第，张邦昌"欲以女妻之"，他"不许"；洪皓"待廷试"，王黼"欲妻以女弟"，他恳辞；洪皓中进士，"朱勔复请昏，资送万计，且啗以显仕"，他"拒尤力"，朱勔只得"脔榜中周审合婚之"；郭知运登科，秦桧"强与为婚"，他"弗乐"。在这些事例中，拒婚者为数不少。于是有权有势者蛮不讲理，采取强制手段。《宋史》卷317《冯京传》载，冯京"登进士"，外戚张尧佐"方负宫掖势，欲妻以女"，派人将他拖至家中，当即"束之以金带"，声称："此上意也。"并"出奁具目示之"，冯京无动于衷，"笑不视，力辞"。如此择婿，哪里是择，分明是捉。有人干脆称榜下择婿为榜下捉婿："本朝贵人家选婿于科场年，择过省士人，不问阴阳吉凶及其家世，谓之榜下捉婿。"并指出："近岁，富商庸俗与厚藏者嫁女，亦于榜下捉婿。"③ 不仅达官，而且富豪也加入争相挑选进士做女婿的行列，竞争自然更加激烈。

二是榜前择婿。宰相李沆选择王曾做女婿，就很典型。《石林燕语》卷9载，王曾"初就殿试"，李沆当即断言："此人今次不第，后亦当为公辅"，并宣称："吾得婿矣！"不出所料，王曾刚完婚，便中状元，后来又官至宰相。此外，如宰相杜衍青年时代"贫甚，佣书以自资"，富豪相里氏"奇之，妻以女"，不久杜衍"举进士，殿试第四"。御史中丞彭思永偶遇程颢，"一见异之，许妻以女"，程颢果然"逾冠中进士第"。对于榜前择婿，有人加以提倡："择婿但取寒士，度其后必贵，方名为知人。若损高赀，榜下脔状元，何难之有！"④ 然而这

① 司马光：《司马文正公传集》卷32，《贡院乞逐路取人状》；张端义：《贵耳集》卷下。
② 《长编》卷86，大中祥符九年三月丁丑；《邵氏闻见录》卷8。
③ 胡仔：《苕溪渔隐丛话》前集卷24；《群书通要》卷5；谢维新：《古今合璧事类备要》前集卷37，《科举门·登第·择婿车》；平步青：《霞外捃屑》卷3；朱彧：《萍洲可谈》卷1。
④ 江少虞：《宋朝事实类苑》卷10，《杜祁公》；程颐、程颢：《河南程氏文集》卷11，《明道先生行状》；周辉：《清波杂志》卷4。

近乎孤注一掷，一旦失误，追悔莫及。因此，榜前择婿终究不如榜下择婿普遍。

三是榜前约定，榜后成婚。如王生选择太学生黄左之为女婿。《夷坚支甲》卷7《黄左之》载，王生"其家甚富，以钱百千与黄"，并约定："君若登第，当以息女奉箕帚。"第二年，黄"果中选，遂为王婿"。先登第、后完婚兼具榜前择婿与榜下择婿二者之长，但往往带来两大后患：一、女方不能久等。如孙愈与表妹王真真定亲，以"取乡荐"作为成婚的前提。但孙愈赴试"辄不利"，真真"亦长大，势不可复留"，其父将她许嫁别人。孙愈因此得下"相思病"，"吐鲜血数块而死"。真真每"垂泪"并"得疾"①。二、男方登科变心。如《侍儿小名录拾遗》引《摭遗》载，掖县（今属山东）书生王俊民即王魁与桂英约为夫妻，并在海神庙前发誓："吾与桂英，誓不相负；若生离异，神当殛之！"可是他中状元后，竟遵从父命，娶崔氏女为妻。桂英得知此情，悲愤交集："魁负我如此，当以死报之。"当即"挥刀自刎"②。这种方式后患无穷，难怪人们宁肯激烈争夺于榜下。

上述三种方式以第一种最普遍、最具代表性，于是选择进士做女婿统称榜下择婿。这表明人们选择配偶已由重旧门阀世族转变为重新科举官僚，而不少新科举官僚起家寒士，某些寒士的现实状况与未来前程很可能差距极大。

⊜访婚卜者

魏晋隋唐时期，选择女婿重在家庭现实状况，事情好办，询问谱学家便知。宋代选择女婿重在本人未来前程，问题相当复杂，据说有两种人可供咨询。

一种是卜者。《孙公谈圃》卷上载，晏殊的夫人请求"善相"者王青："为我择一婿。"王青说："恰有一秀才姓富，须做宰相，明年状元及第，在兴国寺下。"于是富弼做了晏殊的东床，后来果然拜相。此外，如赵方青年时代"贫困不遇"，且"奇形古貌，眼有大小"。卜者却说这是副贵人相："一眼大，一眼小，大者观天地，小者视四表。"富人胡氏深信不疑："赵生虽贫，贵人也。吾女方择婿，盍归之？"夫人却"大吼"，丈夫"再三譬喻"。夫人"不得已，厚其装资，妻之"。赵方当年中进士，此后"历官边郡，名振华夏"。诸如此类都是巧合，宋人徐度指出："所谓命术者，类不可信，其有合者皆偶中也。"③

另一种是贵人。徐度用实例说明："本朝公卿多有知人之明，见于择婿。"周密认为："前辈名公巨人，往往有知人之明。"他们"眼力高"，是由于"阅人多"。于是贵人成为人们访婚的对象。《东轩笔录》卷14载，晏殊挑选女婿靠的

---

① 洪迈：《夷坚丁志》卷4，《孙五哥》。

② 周密：《齐东野语》卷6，《王魁传》认为："世俗所谓王魁之事殊不经"，"疑无此事"。

③ 《湖海新闻夷坚续志》前集卷2，《赵方异相》；徐度：《却扫编》卷下。

不是王青，而是范仲淹。范仲淹认为：富弼、张方平"皆有文行，他日毕可至公辅，并可婿也"。又以富弼"器业尤远大"。他的看法后来完全被证实。从小看大并非不可能，但谈何容易。洪迈感叹"知人之难"："知人之哲得失相半，为未能尽。"① 即便是看，也要年龄大些才看得比较准确。《袁氏世范》卷1《睦亲》指出："男女之贤否，须年长乃可见。"强调："男女不可幼议婚。"

⊜婚龄增大

宋代不少家长这样教育子弟："晚娶甚善，可善保养血气，专意学问。"某些家庭甚至立下家规："未第决不许娶。"于是出现了这样的谚语："洞房花烛夜，金榜挂名时。"② 科场竞争激烈，进士名额有限，如果男方坚持榜下娶妻、女方定要榜下择婿，结婚势必较晚。榜下择婿之风是促成婚龄增大的因素之一。

婚龄增长更重要的原因在于，不少有识之士反对早婚。早婚习俗由来已久，宋代依然较为流行："世俗好于襁褓童幼之时轻许为婚，亦有指腹为婚者。"还出现了童养媳，当时叫养妇："民间女幼许婚未行，而养诸婿氏者，曰养妇。"司马光认为早婚后患无穷，主张："男女必俟既长，然后议婚。"③

冠礼即男子束发戴帽，是古代男性的成年礼，意味着可以娶妇。司马光《司马氏书仪》卷2《冠礼》称："冠礼之废久矣。吾少时，闻村野之人，尚有行之者，谓之上头。城郭则莫之行矣。"当时存在两种倾向：一是年长犹总角。《应斋杂著》卷1《乞免临安丁钱》、《东莱集》卷3《为张严州乞免丁钱奏状》载，临安及严州（治今浙江建德东）因丁钱太重，成年男子不敢裹头，以便逃避。二是年幼便戴帽："生子犹饮乳，已加巾帽。有官者，或为制公服而弄之，过十岁犹总角者，盖鲜矣。"④ 所谓总角，是指未成年男子把头发扎成髻。按照古礼，男子年二十而冠。《书仪·冠仪》、《朱子家礼》卷2《冠礼》主张恢复此礼，但考虑到习俗，规定："男子年十二至二十，皆可冠。"提倡"年十五已上"，"然后冠之"。至于笄礼，则遵从古礼："女子许嫁，笄。年十五，虽未许嫁亦笄。"笄指女子用簪插髻，是古代女性的成年礼，意味着应当出嫁。

宋代的法定成婚年龄，天圣年间的法令沿袭唐代开元二十二年（734）的规定："凡男年十五、女年十三以上，并听婚嫁。"为革除"世俗早婚之弊"，又考虑到此弊"不可猝革"，《书仪》卷3《婚仪上》、《家礼》卷3《昏礼》将男女成婚年龄分别提高一岁，规定："男子年十六至三十，女子十四至二十，身及主

① 《却扫编》卷上；《齐东野语》卷18，《前辈知人》；洪迈：《容斋五笔》卷6，《知人之难》。
② 邵伯温：《邵氏闻见录》卷18；《容斋四笔》卷8，《得意失意诗》。
③ 司马光：《司马氏书仪》卷3，《婚仪上》；晁补之：《鸡肋集》卷67，《杜公墓志铭》。
④ 《司马氏书仪》卷2，《冠仪》。

婚者无期以上丧，皆可成婚。"这一规定到嘉定年间，被朝廷的法令加以吸取。

第二节　嫁娶论钱财

商品经济的发展，金钱魅力的增大，反映在婚姻关系上便是嫁娶论钱财。蔡襄指出："今之俗，娶其妻，不顾门户，直求资财。"[1]

●直求资财

对嫁娶论钱财的歪风，司马光揭露道："今世俗之贪鄙者，将娶妇，先问资装之厚薄；将嫁女，先问聘财之多少。"他气愤地声讨："是乃驵侩鬻奴卖婢之法，岂得谓之士大夫婚姻哉！"并主张："议婚姻有及于财者，皆勿与为婚姻。"[2] 当时某些人把嫁娶作为获取钱财的手段，几乎达到了不惜一切的地步。

一不惜娶寡妇。真宗时，向敏中、张齐贤两大宰相为娶寡妇柴氏，展开激烈争夺，直至惊动皇上。程颐将其中奥妙说破：向敏中"与张齐贤争取一妻，为其有十万囊橐故也"。此外，如仁宗时，吏部侍郎孙祖德致仕以后，"娶富人妻，以规有其财"；神宗时，屯田郎中刘宗古"规孀妇李财产，与同居"；嘉定年间，福建提举司干官叶嗣立"更娶海盐蔡家寡妇常氏，席卷其家财"[3]。

二不惜作赘婿。当时，"川峡富人多招赘婿，与所生子齿。富人死，即分其财"。由于能"分其财"，"贫人多舍亲而出赘"。贫人出赘何尝不可，但知秀州（治今浙江嘉兴）王蘧"利高赀，屈身为赘婿"[4]，显然很无耻。

三不惜嫁僧道。法令规定："诸僧道辄娶妻，并嫁之者，各以奸论，加一等，僧道送五百里编管。"其实僧道娶妻者较多，如相国寺僧人澄晖以艳倡为妻，自以为"快活风流，光前绝后"，并以"没头发浪子，有房室如来"自况。[5] 尤其是两

---

① 蔡襄：《福州五戒》（吕祖谦编：《宋文鉴》卷108）。
② 《司马氏书仪》卷3，《婚仪上》。
③ 《河南程氏外书》卷10，《大全集拾遗》；《宋史》卷299，《孙祖德传》；《长编》卷291，元丰元年八月丙寅；《宋会要》职官75之32。
④ 《长编》卷31，淳化元年九月；卷471，元祐七年三月丁酉。
⑤ 《庆元条法事类》卷51，《道释门二·杂犯》；陶穀：《清异录·释族·梵嫂》。

辽宋西夏金社会生活史

广地区，僧人"例有室家"。这或许是禅宗世俗化的结果，但两广不少人家嫁女于和尚，目的在于贪图钱财。《鸡肋编》卷中载，"广南风俗，市井坐估，多僧人为之，率皆致富"，以致"妇女多嫁于僧，欲落发则行定，既剃度乃成礼"。与此相适应，此间"制僧帽，止一圈而无屋"，以便和尚新婚时，"簪花其上"。

二 进士卖婚

宋代男性卖婚者主要是新科进士，他们索取"系捉钱"、"遍手钱"。《萍洲可谈》卷1称，系捉钱给与进士本人，成婚后，其"父母亲属又诛求，谓之遍手钱"。哲宗时，知枢密院事曾布挑选进士江褒做女婿，也得花费礼钱30万。至于富豪只能"厚捉钱以饵士人，使之俯就，一婿至千余缗"。

有钱有势者争相买婚进士，进士奇货可居，要价甚高。丁骘的奏疏《请禁绝登科进士论财娶妻》① 揭露道："近年进士登科，娶妻论财，全乖礼义。衣冠之家随所厚薄，则遣媒妁往返，甚于乞丐，小不如意，弃而之它。市井驵侩出捐千金，则贸贸而来，安以就之。"他谴责这些新科进士"名挂仕版，身被命服，不顾廉耻，自为得计，玷辱恩命，亏损名节，莫甚于此"。请求朝廷责成"御史台严行觉察，如有似此之人，以典法从事"。然而朝廷未能加以止绝，此风反倒日甚一日。

三 宗室卖婚

宋代女方卖婚以宗室为主，买婚宗室的主要是经营商业的富豪。当时商人经济实力增长，他们企图集富者与贵者于一身，联姻权势之家是其主要手段之一。按照宋代的制度，"宗室袒免婿，与三班奉职"；"皇族郡县主出嫁，其婿并白身授殿直"。起初朝廷对于宗室的通婚对象无限制："宗室袒免女听编民通婚，皆予官。"三班奉职、殿直官阶虽不高，商人却眼红。他们"争市婚（宗室）为官户"。北宋中期以后，随着宗室人数的增多，宗室贫困的问题越来越严重。他们的女儿既然有人"争市"，于是"宗室以女卖婚民间"② 的现象更普遍。

对于宗室卖婚，士大夫看不惯，朝廷岂能坐视。商人李绶竟与宗室赵承俊结为儿女亲家，包拯惊呼："天支之秀，下偶非类。"仁宗于天圣八年（1030）正月下诏："宗室嫁女择士族之有行义者，敢以财冒为婚，御史台察举之。"③ 并责成"宗正立官媒数十人，掌议婚"。然而熙宁年间，情况依然是："宗室女当

---

① 见《宋文鉴》卷61。

② 《宋会要》帝系4之23；黄淮、杨士奇编：《历代名臣奏议》卷75，《治内》；《鸡肋集》卷62，《杜公行状》；《宋史》卷346，《彭汝砺传》。

③ 《包拯集》卷6，《论李绶冒国亲事》；《长编》卷109，天圣八年正月乙亥。

嫁，皆富家大姓以货取，不复事铨择。"① 神宗下诏强调，宗室祖免女的婚姻对象应当是"三代有任州县官或殿直以上者"。此后情况反倒越发严重，县主居然商品化，价格为"每五千贯一个"，开封商人"帽子田家"一买再买，"家凡十县主"。元祐年间，高太后得知此情，火冒三丈："国家宁要汝钱，是何门当户敌?"② 气愤无济于事，现实无法改变。"大桶张家"比"帽子田家"买得更多，"至有三十余县主"③。

商人娶宗室女，虽然花费钱财，但却获得一官半职。如茶商叶孚德"结昏宗室，得将仕郎"；商人王永年"娶宗室女，得右班殿直，监汝州税"；苏州商人朱冲一家"结姻于帝族"，更是"因缘得至显官者甚众"④。实惠如此之大，难怪商人买婚宗室，作为钱权交易，有宋一代竟禁而不止。

(四)婚嫁失时

范仲淹《答手诏条陈十事》指出："男不得婚、女不得嫁、丧不得葬者，比比有之。"问题严重到如此地步，至少有两个原因。

一是婚嫁之费猛增。宋代嫁娶论钱财，加之整个社会奢侈之风愈演愈烈，婚嫁之费上升势头很猛。如福建地区"厚于婚丧，其费无艺"。光大摆酒席一项，花费就十分惊人。参加的人数多，按福建的习俗，"来者无限极，往往至数百千人"；延续的时间长，照合肥的规矩，"嫁娶者，宗族竞为饮宴以相贺，四十日而止"⑤。开支之大可想而知。难怪人们叹息："伤生以送死，破产以嫁子。"不少士大夫难以承受，或变卖家产，或债台高筑。连皇弟扬王赵颢"有女数人，婚嫁及期，私用不足"⑥，也不得不向神宗预借俸钱。嫁女的花费通常比娶媳妇更大。中产之家一旦生女，为日后"遣嫁乃不费力"，往往"早为储蓄衣衾妆奁之具"。"有生一女而种杉万根者，待女长成则鬻杉以为嫁资。"司马光指出："世俗生男则喜，生女则戚，至有不举其女者，因此故也。"⑦ 人们不愿生女，以致性别比例失调，这又是婚嫁失时的一个原因。

二是榜下择婿成风。司马光讲到婚龄时说："男不过三十，女不过二十

---

① 《萍洲可谈》卷1；《宋史》卷244，《燕王德昭传附世开传》。

② 《长编》卷270，熙宁八年十一月甲申；卷172，元祐七年四月戊午。

③ 《萍洲可谈》卷1。

④ 《夷坚丁志》卷6，《叶孚德》；魏泰：《东轩笔录》卷7；龚明之：《中吴纪闻》卷6，《朱氏盛衰》。

⑤ 《宋史》卷344，《孙觉传》；朱熹：《三朝名臣言行录》卷4之2，《端明蔡公》；司马光：《涑水记闻》卷3。

⑥ 郑居中：《政和五礼新仪》卷首；《宋会要》帝系2之3。

⑦ 袁采：《袁氏世范》卷2，《处己·事贵预谋后则失时》；《司马氏书仪》卷3，《婚仪上》。

耳，过此则为失时矣。"宋代平均科举中第年龄超过 30 岁，《绍兴十八年同年小录》、《宝祐四年登科录》所载登科者平均年龄分别为 35.64 岁、35.66 岁。《夷坚志》所载 16 位中第者平均登科年龄为 37.22 岁，湖州（今属浙江）张德远高达 77 岁。男性读书人如果定要坚持榜下娶妻，难免成为壮年未娶的大男。如孙复"举进士不中"，"年四十不娶"，要不是宰相李迪"知其贤，以其弟之子妻之"，他很可能终身打光棍。凌景阳中第方议亲，只得将年龄隐瞒 5 岁，殊不知女方竟隐瞒 10 岁。陈修登科时"年七十三，尚未娶"，他"凄然出涕"。高宗"出内人施氏嫁之，年三十"。好事者大开其玩笑："新人若问郎年几？五十年前二十三。"① 女方如果非进士不嫁，甚至条件更苛刻，势必成为壮年未嫁的大女。如章惇就把标准定得过高，蔡卞好言相劝："相公择婿如此其艰，岂不男女失时乎？"章惇置之不理，以致"为息女择配，久而未谐"。程颢的儿女"幼而庄静，不妄言笑，风格潇洒，趣向高洁"，是位不可多得的贤女。她"择配欲得称者"，"访求七八年，未有可者"，因而终身"未得所归"。某些女子发誓不嫁，他人只能叹息："岂有处子终不嫁人者乎！"②

第三节 婚仪较简便

与商品经济的发展有关，宋人往往强调处事应当简易。这一处事之道在婚姻礼仪上有所反映。

●从六礼到三礼

按照古礼，从议婚到成婚要经过六道礼仪程序即六礼：纳采——男家向女家送礼、求亲；问名——男家向女家询问女子的名字、生辰；纳吉——男家卜得吉兆后，到女家报喜、送礼、订婚；纳证——订婚后，男家向女家送聘礼；

---

① 《司马氏书仪》卷 3，《婚仪上》；《长编》卷 138，庆历二年十一月甲申；《湖海新闻夷坚续志》后集卷 2，《中兴赋联》。

② 《清波杂志》卷 2；《河南程氏文集》卷 11，《孝女程氏墓志》；《夷坚志补》卷 15，《嵊县神》。

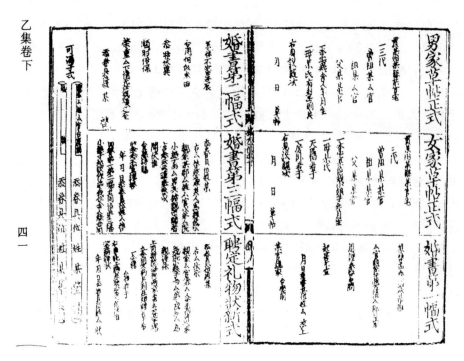

宋代草帖、婚书、聘礼状式

（选自陈元靓《事林广记》乙集卷下）

请期——男家选定完婚吉日，征得女家同意；亲迎——新郎前往女家，迎接新娘到男家成婚。每道礼仪程序又有许多细节，十分烦琐。唐末五代，战乱频仍，礼废乐坏。宋朝建立后，为扭转这一局面，朝廷组织力量编修礼书。宋代官修礼书以徽宗时知枢密院事郑居中等人所编《政和五礼新仪》最具代表性，其指导原则是："循古之意而勿泥于古，适今之宜而勿牵于今。"① 但《新仪》毕竟以古礼为蓝本，与习俗距离较大。徽宗强制推行，结果违仪犯法者众。他不得不在宣和元年（1119）六月，宣布《新仪》更不施行。

对于礼废乐坏的局面，士大夫们不能容忍，纷纷自行编修礼书。北宋私修礼书以程颢、程颐的《礼》、张载的冠婚丧祭礼和司马光《司马氏书仪》较著名。朱熹认为《书仪》"最为适古今之宜"。《书仪》不一味拘泥于古礼，因而《书仪》为某些士大夫家族所遵行，如金溪（今属江西）大族陆氏"采司马氏冠、婚、丧、祭仪行之家"。南宋私修礼书以《朱子家礼》为代表，《家礼》以《书仪》为蓝本，并且更简便。官礼有关士庶人婚礼的规定已"并问名于纳采，并请期于纳成（即纳征）"，《家礼》又将纳吉省去。朱熹说："古礼有

① 王应麟：《玉海》卷69，《礼仪·礼制下·政和五礼新仪》。

问名、纳吉，今不能尽用，止用纳采、纳币（即纳征），以从简便。"① 于是，六礼只剩下三礼即纳采、纳币、亲迎。对每道程序的细则，《家礼》也有所省略。由于《家礼》繁简较适中，因而对当时及后世影响颇大。如浦江（今属浙江）大族郑氏的族规《郑氏规范》要求族人：婚嫁"仪式并遵文公《家礼》"。

● 婚仪较灵活

宋代贫富分化加剧，官私礼书都不强求所有家庭婚姻礼仪完全相同。《政和五礼新仪·嘉礼门》把婚姻礼仪分为纳皇后仪、皇太子纳妃仪、皇子纳夫人仪、帝姬即公主降嫁仪、诸王以下婚仪、宗姬族姬即郡主县主嫁仪、品官婚仪、庶人婚仪等几个不同的等级，作出了繁简有别的规定，其原则是等级越高仪式越繁琐，等级越低仪式越简便。如品官之家必须做到六礼齐备，但四品以上有盥馈礼、享妇礼，而"四品以下不用此仪"②。

私礼比官礼更灵活。如纳币按照古礼应当元纁束帛，束帛的数量为 10 端。《书仪·婚仪》从实用与可能两个方面考虑，对古礼作了更改："纳币，用杂色缯五匹为束。"《家礼·昏礼》的规定更灵活："币用色缯，贫富随宜，少不过两，多不逾十。今人更用钗钏、羊酒、果实之属，亦可。"因此，宋代富贵之家下聘礼一般用"三金"即金钏、金镯、金帔坠，经济条件不允许则"以银镀代之"。至于新郎的礼服，连《新仪》也不强求一律："三舍生及品官子孙假九品（服），余并皂衫衣折上巾。"《书仪》则称："有官者具公服靴笏，无官者具幞头靴襕或衫带，各取其平日所服最盛者。"③

上述规定有不少具有明显的等级性。如"未仕而昏用命服"，新郎在婚礼期间可破例身穿官员服装，只限于士，"若农、商则不可，非其类也"④。但其中某些规定部分或主要是考虑到贫困人家的承受能力，目的在于便于推广。

● 婚仪难以推广

礼书有关婚姻礼仪的规定虽较为简便、灵活，但在社会上仍难以全面推广。人们从两个相反方向违反婚姻礼仪：一是草率从事。朱光庭对此表示不满："鄙

---

① 黎靖德编：《朱子语类》卷 69，《礼一·论后世礼书》；吕祖谦：《东莱集》卷 8，《陆先生墓志铭》；《宋史》卷 115，《礼志十八·士庶人婚礼》；《朱子家礼》卷 3，《昏礼》。

② 《政和五礼新仪》卷 178，《品官婚仪》。

③ 吴自牧：《梦粱录》卷 20，《嫁娶》；《政和五礼新仪》卷 179，《庶人婚仪》；《司马氏书仪》卷 2，《冠仪》。

④ 朱熹编定：《河南程氏遗书》卷 18，《刘元承手编》。

俗杂乱，不识亲迎，人伦之重，则是何尝有婚礼也。"不行亲迎之礼，只是隐蔽违法同居，还有公开非法同居的。如同安（今属福建）有"引伴为妻"之俗，朱熹《申严昏礼状》称："访闻本县，自旧相承，无昏姻之礼。里巷之民，贫不能聘，或至奔诱，则谓之'引伴为妻'，习以成风。其流及于士子，富室亦或为之，无复忌惮。"漳州（今属福建）有"管顾"、"逃叛"之风，朱熹《劝谕榜》称："此邦之俗，有所谓'管顾'者，则本非妻妾而公然同室；有所渭'逃叛'者，则不待媒娉而潜相奔诱。犯礼违法，莫甚于斯。"据朱熹讲，此间"不昏之男无不盗人之妻，不嫁之女无不肆为淫行"。这话带有偏见并且太夸张，但情况肯定相当严重。地方政府束手无策："官司纵而不问，则风俗日败；悉绳以法，则犯者已众。"① 可见，礼仪乃至于法令缺乏约束力，人们习惯于照风俗行事。

二是繁缛其事。如按照古礼，并无铺房，但此俗在宋代很盛行。《东京梦华录》卷 5《娶妇》称，亲迎"前一日，女家先来挂帐，铺设房卧，谓之铺房"。对于此俗，《书仪》予以容忍："古虽无之，然今世俗所用，不可废也。"女家在铺房时，贪图数量多，并追求豪华。范仲淹的亲家王氏即是一例。按照习俗，男家添置床榻、荐席、椅桌等物，女家则添置毯褥、帐幔、衾绹之类。范仲淹之子将娶妻，其姻家王氏拟"以罗为帏幔"，范仲淹连忙制止："罗绮岂帏幔之物耶！吾家素清俭，安得乱吾家法？敢持至吾家，当火于庭。"又如按照古礼，婚礼不用乐，但在宋代婚礼普遍用乐，"鼓乐喧天，笙歌聒耳"，充满欢乐气氛。《书仪·婚仪》称："今俗婚礼用乐，殊为非礼。"这一习俗还影响到皇室。元祐年间，哲宗立孟氏为皇后，宰相吕公著坚持按古礼行事，"执议不用乐"。太皇太后高氏反驳道："寻常人家娶个新妇，尚点几个乐人，如何官家却不得用？"皇太后向氏则说："更休与他懑宰执理会，但自安排著。"于是，"众乐具举"②。皇室婚礼从此正式用乐。《武林旧事》卷 8《册皇后仪》载，皇帝婚礼奏乐多达15 次。

---

① 朱光庭：《上哲宗乞详议五礼以教民》（赵汝愚编：《国朝诸臣奏议》卷96，《礼乐门·士庶五礼》）；朱熹：《晦庵集》卷20，卷100，《劝女道还俗榜》。

② 《司马氏书仪》卷3，《婚仪上》；朱熹：《五朝名臣言行录》卷7之2，《参政范文正公》；《快嘴李翠莲记》（洪楩编：《清平山堂话本》，第52—67页，上海古籍出版社1988年版）；《清波杂志》卷1。

第四节　婚俗多样化

宋代不少婚俗的源流至少可追溯到唐代，而唐代婚俗受北方少数民族影响。宋代与唐代社会状况不尽相同，某些旧婚俗有所变化，同时又形成了一些新婚俗。

●相媳妇

按照宋代礼俗，男女两家互换草帖之后，再互换定帖，不久便定聘。定聘虽尚未完婚，但受法律认可，双方不许翻悔。法律规定："许嫁女，已投婚书及有私约而辄悔者，杖六十，更许他人者，杖一百，已成者徒一年，女追归前夫。""虽无许婚之书，但受聘财亦是。"① 所谓草帖，俗称"八字"，用以介绍男女各自的年龄、生辰及家庭情况。在定帖上，男家开列聘礼数目，女家开列陪嫁资装。北宋开封在互换定帖之后，有相媳妇的习俗。《东京梦华录·娶妇》称："若相媳妇，即男子新人或婆往女家。看中，即以钗子插冠中，谓之插钗子；或不入意，即留一两端彩段，与之压惊，则此亲不谐矣。"男方"看中"，"插钗子"则无事；如"不入意"，"压惊"不能解决问题，难免惹出事端。《江邻几杂志》称："京师风俗，将为婚姻者，先相妇。相退者为女氏所告，依条决此妇人，物议云云，以为太甚。"在南宋临安，此俗更流行，地点不一定在女家，也可在园圃、湖舫等公共场所。《梦粱录·嫁娶》称，"男家择日备酒礼诣女家，或借园圃，或湖舫内，两亲相见，谓之相亲。男以酒四杯，女则添备双杯，此礼取男强女弱之意"。

相媳妇具有单向性，男子可以直接参与。《杂纂续》称："相新妇""不可托人"。宋人话本《西山一窟鬼》描述了秀才吴洪在酒店相媳妇的情景，他"把三寸舌尖舐破窗眼儿，张一张，喝声彩"，"当日插了钗"，不久便完婚。而女子通常不能在婚前瞧对象一眼，婚后追悔莫及者大有人在。此情在宋人话本《志诚张主管》中有反映：开封张员外"年逾六旬，须发皤然"，媒人将他的"年纪

---

① 《名公书判清明集》卷9，《女家已回定帖而翻悔》。

瞒过一二十年"，把"小如员外三四十岁"的少妇说与他做妻子。花烛之夜，揭开盖头，这位少妇才"看见员外须眉皓白，暗暗的叫苦"，埋怨媒人："将我误了！"① 可是生米已成熟饭。

❷坐花轿

北宋男方迎接新娘，开始使用花轿。《书仪·婚仪》称："今妇人幸有毡车可乘，而世俗重檐子，轻毡车。借使亲迎时，暂乘毡车，庸何伤哉？然人亦有性不能乘车，乘之即呕吐者。如此，则自乘檐子。"《东京梦华录·娶妇》所载与此吻合："至迎娶日，儿家以车子或花檐子发迎客。"这一习俗影响到皇室。《新仪》卷172《嘉礼·纳皇后仪》规定，皇帝纳皇后入宫，皇后先坐肩舆进堂上，再降舆升车。《东京梦华录》卷4《公主出降》载，公主出嫁"乘金铜檐子"，其装饰及设备都十分讲究，轿夫多达12人。南宋更是普遍使用花轿迎接新娘。《梦粱录·嫁娶》称：至亲迎日，"引迎花檐子或棕檐子、藤轿，前往女家，迎取新人"。轿子讲了三种，但未说到毡车，表明花车已被花轿取代。

新娘从上花轿到下花轿，其间将经历三种仪式：1. 起檐子。男家的迎新队伍到达女家，作乐催妆，促请新娘上轿。女家在新娘上轿后，必须赏赐花红利市钱，否则迎亲队伍不肯起步抬轿子。对于这一习俗，宋人话本《快嘴李翠莲记》有描述：开封少女李翠莲出嫁那天，"只听得门前鼓乐喧天，笙歌聒耳，婆亲车马，来到门首"。男方家的先生（类似于后世的司仪）念诗："高卷珠帘挂玉钩，香车宝马到门头。花红利市多多赏，富贵荣华过百秋。"李家连忙赏赐迎亲队伍："抬轿的合五贯，先生、媒人两贯半。"2. 障车。指迎亲队伍在返回男家途中受到阻拦，此风在唐代很盛行，市井无赖乃至王公拦路求酒食，要钱财。北宋初年仍有此俗，太祖在开宝二年（969）八月下诏禁止，此后不再见于记载。3. 拦门。在迎亲队伍回到男家门口时举行，其仪式为不让新娘下轿进门。《梦粱录》称："迎至男家门首，时辰将正，乐官、妓女及茶酒等人互念诗词，拦门求利市钱红。"乐官等人所念《拦门诗》是些吉利话，如："仙娥缥缈下人寰，咫尺荣归洞府间。今日门阑多喜色，花箱利市不须悭。"新郎请人代念《答拦门诗》，欢乐而俏皮，如："从来君子不怀金，此意追寻意转深。欲望诸亲聊阔略，毋烦介绍久劳心。"②

❸撒豆谷

新娘下花轿、进入男家房门之前，"阴阳人"或"克择官"手拿花斗，斗中

① 见《宋人话本七种》，第70—71、85—89页，中国书店1988年影印本。
② 陈元靓：《事林广记》前集卷10，《婚礼总叙》。

装着谷、豆、铜钱、彩果等物，一边念咒文，一边望门而撒，孩儿们争相拾取，叫撒豆谷。这一仪式相传始于西汉，因迷信而形成，目的在于避"三煞"。所谓煞，系迷信之说，即凶神。《事物纪原》卷9《撒豆谷》称："三煞者，谓青羊、乌鸡、青牛之神也。凡是三者在门，新人不得入，犯之损尊长及无子。"据说，"妇将至门，但以谷豆与草禳之，则三煞自避，新人可入也。"

新娘下花轿，不能踩地，只能在青布条或青锦褥、青毡花席上行走，这与东汉至北朝新婚居青庐的旧俗有关。新娘先跨鞍马，再进中门，这是北朝时期游牧民族的习俗。唐人苏鹗《苏氏演义》卷上称："婚姻之礼，坐女于马鞍之侧，或谓此北人尚乘鞍马之义。夫鞍者，安也，欲其安稳而同载者也。"撒豆谷的含义是消灾免难，跨马鞍则是祈求平安。新娘进门以后，或先进入一间悬挂着帐子的房间，稍事休息，称坐虚帐；或直接进入新房，坐于床上，叫坐富贵。江南的习俗是，初嫁者"坐于榻上"，再嫁者"坐于榻前"，听人"纵观"。"其观者若称欢美好，虽男子怜抚之，亦喜之而不以为非也。"①

新郎则要上高座。《归田录》卷2称："今之士族，当婚之夕，以两椅相背，置一马鞍，反令婿坐其上，饮以三爵，女家遣人三请而后下，乃成婚礼，谓之上高坐。"《梦粱录》称上高座为"向时迎新郎礼"，可见此俗已逐渐被淘汰。

四 拜先灵

宋代婚礼的参拜仪式主要有三：1. 拜先灵，又称拜家庙或庙见——新郎挂红绿彩，新娘头戴盖头，两人牵着用红绿彩缎结成象征恩爱的同心结，相向缓缓而行，称牵巾。用秤或机杼挑开盖头，新娘露出面容以后，拜先灵并拜天地。2. 拜舅姑即公婆——舅姑坐于堂上，一东一西，新娘先在西阶下北面拜舅，再在东阶下北面拜姑。3. 夫妻交拜——新郎、新娘由陪伴引导，进入新房，房中铺席，新郎站立于东，新娘站立于西，新娘先拜，新郎答拜。按照当时的"乡里旧俗"："男子以再拜为礼，女子以四拜为礼。"司马光说："古无婚妇交拜之仪，今世俗始相见交拜。"② 夫妻交拜之俗似乎始于宋代。

交拜礼毕，夫妻双双坐在床上，礼官抛撒同心花果及特制钱币，钱币上刻有"长命富贵"等字，称撒帐。礼官在撒帐前致语，撒帐时念诗，祝愿新郎、新娘长命富贵、多子多福。撒帐与撒豆谷有相似之处，两个仪式容易混淆，后世逐渐合并。

---

① 庄绰：《鸡肋编》卷上。
② 《司马氏书仪》卷3，《婚仪上》。

㈤ 交杯酒

撒帐之后，按照婚仪程序，还有合髻与交卺。合髻又称结发：新郎坐左、新娘坐右，各以一绺头发，与男、女两家提供的绸缎、钗子、木梳、发带等物，合梳为髻。它表示夫妻从此白头偕老、命运与共，因而结发成为恩爱夫妻的代称。

交卺又称交杯或交杯酒，来源于古代婚礼中的合卺，唐代已盛行。王得臣《麈史》卷下《风俗》称："古者婚礼合卺，今也以双杯彩丝连足，夫妇传饮，谓之交杯。"唐、宋两代的这一习俗，相同之点是所用酒器都用彩丝连结，不同之处有三：唐代按照古礼，将小瓢一分为二，夫妻各饮，饮后还原为一瓢，宋代不用瓢，而用盏即杯；唐代夫妻各饮三次，宋代夫妻对饮并交换酒杯；饮后酒具如何处理，唐代无记载，宋代很别致。《东京梦华录》载，"饮讫，掷盏并花冠子于床下，盏一仰一合，俗云大吉，则众贺喜。"

喝过交杯酒，婚礼即告终，但还有一些礼仪。如拜门，即新郎在婚后次日或三日、七日，到新娘家，参拜岳父、岳母；煖女，即新娘出嫁后三日，娘家前来送酒食；满月，即庆贺新婚一月，喜事才算最后操办完毕。

第九章

婚姻(下):辽、西夏、金、大理辖区及宋辖少数民族居住区

辽、西夏、金、大理辖区乃至宋辖区少数民族的婚姻制度与习俗都明显地不同于宋辖汉族居住区，各少数民族又自有其特色。

第一节　契丹、女真等东北各族

●契丹

辽朝建立前，契丹实行群婚与外婚。[①]《隋书》卷84《北狄传》称：契丹与靺鞨相同，"其俗淫"。所谓"淫"，换言之即群婚。契丹"婚嫁不拘地里"，并

---

① 参看向南、杨若薇：《论契丹族的婚姻制度》，载《历史研究》1980 年第 5 期；程妮娜：《契丹婚制婚俗探析》，载《社会科学战线》1992 年第 1 期。

有此一说："同姓可结交，异姓可结婚。"① 婚姻对象是否在本部落不受限制，但应在本氏族外。《东斋记事》卷5载，"契丹之先，有一男子乘白马，一女子驾灰牛，相遇于辽水之上，遂为夫妇，生八男子"，可见契丹早已实行外婚制。

辽朝建立后，太祖及其后继者就婚姻问题颁布过一系列法令。《契丹国志》卷23《族姓原始》称："番法，王族惟与后族通婚，更不限以尊卑；其王族、后族二部落之家，若不奉北主之命，皆不得与诸部族之人通婚；或诸部族彼此相婚嫁，不拘此限。"其主要内容有三：1. 实行王族、后族两姓世婚制，并且不计辈分，以致表亲联姻、辈分混乱的现象较普遍。如太祖淳钦皇后之弟萧室鲁娶淳钦皇后之女为妻，系舅舅与外甥女结为夫妻；世宗是太祖淳钦皇后之孙，其怀节皇后竟是淳钦皇后胞弟阿古只之女，系外甥与姨姨成为配偶；道宗娶其驸马萧霞抹之妹萧思坦为妃子，则是岳父与女婿之妹婚配。2. 王族、后族与其他民族通婚由皇帝决定，不一概禁止。圣宗在开泰八年（1019）十月，规定王族显贵"不得与卑小帐族为婚，凡嫁娶，必奏而后行"。辽朝推行和亲政策，和亲高丽、大食、回鹘各1起，吐蕃2起。西夏更是其主要和亲对象，多达3起：统和七年（989），圣宗将宗室耶律襄之女封为义成公主，嫁与李继迁；景福元年（1031），兴宗将兴平公主嫁与元昊；乾统五年（1105），天祚帝将宗室女南仙封为成安公主，嫁与夏崇宗。3. 对于民间族际通婚，朝廷一般不干预。《武溪集》卷18《契丹官仪》称："四姓杂居，旧不通婚。谋臣韩绍芳献议，乃许婚焉。"所谓"四姓"，专指契丹、奚、汉、渤海四族，泛指辽朝辖区各族。会同三年（940），太宗"诏契丹授汉官者从汉仪，听与汉人婚姻"。其实并不限于授汉官者。如李万《韩橁墓志》载，萧朱任护卫将军，并非汉官，他娶汉族韩橁之女为妻。萧孝忠的第五位夫人为"汉儿小娘子苏哥"。世宗立汉族甄氏为皇后。道宗大安十年（1094）六月，下令"禁边民与蕃部为婚"②。时值辽朝末年，禁令难以执行。

辽朝建立后，实行聘娶婚，但仍有群婚制残留，以下两种现象即是其例证。1. 叔接嫂。哥哥死后，弟弟有权利或义务接续其嫂子为妻，又称收继或转房。《辽史》卷65《公主表》载，道宗第二女纠里丈夫死后，夫弟讹都斡依照习俗，将收继纠里为妻。讹都斡不久因犯法被处死，此事才未遂。圣宗定要耶律宗政收继其继母秦晋国王妃，宗政"辞以违卜，不即奉诏"。秦晋国王妃死时，仍以夫妻名义，与宗政合葬。2. 妹续姊。群婚时代，兄弟共妻，姊妹亦共夫。辽朝建

① 叶隆礼：《契丹国志》卷23，《族姓原始》；《辽史》卷71，《后妃传》。
② 《辽史》卷16，《圣宗本纪七》；卷4，《太宗本纪下》；《全辽文》卷6，《韩橁墓志》，卷9，《萧孝忠墓志》；《辽史》卷25，《道宗本纪五》。

立之初，演变为"姊亡妹续之法"，即丈夫在妻子死后必须娶妻子的未婚妹妹。《辽史》卷4《太宗本纪下》载，会同三年（940）十一月，太宗"除姊亡妹续之法"。然而这一习俗并未消亡。由《萧仅墓志铭》可知，他的两位夫人系亲姊妹。《萧裕鲁墓志铭》载，他在其第二位夫人死后，娶夫人之妹为妻。当时有姊妹共夫利于生子之说，道宗将萧思坦立为皇后，又把其妹妹斡特懒纳入宫中。天祚帝的皇后萧夺里懒与元妃萧贵哥也是亲姊妹。①

辽代契丹婚俗吸取了某些汉族的习惯。如契丹的订亲与汉族的纳采相同，纳币则与亲迎同时进行。亲迎中的遮道相当于障车，契丹新娘与汉族一样要跨鞍马。《鸡肋编》卷上称：契丹"良家士族女子皆髡首，许嫁方留发"。这一习俗与中原地区的笄礼相似。至于新娘离家，族人追拜其后；新娘下车，一人展开羔裘作袭击状等，则是其传统习惯的存留。

☰女真

女真群婚时代的情形，现存文献缺乏记载。《金史》卷1《世纪》载，函普来自高丽，留居完颜部。完颜部"两族交恶，哄斗不能解"。函普应邀"为部人解此怨，使两族不相杀"，因而"部众信服之，谢以青牛一，并许归六十之妇"②。函普"以青牛为聘礼而纳之，并得其赀产"。此后生下二男一女，遂为完颜部人，并被尊为始祖。可见当时妻从夫居，世系及财产继承均以父系计算，一夫一妻制已确立。夫妻之间有固定称谓："夫谓妻为萨萨，妻谓夫为爱根。"女真实行氏族外婚制，本氏族外，同姓也可婚配。金朝建立后，才加以禁止。天辅元年（1117）五月，太祖"诏自收宁江州已后，同姓为婚者，杖而离之"。天会五年（1127）四月，太宗诏"合苏馆诸部与新附人民，其在降附之后，同姓为婚者，离之"③。所谓"合苏馆诸部"，即熟女真。

女真有四种婚俗，系群婚制残留，但打下一夫一妻制烙印：1. 收继婚。《金史》卷64《后妃传下》称："旧俗，妇女寡居，宗族接续之。"《金志·婚姻》说："父死则妻其母，兄死则妻其嫂，叔伯死则侄亦如之。故无论贵贱，人有数妻。"如颇剌淑在胞弟劾者死后，娶弟媳加古氏为妻；熙宗在胞弟常胜死后，将弟媳撒卯纳入宫中，并准备立为皇后；斡本在从兄弟谋良虎死后，收继谋良虎之妻；绳果死后，其兄斡本接续其妻；讹里朵死后，其妻张氏被其弟兀术收继；睿宗死后，贞懿皇后李氏不肯听人收继，只得削发为尼。收继婚的盛行是造成

① 《全辽文》卷7，《耶律宗政墓志铭并引》；《阜新发现辽代萧仅墓志铭》（《辽金契丹女真史研究》1987年第2期）；《全辽文》卷9。
② "六十之妇"，《会编》卷18引苗耀《神麓记》作"室女年四十余"，比较接近事实。
③ 《金志·婚姻》；《金史》卷2，《太祖本纪》；卷3，《太宗本纪》。

一夫多妻较普遍的因素之一。范成大《揽辔录》称："虏宫内多宠，其最贵者有元德淑丽温恭慧明等十妃。臣下亦娶数妻，多少视官品，以先后聘为序。民惟得一妻。"这一婚俗影响到包括汉族在内的金朝辖区各族，世宗在大定九年（1169）正月规定："汉人、渤海兄弟之妻，以礼续婚者，听。"① 2. 放偷日。《虏廷事实·放偷》载，女真把每年正月十六日定为放偷日，"俗以为常，官亦不能禁"。那天夜里，既偷财物："人家若不畏谨，则衣裳、器用、鞍马、车乘之属，为人窃去。"两三天后，"主人知其所在，则以酒食钱物赎之，方得原物"。又劫闺女："室女随其家出游，或家在僻静处，为男子劫持去。"一月后，男子"方告其父母，以财礼聘之"。往往并不是劫，而是自由结合，早已私订终身。契丹也有此俗，只是日期不同。《契丹国志》卷27《治盗》载："正月十三日，放国人做贼三日。"3. 抢掠婚。乌萨扎部美女罢敌悔被蜀束水人抢去，生二女，取名达回、滓赛。完颜部勇、贤二石鲁率部众，攻取其赀产，并将达回、滓赛姊妹劫回，各纳其一为妾。劫掠女子与攻取赀产同时进行，抢来的女子属于一个固定的男子，并且不是做妻，而是做妾，这些都打下了一夫一妻制的时代烙印。4. 隶役婚。《金志·婚姻》载，婚后"婿留于妇家执仆隶役，虽行酒食皆躬亲之，三年然后以妇归"。这一习俗虽属母权制残留，但男子在女家服役主要是从经济上考虑，以此补偿女家养育女儿的辛劳与花费。

金朝建立后，出于政治需要，女真统治者在婚姻方面有两大举措：1. 鼓励族际婚。大定十七年（1177），为防备金朝境内的契丹人与西辽相呼应，起而反抗女真贵族，世宗下诏鼓励契丹人"与女直（即女真）人相为婚姻"，并把这称为"长久之计"。明昌二年（1191）四月，为了缓和移居中原的女真屯田户与当地汉族人民的矛盾，尚书省提出建议："齐民与屯田户往往不睦，若令递相婚姻，实为国家长久安宁之计。"章宗当即予以批准。泰和六年（1206）十一月，章宗下诏重申："屯田军户与所居民为婚姻者，听。"2. 实行世婚制。《金史》卷64《后妃传下》称："国朝故事，皆徒单、唐括、蒲察、拿懒、仆散、纥石烈、乌林答、乌克论诸部部长之家，世为姻婚，娶后尚主。"《金史》卷120《世戚传赞》也说："金之徒单、拿懒、唐括、蒲察、裴满、纥石烈、仆散皆贵族也，天子娶后必于是，公主下嫁必于是。"金朝"昏因有恒族"，推行世婚制度，以便"贵贱等威有别"②。由徒单等九姓与完颜氏所组成的世婚集团，其实便是金朝的最高统治集团。

---

① 《金史》卷6，《世宗本纪上》。

② 《金史》卷88，《唐括安礼传》；卷9，《章宗本纪一》；卷120，《世戚传序》；卷12，《章宗本纪四》。

至于中下层，人们选择配偶乃至婚恋形式均较为自由。《会编》卷3引《女真传》载，年届婚龄的女真姑娘"行歌于途。其歌也，乃自叙家世、妇工、容色，以伸求侣之意。听者有未娶欲纳之者，即携而归，其后方具礼，偕女来家，以告父母"。男子"携妻归宁，谓之拜门，因执子婿之礼"。女真办婚事，男家送给女家的财礼主要是马匹，多者百匹，少者十匹。女家加以挑选，"好则留，不好则退"。其习俗是"以留马少为耻，女家亦视其数而厚薄之"。女家送给男家的陪嫁则是奴婢和牲畜："奴婢数十户、牛马数十群，每群九牝一牡。"[1] 指腹为婚在女真人中尤其盛行，《松漠纪闻》卷上称："金国旧俗，多指腹为昏姻。既长，虽贵贱殊隔，亦不可渝。"

当时居住在东北的室韦实行隶役婚："婚嫁之法，男先就女舍，三年役力，因得亲迎其妇。役日已满，女家分其财物，夫妇同车而载，鼓舞共归。"并盛行偷劫婚："婚嫁两家相许，婿盗妇去，然后行聘礼。"

其实，所谓"盗"以男女"相许"为前提，是一种自由结合的形式。其"妇人不再嫁"，并非出于贞节观念，而是因为相信迷信，"以为死人妻，难共居也"[2]。

第二节　党项、吐蕃等西北各族

● 党项

党项"不婚同姓"，"同姓"即同一氏族，氏族内婚姻早已被严禁。党项还有两种婚俗：1. 收继。《新唐书》卷221上《党项传》称："妻其庶母、伯叔母、兄嫂、子弟妇，惟不娶同姓。"2. 多妻。宋人说："蕃戎之俗，诸母众多。"《宋史》卷485《夏国传上》载，党项首领李继迁"连娶豪族"；李德明"娶三姓"，分别为卫慕氏、咩迷氏、论藏屈怀氏；元昊七娶，其妻先后有米母氏、索氏、都罗氏、咩迷氏、野利氏、耶律氏、没移氏。西夏王族拓跋氏与野利氏等党项豪族结为世婚集团。

---

[1] 《金志·婚姻》。
[2] 《旧唐书》卷199下，《室韦传》；方凤：《夷俗考·北》。

一夫多妻并不限于上层，《马可波罗行纪》讲到西夏旧境甘州（治今甘肃张掖）地区的情形："其地之人娶妻致有三十。否则视其资力，娶妻之数惟意所欲。然第一妻之地位为最尊。诸妻中有不善者得出之，别娶一人。男子得娶从姊妹，或其父已纳之妇女为妻。然从不娶其生母。"① "娶从姊妹"之说有误，与党项风俗不符。

党项迁居西北特别是西夏王朝建立后，婚姻观念与习俗有所变化。西夏号称"崇尚儒术"，受中原文化影响较深并反映在婚姻关系上。如称结婚为男娶："此得男娶也，结婚为之谓。"认为结婚意味着女子依附于男子。基于这一观念，党项盛行买卖婚。《文海》中有"婚价"一词并解释道："结婚取女价，向亲属、叔、舅馈物之谓。"丈夫要求妻子单方面保持贞洁，《文海》对"杂种"一词有解释："此者妇人处他人已往而生儿子，则故杂种之谓。"元昊就有这种观念，其妻米母氏"生一子，以类他人，杀之"。然而元昊本人十分荒淫，他与其从岳父野利遇乞之妻"私通"。其子宁令哥将娶没移氏为妻，元昊"见其美，自取之，号为新皇后"②。宁令哥愤而杀元昊，虽不死，但鼻子被割去。相传，元昊终因鼻疮而死。

民族习俗毕竟具有稳定性，直到西夏建立后，党项婚姻性爱仍比较自由。《友会丛谈》卷下载，麟州（治今陕西神木北）一带的党项"凡育女稍长，靡由媒约，暗有期会，家之不问。情之至者，必相挈奔于山岩掩映之处，并首而卧"。

●吐蕃

吐蕃民间一妻多夫，兄弟共妻。这一婚俗与男多女少的人口构成有关，并具有防止家族财产分散、避免妯娌相争、减少生育等用意。但贵族一夫多妻。《宋史》卷492《吐蕃传》载，河湟吐蕃首领唃厮啰有三妻，"其二妻皆李立遵女也"。可见吐蕃与契丹等族一样，有姊妹共夫的习俗。唃厮啰之子董毡的妻子除辽朝公主而外，另有二妻。董毡之子蔺逋叱，"夏人及回鹘皆以女妻焉"。而董毡的养子阿骨里又取蔺逋叱"二妻为己妻"。在唃厮啰曾孙陇拶的妻子当中，有辽朝、西夏、回鹘三个政权的公主。僧人同样广置妻室，如李立僧"娶蕃部十八人为妻"③。

当时居住在西北的回鹘对于族际婚无禁忌，其通婚对象除吐蕃外，还有辽

---

① 《长编》卷73，大中祥符三年三月；《马可波罗行纪》，第208—209页。
② 《金史》卷134，《西夏传赞》；《文海》19·272、7·151、67·222；《长编》卷162，庆历八年正月辛未。
③ 《长编》卷340，元丰六年十月；《宋会要》蕃夷4之7。

朝。《辽史》卷70《属国表》载，兴宗以公主嫁阿萨兰回鹘即高昌回鹘王。当时回鹘上层受汉族婚俗影响，实行聘娶婚，因而咴厮啰"欲娶可汗女而无聘财"，甘州回鹘可汗"不许"。至于中下层，保持原始婚俗较多。如从妻居，回鹘男子婚后住妻家，生孩子后，才夫妻双双落户夫家。《松漠纪闻》卷上载，秦州（治今甘肃天水）一带的回鹘"女未嫁者，先与汉人通，生数子，年近三十，始能配其种类。媒妁来议者，父母则曰：'吾女尝与某人某人昵。'以多为胜，风俗皆然"。可见回鹘女子婚前性爱较自由，婚后则受限制。"既嫁则加毡帽"①，以此作为标志。

第三节　西南、南方诸族

● 大理辖区

南诏时期，白蛮未婚女子乃至寡妇性爱均不受限制。《蛮书》卷8《蛮夷风俗》称："俗法，处子孀妇，出入不禁。少年子弟，暮夜游行，闾巷吹壶卢笙，或吹树叶。声韵之中，皆寄情言，用相呼召。嫁娶之夕，私夫悉来相送。"但对已婚女子的婚外性行为则予以严惩："既嫁有犯，男子格杀，无罪妇人亦死。"《云南志略·诸夷风格》所载与此大体相同，可见大理时期白蛮婚俗大致如此。

乌蛮婚前性爱同样不受约束。《云南志略·诸夷风俗》称：嫁娶"不重处女"。"未嫁而死，所通之男，人持一幡相送，至百者为绝美。"他们还有以下婚俗：1. 有固定的通婚家族："嫁娶尚舅家，无可匹者，方可别娶。"这是原始公社时代胞族外婚的残存。2. 大奚婆即男巫拥有初夜权："凡娶妇，必先与大奚婆通。次则诸房昆弟皆舞之，谓之和睦。后方与其夫成婚。昆弟有一人不如此者，则为不义，反相为恶。"这反映了乌蛮曾有兄弟共妻的习俗。3. 夫妻白天不会面："夫妇之礼，昼不相见，夜同寝。"4. 有妻妾、嫡庶之分："正妻曰耐德，非耐德所生不得继父之位。"如果酋长系女性，则有男妾："男子十数奉左右，皆私之。"

末些蛮即使已婚女性，婚外性行为亦不受限制。《云南志略·诸夷风俗》

① 《宋史》卷490，《回鹘传》；《文献通考》卷347，《四裔考二十四·回纥》。

称："既嫁易之，淫乱无禁忌。"所谓"易之"，是指装束由"以毛绳为裙"变为"披毡皂衣"。土僚蛮男性成婚年龄较小并凿齿："男子及十四五，则左右击去两齿，然后婚娶。"野蛮即裸形蛮，由于"男少女多"，实行多妻制："一夫有十数妻。"

⊜ 壮、黎等族

壮族先民婚恋相当自由。《鸡肋编》卷中称：此间"贫下之家，女年十四五，即使自营嫁装，办而后嫁。其所喜者，父母即从而归之，初无一钱之费也"。他们婚姻能够自主，有下面三种婚俗可证：其一，卷伴。其含义为"卷以为伴侣"①，分三个步骤：首先，相约私奔："始也，既有桑中之约，即暗置礼聘书于父母床中，乃相与宵遁。"其次，声言诉讼："父母乍失女，必知有书也。索之衽席间，果得之，乃声言讼之。"只是声言而已，"迄不发"。最后，生子归宁："岁月之后，女既生子，乃与婿备礼归宁。"其二，飞驼。《溪蛮丛笑·飞驼》称："土俗岁节数日，野外男女分两朋，各以五色彩囊豆粟，往来抛接，名飞驼。"壮族近代仍有抛绣球的习俗，来源于宋代的飞驼。其三，听气。《癸辛杂识》续集下《南丹婚嫁》载，每年七月，南丹州（即今广西南丹）"于州主之厅，铺大毯于地"，为未婚男女提供择偶场所。具体情形是："女衣青花大袖，用青绢盖头，手执小青盖；男子拥髻，皂衣皂帽。各分朋而立。"接着，"左右队长各以男女一人推扑于毯，男女相抱持，以口相呵，谓之听气。合者即为正偶，或不合则别择一人配之"。按照当地的习惯，"必如是而后成婚，否则论以奸罪"。

壮族先民的婚姻习俗还有：1. 入寮。《文献通考》卷330《四裔考七·西原蛮》引《桂海虞衡志》载，西原蛮首领"婚嫁以粗豪汰侈相高，聘送礼仪多至千担，少亦半之"。成亲时要举行入寮仪式："婿来就亲，女家于五里外结草屋百余间与居，谓之入寮。两家各以鼓乐迎男女至寮，女婢妾百余，婿僮仆至数百。"入寮"半年，而后归夫家"。这一习俗反映了壮族经历过夫从妻居、男到女家的阶段。2. 送老。《岭外代答》卷4《送老》称："岭南嫁女之夕，新人盛饰庙坐，女伴亦盛饰夹辅之。迭相歌和，含情凄惋，各致殷勤，名曰送老。"含义为："言将别年少之伴，送之偕老也。"并有看新娘的习惯："凡送老皆深夜，乡党男子群往观之。"男女青年相互逗趣取乐，有的因而建立恋爱关系："或于人稠发歌以调女伴，女伴知其谓谁，亦歌以答之，颇窃中其家之隐匿，往往以此致争，亦或以此心许。"3. 多妻。《文献通考·西原蛮》引《桂海虞衡志》

---

① 范成大：《桂海虞衡志·杂志·卷伴》。

载："举峒纯一姓者，婚姻自若，酋豪或娶数妻，皆曰媚娘。""一姓"并不等于同宗族。《太平寰宇记》卷166《岭南道十·贵州风俗》称：此间"诸夷率同一姓"，其中"居止接近，葬同一坟，谓之合骨"。合骨被视为同宗族，相互不能通婚："凡合骨者则去婚，异穴则聘女，既嫁便缺去前一齿。"壮族上层一夫多妻，又见于《岭外代答》卷10《十妻》："溪峒之首，例有十妻，生子莫辨嫡庶，至于仇杀。"这一习俗并不限于上层，如钦州（今属广西）"小民皆一夫而数妻"，妻子们"各结茅散处，任夫往来，曾不之较"。据说原因在于"南方盛热，不宜男子，特宜妇人"，因而女多男少。4. 鬼妻。欧阳玄《睽车志》称："粤西夫死，谓之鬼妻，人无娶者。"这里寡妇再嫁难，既不是男子重处女，也不是女子重贞节，而是迷信思想作怪。

黎族先民"婚姻以折箭为信"①，女子年届婚龄即绣面。《文献通考》卷3引《四裔考八·黎峒》引《桂海虞衡志》称："绣面乃其吉礼，女年将及笄，置酒会亲属，女伴自施针笔，涅为极细虫蛾花卉，而以淡粟纹遍其余地，谓之绣面。女婢获则否。"黎族系古代越人的后裔，女子绣面来源于越人文身。

五溪蛮的婚俗有：1. 抢亲。"嫁娶先密约，乃伺女于路，劫缚以归。亦忿争叫号求救，其实皆伪也。生子乃持酒拜女父母。"这哪里是抢，分明是自由结合。抢亲又称拖亲。《溪蛮丛笑》称："山猺婚娶，聘物以铜与盐，至端午约于山上，相携而归，名拖亲"；"拖亲之后年生子，引妻携酒归见妇家，名出面"。2. 踏歌。"农隙时至一二百人为曹，手相握而歌，数人吹笙在前导之。"青年男子唱情歌："小娘子，叶底花，无事出来吃盏茶。"所谓吃茶，即是成亲。未婚男女均有特殊标志："男未娶者，以金鸡羽插髻；女未嫁者，以海螺为数珠挂颈上。"② 这样便于寻找伴侣。踏歌又称踏摇。每年十月初一同端午节一样，是青年男女选择配偶、结为伴侣的好时机。《岭外代答》卷10《踏摇》称："猺人每岁十月旦，举峒祭都贝大王，于其庙前会男女之无室者。"在庙会上，"男女各群，连袂而舞，谓之踏摇。男女意相得，则男咿嘤奋跃，入女群中负所爱而归。于是夫妇定矣。各自配合，不由父母。其无配者，姑俟来年。"3. 收继。《容斋四笔》卷16《渠阳蛮俗》称："凡昏姻，兄死弟继，姑舅之昏，他人取之，必赂男家，否则争，甚则仇杀。"可见，收继婚不仅在北方少数民族中流行，南方少数民族也有这一习俗。

① 周去非：《岭外代答》卷2，《海外黎蛮》。
② 陆游：《老学庵笔记》卷4。

第十章

生育与养老

人口的再生产即生育，与社会发展息息相关。对于每个家族来说，都是一件大事，事关兴衰成败。不同民族、不同地区的生育习俗与礼仪各具特色。

第一节　宋辖汉族居住区的生育

●育婴之俗

"莫言家未成，成家子未生；莫言家未破，破家子未大。"[①] 宋代这一谚语反映了人们既求子心切，更望子成龙。当时婴儿夭亡率很高，以皇帝子女为例，除度宗二子死于战祸而外，共有子女 181 人，其中夭亡者 82 人、存活者 99 人，

---

① 袁采：《袁氏世范》卷1，《睦亲·家业兴替系子弟》。

夭亡率高达 48.6%①。人们企盼母子平安,形成若干生育禁忌。孕妇的饮食,忌讳就不少:"食兔肉令子缺唇,食雀肉令子盲,食羊肝令子多患,食鸭子令子倒生,食鳖肉令子项短,食驴肉令子过月,食干姜蒜令胎不安。"② 这些忌讳毫无科学依据。

婴儿诞生前后有一套生育礼俗,其民俗含意无非是庆贺家庭添子增丁,祝愿婴儿一生平安,以《东京梦华录》卷 5、《梦粱录》卷 20《育子》所载北宋开封、南宋临安的礼俗最具代表性③。主要有:

1. 催生与分痛。孕妇临产,娘家将以下物品送往婆家:银盆或彩盆,内装粟秆一束,用锦缎或纸张覆盖,上插花朵等物,形成五男二女图案;眠羊、卧鹿模型,取静卧之意;彩绘鸭蛋 120 枚及生枣、栗果等各种食品;绣绷、彩衣等婴儿服装。这一仪式称催生。娘家还特地用盘盒装着馒头,送与孕妇,称分痛。孕妇分娩,亲朋争送细米、炭、醋。生辰对婴儿很重要,《马可波罗行纪》称:临安人"有下述之风习,若有胎儿产生,即志其出生之日时生肖,由是每人知其生辰。如有一人欲旅行时,则往询星者,告以生辰,卜其是否利于出行,星者偶若答以不宜,则罢其行,待至适宜之日"④。

2. 三朝与三腊。生子三日称三朝,要与婴儿"落脐灸囟"。囟即囟门,指婴儿头顶未合缝的地方。此俗带有让婴儿洁白入世的迷信色彩,又有防止疾病的实际意义。《爱日斋丛钞》卷 1 载,福建有"三朝浴儿"的习俗,那天"家人及宾客皆戴葱、钱",据说"葱使儿聪明,钱使儿富"。苏轼《洗儿》诗云:"人皆养子望聪明,我被聪明误一生。惟愿孩儿愚且鲁,无灾无难到公卿。"⑤ 生子七日叫一腊、十四日叫二腊、二十一日叫三腊。届时亲朋向产妇赠送猪腰、猪肚、猪蹄一类的膳食。

3. 满月与洗儿。婴儿满月,举行沐浴仪式,亲朋毕集,称洗儿会。其外祖父母送来彩画钱或金银钱果,以及彩缎、珠翠等洗儿用品。煎香汤于银盆内,将洗儿果、彩钱等放入盆中,用彩线绕银盆,称围盆红。长辈用银钗搅水,称添盆。盆内如有枣子直立,少妇争相取而食之,据说吃了将生儿子。剃掉胎发并遍谢亲朋之后,婴儿被抱入姆婶房中,称移窠。从这天开始,产妇与婴儿均可到室外活动。

4. 百晬与周晬。婴儿百日称百晬,家中设宴庆祝;周岁称周晬,要举行

① 据王曾瑜:《宋代人口浅谈》(《天津社会科学》1984 年第 6 期)。
② 朱端章:《卫生家宝产科备要》卷 6。
③ 参见吴宝琪:《宋代产育之俗研究》(《河南大学学报》1989 年第 1 期)。
④ 《马可波罗行纪》,第 573 页。
⑤ 苏轼:《东坡续集》卷 2。

"拈周试晬"仪式。《梦梁录》载，届时"其家罗列锦席于中堂，烧香炳烛，顿果儿饮食，及父祖诰敕、金银七宝玩具、文房书籍、道释经卷、秤尺刀翦、升斗等子、彩段花朵、官楮钱陌、女工针线、应用物件，并儿戏物"，然后观察婴儿先拈何物，从中预测他未来的志趣和前程，带有占卜性质。《玉壶清活》卷1载，曹彬儿时拈周，"左手提干戈，右手取俎豆，斯须取一印，余无所视。后果为枢密、使相，卒赠济阳王，配享帝食"。这不是事后的杜撰，便是偶然的巧合。周岁时还要取名，既有取贵名的，如文武富贵之类，也有取贱名的，如愚鲁拙贱等。《道山清话》载，欧阳修说："人家小儿要易长育，往往以贱名为小名，如狗羊犬马之类。"

○二杀婴之风

当时人企盼多子并偏好男性，追求男多女少的家庭人口结构。与此同时，不少地区杀婴成风。陈渊认为："不举子之习，惟闽中为甚。"在福建路又以西部山区问题尤其严重。《孙公谈圃》卷下称："闽中唯建、剑、汀、邵武四处杀子，士大夫家亦然。"史浩说："建宁府、南剑州、汀州、邵武军贫乏之人，例不举子，家止一丁，纵生十子，一子之外，余尽杀之。"岂止福建路，荆湖南北路的情况同样是："贫乏下户往往生子不举。"[1] 苏轼亲耳听说："岳鄂间田野小人，例只养二男一女，过此辄杀之。"其办法为："初生辄以冷水浸杀，其父母亦不忍，率常闭目背面，以手按之水盆中，咿嘤良久乃死。"江南东西路有"薅子"之俗："男多则杀其男，女多则杀其女，习俗相传，谓之薅子，即其土风。宣、歙为甚，江宁次之，饶、信又次之。"此外，如两浙西路的严州（治今浙江建德东）"生子往往不举"；淮南西路的黄州（治今湖北黄冈）"小民贫者，生子多不举，初生便于水盆中浸杀之"[2]。

杀婴败坏社会风尚，引起人们普遍不满。范如圭抨击道："东南不举子之俗，伤绝人理。"这种习俗还造成劳力紧缺，以致倒卖人口猖獗。赵汝愚指出："建、邵等州既不举子，贵家富室难得奴婢，却以高价买于他州。"[3] 还酿成养子之风，使得日后诉讼迭起。《麈史》卷下《风俗》称："闽中生子既多不举，其无后者则养他人子以为息，异日族人或出嫁女争讼其财无虚日。"

---

① 陈渊：《默堂先生文集》卷20，《策问》；史浩：《鄮峰真隐漫录》卷8，《福州乞置官庄赡养生子之家札子》；《宋会要》刑法2之58。

② 《东坡集》卷30，《与朱鄂州书一首》；《宋会要》刑法2之58；吕祖谦：《东莱集》卷3，《为张严州作乞免丁钱奏状》；苏轼：《东坡志林》卷5。

③ 朱熹：《朱文公文集》卷89，《直秘阁赠朝议大夫范公神道碑》；《历代名臣奏议》卷117，《风俗》。

杀婴之所以成风，具体原因较多。如贫困所致，高宗说：贫民"迫于贫困，不能育，故生子而杀之"。因此，杀婴之风最流行的地方往往是山区，像福建路"多是山田，义仓等米岁入不多"。又如丁税太重，像"处州丁钱太重，遂有不举子之风"。高宗不得不承认："此钱不惟下户难出，民间所以不举子盖亦因是。"至于某些富室乃至士大夫之家也杀婴，则是由于财产继承问题。当时通行的财产继承方式是诸子均分，因而福建路"有老生子者，父兄多不举"，理由是"将分吾资"①。他们企图用杀婴的办法来保持其家庭在经济上的优势。

杀婴成风的深层原因在于宋代已出现人口过剩的苗头，人口与资源的矛盾趋于尖锐。当时人指出："福建地狭人稠，无以赡养，生子多不举"；"浙东衢、严之间，田野之民每忧口众为累，及其生子，率多不举。"为了控制人口，福建路山区实行计产育子的办法："闽人生子多者，至第四子则率皆不举，为其赀产不足以赡也。"鄂州（治今湖北武昌）、岳州（治今湖南岳阳）情况类似："民生子，计产授口，有余则杀之。"当时多子多福的生育观虽然并未动摇，但同时又出现了"口众为累"的新认识。袁采说："多子固为人之患。"②

人们盼望儿女双全，但偏好男性。梅尧臣诗云："生男众所喜，生女众所丑。生男走四邻，生女各张口。男大守诗书，女大逐鸡狗。"当时"世人生女，往往多致沦没"，杀婴以女婴为主。福建路特别是建宁府（治今福建建阳）、南剑州（治今福建南平），如生男可容许第三胎，"若女则不待三，往往临蓐以器贮水，才产即溺之，谓之洗儿"。大量扼杀女婴的直接后果是造成性别比例失调、男性择偶困难。如处州由于杀女婴，"村落间至无妇可娶，买于他州"。岳州、鄂州"尤讳养女，以故民间女少多鳏夫"③。

三 慈幼之举

两宋王朝出于培育税源的需要，鼓励生育，禁止杀婴。法令规定："故杀子孙，徒二年。"并且不断予以重申。如绍兴八年（1138），"禁贫民不举子"；十五年，规定："杀子之家，父母、邻保与收生之人，皆徒刑编置"；开禧元年（1205），"申严举子弃杀之禁"④。不少地方官员奉行禁令甚力。如《麈史》卷

---

① 《要录》卷139，绍兴十一年三月乙巳；《历代名臣奏议》卷117，《风俗》；《宋会要》食货12之19、63之9；欧阳修：《欧阳文忠公集》卷30，《兵部员外郎天章阁待制杜公墓志铭》。

② 《宋史》卷173，《食货志上一·农田》；《宋会要》刑法2之147；王得臣：《麈史》卷上，《惠政》；范致明：《岳阳风土记》；《袁氏世范》卷1，《睦亲·子多不可轻与人》。

③ 葛立方：《韵语阳秋》卷10；郑太和：《郑氏规范》；《麈史》卷上，《惠政》；《历代名臣奏议》卷108，《仁民》；《东坡集》卷30，《与朱鄂州书》。

④ 《东坡集》卷30，《与朱鄂州书一首》；《宋史》卷29，《高宗本纪六》；《历代名臣奏议》卷108，《仁民》；《两朝纲目备要》卷8，开禧元年三月辛未。

上《惠政》载，俞伟知顺昌县（今属福建），作《戒杀子文》，劝谕百姓"无得杀子，岁月间活者以千数"，因而受到朝廷嘉奖。但因杀婴之风形成原因深刻，禁令终究只能奏效于一时一地。

与此同时，朝廷实行慈幼政策，其主要举措有四：①

1. 资助产妇。如绍兴八年（1138）五月，高宗诏"州县乡村五等、坊郭七等以下贫乏之家，生男女而不能养赡者，每人支免役宽剩钱四千"。乾道五年（1169）四月，孝宗诏"应福建路有贫乏之家生子者，许经所属具陈，委自长官验实，每生一子，给常平米一硕、钱一贯，助其养育。余路州军依此施行"。庆元元年（1195）五月，宁宗"修胎养令，赐胎养谷"②。

2. 收养弃婴。如庆元元年（1195）正月，宁宗诏："两浙、淮南、江东荒歉诸州收养遗弃小儿。"宁宗以后，官府设立专门收养弃儿的机构，称婴儿局或慈幼局。湖州（今属浙江）婴儿局系嘉定年间通判袁甫所创，其办法是查明确系弃儿，"使乳母乳之，月给之粟，择媪五人为众母长，众乳各哺其儿，又一人焉，以待不时而来者"。临安府慈幼局创立于理宗时，《宋史》卷43《理宗本纪三》载，淳祐九年（1249）正月，"诏给官田五百亩，令临安府创慈幼局，收养道路遗弃初生儿"。宝祐四年（1257）十一月，"令天下诸州建慈幼局"③。《永乐大典》卷19781《婴儿局》所载南宋后期设立的慈幼局，有宝庆府（治今湖南邵阳）、广德军（治今安徽广德）、无为军（治今安徽无为）、苏州、汀州（治今福建长汀）、建康府、江阴军（治今江苏江阴）等89处。关于临安府慈幼局的情况，《梦粱录》卷18《恩霈军民》称："有局名慈幼，官给钱典顾乳妇，养在局中，如陋巷贫穷之家，或男女幼而失母，或无力抚养，抛弃于街坊，官收归局养之，月给钱米绢布，使其饱暖，养育成人，听其自便生理，官无所拘。"至于外地，《遂昌山樵杂录》云："贫家子多，厌之，辄不育，乃许抱至局，书生年月日时，局有乳媪鞠养之。他人家或无子，却来取于局。岁侵，子女多入慈幼局，故道无抛弃子女。"

3. 设立举子仓、举子田。淳熙年间，福建安抚使赵汝愚创立举子仓。刘光祖《宋丞相忠定赵公墓志铭》称："闽俗，生子往往不举。公创举子仓，凡贫不

① 参看王德毅：《宋代的养老与慈幼》（《宋史研究集》第6辑，台北中华丛书编审委员会1958年印行）。
② 《要录》卷119，绍兴八年五月庚子；《宋会要》食货59之45；《两朝纲目备要》卷4，庆元元年五月丙午。
③ 《两朝纲目备要》卷4，庆元元年正月乙巳；袁甫：《蒙斋集》卷12，《湖州婴儿局增田记》；梅应发等：《开庆四明续志》卷4，《广惠院》。临安府慈幼局如按《淳祐临安志》卷7，《慈幼局》记载，则创立于淳祐七年十二月。

能举其子者，以书其孕之月而籍之。及期，官给之米，而使举其子，所全活甚众。"庆元元年十一月，朝廷"将建、剑、汀、邵四州没官田产免行出鬻，官收其课，以给助民间举子之费"①。嘉定五年（1212），知桂阳军（治今湖南桂阳）赵崇度把户绝、冒占等田作为举子田，将地租收入存入举子仓，以充举子之费。江东转运副使真德秀嘉定十年所创慈幼庄，其性质和作用与举子田、举子仓相同。

4. 鼓励百姓领养弃子。《宋刑统》卷12《户婚律·养子》规定："其遗弃小儿年三岁以下，虽异姓，听收养，即从其姓。"为鼓励百姓领养，朝廷一再强调收养之后，"将来不许认识"。并在经济上给予资助："若民间之人，愿收养者听。官仍月给钱一贯、米三斗，以三年住支。"起初"遗弃小儿止许收养三岁以下"者，乾道元年（1165）三月改为"自十岁以下听人家收养"②。鉴于领养弃子年龄偏大，日后容易发生纠纷，当年七月又改为7岁以下。

对于慈幼政策，不少地方官员虽然尽力执行，但在推行过程中问题很多，如抚州（今属江西）慈幼局设立不久，便名存实亡；南剑州举子仓因"乡官非人，与吏为奸，冒佃隐输，虚支诡贷，色色有之"，以致"民实有不沾实惠者"；生子给钱米往往难兑现，司农寺主簿盛师文指出："临安市井穷民未闻有得斗米千钱者"，并感叹："况于乡村与夫穷僻镇聚?"③ 总之并未达到预期目的，未能扭转杀婴之风。

第二节　契丹与女真的生育

● 契丹

契丹将育女特别是生儿视为头等大事。妇女无子，千方百计收养他人之子为己子。如兴宗系宫人萧耨斤所生，圣宗皇后萧菩萨哥"无子，取而养之如己出"。其生育礼仪颇为隆重。他们"贵日"即崇拜太阳，"以东向为尊"。妇女临

---

① 傅增湘辑：《宋代蜀文辑存》卷71；《宋会要》食货61之43。
② 《宋会要》食货68之126；吴自牧：《梦粱录》卷18，《恩霈军民》。
③ 《永乐大典》卷7513，《举子仓》引《延平志》；《要录》卷163，绍兴二十二年四月己巳。

产，先向东方"望日番拜八拜"，再"入帐内，以手帕子抹却契丹医人眼，抱妇人胸卧甘草苗"。生儿与生女，礼仪有区别："若生儿时，其夫面涂蓬子胭脂，产母亦服酥调杏油；或生女时，面涂炭墨，产母亦服黑豆汤调（盐）。"据说"用此二物涂面时，宜男女"。这一仪式仅适用于富者，"贫者不具此仪"[1]。

皇后生育礼仪之隆重，又非富者可比。《重编燕北录》载，皇后怀孕八月，即"先起建无量寿道场，逐日行香，礼拜一月，与戎主各帐寝"，并"预先造团白毡帐四十九座，内一座最大，径围七十二尺"。临产，"于道场内先烧香，望日番拜八拜，便入最大者帐内"。"每帐各用有角羊一口"，生育时，令人"用力纽羊角，其声俱发"，以此"代皇后忍痛之声"。生儿与生女，仪式不相同："若生儿时，方产了，戎主着红衣服，于前帐内动番乐，与近上契丹臣僚饮酒，皇后即服调酥杏油半盏；如生女时，戎主着皂衣，动汉乐，与近上汉儿臣僚饮酒，皇后即服黑豆汤调盐三分。"还有一条禁忌："其用羊差人牧放，不得宰杀，直至自毙。"皇后生育九日，返回皇帝帐内。《辽史》卷53《礼志六·贺生皇子仪》载，皇子出生当天，"奉先帝御容，设正殿，皇帝御八角殿升坐"，臣僚金冠盛服前往上表庆贺。

二 女真

女真同样非常重视后嗣，惟恐断子绝孙，以致求助于神灵。如石鲁"久无子"，据说有位巫者"能道神语，甚验"，他"往祷焉"。结果"如巫者之言"，"生二男二女"，这显然出于附会。男性如果无子，往往过继兄弟之子为子。如盈哥初无子，曾过继侄子吴乞买为子。女性如果无子，常常把他人之子作为己子。如宣宗皇后王氏无子，养哀宗为己子。女真也有取贱名的习惯，狗儿、猪儿、猪狗、羊蹄、猪粪一类的名字在《金史》中屡见不鲜[2]。

女真将生儿育女视为盛大节日，"民间婆妇生子"，同"宰臣百官生日"一样，要举行"过盏之礼"。《虏廷事实·过盏》称："金国上至朝廷，下至州郡，皆有过盏之礼。"其礼节为，人们"以酒果为具，及有币帛、金银、鞍马、珍玩等诸物以相赠遗，主人乃捧其酒于宾，以相赞祝祈恳，名曰过盏。如此，结恩释怨；不如是者，为不知礼"。皇帝生子，礼仪更隆重，将实行大赦。洪皓说："北人重赦。"他在金朝期间，只见到两次，其"一为皇子生"[3]。

金朝实行鼓励生育政策。明昌元年（1190）三月，礼官建议："民或一产三

---

① 《辽史》卷71，《圣宗钦哀皇后萧氏传》；《新五代史》卷72，《四夷附录一》；王易：《重编燕北录》。

② 《金史》卷65，《乌古出传》；参看赵翼：《陔余丛考》卷12，《命名奇诡》。

③ 洪皓：《松漠纪闻》卷上。

男，内有才行可用者可令察举，量材叙用。"如果系"驱婢所生"，按照"旧制"，"官给钱百贯，以资乳哺"。尚书省建议："更给钱四十贯，赎以为良。"①章宗当即加以采纳。朝廷鼓励生育作为一大因素，促成金代中期人口激增。

第三节　大理辖区与壮、瑶等族的生育

●大理辖区

乌蛮婴儿由母亲单独抚养："子生十岁，不得见其父。"金齿蛮妇女从事农业生产，到生育时才稍许休息："及产，方得少暇。既产，即抱子浴于江，归付其父，动作如故。"《马可波罗行纪》对此俗有记载："妇女产子，洗后裹以襁褓，产妇立起工作，产妇之夫则抱子卧床四十日。卧床期间，受诸亲友贺。其行为如此者，据云：妻任大劳，夫当代其受苦也。"② 这一习俗形成于父权制取代母权制时期。母系氏族时代，子女为母亲所生，属于母亲氏族。后来男性地位提高，他们急于获得母亲对子女的支配权，做出一副子女似乎是自己所生的样子。

●壮、瑶等族

妻子生子即起，丈夫抱子卧床的习俗在南方不少民族中都流行。《岭外代答》卷10《僚俗》称："僚妇生子即出，夫惫卧如乳妇，不谨则病，其妻乃无苦。"壮族先民还有两种生育习俗相当独特：一是食首子。《太平寰宇记》卷166《贵州风俗》称："生首子即食之，云宜弟。"认为吃掉第一个孩子，以后即可多生男孩，显然不切实际。侬智高的母亲阿侬有吃小孩的嗜好："性惨毒，嗜小儿肉，每食必杀小儿。"③ 这一嗜好将上层统治者的残暴暴露无遗。二是吃胎盘。《墨客挥犀》卷2称：桂林"妇人产男者，取其胞衣，净濯细切，五味煎调之，召至亲者合宴，置酒而啖。若不与者，必致怒争。"他们早已知道胎盘富于营

---

① 《金史》卷9，《章宗本纪一》。
② 李京：《云南志略·诸夷风俗》；《马可波罗行纪》，第473页。
③ 《宋史》卷495，《广源州蛮传》。

养，滋味鲜美。

岭南地区有两种生育之俗与中原地区相似：1. 杀子。这里"生子不举，溺之于水，名曰淹儿"。孝宗时，知静江府（治今广西桂林）张栻斥责此俗"以利灭亲，悖逆天道"，规定："如有不悛，许人告捉给赏，依条施行。"① 可是收效甚微，杀子依旧成风。2. 洗儿。《老学庵笔记》卷2称："岭南俗家富者，妇产三日或足月，洗儿，作团油饭，以煎鱼虾鸡鹅、猪羊灌肠、蕉子、姜桂、盐豉为之。"《仇池笔记》卷下所称盘游饭与团油饭是一回事，这种饮食"鲊脯鲙炙无不有，埋在饭中"，因而又叫"掘得窖子"。

瑶族先民婴儿刚出生便准备替他制作刀具："儿始生，称之，以铁如其重，渍以毒水。儿长大，煅其钢以制刀，终身用之。"并烧铁石为儿童烙足跟："儿始能行，烧铁石烙其跟跖，使顽木不仁，故能履棘茨根柎而不伤。"② 他们从小培养后代能吃苦、敢战斗的精神，以致年纪稍大即走险如平地。五溪蛮与中原地区不同，新生儿不剃发。

分布在两广及福建沿海港湾和内河上的疍民，"以舟楫为家，采海物为生，且生食之"，生存环境非常恶劣。受历史条件限制，他们不知控制人口："夫妇居短篷之下，生子乃猥多，一舟不下十子。"母亲深受拖累，儿童生活质量十分低下："儿自能孩，其母以软帛束之背上，荡桨自如。儿能匍匐，则以长绳系其腰，于绳末系短木焉。儿忽堕水，则缘绳汲出之。儿学行，往来篷脊，殊不惊也。能行，则已能浮没。疍舟泊岸，群儿聚戏沙中，冬夏身无一缕。"③ 这在很大程度上是盲目发展人口的恶果。

第四节　宋辖汉族居住区的养老

由于社会生产发展水平不同，边远地区的少数民族大多保持重少贱老的习俗。如五溪蛮背运物资"少者轻，老者重"④，便有贱老重少的意味。中原地区

---

① 汪森：《粤西丛载》卷17，《粤俗》；张栻：《南轩集》卷15，《谕俗文》。

② 《文献通考》卷328，《四裔考五》引《桂海虞衡志·瑶》。

③ 范成大：《桂海虞衡志·志蛮·疍》；周去非：《岭外代答》卷3，《疍蛮》。

④ 陆游：《老学庵笔记》卷4，中华书局1979年点校本。

上：宋人绘《云山殿阁图》中的宫殿建筑
（选自上海博物馆编《宋人画册》）

下：宋人绘《悬圃春深图》中的宫殿建筑
（选自上海博物馆编《宋人画册》）

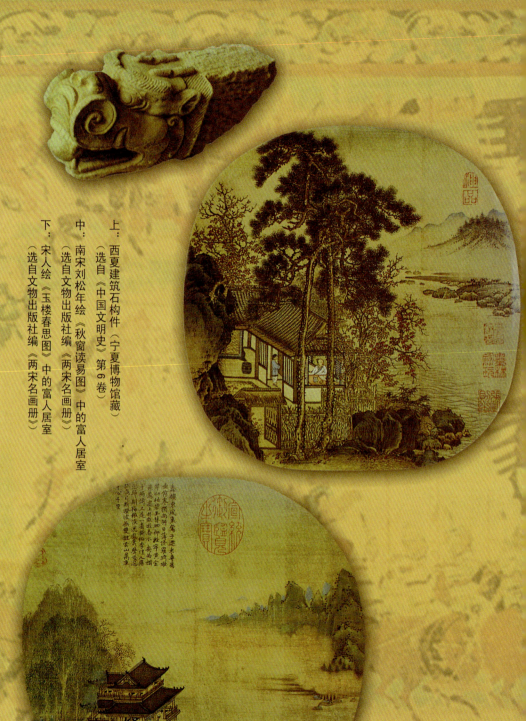

辽宋西夏金社会生活史

上：西夏建筑石构件（宁夏博物馆藏）
（选自《中国文明史》第6卷）

中：南宋刘松年绘《秋窗读易图》中的富人居室
（选自文物出版社编《两宋名画册》）

下：宋人绘《玉楼春思图》中的富人居室
（选自文物出版社编《两宋名画册》）

辽代八棱錾花银执壶（内蒙古巴林右旗辽墓出土）
（选自《中国文明史》第6卷）

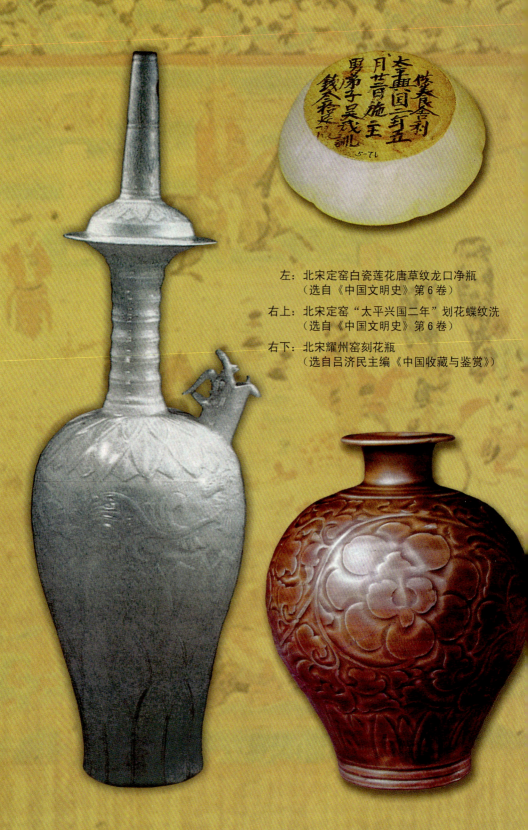

左：北宋定窑白瓷莲花唐草纹龙口净瓶
（选自《中国文明史》第6卷）

右上：北宋定窑"太平兴国二年"划花蝶纹洗
（选自《中国文明史》第6卷）

右下：北宋耀州窑刻花瓶
（选自吕济民主编《中国收藏与鉴赏》）

北宋耀州窑青瓷花卉鸟纹龙口壶 （选自《中国文明史》第6卷）

上：北宋钧窑玫瑰紫碗
（选自《中国文明史》第 6 卷）
中左：北宋汝窑粉青莲花温碗
（选自《中国文明史》第 6 卷）
中右：北宋钧窑花盆
（选自《中国文明史》第 6 卷）
下：北宋汝窑青瓷钵
（选自《中国文明史》第 6 卷）

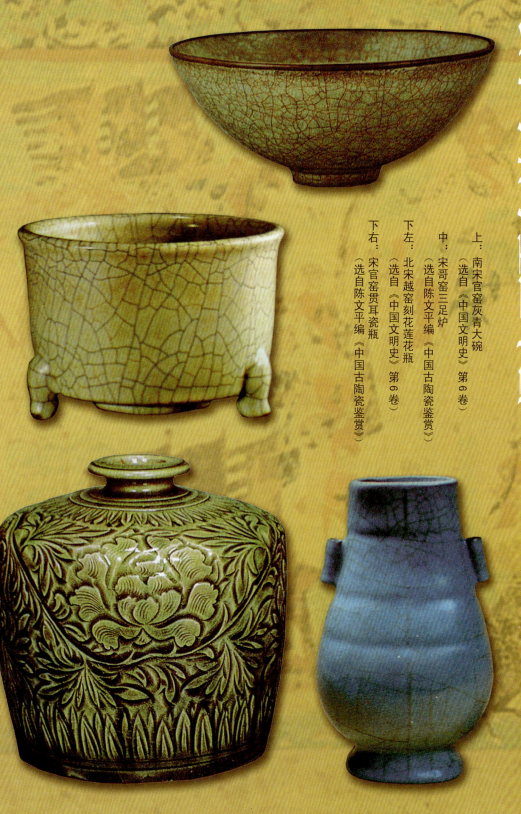

上：南宋官窑灰青大碗
（选自《中国文明史》第6卷）

中：宋哥窑三足炉
（选自陈文平编《中国古陶瓷鉴赏》）

下左：北宋越窑刻花莲花瓶
（选自《中国文明史》第6卷）

下右：宋官窑贯耳瓷瓶
（选自陈文平编《中国古陶瓷鉴赏》）

上：辽代三彩印花牡丹纹长盘
（选自《中国文明史》第 6 卷）

中：宋哥窑莲花形盘
（选自吕济民主编《中国收藏与鉴赏》）

下：南宋龙泉窑青瓷蟠龙壶
（选自《中国文明史》第 6 卷）

的汉族则有敬老的历史传统及养老的具体措施。

●敬老

宋辖汉族居住区不仅有尊敬老人的礼仪，而且有优待老人的措施。

1．礼仪。乡饮酒便是由地方官吏主持的敬老之礼。太宗淳化年间，曾诏令天下，要求各州县每年金秋时节举行乡饮酒礼。据《宋史》卷114《礼志十七·乡饮酒礼》记载，此后在政和、绍兴、庆元年间，曾三次颁布乡饮仪制。参加会聚饮酒者为乡间德高望重之人，并按照年龄安排席位。高宗时还一度将曾经参与乡饮酒作为参加科举考试的必备条件。绍兴十三年（1143）四月诏称："非尝与乡饮酒者，毋得应举。"① 这一硬性规定到绍兴二十六年（1156）四月才有所松动。至于平时的敬老礼仪，在司马光《司马氏书仪》卷4《居家杂仪》中有规定，如"凡卑幼坐而尊长过之，则起。出遇尊长于涂，则下马。"什么叫尊长与卑幼？朱熹《增损吕氏乡约·礼俗相交》指出："尊幼辈行凡五等——曰尊者，谓长于己三十（一作"二十"）岁以上，在父行者；曰长者，谓长于己十岁以上，在兄行者；曰敌者，谓年上下不满十岁者，长者谓稍长，少者谓稍少；曰少者，谓少于己十岁以下者；曰幼者，谓少于己二十岁以下者。"并对幼辈对尊行的礼仪作了更具体的规定，包括"造请拜揖"、"请召迎送"、"庆吊赠遗"等礼节。② 袁采《袁氏世范》卷1《睦亲》还要求人们"顺适老人意"："年高之人作事有如婴孺"，"顺适其意，则尽其欢"。

每逢老人生日，亲朋前往祝寿。《郑氏规范》强调祝寿应从简，"不设筵"。"凡遇生朝，父母姑舅存者，果酒三衍。"其实，小康以上家庭通常都要大摆筵席。至于宰执大臣过生，皇帝既赐物又赐宴。这一制度始于大中祥符五年（1012）十一月，宰相王旦生日，真宗"诏赐羊三十口、酒五十壶、米面各二十斛"③。其祝寿宴会，有众多大臣出席。后因宴会影响公务，曾一度废止，但赐物则始终保持。地方长官生日，其下属前往祝贺，通常是敬献诗词与图画。钱大昕《十驾斋养新录》卷19指出："生日献诗词，盖盛于北宋时矣。"如文彦博在判河南府（治今河南洛阳）任上，"遇生日，僚吏皆献诗"。朱彧《萍洲可谈》卷3称："近世长吏生日，寮佐画寿星为献。"画上所绘除寿星外，还有松鹤，有的则"用佛像或神鬼"。不过北宋时生日送礼之风并不盛行。

进入南宋以后，权贵的生日完全庸俗化，也非敬老的礼仪，而是献媚者邀

① 李心传：《建炎以来朝野杂记》甲集卷13，《乡饮酒》，中华书局2000年点校本。
② 朱熹：《晦庵先生朱文公文集》卷74，《增损吕氏乡约》，四部备要本。
③ 《宋史》卷119，《礼志二十二·宾礼四·朝臣时节馈飨》，中华书局1977年点校本。

宠的时机。每逢秦桧生日，祝寿规模空前，"四方贺诗尤多"①，对他胡乱吹捧。岂止献诗，还大送其礼。史称："自秦桧擅权，四方皆以其生日致馈。"不仅如此，"其后州郡监司，率受此礼，极其僭侈"。秦桧死后，高宗曾下诏制止送礼歪风："内外见任官因生日受所属庆贺之礼，及与之者，各徒三年。"②数额巨大者，则按贪赃法治罪。可是此后送礼歪风愈演愈烈。如韩侂胄生辰，百官争送厚礼，陈列于天庆观，"观者为之骇然"。南宋末年，送礼方式改为秘密进行，但数额更惊人。如贾似道生日，仅一地方官奉送的寿礼即达"三十皮笼"之多。③

2. 优待。每个家庭大致都有优待老人的措施。如《郑氏规范》规定："男女六十者，礼宜异膳。"应当"尽心奉养，务在合宜，违者罚之"。至于朝廷优待老人的举措主要有四种：

一是刑律优免。《宋刑统》卷4《名例律·老幼疾及妇人犯罪》有关优免老人的条文与唐律相同，将老人按照其年龄分为三个层次：70岁以上"犯流罪以下，收赎"。"收赎"即以纳铜代替服刑。80岁以上"犯反逆、杀人应死者，上请；盗及伤人，亦收赎：余皆勿论"。"上请"即上奏皇帝，由皇帝亲自裁决。90岁以上"虽有死罪，不加刑"。所有刑律一概优免。

二是减免赋税。如仁宗在天圣元年（1023）三月下诏，西京洛阳"城内民八十以上，免其家徭役，赐茶人三斤，帛一匹"；嘉祐四年（1059）十月，发布大赦天下赦文："男子百岁以上者特推恩命，民父母年八十以上复其一丁。"④所谓"复"，即免除赋役。孝宗在淳熙二年（1175）、十三年，两次发布赦文："应人户有祖父母、父母年八十以上，与免户下一名身丁钱物。"⑤当时丁税较重，予以免除，实惠不小。

三是赐物。如淳化四年（993）二月，太宗召见开封70岁以上的老人，亲自赐予绢帛，满百岁者加赐涂金腰带。同时又派宦官赐予城中孤苦老人每人铜钱一千及粟米、柴炭，以便他们度过严冬。皇祐元年（1049），河北发生水灾，仁宗下诏赏赐受灾州军80岁以上老人，"人赐米一石，酒一斗"⑥。不仅朝廷，地方官吏也有责任资助贫苦无告的老人。南宋后期，漳州（今属福建）百姓阿

---

① 吴曾：《能改斋漫录》卷11，《记诗·秦益公赏孙仲鳌诗》，上海古籍出版社1979年点校本。

② 李心传：《建炎以来系年要录》卷175，绍兴二十六年闰十月壬寅，中华书局1988年点校本。

③ 周密：《癸辛杂识》后集，《馈送寿物》，中华书局1983年点校本。

④ 李焘《续资治通鉴长编》卷100，天圣元年三月丙子，卷190，嘉祐四年十月癸酉，上海古籍出版社1986年影印本。

⑤ 《宋会要辑稿》食货68之15，中华书局1957年影印本。

⑥ 《长编》卷167，皇祐元年十一月丙申。

辽宋西夏金社会生活史

张年逾九十，生活困难，请求官府资助，遭到主办官吏拒绝。知州刘克庄得知此事，指出："高年之人，支给些小钱绢酒米，此朝廷旷荡之泽也。"① 下令一日以内如数支给。

四是赐官。据洪迈《容斋随笔·三笔》卷 9《老人该恩官封》记载，徽宗大观元年（1107）规定："民百岁男子官，女子封；仕而父母年九十，官封如百岁。"孝宗乾道年间以后，又将老人获得官封的年龄降低："仕者之父母年七十、八十即得官封。"景定三年（1262）九月，温州（今属浙江）布衣李元老年满一百零四岁，他"读书安贫，不事科举"，理宗下诏"补迪功郎致仕，本郡给奉"②，以养其老。

●二 养老

当时社会生产发展水平毕竟有限，老年人的生活保障仍然是个问题。为缓减这一社会问题并净化社会风气，官府表彰敬老者，惩处虐老者，建立养老救济机构。

1. 表彰敬老者。这类事例在《宋史》卷 456《孝义传》中便不少。如黄岩（今属浙江）郭琮"凡母之所欲，必亲奉之"，以致其"母年百岁，耳目不衰，饮食不减"，太宗于至道三年（997）下诏"旌表门闾，除其徭役"。大名（今属河北）李玼"力耕以事母"，楚丘（在今山东曹县东南）侯义"佣田以事母"，被乡人誉为"孝子"，并受到官府表彰。南宋后期，真德秀在知泉州（今属福建）任上，发布文告，表彰"刘玑有母百岁，玑年七十，孝养弥谨"；吕洙之女"割股救父，随即痊愈"③。割股探肝以疗亲疾的记载在《宋史·孝义传》中颇多，这种做法虽不科学，但在当时相当流行，并被视为孝行。

2. 惩处虐老者。据《宋史》卷 89《地理志五·夔州路》记载，川峡四路之民"有父母疾病，多不省视医疗"者。为了改变这一风气，太祖在乾德四年（966）五月下诏："敢有不省父母疾者，罪之。"④ 太宗时，张咏在知益州（治今四川成都）任上，为使一逃犯自首，"拘其母十日，不出"；"拘其妻一宿，而来"。张咏认为此人不顾母亲死活，不可宽恕，将他"就市斩之"⑤。南宋后期，

---

① 刘克庄：《后村先生大全集》卷 93，《坊市阿张状述年九十以上乞支给钱米事》，四部丛刊本。
② 《宋史》卷 45，《理宗本纪五》。
③ 《名公书判清明集》卷 1，《劝谕事件于后》，中华书局 1987 年中国社会科学院历史所宋辽金元史室点校本。
④ 《宋史》卷 2，《太祖本纪二》。
⑤ 吴处厚：《青箱杂记》卷 10，中华书局 1985 年点校本。

知泉州真德秀谴责"身居子职，有阙侍养"者，并将拒不赡养父母的吴孝聪"杖脊于市，髡发居役"①。理宗时，钟千乙不赡养母亲，以致其母"贫不聊生"，其母"声诉于官"，地方官胡颖认为钟千乙本当"置之于法"，但考虑到其母"喘息不保"，在"责戒"之后，将其释放，要求他"革心悔过，以养其母"②。

3. 居养院。宋代沿袭唐代旧制，在都城开封设立城东、城西二福田院，负责收养衣食无着的鳏寡老人及孤儿、饥民。"福田"二字来自佛经，意思是积善可得福报，犹如种田，秋获其实。鉴于孤苦老人颇多，英宗决定增设城南、城北二福田院。福田院收养人数平时有定额，严冬可额外收养。熙宁年间，外地也设置福田院。福田院振恤孤老的办法是："凡鳏、寡、孤、独、癃老、疾废、贫乏不能自存应居养者，以户绝屋居之；无，则居以官屋，以户绝财产充其费。"③徽宗将福田院改名为居养院，并下诏催促各地建立养老机构。居养院收养的老人按规定每人每天发给米一升、钱十文，温饱问题大体可以解决。十一月到正月，每天加发钱五文，作为购买柴炭取暖之用。90岁以上的居养老人，每天加发酱菜钱二十文，夏天发布衣，冬天发寒衣絮被。大观二年（1108）二月，荆南府枝江县（今属湖北）居养院发现101岁老人咸通，知府席震上奏朝廷，请求每月增发肉食钱、酱菜钱三十文。徽宗当即批准，并诏"诸路有百岁以上之人亦依此施行"④。

按照神宗元丰年间的法令，男女60岁以上为老。大观元年，徽宗将老的标准降低为50岁以上。标准降低以后，开支随之加大，以致军队经费受影响。施宿《嘉泰会稽志》卷13《居养院》称："居养院最侈，至有为屋三十间者。初，遇寒惟给纸衣及薪，久之，冬为火室，给炭，夏为凉棚，什器饰以金漆，茵被悉用毡帛。"有关部门先满足居养院费用，"兵食顾在后"。为了纠正这一偏向，宣和二年（1120）又恢复元丰旧法。

南宋时期，居养院的设置更普遍。据绍兴二十六年（1156）的统计，仅临安府用于收养救济老人的开支即达钱、米十余万之多。程珌《洺水集》卷7《吉水县创建居养院记》称："庐陵八邑，其七皆有居养院，吉水独无之。"有鉴于此，吉水（今属江西）知县黄阅经过努力，在城南择官屋十楹，每年拨米五十斛，建立安乐院一所，于是吉州（治今江西吉安市）八县均有居养院。《晦庵先生朱文公文集》卷92《郭公份墓志铭》称，知常德府（治今湖南常德）郭份

---

① 《名公书判清明集》卷1，《劝谕事件于后》。
② 《名公书判清明集》卷10，《母讼子不供养》。
③ 《宋史》卷178，《食货志上六·振恤》。
④ 《宋会要辑稿》食货68之133。

认为赈济孤独之政"惠于市井，而不逮山谷"，他"即乡落寺观分置居养院，以活远民之无告者"。于是，乡间也有了居养院。

由于吏治腐败，居养法在推行过程中弊病不少，主要有二：一是未沾实惠。如按照规定居养老人应供给过冬物资，但镇江府城及丹徒县（今属江苏）居养院"并不置造布絮衲被给散孤老孱弱之人，未副惠养之意"①。二是收养不当。不少地方"往往将强壮庸惰及有行业住家之人，计嘱所属，冒滥支给，其委实老疾孤幼贫乏之人不沾实惠"②。对于这些弊病，绍兴年间，试尚书户部侍郎王俣曾加以概括："宜收而弃，以壮为弱，或减克支散，或虚立人数，如此之类，其弊多端。"③

---

① 《宋会要辑稿》食货68之134。
② 《宋会要辑稿》食货60之1。
③ 《宋会要辑稿》食货68之144。

第十一章

丧葬(上)：宋辖汉族居住区

死亡乃人生最大变故，丧葬自来受到格外重视。在古代的各种礼俗中，以丧葬礼俗最为繁复。它受灵魂不灭的观念支配，贯穿着祖先崇拜的精神，具有团结宗族、整合社会的功能。多种多样的丧葬礼俗从一个侧面反映了不同民族、不同地区不同的社会状况、文明程度和风俗习惯。下面，先介绍宋辖汉族居住区的情况。

第一节　礼仪

宋代的丧葬礼仪相当复杂，官礼《政和五礼新仪·庶人丧仪》和私礼《司马氏书仪·丧仪》、《朱子家礼·丧礼》的有关规定又并不完全一致。这里仅综合上述三种礼书，去繁就简，说个大致。丧葬礼仪的程序可以分为以下三个阶段。

●丧礼

这个阶段的礼仪主要有五类。

1. 初终。在死者去世当天举行，包括：（1）复，又称招魂，即派人手持上衣，登上屋顶，面向北方，长呼三声："某人复。"意思是呼唤死者的灵魂返回肉体。然后把上衣覆盖在死者尸体上。（2）易服，即死者的亲属和左右人等"释去华盛之服，著素淡之衣"。近亲中的男性穿白色布衣、披发，赤脚，女性穿青色缣衣、披发、不赤脚。（3）讣告，将死者去世的信息通报亲朋故旧。（4）沐浴，又称洗尸，沐即洗头，浴即洗身，并且修剪指甲、胡须。（5）饭含，将铜钱或珠玉置于死者口中。（6）袭，即换衣，脱去死者病时之衣及复衣，换上新衣。（7）铭旌，用绛色的绢帛做成旗子，上面书写"某官某公或某君某妻或某人某氏之柩"①，置于灵座之右。（8）魂帛，把白色的绢帛折成长条，交互贯穿，如人形，上出其首，旁垂两耳，下垂双足，左边书写死者出生的年、月、日、时，右边书写死者去世的年、月、日、时，置于灵座之前。

2. 小敛。即裹尸，在死者死后次日举行。其办法是：先陈列小敛衣衾并设奠，然后在小敛床上铺席，席上铺绞即宽布条，绞上铺衾即被子，再为死者穿衣，并用衾裹尸，再用绞捆牢，最后盖上被子，称"夷衾"。亲属祭奠，哭不绝声。

3. 大敛。即入棺，在死者死后第三天举行。其程序为：在陈列大敛衣衾并设奠之后，先将死者的尸体放入棺材，再盖棺。死者的亲属踊哭即边跳边哭，并在死者灵座前举行祭奠礼。

4. 成服。即穿孝衣，在死者死后第四天举行。五服以内的亲属按照丧服亲等制度的规定，各服其服。亲属成服后，朝、夕祭奠，食时上食，哭无时。

5. 吊赙。死者的亲朋故旧至灵前，焚香而拜，跪酹茶酒，并行赙禭之礼。赙禭指财货，赙禭指衣衾，赙禭泛指赠送丧家钱物。

●葬礼

这个阶段的礼仪主要有三类。

1. 治葬。选择墓地，穿地为圹，并做好刻志石、造明器等安葬前的准备工作。志石指墓志铭之类，而明器则是随葬的象征性器物，用竹、木、纸、陶土等原料制作而成。

2. 启殡。前一天，清晨奉死者之柩于祠堂，午后祭奠祖先。启殡前往墓地，以方相为前导，亲属依次随从，途中遇哀则哭。方相是一种明器，外形如

---

① 司马光：《司马氏书仪》卷5，《丧仪一》，丛书集成初编本。

（传）朱熹《家礼》所定葬仪

勇猛的武士，手持戈戟，瞋目怒视。当时人认为，方相能驱疫避邪。

3．葬。灵柩至墓地，亲属各就各位并痛哭。宾客拜辞后，先下棺、成坟，再于墓左祭祀所谓后土之神，祈求他保佑死者。亲属刚归家，即哭于死者灵座前，尽哀而止，称"反哭"。

■三 葬后礼

这个阶段的礼仪主要有四类。

1．虞。按照迷信观念，死者尸骨虽入土，魂魄尚无所归。举行三次虞祭，目的在于使其魂魄安定。始虞在下葬当天举行，再虞在始虞后的第一个柔日举行，三虞在再虞后的第一个刚日举行。天干记日法称甲、丙、戊、庚、壬为刚日，乙、丁、己、辛、癸为柔日。

2．卒哭。在三虞之后的第一个刚日举行，距死者去世大约100天，又称"百日"。这一祭祀礼仪结束后，终止"无时之哭"，改为朝、夕各一哭，称"有时之哭"。

3．祥。泛指小祥、大祥，分别在死者死后13个月、25个月举行。祥祭后，死者亲属逐渐脱去丧服，改穿日常服装。

4．禫。与澹同义，意思是澹然平安。禫祭在大祥一个月后举行，此后丧家的生活恢复正常，称"释服从吉"。从死者去世到禫祭，按照古人的计算方法，前后历时27个月。

丧葬礼仪结束后，死者的后代应在某些特定的日子祭祀先人，以表达怀念之情。按照《朱子家礼》卷1《通礼》、卷5《祭礼》，这些日子包括朔望、正旦、立春、清明、寒食、重午、中元、中秋、重阳和"仲月三旬各一日，或丁或亥"以及忌日。所谓忌日，是指先人的死日与生日。这天，家人"不饮酒，不食肉，不听乐，黪布素带以居，夕寝于外"。据《宋史》卷123《礼志二十六·凶礼·忌日》记载，宋太祖在开宝年间规定："应常参官及内殿起居职官等，自今刺史、郎中、将军以下遇私忌，请准式假一日。忌前之夕，听还私第。"庞元英《文昌杂录》卷5所引《元丰令》称："诸私忌给假一日，逮事祖父母者准此。"

祭祀先人的礼仪在祠堂或家庙举行，称家祭；在墓地举行，称墓祭。《朱子家礼》卷1《通礼》要求"君子将营宫室，先立祠堂于正寝之东"，并"置祭地"，以供祭祀之费。而家庙则必须有官爵者才有权建立。宋仁宗在庆历元年（1041）下诏："应中外文武官并许依旧式立家庙。"① 并在皇祐年间予以重申。② 至于墓祭，则是个有争议的问题。如张栻"以墓祭为非"，俞文豹则认为："墓祭之礼，其来已久。"③ 在《朱子家礼》卷5《祭礼》中，更有进行墓祭的具体要求。实际情况是民间乃至朝廷，清明扫墓并在墓前祭祀，早已成为风俗。④《东京梦华录》卷7《清明节》称："凡新坟皆用此日拜扫，都城人出郊。禁中前半月，发宫人车马朝陵。"《梦粱录》卷2《清明节》云："禁中前五日，发宫人车马往绍兴攒宫朝陵。""官员士庶俱出郊省坟，以尽思时之敬。"

---

① 《宋史》卷109，《礼志十二·吉礼十二·群臣家庙》，中华书局1977年点校本。
② 参看赵翼：《陔余丛考》卷32，《祠堂》，国学基本丛书本。
③ 俞文豹：《吹剑录全编·三录》，古典文学出版社1958年张宗祥校订本。
④ 参看宋三平：《试论宋代墓祭》，载《江西社会科学》1989年第6期。

关于宋代的丧葬礼仪，还有以下两点应当指出。

一是等级森严。按照当时的礼法，"诸命官身亡，三品以上，称薨；六品以上，称卒；七品以下，达于庶人，称死"①。至于皇帝、皇后死亡，则称崩。《政和五礼新仪》把从皇帝到庶人的丧仪，分为若干等级，等级越高礼仪越烦琐。如将品官丧仪与庶人丧仪加以比较，前者有祔，后者则无，等级差别，一目了然。所谓祔，是指新死者与祖先合享之祭。

丧葬礼仪的等级性表现在各个方面。如招魂时使用的上衣不同，《司马氏书仪》卷 5《丧仪一》称："今从《开元礼》，上服者，有官则公服，无官则襕衫或衫，妇女以大袖或背子。"铭旌的长短不同，《朱子家礼》卷 4《家礼》称："三品以上，九尺；五品以上，八尺；六品以下，七尺。"明器的多少不同，《庆元条法事类》卷 77《服制门·丧葬》规定："四品以上，五十事；六品以上，三十事；九品以上，二十事；庶人，一十事。"出殡时的仪仗不同，《宋史》卷124《礼志二十七·诸臣丧葬等仪》所引《礼院例册》规定："四品以上用方相，七品以上用品颟头。"方相与颟头的主要差别在于后者四只眼，前者两只眼。墓地的面积不同，《庆元条法事类》卷 77《服制门·丧葬》规定："一品，方九十步；二品，方八十步；三品，方七十步；四品，方六十步；五品，方五十步；六品，方四十步；七品以下，方一十步；庶人，方一十八步。"坟茔的高度不同，《司马氏书仪》卷 7《丧仪三》所引《丧葬令》规定："一品坟高一丈八尺，每品减二尺，六品以下，不得过八尺。"墓前石兽的数量不同，《宋刑统》卷 26《杂律》规定："四品以上，六；六品以上，四。"诸如此类，不胜其举。如果突破规定，即是僭越行为，依据《宋刑统》卷 26《杂律》的有关条文，将处以"杖一百，虽会赦，皆令改去之"，"坟则不改"。

当时无疑以皇帝的丧葬礼仪最隆重。② 仅就皇帝陵墓前的石人、石兽的数量来说，即绝非任何达官显宦的坟墓可比。按照制度，皇陵前有"宫人二、文武官各二、石羊、石虎各四、石马各二并控马人、望柱石二"③，实际情况又超过制度。太祖、太宗的父亲赵弘殷在北宋建立后追尊为宣祖，其陵墓永安陵在文武官之前增加了两名少数民族使者，在望柱石之后增加了一对独角兽。坐落在河南巩义境内的其他七座北宋皇陵，即太祖永昌陵、太宗永熙陵、真宗永定陵、仁宗永昭陵、英宗永厚陵、神宗永裕陵、哲宗永泰陵，形制基本一致，尺度出

---

① 《宋元条法事类》卷 13，《职制门·亡役殁》，北京市中国书店 1980 年影印本。

② 参看叶春芳：《北宋皇帝丧礼探考》、《北宋皇帝葬礼探考》，载《深圳大学学报》1993 年第 3、4 期。

③ 《宋会要辑稿》礼 37 之 2，中华书局 1957 年影印本。参看郭湖生等：《河南巩县宋陵调查》，载《考古》1964 年第 11 期。

四川华蓥南宋安丙墓左壁正立面石刻

（选自《中国历史文物》2000年第6期）

入不多，都在独角兽前增加了象及驯象人一对、瑞禽一对。至于坐落在浙江绍兴境内的徽宗永祐陵和南宋六座皇陵，即高宗永思陵、孝宗永阜陵、光宗永崇陵、宁宗永茂陵、理宗永穆陵、度宗永绍陵，当时不称陵寝而称攒宫，以示不忘收复中原之意。其规模比北宋皇陵小，但仍远非达官显宦的坟墓可比。①

　　二是相对简便。《政和五礼新仪·卷首》宣称"因时而制"，并不一味坚持古礼。在《司马氏书仪》中，"今人所难办"、"难一一如古"、"今从简易"、"庶从简易"一类的词语比比皆是。如当时死者口中一般不再含珠玉，而代之以铜钱，司马光认为："既不珠玉，则含钱可废。"又如"今人大敛即成服"，将两项礼仪合而为一，司马光对此加以默认。再如"世俗无受服，谓大祥为除服，即著禫服"，司马光"今从众"②。据吕本中《紫薇杂记》记载，民间通常不再单独举行禫祭，为父母办丧事的过程由27个月缩短为25个月。朱熹认为："古礼不可全用，如古服、古器，今皆难用。"③《朱子家礼》采用《司马氏书仪》之处甚多。尤其值得注意的是，司马光考虑到贫苦人家的实际情况，其《司马

① 参看何忠礼、俞观涛：《南宋六陵考略》，载《杭州大学学报》1995年第2期。

② 《司马氏书仪》卷5，《丧仪一》。

③ 朱熹：《朱子语类》卷84，《礼一·论后世礼书》，中华书局1994年点校本。

四川华蓥南宋安丙墓后龛正立面石刻

（选自《中国历史文物》2002年第6期）

氏书仪》并不强求一律。如古礼关于袭衣数量的规定，司马光认为："此非贫者所办也，今从简易，袭用衣一称。"又如卒哭所用祭品，司马光指出："若家贫，或乡土异宜，或一时所无，不能办此，则各随有，蔬果、肉面、米食，不拘品数，可也。"①

岂止礼书，朝廷的法令也倾向于简易。如《司马氏书仪》所引《五服年月敕》废弃五虞、七虞之礼，规定："自王公以下，皆三月而葬，三虞而卒哭。"并引《丧葬令》强调礼仪规格就低不就高，其原则是："诸丧葬不能备礼者，贵得同贱，贱虽富不得同贵。"②《庆元条法事类》同样具有某些灵活性，如卷77《服制门·丧葬》规定："诸丧葬有制数而力不及者，听从便。"

宋朝的皇帝在临死前，无不留下《遗制》，叮嘱丧事从简。太祖《开宝遗制》有两个重要内容："丧制以日易月，皇帝三日听政，十三日小祥，二十七日

① 《司马氏书仪》卷5，《丧仪一》。
② 《司马氏书仪》卷8，《丧仪四》；卷6，《丧仪二》。

大祥";"诸道节度、观察、防御、刺史、知州等，并不得赴阙，闻哀之日，所在军府三日出临释服"。此后，任何皇帝的《遗制》无不如此，并强调："山陵制度，务从俭约。"① 太祖、太宗的母亲杜太后在《遗令》中强调以下四点："皇帝成服，三日听政，以日易月，一依旧制"；"在京文武官十三日而除"，"诸道州府长吏以下三日释服"；"军人、百姓不用缟素，沿边州府不得举哀"；"释服之后禁作乐，园陵制度务从俭省"②。此后，即便是垂帘太后的《遗诰》，少不了这四点。因此有宋一代，新即位的皇帝为刚去世的皇帝服丧一般都以日易月。孝宗不顾大臣反对，以"大恩难报，情所不忍"③ 为理由，定要为其养父高宗服三年之丧，是个特殊的例外。还值得注意，北宋皇陵"规模较唐陵小"④。当时废除了预先建造皇帝陵墓的制度，必须到皇帝死后才开始营建，并且限定在七个月内完成。至于南宋皇陵，棺椁埋葬浅，墓上无陵台，墓前无石人、石兽。

第二节　禁忌

按照宋朝的礼法，死者的亲属在居丧期间的禁忌依然不少，以下面五个方面较重要。对于这些禁忌，有人做得过头，有人又根本不照办。

●一不饮酒、不食肉

《书仪·丧仪》辟有《饮食》一节，强调："父母之丧，既虞卒哭，疏食水饮，不食菜果；小祥，食菜果；大祥，食肉，饮酒。"卒哭、小祥、大祥分别为死后百日、13 个月、25 个月。江阴（今属江苏）陈思道母亲死后，水浆七日不入口，超过了礼书规定："凡初丧，诸子三日不食。"永嘉（即今浙江温州）陈宗母亲去世，悲痛过度，一恸而绝。对于这类过头做法，司马光并不完全赞成："凡居丧，虽以毁瘠为贵，然亦须量力而行之。"他强调："三日而食，教民无以

---

① 《宋大诏令集》卷 7，《帝统七·遗制》，中华书局 1962 年点校本。
② 《宋大诏令集》卷 14，《皇太后二·遗令遗诰》；《宋史》卷 123，《礼志》。
③ 周密：《癸辛杂识》前集，《孝宗行三年丧》，中华书局 1983 年点校本。
④ 刘敦桢主编：《中国古代建筑史》，第 237 页，中国建筑工业出版社 1984 年第 2 版。

死伤生。"① 但陈宗等人的行动被视为孝行，受到官府表彰。

对于居丧不饮酒、不食肉的规矩，某些士大夫根本不遵守。司马光谴责道："今之士大夫，居丧食肉饮酒，无异平日。"士风影响民风，民间也有"初丧未敛，亲宾则酒馔往劳之，主人亦自备酒馔，相与饮啜，醉饱连日。及葬，亦如之"。福建的山头斋会就很突出，欧阳修说："闽俗重凶事，其奉浮图，会宾客，以尽力丰侈为孝，否则深自悔恨，为乡里羞。而奸民、游手、无赖子，幸而食饮食，利钱财，来者无限极，往往至数百千人。"除大吃大喝而外，丧家还要赠与参加者每人铜钱二百文，如有短缺，将遭到抗议。由于花销太大，有的人家"亲亡秘不举哭，必破产办具，而后敢发丧"。有钱有势者趁火打劫，"乘其急时，贱买其田宅"。至和年间，知福州蔡襄发布《戒山头斋会碑》，规定"丧葬之家丧夜宾客不得置酒燕乐，山头不得广置斋聚会，并分散钱物，以充斋价。如有辄敢，罪在家长"②。蔡襄离任后，禁令形同虚设，习俗依然如故。

二 不作乐、不嫁娶、不生子

《宋刑统》卷1《名例律》将"居父母丧，身自嫁娶，若作乐、释服从吉，闻祖父母、父母丧，匿不举哀"，列入"十恶"重罪之一的"不孝"，惩处视其情节轻重。吉水（江西今县）毛洵父母去世后，"庐于墓凡二十一月，朝夕哭踊"，大致符合礼法。母亲死后，褒信（在今河南新蔡县南）董道明"终身庐于墓侧"；资阳（今属四川）支渐"庐墓侧，日三时号慕，肘行膝步，自负土起坟"。70岁时仍"每号恸涕泪如雨，日唯食脱粟饭，不盥手濯足，所衣苴麻至烂碎，须发亦皆断乱"③。这些显然太过分，但朝廷予以褒奖。

对于亲丧不作乐之类的禁忌，有人置若罔闻。太宗下诏斥责："亲罹衅酷，或则举奠之际歌吹为娱，灵柩之前令章为戏，甚伤风教，实紊人伦。"此后情况仍旧是："至有初丧，亲家各具酒肉聚于其家，与主人同醉饱者。有以鼓乐导丧车者，有因丧纳妇者，相习为常，恬不知怪。"④ 当时有儿子在父母死时结婚的习俗，叫借亲。李之彦《东谷所见·借亲》对此表示不解："今人反以送死为缓，唯以借亲为急。父母死未即入棺，仍禁家人辈未得举哀。弃亲丧之礼而讲合卺之仪，置括发之戚而修结发之好。"然而"世俗皆乐为之"。

① 《司马氏书仪》卷6，《丧仪二》；司马光：《家范》卷4，《子上》。
② 《司马氏书仪》卷6，《丧仪二》；欧阳修：《欧阳文忠公集》卷35，《端明殿学士蔡公墓志铭》；梁克家：《淳熙三山志》卷39，《戒谕》。
③ 《宋史》卷456，《孝义传》；范祖禹：《范太史集》卷25，《旌孝札子》。
④ 《宋史》卷125，《礼志二十八·士庶人丧礼》；司马光：《司马文正公传家集》卷69，《序赙赠》。

❸ 不应试、不入仕

《宋史》卷125《礼志二十八·服纪》载，朝廷有"敕文：期周尊长服，不得取应"。所谓"期周"，即服丧一年。大中祥符五年（1012）三月，真宗下诏强调："礼部奏名人有隐匿服纪者，令自陈，勿赴殿试。"[①] 通泉（在今四川射洪东南）何保之，母亲去世，自动放弃参加科举考试，受到朝廷褒奖。兴化军（治今福建莆田）黄价已通过发解试，适逢叔父去世，官府依法取消了他赴京应试的资格。

清人赵翼指出："亲未葬不得入仕，宋时此禁甚严。"《庆元条法事类》卷77《服制门》明文规定："诸父母亡，过五年，无故不葬者，杖一百。"神宗时，湖南转运判官王子韶不葬父母，遭到弹劾，贬知高邮县（今属江苏）。元祐六年（1091）二月刘挚"入相不及一年而罢，坐父死不葬"[②]。

❹ 官员应解官持服

通常情况下，如父母去世，官员应解官持服；遇兄弟丧，也应离职。如王岩叟在泾州（治今甘肃泾川）推官任上，"闻弟丧，弃官归丧"。但当时有起复制度，即朝廷因公务需要，可强令官员出仕或决定留任。《朝野类要》卷3称："已解官持服而朝廷特再擢用者，名曰起复。"如晏殊"丁父忧，去官"，真宗"思之，即其家起复"。不久，他又"丁母忧，求去官服丧"，真宗"不许"[③]。

某些官员钻起复制度的空子，拒不解官持服。如知洪州（治今江西南昌）夏竦在明道年间"丁母忧"，不愿在家服丧，他与宰相"雅善"，又靠宦官"为内助"，"遂起复知制诰"。鉴于官员不愿解官持服者为数较多，朝廷对起复即夺情的范围不得不加以限制。《宋史·礼志二十八·服纪》称："凡夺情之制，文臣谏舍以上，牧伯刺史以上，皆卒哭后，恩制起复。其在切要者，不候卒哭。""惟京朝、幕职州县官皆解官行服，亦有特追出者。"并且限制越来越严。哲宗元符元年（1098）八月，"诏文武臣僚起复，今后除管军及边任取旨外，余并罢"；徽宗宣和二年（1120）七月规定："今后文臣起复，除因边防依故事外，余更不起复。"因此，当时有"不缘金革之事，勿起衰绖之人"，起复"唯军中人乃可"之类的说法。某些官吏分明"非军中职任之人"，但"规图从军"，目

---

① 《宋会要》选举3之10。
② 赵翼：《陔余丛考》卷27，《未葬亲不许入仕》；《道山清话》。
③ 《宋史》卷342，《王岩叟传》；《欧阳文忠公集》卷22，《晏公神道碑铭并序》。

的在于"申乞起复"①。如宣和五年（1123）十一月，承务郎何麟、宣教郎张极为逃避服丧，疏通鄜延路经略安抚使薛嗣昌，分别被任命为司录、士曹。为了纠正这一偏向，高宗在绍兴十七年（1147）七月，采取更为严厉的措施，由敕令所立法："诸遭丧应解官，而临时窜名军中，规免执丧者，徒三年；所属知情而为申请起复者减二等。"但直到淳祐年间，仍有宰相史嵩之企图起复的事件发生，太学生、台谏官纷纷上书反对，史嵩之"为公论所不容，居闲十有三年"②。

🈔墓中不得藏金玉

这一禁忌见于法令："诸棺椁不得雕画施方牖栏槛，并内金宝珠玉。其以石为棺椁及为室者，亦禁之。"《书仪》卷8《丧仪四》强调："慎勿以金玉珍玩入圹中，为亡者之累。"《书仪》中反对厚葬的言论甚多，如反对运灵柩的车子过大："今世俗信舆夫之言，多以大木为舆，务高，盛大其华饰，至不能出入大门"；反对高墓大碑："世人好为高墓大碑，前列石羊、石虎，自夸崇贵。"司马光在安葬其父亲时，将葬具不必厚的主张付诸实践："金银珠玉之物未尝以锱铢入于圹中。"范祖禹认为，即便是皇上也不应厚葬。他说："厚葬之祸，古今之所明知也。夫藏金玉于山陵，是为大盗积而标其处也。岂不殆哉！"朱熹把一般人家的坟墓高度限定为四尺，强调："人家墓圹棺椁切不可太大，当使圹仅能容椁，椁仅能容棺，乃善。"他为长子建坟，仅"掘地深二尺，阔三四尺"③。

对于礼书的起码要求，贫苦人家也无法达到，只能藁葬即用草席裹尸掩埋。如张齐贤"小时家贫"，安葬父亲，"不能具棺椁"。士大夫则因思想境界不同而有薄葬与厚葬之分。张耆厚葬，坟墓被盗，盗墓者"得金宝珠玉甚多，遂完其棺椽，以掩覆其穴"。晏殊薄葬，盗墓者"穿椁椁，殊无所有，供设之器皆陶甓为之。又破其棺，棺中惟木胎金裹带一条，金无数两，余皆衣服，腐朽如尘土"。他们"失望而恚，遂以刀斧劈其骨而出"。当时有人说，"张以厚葬完躯，晏以薄葬碎骨"④，不免有提倡厚葬之嫌。宋祁临终从简安排后事，他叮嘱儿子，不必添置寿衣："敛用濯浣之鹤氅、纱表帽、线履"；不要久殡："三日棺，三月葬，慎无为阴阳拘忌"；棺木从简："棺用杂木，漆其四会，三涂即止，使数十年足以腊吾骸、朽盎衣巾而已"；坟墓不可过大："掘冢三丈，小为冢室，劣取

---

① 《宋史》卷283，《夏竦传》；《长编》卷501，元符元年八月丙申；《宋会要》职官77之11、16、20、19、13。
② 《要录》卷156，绍兴十七年七月癸酉；刘一清：《钱塘遗事》卷3，《嵩之起复》。
③ 《庆元条法事类》卷77，《服制门》；《司马文正公传家集》卷65，《葬论》；《范太史集》卷27，《进故事》；黎靖德编：《朱子语类》卷89，《礼六·冠昏丧》。
④ 《司马文正公传家集》卷65，《葬论》；魏泰：《东轩笔录》卷7。

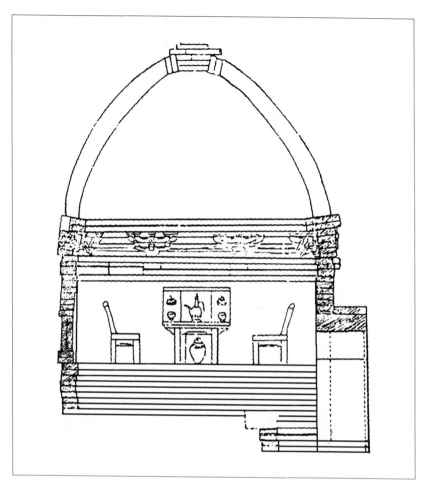

河南洛阳出土宋砖雕墓

容棺及明器"；"冢上树五株柏，坟高三尺，石翁、仲兽不得用"；明器不能过多："左置明水，水二盎，酒二缸。右置米面二瓮，朝服一称，私服一称，靴履自副"；"无以金铜杂物置冢中"；治丧期间，"不得作道、佛二家斋醮"；出殡时，"以绘布缠棺，四翣引，勿得作方相俑人"。翣系棺饰，形状像扇，在途中用来障车。当时有"作碑谀墓"的习俗①，长辈死后，晚辈总要请名人写神道碑、墓志铭之类，大肆吹捧一番。宋祁对其一生自我评价相当苛刻，他不以文豪自居："吾学不名家，文章仅及中人，不足垂后。"要求后人"慎无妄编缀作集"。他不以良吏自称："为吏在良二千石下可著数人，故无功于国，无惠于

---

① 赵彦卫《云麓漫钞》卷2称："近世行状、墓志、家传，皆出于门生、故吏之手，往往过实，人多喜之，率与正史不合。"

人。"告诫儿子不能对朝廷提出任何要求："不可以请谥有司，不可受赙赠。"宋祁拒绝廉价吹捧，嘱咐后人"不宜求巨公作志及碑"。他去世前，"自为右志左铭，仅记爵里姓名"。宋祁的儿子们记住父亲"若等不可违命"的遗训，"遵《治戒》，不请谥"①。至于后来谥号景文、作神道碑、编《景文集》之类，都是他人所为。宋祁薄葬，堪称表率。

第三节　习俗

宋代不少丧葬习俗并不见于礼书，有的甚至遭到礼书谴责、受到法令禁止，可是在民间乃至上层社会都十分流行。下面姑且介绍四种。

●一避回煞

回煞又称丧煞或归煞，按照这一迷信的说法，人死后其魂气将于固定的日子归家，到时有凶煞出现，危及家人，一定要举家躲避。此俗在北朝已有之，宋代遍及各地，经济最发达的江浙地区尤其盛行。《夷坚乙志》卷19《韩氏放鬼》称："江浙之俗信巫鬼，相传人死则其魄复还，以其日测之，某日当至，则尽室出避于外，名为避煞。命壮仆或僧守其庐，布灰于地，明日视其迹，云受生为人为异物矣。"

回煞纯属迷信，已被事实戳穿。波阳（江西今县）韩氏一妇女死去，回煞之日，举家逃避，请僧人宗达留宿家中。夜半，"房中有声呜呜然，久之渐厉"。宗达不免心中恐惧，只顾念经"至数十过"。天亮，韩氏子弟归来，与宗达一道，执杖而入，但见一物，长约四尺，"首带一瓮，直来触人"。宗达举杖便打，"瓮即破，乃一犬呦然而出"。原来，韩氏子弟离家时，这只狗已潜入房中，见瓮中有糠，"伸首舐之，不能出，故载而号呼耳"。宗达经历此事，才对"疑心生暗鬼"之说有所领悟。绍兴赵希旴以"不避煞"而著称，指斥此俗不近情理。从在世的儿子方面看，"安有执亲之丧，欲全身远害而扃灵柩于空屋之下？"从去世的父亲方面看，"又岂有人父而害其子者？"何况举家避煞之日正是宵徒行

① 宋祁：《宋景文集》卷48，《治戒》；《宋史》卷284，《宋祁传》。

窃之时，以致"金银珠宝之类皆为所窃"。他父亲死后，到回煞之日，"乃独卧苫块中"，结果"终夕帖然无事"。俞文豹认为改变回煞陋习，长辈责任重大："此惟老成经历，平时以此诏其子弟，庶几临时不为俗师所惑。"①

⑤烧纸钱

纸钱有寓钱、冥钱、冥财、楮钱、纸镪、钱纸等多种名称，指烧给死者或鬼神的钱形纸片，来源于汉代的瘗钱。魏晋以后，纸钱逐渐代替实钱。宋代烧纸钱成风，出现了以"凿纸钱为业"的工商业者。纸钱只是纸明器中的一种，还有纸碗、纸碟、纸瓶、纸盂、纸马之类。赵彦卫说，明器"今之以纸为之，谓之冥器，钱曰冥财"②。北宋开封和南宋杭州都有专门出售纸明器的商店，称"纸马铺"。

是否应当烧纸钱，士大夫各说不一。《邵氏闻见录》卷19载，邵雍"春秋祭祀，约古今礼行之，亦焚楮钱"。程颐感到奇怪，邵雍辩解道："明器之义也。脱有益，非孝子顺孙之心乎？"朱熹支持烧纸钱："鬼神事繁，无许多钱来埋得！"杜衍则以"不焚纸币"而闻名。钱若水的态度与杜衍相同，吕南公写下《钱邓州不烧楮镪颂》："古之用币以礼神祇。后之罪士为多则假之以请祷禳祈，假之不已则翻楮代焉而弗支，是故罪者满世而莫救其罪。"司马光认为送钱财比烧纸钱实用，俞文豹对此提出异议："今贵者官极品，富者财巨万，贫且贱者何敢以货财为礼？"戴埴公开主张烧纸钱："以纸寓钱，亦明器也。与涂车、刍灵何以异？"③ 涂车即泥车，刍灵即茅草扎成的人马，都是古时送葬用的明器。他认为纸钱代替实钱是个历史进步。由于某些士大夫的支持和参与，烧纸钱之风愈演愈烈。

⑥看风水

风水指宅地、墓地的地势、方位及周围环境，看风水始于汉代。相宅相墓者自称堪舆家，以东晋郭璞为鼻祖。从环境美学和建筑规划理论的角度看，堪舆术具有某些合理成分，值得研究乃至继承。但堪舆家认为风水的好坏关系到死者家族、子孙的盛衰祸福，肯定属于迷信。两宋有识之士反对看风水。张载《经学理窟·丧纪》断言："葬法有风水山岗，此全无义理，不足取。"程颐抨击相墓"专以利后为虑"、"不以奉先为计"，他认为墓地应当选择，目的在于避免

① 洪迈：《夷坚乙志》卷19，《韩氏放鬼》；俞文豹，《吹剑录全编·四录》。
② 《长编》卷111，明道二年三月癸巳；《云麓漫钞》卷5。
③ 《朱子语类》卷90，《礼七·祭》；徐度：《却扫编》卷中；吕南公：《灌园集》卷16，《钱邓公不烧纸镪颂》；《吹剑录全编·四录》；戴埴：《鼠璞·寓钱》。

"五患"，即"异日不为道路、不为城郭、不为沟池、不为贵室所夺、不为耕犁所及"。《书仪·丧仪》采用归谬法，反驳"殡葬实能致人祸福"这一邪说："彼阴阳家，谓人所生年、月、日、时，足以定终身禄命。信如此所言，则人之禄命固已定于初生矣。岂因殡葬而可改邪？是二说者，自相矛盾，而世俗两信之，其愚惑可谓甚矣。"司马光以他家的两个实例作为反证：安葬父亲司马池，并未听信阴阳家之言，一切由兄长司马旦作主，40年后兄弟福寿康宁，全家仕途显达；安葬夫人张氏，"棺成而敛，装办而行，圹成而葬，未尝以一言询阴阳家"，两年来"无他故"。他告诫人们："欲知葬书之不足信，视吾家。"① 孔平仲列举三个东汉时期的事例加以反驳："吴雄不问葬地，而三世廷尉；赵兴不恤忌讳，而三叶司隶；陈伯敬动则忌禁，而终于被杀。"杨万里以郭璞为例证明风水之说不可信："郭璞精于风水"，但"身不免于刑戮"，则"其说已不验于其身矣"。罗大经以宰相京镗为例：京丞相"崛起寒微，祖、父皆火化无坟墓，每寒食则野祭而已，是岂因风水而贵哉"②！

然而民间依旧"愚惑"，以致宋代堪舆家为数甚多。《古今图书集成·艺术典·堪舆部》中被列入堪舆名流列传者，历代共115人，两宋多达43人，占总数的37.4%。有关记载制造出不少神话，如苏洵、苏轼、苏辙成为文豪，是由于其祖坟在"彭山县象耳山，此地当出文章之士"。刘延庆官至节度使，儿子刘光世又官至少师，是因为其祖坟"卜宅兆，山甚美"，当"世世富贵"③。范同任参知政事，是由于他按照阴阳家的建议安葬父亲。皇帝陵墓无不经过堪舆名流精心选择。据说孝宗登上皇帝宝座，是因为当初阴阳家苗昌裔为太祖确定陵地，预言："太祖之后，当再有天下。"北宋之所以灭亡，是由于宰相丁谓当年不听堪舆家徐仁旺之言，将真宗安葬于牛头山后地。徐仁旺曾上表陈述"山后之害"："坤水长流，灾在丙午年内；丁风直射，祸当丁未年终，莫不州州火起，郡郡盗兴。"结果，金军攻打开封果然在丙午即靖康元年（1126），而丁未即建炎元年（1127）则"诸郡焚如之祸，相仍不断"④。这类神话无疑出自穿凿附会。

在这类记载中，堪舆家闹的笑话也不少。如翰林学士宋白的祖坟"在五行书极佳"，但宋氏"自是宦绪不进，亦不复有人登科"。成都一豪门的墓地经精心选择，堪舆家冯怀古称奇叫绝："陵回阜转，山高陇长，水出分明，甚奇绝也。"可是"自葬之后，家财耗散，人口沦亡"。冯怀古狡辩道："此山是葬公侯

① 程颢、程颐：《河南程氏文集》卷10，《葬说并图》；《司马文正公传家集》卷65，《葬论》。
② 孔平仲：《珩璜新论》卷2；罗大经：《鹤林玉露》丙编卷6，《风水》。
③ 《湖海新闻夷坚续志》前集卷2，《取灯定穴》；《夷坚乙志》卷11，《刘氏葬》。
④ 王明清：《挥麈余话》卷1，《帝王自有真》；何薳：《春渚纪闻》卷1，《定陵兆应》。

之地，岂常人可处?"蔡京的父亲蔡准葬于临平山，"其墓以钱塘江为水，越之秦望山为案，可谓雄矣"。可是蔡京"一理丧败，几于覆族"。陆游以此事为例，指出："俗师之不可信如此!"①

看风水危害社会，罗大经认为，其主要表现有四：1. 久殡不葬："有贪求吉地，未能惬意，至数十年不葬其亲者。"2. 多次改葬："有既葬以为不吉，一掘未已，至掘三掘四者。"3. 抢购吉地："有因买地致讼而棺未入土，家已萧索者。"《名公书判清明集》卷9《户婚门·坟墓》所载大多是些抢购吉地的案件。4. 争夺风水："有兄弟数人惑于各房风水之说，至骨肉化为仇雠。"② 骨肉尚且如此，社会上更是常常因此发生公开冲突。《夷坚三志》辛卷3《王枢密招魂》载，王伦、王渊均官至签书枢密院事，两家后代因争风水而"两下争斗，几于兵刃相格"，"官司莫能决"。足见争风水是当时影响社会安定的消极因素之一。

㈣做道场

道场在这里是水陆道场的省称，指设斋供奉，超度所谓水陆众鬼的法会。此俗相传始于梁武帝时，宋代很流行。《书仪·丧仪》称：世俗"于始死及七七日、百日、期年、再期、除丧，饭僧，设道场，或作水陆大会，写经造像，修建

升仙图（摹本）河南洛阳北宋张君端墓出土石棺画像

————————————

① 《夷坚丙志》卷19，《宋氏葬地》；黄休复：《茅亭客话》卷2，《冯山人》；陆游：《老学庵笔记》卷10。

② 《鹤林玉露》丙编卷6，《风水》。

出殡图（摹本）河南荥阳朱三翁墓出土石棺画像

塔庙"。七七指人死后 49 天，百日即卒哭，期年即小祥，再期即大祥。外地与京城做道场，又有区别。俞文豹说："外方道场，惟启散时用铙钹，终夕讽呗讲说，犹有恳切忏悔之意。"而京城"惟只从事鼓钹，震动惊撼，生人尚为头疼脑裂，况亡灵乎"？反对丧葬用乐的士大夫对此十分反感，程颐认为："道场锣鼓，胡人乐也。""今用于丧家，可乎？"朱熹强调；"丧最要不失大本，如不用浮屠、送葬不用乐。"向伯元"戒其子孙，勿为世俗所谓道场"。朝廷明文规定："丧葬不得用乐。"然而社会上依旧是"丧家率用乐，人皆以为当然"①。

做道场依据的是天堂地狱这一邪说："做道场功德，则灭罪升天，否则入地狱，受锉烧春磨之苦。"②《夷坚丙志》卷 3《常罗汉》载，嘉州（治今四川乐山）杨氏妪特别喜欢吃鸡，"平生所杀，不知几千百数"。死后，僧人常罗汉为她"作六七斋"。据说如果不如此，她下世将变鸡。《后山谈丛》卷 4 载，一王姓官员生前妒贤嫉能，死后其外姻晁端彦设道场，为他"忏罪"，僧众齐声大唱："妒贤嫉能罪消灭！"如此即可洗罪，实属海外奇谈，"闻者莫不笑"。《夷坚志》中有不少篇章记述某人曾"误入阴府"，到过"阎罗城"，见过"阴司判官"以至"阎罗王"，后来死而复生，讲到阴间的情形。其实，什么"阴朝地府"不过"阳界官府"的翻版。

有识之士将批判矛头直指天堂地狱之说，《书仪·丧仪》最具代表性，其主要观点有三：1. 天堂、地狱根本不存在。张唐卿《唐史发潜》称："苍天

---

① 《吹剑录全编·四录》；《朱子语类》卷 89，《礼六·冠昏丧》；朱熹：《晦庵集》卷 83，《跋向伯元遗戒》；《燕翼诒谋录》卷 3；《鸡肋编》卷上。

② 《吹剑录全编·四录》。

之上，何人见其有堂？黄泉之下，何人见其有狱？"司马光进一步指出："彼天堂、地狱，若果有之，当与天地俱生。"接着又说："自佛法未入中国之前，人死而复生者，亦有之矣。"所谓"死而复生"，指休克后恢复健康。他最后反问："何故无一人误入地狱，见阎罗等十王者耶？"2. 退一万步说，即使有天堂、地狱，做道场仍然很荒唐。唐人李丹《与妹书》称："天堂无则已，有则君子登。地狱无则已，有则小人入。"司马光指责做道场者："是不以其亲为君子，而为积恶有罪之小人也。"并发问："就使其亲实积恶有罪，岂略浮屠所能免乎？"他感慨："此则中智所共知，而举世滔滔而信奉之，何其易惑难晓也。"3. 天堂、地狱之说据说旨在劝善惩恶，其实岂能惩恶。司马光说："死者形神相离，形则入于黄壤，腐朽消灭，与木石等；神则飘若风火，不知何之。假使锉烧春磨，岂复知之？"俞成认为"为善即天堂，为恶即地狱，天堂地狱不在乎他"①，完全用不着做道场。

有识之士反对做道场，态度并不十分坚决。《吹剑录全编·四录》载，司马光号称"至不信佛"，但对家人强调："十月斋僧，诵经追荐，祖考之训。"黄墀为父亲办丧事，"欲不用僧道，亲族内外群起而排之"，只得"从半今半古之说"。俞文豹拟不设道场，但顾虑重重："施之妻子，可也。施之父母，人不谓我以礼送终，而谓我薄于其亲也。"朝廷为皇帝、皇后料理丧事，几乎无不做道场。如真宗死后，仁宗"诏每七日于观音启圣院、开宝寺塔设斋会，中书、枢密院分往行香"。英宗高皇后死后，宫中"作小祥道场"，隆报长老作法，哲宗"设御幄于旁以听"。高宗得知徽宗及郑皇后死于金朝，先"诏诸路州县寺观各建道场七昼夜"，又诏平江（今江苏苏州）诸佛寺"选僧道三十五人醮祭作佛事"②。

做道场，规模大，花销自然也大。贾似道为其母亲做道场，动用僧道千人。民间做道场，规模也不小。话本《快嘴李翠莲记》说："和尚、道士一百个，七日、七夜做道场。"吴县（今属江苏）宰陈祖安感叹："此费侈，吾贫不能办。"③ 假如随俗，只能破产。无怪乎当时有"伤生以送死"之说。

① 陈善：《扪虱新语·天堂地狱》；俞成：《萤雪丛说》卷下，《天堂地狱》。
② 《宋会要》礼29之20；《道山清话》；《要录》卷108，绍兴七年正月戊子、己丑。
③ 《夷坚丙志》卷12，《吴旺诉冤》。

第四节　火葬

　　在宋代，按照礼法应当土葬，但实际上各种葬法并存。《岳阳风土记》称："荆湖民俗"，"死者多不埋葬，或暴露风日，或置之木梢，谓之死丧祥"。"暴露风日"即野葬，"置之木梢"即天葬。还有实行水葬的，如凤州（治今陕西凤县东北）"贫民不能葬者，弃尸水中"①。野葬、天葬、水葬仅存在于个别地方。而当时火葬之流行，在中国古代历史上实属罕见。

●流行甚广

　　《日知录》卷15《火葬》指出："自宋以来，此风日盛。"据估计，两宋时期的火葬率在10%—30%之间②，以河东路和两浙路的火葬率最高。河东路火葬习以成俗，李清臣《韩忠献公琦行状》称："河东俗杂羌夷，用火葬"；程颐《明道先生行状》云："晋俗尚焚尸，虽孝子慈孙，习以为安"；毕仲游《乞理会河东土俗埋葬札子》说："其俗勤于养生，怠于送死。非士大夫之家，中户以下，亲戚丧亡，即焚其尸，纳之缸中，寄放僧寺与墓户之家，类不举葬。盖虽上户，亦有不葬而焚之者。"关于两浙路的情况，《清波杂志》卷12称："浙右水乡风俗，人死虽富有力者，不办蕞尔之土以安厝，亦致焚如。僧寺利有所得，凿方尺之池，积涔蹄之水，以浸枯骨。"如"衢人之俗，送死者皆火化于西溪沙洲上"③。海盐的焚化院即火葬场"去县五里，在城西门外"。苏州的火葬场即化人亭在城外西南隅的通济寺和齐升院，其习俗为："亲死肉未寒，即举而付之烈焰，权棒碎拆，以燔以炙，余骸不化则又举而投之深渊。"④ 至于临安的化人亭，设在西湖东北角的圆觉禅寺和钱塘门外的九曲城菩提院内。《马可波罗行

---

　　①　范镇：《东斋记事》卷3。

　　②　伊沛霞（Patricia Buckley Ebrey）：《宋朝的火葬》（Cremation in Sung China），载《美国历史评论》（American Historical Review）第95期第2号，第406—428页，1990年。

　　③　杜大珪：《名臣碑传琬琰集》中编卷48；《河南程氏文集》卷11；黄淮、杨士奇编：《历代名臣奏议》卷116，《风俗》；《夷坚志补》卷3，《七星桥》。

　　④　鲁应龙：《括异志》；黄震：《黄氏日抄》卷70，《申判府程丞相乞免再起化人亭状》。

纪》称杭州"人死焚其尸",并描述道:"富贵人死,一切亲属男女,皆衣粗服,随遗体赴焚尸之所。行时作乐,高声祷告偶像,及至,掷不少纸绘之仆婢、马驼、金银、布帛于火焚之。彼等自信以为用此方法,死者在彼世可获人畜、金银、绸绢。焚尸既毕,复作乐,诸人皆唱言,死者灵魂受偶像接待,重生彼世。"①

火葬习俗流行甚广,如荆湖南路,刘挚《忠肃集》卷 13《侍御史黄君墓志铭》称:"楚俗,死者焚而委其骨于野";荆湖北路,《宋史》卷 437《刘清之传》云:"鄂俗","死则不葬而畀诸火"。在福建路,泉州"贫瘘之家,委之火化,积习岁久,视以为常";罗源(福建今县)"丧死者,焚尸糜其骨,众董和合,凌风飘飏,命曰升天,以尤细为孝";建安(即今福建建瓯)程知县曾发布《谕俗不得火葬文》。②《马可波罗行纪》所载"人死焚其尸"的地方还有强格路(似为景州)、临州城(似为利国监)、邳州城(在沂、泗两水汇合处)、宝应县城(今属江苏)、襄阳府大城(即今湖北襄阳)、塔皮州城(在杭州西南)。③近数十年,数量可观的宋代骨灰盒和火葬墓在四川、福建、上海、河南、山西、湖南、广西等省市均有发现。

㊁成因复杂

《容斋续笔》卷 13《民俗火葬》称:"自释氏火化之说起,于是死而焚尸者,所在皆然。"其实火葬并非舶来品,我国远古时代早已有之,进入文明时代后,中原地区才逐渐稀少。佛教传入中原地区以后,从汉到唐九百年间,火葬者极少,不是"所在皆然"。宋太祖所说比较符合实际:"近代以来,率多火葬。"④中原地区盛行火葬始于以社会动乱为表象、社会变革为内涵的唐末五代。在这场社会变革中,包括死者以"入土为安"在内的不少传统观念动摇。加之适逢战乱,生者尚且苟延残喘,死者后事只能从简。于是火葬在变乱中,悄然成为风俗。风俗一旦形成,即具有稳定性。入宋以后,人们越发感到火葬优点不少:

一是卫生。如建安"谢六解妻周氏,六月无疾暴亡",正值酷暑盛夏,如果定要土葬,势必旷日持久,尸体臭不可闻。"其家谓死非其时,是晚便行火厝"。水乡气候潮湿,疾病易于流传。《夷坚丁志》卷 15《张珪复生》称:"江吴之

---

① 《马可波罗行纪》,第 573、574 页。
② 真德秀:《谕俗文·泉州劝孝文》;叶适:《水心集》卷 16,《林正仲墓志铭》;《湖海新闻夷坚续志》前集卷 2,《焚尸利害》。
③ 《马可波罗行纪》,第 513、521、522、536、547、596 页。
④ 《长编》卷 3,建隆三年三月丁亥注。

俗，指伤寒为疫疠，病死气才绝，即殓而寄诸四邻，不敢时刻留。""至秋，将火葬。"防止传染病流行是实行火葬的一个重要原因。北方人贾同《禁焚死》云："或以恶疾而死，俗云有种，虑染其后者而焚之。"① 可见北方亦因讲究卫生而实行火葬。

二是方便。《书仪·丧仪》指出："世人又有游宦没于远方，子孙火焚其柩，收烬归葬者。"如治平年间，泽州（治今山西晋城）"郡官有母死者，惮于远致，以投烈火"；淳熙年间，福州籍大学生王寅攻读于长兴（今属浙江）大雄寺，突然病死，亲属闻讯赶来，"火化尸柩，收骨归矣"；泉州苏二十一郎"为行商，死于外，同辈以烬骨还其家"②。火葬特别便于远途归葬故乡。

三是节省。火葬比土葬开支小，被称为"省便之计"，当时人往往因"避于葬费而焚弃"。毕仲游认为，"务从省俭"是"衣食至薄"的河东路盛行火葬的原因之一。两浙路情况类似，荣薿指出："吴越之俗，葬送费广，必然累而后办。至于贫下之家，送终之具，唯务从简，是以从来率以火化为便。"③

当时火葬流行的深层次的原因还在于：宋代是我国历史上又一次人口增长的高峰，加之土地私有制进一步深化，人多与地少的矛盾尖锐，死人与活人争地的问题突出。宋人反复指出，"土狭民众，惜地不葬"是河东路盛行火葬的主要原因。人口密度最大的两浙路，富裕人家也不愿将"蕞尔之土"用于安葬死者。至于城市人多地少的矛盾更尖锐，如"鄂州地狭而人众，故少葬埋之所。近城隙地，积骸重叠，多舁棺置其上，负土他处以掩之。贫无力者，或稍经时月，濒于暴露，过者悯恻焉"。情况如此严重，火葬势在必行。依据临安的实际情况，俞文豹指出："今京城内外，物故者日以百计。若非火化，何以葬埋？"难怪在观念上反对火葬的程颢，一旦面对现实，也不得不说："其火葬者，出不得已。"④

⊜屡禁不止

士大夫大多激烈反对火葬，将火葬胡乱比附为焚尸扬灰："古人之法，必犯大恶则焚其尸。"他们埋怨朝廷禁而不力、地方官员听之任之。其实两宋王朝一贯错误禁止火葬。北宋刚刚建立，太祖便发布敕令："京城外及诸处，近日多有

---

① 《湖海新闻夷坚续志》前集卷2，《焚尸利害》；吕祖谦编：《宋文鉴》卷125。
② 《河南程氏文集》卷11，《明道先生行状》；《夷坚三志己》卷5，《王东卿鬼》；郭彖：《睽车志》卷3。
③ 《宋会要》刑法2之57、42；《历代名臣奏议》卷116，《风俗》。
④ 《宋史》卷314，《范纯仁传》；《夷坚支乙》卷9，《鄂州遗骸》；《吹剑录全编·四录》；《河南程氏文集》卷10，《葬说并图》。

焚烧尸柩者，宜令今后止绝。"《宋刑统》卷18《贼盗律·残害死尸》抄录了唐律禁止火葬的全部规定，如"子孙于祖父母、父母"，"烧棺椁者流二千里，烧尸者绞"。此后朝廷不断申严此禁，如绍兴二十七年（1157）九月，范冈上奏："今火葬之惨日炽，事关风化，理宜禁止。"高宗接受建议，"申严法禁"①。

对于朝廷的火葬禁令，地方官员大多竭力推行。以火葬率最高的河东路为例，知并州（治今山西太原）韩琦厉行火葬之禁，号称"自是风俗遂变"；庞籍、孙沔先后出知并州，同样严禁火葬；程颢知晋城（今属山西），"申焚尸之禁"；范纯仁知太原府（治今山西太原），"遣僚属，收无主烬骨，别男女，异穴葬者三千余。又推之一路，葬以万数计"②；毕仲游提点河东路刑狱，宣称"尚敢焚毁"，必将"裁之以法"，手段可谓强硬；李昭玘任潞州（治今山西长治）通判，鉴于"潞民死多不葬"，他"斥官地，画兆窆，具棺衾，作文风晓之"；孙贲任河东路转运使，发现这里"弊俗如故"，要求地方官"常加禁约，无废前规"③。至于其他地区，如华容（今属湖南）知县黄照、罗源主簿林正仲、泉州知州真德秀、吴县尉黄震等人都竭力禁止火葬。然而火葬之俗自有其深刻成因，禁令只能奏效于一时一地。

㈣设立义冢

两宋王朝一面厉行火葬之禁，一面着手解决葬地，设立义冢。义冢又称义阡，是掩埋无主尸体的公墓。元丰三年（1080）三月，神宗采纳开封府界提举常平等事陈向的建议，"令逐县度官不毛之地三五顷，听人安葬。无主者，官为瘗之。民愿得钱者，官出钱贷之。每丧毋过二千，勿收息"。并授权陈向"主其事"。这意味着义冢形成制度。崇宁三年（1104）二月，中书就健全义冢即漏泽园制度提出建议：1.加强管理："诸以漏泽园葬瘗，县及园各置图籍，令厅置柜封锁。令佐赞移，以图籍交授；监司巡历，取图籍点检。" 2.统一规格："应葬者，人给地八尺，方砖二口，以刻元寄所在及月日、姓名。""军民贫乏，亲属愿葬漏泽园者，听指占葬地，给地九尺。" 3.允许移葬：今后亲属"乞改葬者，官为开葬，验籍给付"。4.妥善保护："无故若放牧，悉不得入。"徽宗当即接受大臣建议，予以批准，"并著为令"。漏泽园是蔡京为义冢取的新名称。《汉书》卷64上《吾丘寿王传》载，吾丘寿王称赞西周"德泽，上昭天，下漏泉"。

① 朱熹编定：《河南程氏遗书》卷2下，《附东见录后》；《宋刑统》卷18，《贼盗律·残害死尸》；《要录》卷177，绍兴二十七年九月癸酉。

② 韩琦：《韩魏公集》卷13，《家传》；《吹剑录全编·四录》；范纯仁：《忠宣集》补编，《忠宣尧夫公传》。

③ 《历代名臣奏议》卷116，《风俗》；《宋史》卷347，《李昭玘传》；《宋会要》刑法2之42。

191

颜师古注曰："漏，言润泽下沾，如星之漏。"漏泽园即取名于此。崇宁年间各地相继建立漏泽园，如明州（治今浙江宁波）虽远离京城，但闻风而动，所属鄞县、奉化、慈溪、定海、象山、昌国六县当即设置漏泽园。北宋末年，宋金开战，漏泽园之事无人过问，园地丧失，以致"已死者衔发掘之悲，而后死者失掩埋之所"。绍兴十四年（1144）十二月，高宗在南方站稳脚跟后，"诏临安府及诸郡复置漏泽园"①。在朝廷一再催促下，各地漏泽园得以陆续恢复并增设。

宋代义冢制度在推行中弊端甚多：一是弄虚作假。朝廷规定守园僧人"以所葬多为最，得度牒及紫衣"，守园僧人"遂有析骸以应数者"，以便冒领"恩例"。某些地方官员居然"责保正长以无病及已葬人充"。无病便葬，即是活埋。如此草菅人命，按照法令，仅"杖一百"。二是敷衍塞责。按照规定，"凡漏泽园收瘗遗骸，并深三尺"。某些地方政府应付差事，"或不及三尺而致暴露者"，葬了等于不葬。三是胡乱开支。某些地方官吏"奉行颇过"，在"葬日及岁时，设斋醮，置吏卒护视"②，以致入不敷出。

何况义冢制度本身就有问题。朝廷明令禁止火葬，一味推行土葬。只顾死者的埋葬处所，不顾生者的生存状况。人们抨击义冢制度"不管活人，只管死尸"。在人多地少矛盾尖锐的宋代，义冢根本无法满足需要。如建康府（治今江苏南京）义冢"暴骨如莽，后殡者多发前冢，弃枯骼而纳新棺"。要解决这一问题，只得求助于火葬。江南东路转运副使真德秀在创建建康府南义阡时，订下一条规矩："地满之日，支钱焚化。"③浙东提举常平李大性在设置绍兴义冢时，公开宣布："其有徇浮图火化者，助之缗钱，从其私。"总之，两宋统治者推行义冢制度，预定目标未能实现，火葬之俗难以革除。正如顾炎武所说：宋代"虽有漏泽园之设，而地窄人多，不能遍葬，相率焚烧，名曰火葬，习以成俗"④。

辽宋西夏金社会生活史

---

① 《长编》卷297，元丰二年三月辛未；《宋会要》食货68之130、140；《要录》卷152，绍兴十四年十二月辛未。并请参看张勋燎：《新出崇宁三年王观国〈虢州卢氏县漏泽园记〉碑考述》，蒙文通先生诞辰110周年纪念暨学术讨论会论文，2004年10月，成都。

② 沈作宾、施宿等：《嘉泰会稽志》卷13，《漏泽园》；《宋会要》食货68之131、132。

③ 《老学庵笔记》卷2；周应合：《景定建康志》卷43，《风土志二·义冢》；张铉：《至正金陵志》卷12下，《古迹志·陵墓》。

④ 《嘉泰会稽志》卷13，《漏泽园》；顾炎武：《日知录》卷15，《火葬》。

第十二章
丧葬（下）：辽、西夏、金、大理辖区及宋辖少数民族居住区

辽、西夏、金、大理辖区及宋辖少数民族居住区，各种葬法应有尽有。一个民族在内在因素的驱动和外在因素的影响下，丧葬习俗前后又有变化。

第一节　契丹、女真等东北各族

●契丹

契丹的原始葬法是先天葬，后火化。《北史》卷 94《契丹传》称：契丹人死后，"以其尸置于山树之上，经三年后，乃收其骨而焚之"。其习俗为："父母死而悲哭者，以为不壮。"不仅不哭，反而酌酒歌唱："冬月时，向阳食，夏月时，向阴食；我若射猎时，使我多得猪鹿。"《旧唐书》卷 199 下《契丹传》说：契丹人"子孙死，父母晨夕哭之。父母死，子孙不哭"。《新唐书》卷 219《契丹传》强调：契丹人"死不墓"。这些习俗相当稳定，《契丹国志》卷 23《国土

风俗》的记载与《北史》相同。契丹虽无坟墓，但把火化后的遗骨集中埋葬于黑山即木叶山（在今内蒙古巴林右旗境内）。《辽史》卷53《礼志下·嘉仪下》称：黑山"俗谓国人魂魄，其神司之"。契丹始终保存拜山礼即祀木叶山仪，人们面向此山，祭拜祖先亡灵。

辽朝建立前后，无坟墓的习俗逐渐被破除。特别是统治燕云地区后，造坟墓、立墓碑成风，并按照儒家道德规范，或夫妻合葬，或归葬祖坟。坐落在内蒙巴林右旗一带的辽朝八座皇陵即太祖祖陵、太宗怀陵、世宗显陵、穆宗怀陵（系祔葬）、景宗乾陵、圣宗庆陵、兴宗兴陵、道宗福陵，规模都很大，墓前置俑像、瑞兽、建立祭殿，树立碑刻，墓地禁止采猎，并设置州城守陵。因而有"契丹遗俗，既葬必守坟"① 之说。但契丹葬俗仍有其特点②：其一，有墓而无棺。辽代葬尸墓一般置死尸于尸台或尸床上，如已发掘的辽驸马赠卫国王墓便无棺，因墓主人系贵族，其尸床相当豪华，尸床上悬挂着绣花帷幔。

其二，杀牲并殉人。契丹贵族用金银珠宝等珍贵物品随葬，并杀牛马驼羊，祭祀死者。为改变这一旧俗，圣宗在统和十年（992）正月，"禁丧葬礼杀马，及藏甲胄、金银、器玩"。后来兴宗重申："禁丧葬杀牛马及藏珍宝。"③ 辽代始终存在人殉，如太祖弟媳涅里衮死，奴女古、叛人曷鲁只被活埋于其圹中；太祖死，人殉上百，皇后述律氏虽未殉葬，但断右腕，置墓中，因而人称"断腕太后"；安葬景宗，以近幸朗、伶人挞鲁为人殉；景宗第三女延寿女死，以其夫肖头殉葬。

其三，保存尸体，手段独特。《虏廷事实·丧葬》载，契丹"富贵之家，人有亡者，以刀破腹，取其肠胃涤之，实之香、药、盐、矾，五彩缝之。又以尖韦筒刺于皮肤，沥其膏血且尽"。大同元年（947）四月，太宗暴死于杀胡林，便采用这一独特手段腌尸、干尸。《旧五代史》卷137《契丹传》称："契丹人破其尸，摘去肠胃，以盐沃之，载而北去，汉人目之为'帝羓'焉。"刘跂《暇日记》载，大安八年（1092）正月，耶律建出使宋朝，死于滑州（治今河南滑县东），随从"倒悬其尸，出滓秽口鼻中，又以笔管刺皮肤出水，以白矾涂尸令瘦，但令支骨以归"。张舜民《画墁录》称，此为契丹"贵人礼"。

其四，穿铜丝网衣，盖金属面目。《虏廷事实·丧葬》载，契丹贵族安葬时，"用金银为面具，铜丝络其手足"。辽朝公主出嫁时，赏赐"覆尸仪物"④。而今在辽墓中有大量用铜丝编织而成的网状丧服出土，高级的也有用银丝，包

① 《宋会要》蕃夷2之5。
② 参看贾洲杰：《契丹丧葬制度研究》，载《内蒙古大学学报》1978年第2期。
③ 《辽史》卷13，《圣宗本纪四》；卷19，《兴宗本纪三》。
④ 《辽史》卷52，《礼志五·嘉仪上》。

辽宋西夏金社会生活史

括衣、裤、手套、足套、头套及全身衣套。如此安葬死者，据说有防止尸骨散乱、保护尸体不朽、避免灵魂受害等多种用意。

这时契丹早期天葬的习惯已破除，但火化的风俗并未改变。《画墁录》说：契丹贱者死，"燔之以归"。其实并不限于贱者，如检校太师王说死后，同样是先火化，再土葬。李度《王说墓志铭并序》称："焚殡之，礼也。"在已发掘的数百座辽墓中，火葬墓占三分之一。火葬者的骨灰，有的被置于尸台上或墓室中，有的用陶罐或石棺储存。因而元人王恽将火葬称为"契丹遗风"①。

二 女真

女真的原始葬法是土葬，但既无棺椁，又无封树。所谓无封树，即不垒土冢、不做标记、无地面建筑。《新唐书》卷219《黑水靺鞨传》称："死者埋之，无棺椁。"五代改称女真后，此俗依旧。《金志·初兴风土》仍说："死者埋之，而无棺椁。"《虏廷事实·丧葬》所载稍有不同："女真则以木槽盛之，葬于山林，无有封树。"但木槽与棺椁毕竟不是一回事。女真还有三种原始葬俗：一是劙面。《会编》卷3载《女真传》称："其死亡，则以刀劙额，血泪交下，谓之送血泪。"以刀割划面额流血，表示悲愤交加，不仅用于哭丧。《辽史》卷28《天祚帝纪二》载，太祖起兵抗辽时，曾"劙面仰天恸哭"，以激励部众。劙面哭丧，起初很真诚。《金史》卷70《撒改传》载，撒改死，太祖前往吊唁，"劙额哭之恸"。后来仪式化，《虏廷事实·血泣》称：女真贵族死，亲戚"以小刀轻厉额上，血泪淋漓不止，更相拜慰。须臾则男女杂坐，饮酒舞弄，极其欢笑。此何礼也！"女真进入中原后，劙面哭丧的习俗逐渐消逝。

二是烧饭。即焚烧祭祀时所用酒食。《女真传》称："所有祭祀饮食之物尽焚之，谓之烧饭。"《虏廷事实·血泣》云："女真贵人初亡之时，其亲戚、部曲、奴婢设牲牢、酒馔，以为祭奠，名曰烧饭。"契丹也有此俗，《契丹国志》卷23《建官制度》称：契丹主"既死，则设大穹庐，铸金为像，朔、望、节辰、祭日辄致祭，筑台高丈余，以盆焚食，谓之烧饭"。烧饭系下对上及同辈之间的礼仪，不适用于上对下。《金史》卷106《张暐传》载，太师徒单克宁死，章宗拟行烧饭之礼，遭到谏官反对："若为大臣烧饭，礼有未安。"此俗延续时间较长，宣宗小祥时，哀宗仍烧饭。

三是殉葬。《女真传》称："贵者生焚所宠奴婢、所乘鞍马以殉之。"如贵族阿陡罕、撒改死，太祖均赠以良马，用于殉葬。《金史》卷73《阿离合懑传》载，阿离合懑建议予以禁止："国俗多以良马殉葬，可禁止之。"太宗以后，无

---

① 《全辽文》卷5；王恽：《秋涧集》卷84，《论中都丧祭礼薄事状》。

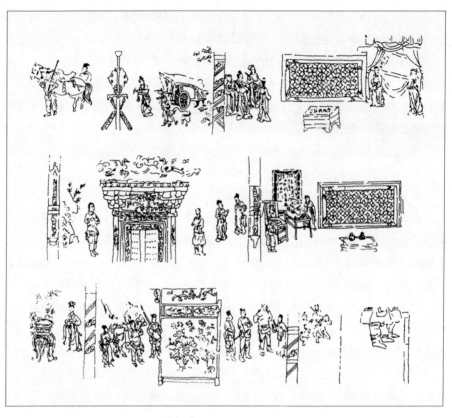

殡葬图（摹本）

山东高庐金墓出土虞寅墓室壁画（选自《中国文明史》第6卷）

殉葬的记载。代之而起的是烧纸钱，"习以为常，俗莫能易"。王恽称：中都一带，人死后，"无问贵贱，多破钱物，市一切纸做房屋、侍从、车马等仪物"①。

女真南下进入中原后，受环境改变、经济发展、汉化加深、佛教盛行等多种因素影响，丧葬习俗至少有三个变化：其一，从土葬到火葬。《靖康稗史》卷6《呻吟语》引《燕人塵》称："金俗火葬。"其实并非原来如此，起初火葬仅适用于殉葬者及罪犯。进入中原后，受汉族及契丹葬俗影响，火葬逐渐成为风俗。被金朝俘获的宋朝大臣陈过庭死时，"以北俗焚之"。金代中叶以后，更是"父母之丧，例皆焚烧，以为当然，习既成风，恬不知痛"②。此情已被考古发掘证实，据统计金代火葬墓多于土葬墓。

其二，葬具从无到有。金代中叶以后，无论贵族的砖室、石室墓，还是平

① 李俊民：《庄靖集》卷10，《抄纸疏》；《秋涧集》卷84，《论中都丧祭礼薄事状》。
② 《要录》卷149，绍兴十三年八月庚子；《秋涧集》卷84，《论中都丧祭礼薄事状》。

民的土坑墓，一般都有葬具。葬具包括木棺、木椁、砖椁、石椁，有的既有棺又有椁，或装尸体，或盛骨灰。由于火葬盛行，盛骨灰的瓮罐、石函逐渐成为主要葬具。

其三，封树从无到有。金代中叶以后的墓葬都有封土，一般一墓一土堆，某些家族墓地数墓一土堆。贵族坟墓往往墓前立碑。《金史》卷 4《熙本宗纪》载，熙宗曾为开国功臣宗望、斡赛、娄室、银术墓立碑。宣宗以后，立碑之风更盛。贵族墓前还有石雕像，如希尹墓前除石柱外，还有石虎、石羊、石人各一对，希尹之孙守道墓前有石人两对，石羊、石虎各一对。[①] 位于大房山（在北京市房山县西北）的金朝六座皇陵即太祖睿陵、太宗恭陵、熙宗思陵、世宗兴陵、章宗道陵、宣宗德陵，规模自然更大。

未南下中原的女真人葬俗变化迟缓。《燕人塵》载，徽宗及郑皇后死于五国城（在今黑龙江依兰），"皆生绢裹葬"。金朝将其尸骨送还南宋，离开五国城时，"惟裹泥土"，到达中都后才"制棺若柜"。这表明留居东北的女真人仍"不尚棺椁"。

居住在东北的室韦，《北史》卷 94《室韦传》称，其葬俗为："父母死，男女众哭三年，尸则置于林树之上。"天葬与契丹的原始葬俗相同，不同之处是父母死，子女哭。《隋书》卷 84《奚传》载，奚的原始葬俗为"死者从苇薄裹尸，悬之树上"，与契丹相似。奚归附辽朝后，与契丹逐渐融合，葬俗更接近。

第二节　党项、吐蕃等西北各族

● 党项

党项葬法各式各样。陈崮《西夏事略》卷 7 称：李继迁"寻其祖于红石峡，障水北流，凿石为穴，既葬，引水其上，后人莫知其处"。这属于水葬。麟州一带的党项则有实行天葬的，上官融《友会丛淡》卷下载，其办法为："用缯彩都包其身，外裹之以毡，椎牛设祭，乃条其草，密加缠束，然后择峻岭，架木高

---

① 参看李健才：《金代女真墓葬的演变》，载陈述、宋德金等主编：《辽金史论集》第 4 辑，书目文献出版社 1989 年版。

丈余，呼为女棚，迁尸于上，云于飞升天也。"男女双方的亲属"击鼓饭酒，数日而散"。但水葬、天葬只是个别情况，党项的通行葬法有两种：一是火葬。《旧唐书》卷198《党项羌传》称："死者焚尸，名为火葬。"《文海》云："烧尸，此者火上烧化尸体之谓也"；"丘，此者丘墓也，烧人尸处地圈之谓也"①。可见火葬系党项的原始葬法并长期流行。马可波罗对"西夏故地"的"焚尸之俗"作了较具体的描述："焚前，死者之亲属在丧柩经过之道中，建一木屋，覆以金锦绸绢。柩过此屋时，屋中人呈献酒肉及其他食物于尸前，盖以死者在彼世享受如同生时。迨至焚尸之所，亲属等先行预备纸札之人马骆驼钱币，与尸共焚。据云，死者在彼世因此得有奴婢牲畜钱财，等若所焚之数。柩行时，鸣一切乐器。"他还说："其焚尸也，必须请星者选择吉日，未至其日，停尸于家，有时停至六月之久。"其停尸的方法是："先制一匣，匣壁厚有一掌，接合甚密，置樟脑香料不少于匣中，以避臭气。施以美丽布帛覆于尸上。停丧之时，每日必陈食于柩前桌上，使死者之魂饮食。陈食之时，与常人食时相等。其尤怪者，卜人有时谓不宜从门出丧，必须破墙而出。"②

二是土葬。《文海》中有坟、墓二字并解释道："坟，此者弃尸场建坟地之谓"；"墓，此者墓地也"③。《宋史》卷485《夏国传上》载，李继迁曾声称其"乳母死，出葬于郊"。这些表明党项乃至整个西夏辖区盛行土葬。至于西夏皇帝，更是实行土葬。《[嘉靖]宁夏新志》卷2《宁夏总志·李王墓》云："贺兰之东，数冢巍然，即伪夏所谓嘉、裕诸陵是也，其制度仿宋巩县陵而作。"如今仍坐落于银川西郊的西夏十座皇陵即太祖裕陵、景宗泰陵、毅宗安陵、惠宗献陵、崇宗显陵、仁宗寿陵、桓宗庄陵、襄宗康陵以及神宗、献宗的陵墓，格局与北宋皇陵相仿。

党项早期重少贱老。《新唐书》卷221上《党项传》云："老而死，子孙不哭；少死，则曰夭枉，乃悲。"随着党项汉化程度的加深，这一葬俗有所改变。

二 吐蕃

《旧唐书》卷196上《吐蕃传上》所载吐蕃原始葬俗，可归纳为三点：一、战死为荣，病死为耻："重兵死，恶病终。累代战没，以为甲门。临阵败北者，悬狐尾于其首，表其似狐之怯，稠人广众，必以徇焉，其俗耻之，以为次死。"《册府元龟》卷961《外臣部六·土风三》称：吐蕃"俗重战死，战死者，其墓

---

① 《文海》75·242，杂13·271，并参看白滨：《〈文海〉所反映的西夏社会》，载《文海研究》，第31—53页。

② 《马可波罗行纪》，第190—191页。

③ 《文海》6·221、杂12·113。

周回白土泥之，不与诸墓连接"。"白土泥之"是由于吐蕃崇尚白色。二，居丧穿黑衣，不长期戴孝："居父母丧，截发，青黛涂面，衣服皆黑，既葬从吉。"三，土葬并有封树，殉葬之风颇盛："其赞普死，以人殉葬，衣服珍玩及尝所乘马弓箭之类，皆悉埋之。仍于墓上起大室，立土堆，插杂木为祠祭之所。"其部众同样实行土葬，《新唐书》卷216上《吐蕃传上》说："其死，葬为冢。"这些原始葬俗到宋代无重大变化，《宋史》卷492《吐蕃传》称，河湟吐蕃"大抵吐蕃遗俗"。

在党项等族的影响下，河湟吐蕃开始实行火葬。《宋史·吐蕃传》载，元祐二年（1087），哲宗为与吐蕃修好，将此前被俘获、已死于开封的吐蕃首领鬼章遗体归还，其办法是"焚付其骨"。可见，吐蕃对于火化，习以为常。①

第三节　西南、南方诸族

●大理辖区

大理辖区各族大都"尚战死，恶病亡"②。其葬法有火葬、土葬和崖葬。

实行火葬的，如乌蛮、末些蛮。《蛮书》卷8《蛮夷风俗》称：乌蛮"不墓葬，凡死后三日焚尸，其余灰烬，掩以土壤，唯收两耳"。贵族家庭将死者两耳先装入金瓶，再放入银函，珍藏起来，以便祭祀。一般人家则用铜瓶或银瓶贮藏。大理时期乌蛮的葬法无重大变化，依旧是先火化，再掩埋，无封树。《云南志略·诸夷风俗》载，其"酋长死，以豹皮裹尸而焚，葬其骨于山，非骨肉莫知其处"。安葬完毕，"用七宝偶人，藏之高楼，盗取邻境贵人之首以祭。如不得，则不能祭"。到祭祀时，"亲戚毕至，宰杀牛羊，动以千数，少者不下数百"，十分隆重。末些蛮"人死则用竹箦，舁至山下，无棺椁，贵贱皆焚一所，不收其骨。非命死者，则别焚之"。与乌蛮的区别在于既不掩埋也不保存骨灰。

实行土葬的，如松外蛮、白蛮。《新唐书》卷222下《两爨蛮传》载，松外蛮的葬俗有三个特点：停殡时间长："死则坎地，殡舍左，屋之，三年乃葬，以

---

① 参见刘建丽：《宋代吐蕃风俗述略》（《西北民族研究》1988年第2期）。

② 《新唐书》卷222下，《两爨蛮传》。

蠹蛀封棺",用意在于防潮；居丧时间长："父母丧，斩衰、布衣、不澡者四五年，近者二三年。"如果父母是"为人所杀"，子女"以麻括发，墨面，衣不缉"；不影响婚事，"居丧，昏嫁不废。"白蛮的坟墓有封树，《蛮书·蛮夷风俗》称："死后三日内埋殡，依汉法为墓，稍富室广栽杉松。"大理时期由土葬改为先火化、再土葬。《云南志略·诸夷风俗》云："人死俗，尸束缚，令坐棺，如方柜，击铜鼓送葬，以翦发为孝，哭声如歌而不哀。既焚，盛骨而葬。"

实行崖葬的，如土僚蛮。《云南志略·诸夷风俗》称："人死则以棺木盛之，置于千仞颠崖之上，以先堕者为吉。"《马可波罗行纪》有相似记载："人死焚尸，用小匣盛其余骸，携之至高山山腹大洞中悬之，俾人兽不能侵犯。"①

● 壮、黎等族

壮族先民有五种葬俗颇为引人注目：

1. 合骨。《太平寰宇记》卷166《贵州风俗》称：乌浒蛮"居止接近，葬同一坟，谓之合骨。非有戚属，大墓至百余棺。凡合骨者则去婚，异穴则聘女"。墓葬如此之大，不足为奇。原始氏族公社阶段每个氏族都有公共墓地，合骨是原始习俗的残留。

2. 买水。《文献通考》卷330《西原蛮》引《桂海虞衡志》称："亲始死，披发持瓶瓮，恸哭水滨，掷铜钱、纸钱于水，汲归浴尸，谓之买水，否则邻里以为不孝。"买水洗尸送葬之俗并不限于壮族，直到近代仍在瑶族中流行。

3. 用乐。周去非《岭外代答》卷7《平南乐》称：广西诸郡"丧葬无一不用乐"。并在同书同卷《白巾古乐》中引用诗句："箫鼓不分忧乐事，衣冠难辨吉凶人。"前一句指"南人死亡，邻里集其家，鼓吹穷昼夜"；后一句说此间人们平时"用白苎为巾"，到戴孝时"反于白巾上缀少红线以表之"。贵州（治今广西贵港市）土著居民办丧事，敲木鼓，以致《太平寰宇记·贵州风俗》中有"生以唱歌为乐，死以木鼓助丧"之说。并请和尚念经、大吃大喝："临丧破家供佛，盛馔待客，名曰斋筵。"②

4. 斗白马。《岭外代答》卷10《斗白马》称："广人妻子父母死，婿至祭，必乘马而往，以二牌棒手前导。将至妻家，驻马以待。妻家亦以二牌棒手对敌，谓之斗白马。婿胜则祭得入，不得胜则不得入。"这是一种仪式，"婿家必胜，以入其祭"。

5. 迎茅娘。《岭外代答》卷10《迎茅娘》载，钦州（今属广西）、廉州

---

① 《马可波罗行纪》，第505页。
② 汪森：《粤西丛载》卷17，《粤俗》。

（治今广西合浦）一带，"子未娶而死，则束茅为妇于郊，备鼓乐迎归，而以合葬，谓之迎茅娘"。

五溪蛮的葬俗是，"父母丧，不啖粱、盐、酪、飞走之肉，惟食藜实、荞豆、鱼菜而已。"① 此外还有两种：一是踏歌。朱辅《溪蛮丛笑》称："风俗死亡，群聚歌舞，辄联手踏地为节，丧家椎牛多酿以待，名踏歌。"用举行群众性歌舞活动的方式送葬。二是葬堂。《溪蛮丛笑》称："死者诸子照水内，一人背尸，以箭射地，箭落处定穴，穴中藉以木。"贫者到此为止，富者还要用崖葬或天葬的方法进行二次捡骨葬："不问岁月，酿酒屠牛，呼团洞发骨而出，易以小函，或枷崖屋，或挂大木，风霜剥落皆置于不问，名葬堂。"

黎族先民与五溪蛮一样，要选择葬地，但方式不同，五溪蛮射箭，黎族先民则扔鸡蛋。《文献通考》卷331《黎峒》引《桂海虞衡志》称："亲死不哭，不粥饭，惟食生牛肉，以为哀痛之至。葬则舁椟而行，令一人前行，以鸡子掷地，鸡子不破处，即为吉穴。"扔鸡蛋定吉凶在南方各族中颇为流行，称"鸡卜"或"鸡卵卜"。

---

① 江少虞：《宋朝事实类苑》卷62，《丧礼》。

第十三章
社会交谊及其礼节

人处社会，必有交游。徐干《中论·谴交》说："古之交也寡，今之交也众。古之交也为求贤，今之交也为名利而已矣。"此言虽非确论，但有一点可以肯定，即随着社会的发展，人们的社会交往越来越多，社会交往的功效也日益为人们所重视。唐宋之际中国社会的剧烈变化，使人们的社会交往进一步扩大。这是一个"举世重交游"的时代。

第一节　交往关系与"友道"

宋初范质说："举世重交游，拟结金兰契。"其后曾巩也言："欲求天下友，试为沧海行。"① 司马光《友箴》谓："非圣不师，非仁不友，可乎？未可。不若游众人之场，闻善而迁，观过而改。"把扩大社会交往作为立身处世不可或缺的一环。南宋洪迈言："朋友之义甚重。天下之达道五：君臣、父子、兄弟、夫妇而至朋友之交。"朱熹强调说："朋友之于人伦，所关至重。"② 一些士人倡言加强较前代为松的宗族内部关系，如创置义庄，编写新族谱，提倡"宗子之法"等。凡此，都表现了这个时期人们对社会交往的高度重视。"同门曰朋，同志曰友"，人们在交往中结成了各种不同的社会关系。

追捧"名士"，崇尚节义，成为一时风尚。据《宋史》，戚同文"所游皆一时名士"；胡则"喜交结，尚风义"；杨亿"重交游，性耿介，尚名节"；邢恕"本从程门得游诸公间，一时贤士争与之交"；朱熹"遍交当世有识之士"等等。③ 又如吴定夫，"布衣芒履走天下，欲遍识当世贤者"④。《金史》载，雷渊"善结交，凡当途贵要与布衣名士，无不往来"；越王永功之子琦"与文士赵秉文、杨云翼、雷渊、元好问、李汾、王飞伯辈交善"⑤。苏轼交游不随流俗："泛爱天下士，无贤不肖欢喜如也。尝自言上可以陪玉皇大帝，下可以陪卑田院乞儿子。"⑥

邻里关系十分受人重视。吕大忠说："人之所赖于邻里、乡党者，犹身有手足，家有兄弟，善恶利害皆与之同，不可一日而无之。"遂发起拟定"乡约"，以成"里仁之美"。郑玉道《恤邻里》篇追思"睦邻里"的古意，批评"今尔百姓以富役贫，以强凌弱，以少犯长"的现象。⑦

乡里关系往往与"布衣交"相联系。李谦溥与宋太祖之父同里门，其弟谦升"与太祖为布衣交"，相交时均未发达，故有此称。太祖也称王审琦为布衣交，说要"共享富贵"而有劝饮之举。张浚与苏云卿同乡里，少时结为布衣交，后张浚为相，求苏氏而未得。布衣交也被用来作为不拘上下礼节的交往，如尚未入仕的范镇至京，宋庠兄弟见其文，"自谓弗及，与为布衣交"；文彦博贵极时，与洛中"以道自重"的邵雍、程颢兄弟"宾接之如布衣交"⑧。

———————

① 邵伯温：《邵氏闻见录》卷7；《曾巩集》卷1，《古诗·欲求天下友》。
② 司马光：《司马公文集》卷68；洪迈：《容斋随笔》卷9；《朱子语类》卷13，《力行》。
③ 《宋史》卷457，《戚同文传》；卷299，《胡则传》；卷305，《杨亿传》；卷471，《邢恕传》；卷429，《朱熹传》。
④ 袁燮：《絜斋集》卷7，《书赠吴定夫》。
⑤ 《金史》卷110，《雷渊传》；卷85，《琦传》。
⑥ 贾似道：《悦生随抄》（《说郛》卷12）。
⑦ 吕大忠：《吕氏乡约》（《说郛》卷80）；郑玉道：《琴堂谕俗文》卷上。
⑧ 分别见《宋史》卷273，《李谦溥传》；卷250，《王审琦传》；卷459，《苏云卿传》；卷337，《范镇传》；卷313，《文彦博传》。

周敦颐《通书》卷2《师友下》说："人生而蒙，长无师友则愚。"重振"师道"，成为一时儒者的追求，由于受业、讲学而形成了一系列重要社会关系。黄宗羲撰《宋元学案》于宋元学者的师承关系最为留意，正是对当时此类关系的真实揭示。如门人、私淑以至再传、三传、四传等，同辈者又有讲友、同调、学侣之类，如卷1《安定学案》，注明为"高平讲友"，其"学侣"有孙复、石介、阮逸；其"门人"有程颐、范纯佑、范纯仁、徐积、刘彝、钱藻等数十人。曾在一起受业又称为"同学"，如《宋史》载赵安仁与宋元舆、张咏与傅霖少年时为"同学"①。《临川集》卷71《同学一首别子固》文，则取其广义，意谓同学于圣人之门。

宋代"讲学"（探讨学术）之风盛行，相与切磋者称为"讲学之友"。如吕公著通判颍州时，郡守欧阳修与之为"讲学之友"。冯元"与安乐孙质、吴陆参、谯夏侯圭善，群居讲学，或达旦不寝，号四友"。又陈襄、陈烈、郑穆、周希四人为友，讲论"知天尽性"之说，从之者众，在闽海间有"四先生"之称。又袁燮入太学时，陆九龄为学录，而"同里沈焕、杨简、舒璘亦皆在学，以道义相切磨"②，不但同里，更为"讲学之友"。

唐代取士，及第举人呼有司为"恩门"、"师门"或"座主"，自称"门生"。宋初行"殿试"，皇帝亲临，遂成制度。此后，得第者皆为"天子门生"，论者称一洗唐以来故习。少尹马涓是刘器之（安世）作详定官时所取，然"未尝修门生之敬，器之不平"，马涓则以"天子门生"相答。这反映了事实上"修门生之敬"的情况仍然是存在的。再如刘温叟"知贡举时，有经学门生居畿内者献粟草一车"③。不过宋时因科举考试结成的座主与门生关系远不如唐代根深蒂固了。

对擢拔自己或荐举自己磨勘改官的上级可称为举主，自视为"门生"。如范仲淹因晏殊荐入馆，"终身以门生事之"④。徽宗时宦官梁师成势盛，"凡文士希进者必称门生"⑤。周邦彦因刘丙荐除户部尚书，后刘得罪，周亦落职。周笑云："世有门生累举主者多矣，独邦彦乃为举主所累。"又，南宋初吏部侍郎方滋受知于参政张守，"后每经毗陵，必至报恩院张之祠堂祭奠，修门生之敬。祝文具在。洪庆善尝入梁企道阁学幕府，后守番阳。企道夫人尚在，岁时亦以状，称

① 《宋史》卷287，《赵安仁传》；卷293，《张咏传》。
② 分别见《宋史》卷336，《吕公著传》；卷294，《冯元传》；卷321，《陈襄传》；卷400，《袁燮传》。
③ 王栐：《燕翼诒谋录》卷1；王明清：《挥麈前录》卷3；王君玉：《国老谈苑》卷1。
④ 叶梦得：《石林燕语》卷9。
⑤ 胡寅：《斐然集》卷26，《右朝奉大夫集英殿修撰翁公神道碑》。

门生以展贺"①。

唐世举人称先试得第者为先辈，宋世亦有此称，但含义有异。建隆四年（963），苏德祥以进士第一人登第，被称为"状元先辈"②。同年进士科偕升者谓之"同年"，张詠《寄晁同年》诗有云"昔同白日升穹碧"③。又王安石《寄深州晁同年》，金朝韩汝嘉《寄元贞同年》等，均指此。李氏亮工、伯时、元中各有才，同年登科进士第，相约富贵毋忘，号"龙眠三李"。宋庠、叶清臣、郑戬及庠弟祁同年登第，趣向既同，权势亦盛，时人谓之"四友"④。范成大说，宋时去唐代浮侈，但存闻喜一晏，届时以齿班立，相互拜答，称为"拜黄甲，叙同年"，对"同年"关系比唐代更为看重。⑤

由于士子的大量增加，"文友"特别是"诗友"纷纷出现。天圣末，欧阳修"文章三冠多士"，与尹洙等七人"为七友，以文章道义相切劘"⑥。苏轼说："祥符寺可久、垂云、清顺三阇黎，皆予监郡日所与往还诗友也。"吴越高英秀与僧赞宁、欧阳修与梅尧臣等均是著名的"诗友"⑦。金杨宏道说，"平生交游赠予诗者多矣"⑧。林希逸序《文房四友除授集》说，曾居相位的郑清之与友朋游聚"不过以文字为乐"，以毛颖等四人为"文房四友"。

因同僚关系称为"僚友"。王禹偁诗云："几多僚友三台上，大半生徒两制间。"⑨ 北宋末吕本中《官箴》说："同僚之契，交承之分，有兄弟之义。至其子孙，亦世讲之。前辈专以此为务，今人知之者盖少矣。"有一时间过从甚密的僚友别得雅号，如王安石、吕申公、司马光、韩少师被称为"嘉祐四友"；苏轼、钱穆公、王仲至、蒋颖叔被称为"元祐四友"。周必大《玉堂杂记》卷下记"祖宗时"，三馆之人"往往前日僚友之旧，道义相交，不专以势利高下为心"，常有小聚集而从容谈笑。金胥持国得幸于章宗，权势赫然，有张仲淹诸人游其门，附以进用，时号"胥门十哲"，实即为一帮"僚友"。

父亲的朋友称为"父执"。《宋史》卷266《苏易简传》载："蜀人何光逢，

① 庄绰：《鸡肋编》卷中；周辉：《清波杂志》卷5。
② 王辟之：《渑水燕谈录》卷6。
③ 张詠：《乖崖集》卷2。
④ 王明清：《挥麈三录》卷2；田况：《儒林公议》卷下。
⑤ 范成大：《姑苏同年会诗序》（《事文类聚》前集卷29）。
⑥ 王辟之：《渑水燕谈录》卷4。
⑦ 苏轼：《东坡志林》卷2；胡仔：《苕溪渔隐丛话》前集卷55，《西清诗话》；欧阳修：《归田录》卷2。
⑧ 刘祁：《归潜志》卷13。
⑨ 王禹偁：《小畜集》卷10，《赠卫尉寺卿二十二丈》。

易简父之执友也。"① 后来因其犯事，易简杀了这位"父执"而遭到母亲的切责。吕希哲《吕氏杂记》载：吕希哲称欧公、荆公、温公等皆为其"父执"。又有"父客"之称，东坡有赠王定国诗云"西来故父客"②，与父亲的关系逊于父执。司马光、程颐等皆与邵雍交好，后又与其子邵伯温往还，此类与两辈人相交称为"再世交"。

初交相得叫"倾盖之交"，如《扪虱新话》载：陈善方言与"仪真、艾墦几邂逅，遂为倾盖之交"。苏轼诗《台头寺送宋希元》云："相从倾盖只今年，离别南台便黯然。"一见如故，离别则悲。葛立方以黄庭坚为例说："忘年交谓虽年齿尊幼不侔而道义可为友也。"③ 同心相契则为"莫逆之交"，蜀人任介、郭震、李畋，皆博学能诗，晓音律，相与为"莫逆之交"。友情坚固者称为"金石交"，如"尤梁溪延之，博洽工文，与杨诚斋为金石交"④，终身友情如一。杨亿谪汝州时，与当轴的王旦"每音问不及他事，唯谈论真谛而已"，称为"空门友"。类似的如赵汴以北京天钵元禅师为"方外友"。颜太初《东州逸党》诗："东州有逸党，尊大自相推。号曰方外友，荡然绝四维。"是一些不守世俗礼法的人。⑤ 或常聚畅饮如《默记》卷下所记石曼卿、刘潜等则被称为"酒友"。

此时人们对交友之道似乎颇有心术。何坦言交朋友"必择胜己者，讲贯切磋益也，追随游玩损也"。袁采云："与人交游"应"常念其长"，平居"必近君子而远小人"。韩淲则说："无势不可与小人相见，无利不可与小人相接，小人所知者势利焉。"许棐亦言："与邪佞人交如雪入墨池，虽融为水，其色愈污；与端方人处如炭入薰炉，虽化为灰，其香不灭。"谢枋得说："交者，精神有契，道德有同，非外相慕也。"⑥ 宋代官场中颇有"朋党"之争，欧阳修撰《朋党论》，以为"小人"以利交而无真朋，"君子"守道义、行忠信、惜名节而为真朋。交往与政治斗争搅和，问题显得错综复杂。金刘祁则谓："良友则从吾讲学，见吾过失，且笑谈游宴以忘忧。"⑦ 南宋李之彦认为："君子以文会友，以友辅仁。友之者，友其德也。当亲密之时，握手论心，必使君臣父子之伦，兄弟夫妇之伦，粹然一出于下，此交友第一义也。"指责当时"世变日薄，友道扫

---

① 此据《古今图书集成》第332册，《明伦汇编·交谊典》卷19引，今通行本无"父"字，当误。

② 周密：《癸辛杂识》前集"父客"。

③ 《东城全集》卷10；葛立方：《韵语阳秋》卷20。

④ 胡仔：《苕溪渔隐丛话》前集卷55；罗大经：《鹤林玉露》卷6。

⑤ 吴处厚：《青箱杂记》卷1；晓莹：《罗湖野录》（《说郛》卷21）；《宋文鉴》卷16。

⑥ 何坦：《西畴老人常言·讲学》；袁采：《袁氏世范》卷中；韩淲：《涧泉日记》；许棐：《献丑集·樵谈》；谢枋得：《谢叠山集》卷2，《交信录序》。

⑦ 欧阳修：《居士集》卷17；刘祁：《归潜志》卷13。

地。惟酒馔追随，有无周济，秒言相谲，术数相胜"①。时人言："东家富财，车马接踵；西家富德，风雪闭门。"感叹"天下俗薄，而朋友道绝"，以为宋初百年间，古风尚存。②

第二节　交往形式

宋初承唐末，官学衰微，士人多聚徒讲学，相与往还。如名士戚同文隐居教授，学者不远千里而至；密州杨光辅"居山聚徒讲学三十余年"；永康军进士李畋"明经术，聚徒教授"③。私学发展的重要形式是书院的建立，儒生或学者"往往依山林，即间旷以讲授，大率多至数百人"，择胜地，立精舍，"以为群居讲习之所"④。北宋中期官学复苏，先后有庆历、熙丰、绍圣三次兴学运动，一时庠序之教遍于国中。石介、孙复、胡瑗在太学日，听者达数千人，虽寒暑雨有不却者，州县学校也聚集了众多的游学者。无论是私学还是官学，都为士人们提供了一个重要的交游场所。"每夜诸生会集"⑤ 虽非通例，但士子们的交往无疑是大大加强了。

宋王朝"不立田制"，贫富无定势。范仲淹在苏州吴、长两县置"义庄"田产以赡族人。范氏义庄为宋代许多官僚效仿，如北宋吴奎、何执中等均设置"义庄宅"。南宋时，类似"义庄"大量增多。各义庄多订有"规约"，对义庄财产及开支方式作出规定。也有由族人共同筹田建立起来的"义庄"⑥。义庄之设，加强了宗族人内部的来往和交流。而《宋史》卷316《吴奎传》载其义庄，周济对象不仅止于"族党"，也包括"朋友"。

熙丰变法时建立保甲制，虽然政府自有用意，但也加强了邻里之间的往还

① 李之彦：《东谷所见·朋友、故旧》（《说郛》卷77）。
② 许棐：《献丑集·樵谈》；洪迈：《容斋随笔》卷9。
③ 《宋史》卷457，《戚同文传》；《宋会要》崇儒2之2、2之41。
④ 吕祖谦：《吕东莱文集》卷6，《白鹿洞书院记》；朱熹：《朱子文集》卷10，《石鼓书院记》。
⑤ 《朱子语类》卷121，《训门人》。
⑥ 参朱瑞熙：《宋代社会研究》第7章，《宋代的封建家族组织》。

和合作。真德秀《真西山集》卷7《浦城谕保甲文》说："阖邑之人皆吾邻里乡党也，思一聚会而未能。"遂拟"与同社百家修祀于本坊之社"，以"陈说邻里乡党相亲相睦之义，及官司所以团结保甲本意"。

民间交往形式丰富多彩。苏轼说："鸡犬之声相闻，幅巾杖屦岁时往来。"[①] 孟元老《东京梦华录》卷5《民俗》记汴京，"或有从外新来邻左居住，则相借措动使，献遗汤茶，指引买卖之类。更有提茶瓶之人，每日邻里互相支茶，相问动静。凡百吉凶之家，人皆盈门。"范致明记荆湖民俗，"亲族不相视病，而邻里往往问劳之。谓亲戚视之则传染，邻里则否"[②]。金丞相高汝砺庆寿，"会乡里交旧，且求作诗文"[③]。有的拟订有"乡规乡约"，伊川撰《明道行状》言："乡民为社会，为立科条，旌别善恶，使有劝有耻。"[④] 北宋后期蓝田吕氏兄弟"相切磋论道考礼"，拟订《吕氏乡约》，"德业相劝，过失相规，礼俗相交，患难相恤"。讲求婚姻、丧葬、祭祀之礼和与乡人往还书问之法。后来朱熹据此，"又为月旦集会读约之礼"，规定月朔皆会，届时检查乡约的执行情况，进行说书、习射、讲论等活动。[⑤]"山林交盟"也有类似的若干规则，陆游《幽居》诗说："社结山林友。"[⑥]

民间的"社会"组织名目繁多。政府禁止具有民间宗教性质如乡民"白衣会"之类的结社活动，又《宋史》卷434《陆九龄传》所载用以备寇的"义社"之类，有民间武装性质，此均不表。

众多的文人会社，成为当时文坛的一个重要现象。文士们定期或不定期地聚会，吟咏唱和，自得风流。如洛中有"洛社"，程颢《陈公廙园修禊事席上赋》云："盛集兰亭旧，风流洛社今。坐中无俗客，水曲有清音。"邵雍诗《和王安之同赴府尹王宣徽洛社秋会》亦赞咏其事："后房深出会亲宾，乐按新声妙入神。"[⑦] 杭州白莲社，则为宋初南方首先是僧人其后有许多文士参加的文人会社。

熙宁时，司马光优游多暇，乃与耆老六七人，"时相与会于城中之名园古寺，且为之约，果实不过三品，馔膳不过五品，酒则无算，以为俭则易供，简则易继也，命之曰真率会"[⑧]。元丰文彦博致仕后，与富弼、司马光等十数人

① 潘自牧：《记纂渊海》卷40引。
② 范致明：《岳阳风土记》（《说郛》号62）。
③ 刘祁：《归潜志》卷8。
④ 《河南程氏文集》卷11。
⑤ 朱熹：《晦庵集》卷74，《增损吕氏乡约》。
⑥ 林洪：《山家清事》（《说郛》卷22）；《剑南诗稿》卷36。
⑦ 《河南程氏文集》卷3；邵雍：《击壤集》卷16。
⑧ 吕希哲：《吕氏杂记》卷下。

"置酒赋诗相乐，……谓之洛阳耆英会"，订有《会约》，大体云"序齿不序官，为具务简素"等。① 其他"耆英诸会"，有拟集于京师而因故未成的至道"九老会"；至和"五老会"；庆历六年集于南园的吴兴"六老"之会；吴中元丰"十老"之集等，皆"前辈耆年硕德，闲居里舍，放纵诗酒之乐，风流雅韵，一时歆羡"者。另如庆历中徐祐屏居于吴时与晏殊等人的"徐都官九老会"②。

又，文彦博与程珦、司马旦、席汝言等名士，皆年七十八，尝为"同甲会"，相与赋诗，彦博诗说："此会从来诚未有。"③ 同榜及第聚会，则曰"同年会"，宋初就有"期集"和刊印"同年小录"的活动，"进士期集，以甲次高下率钱刊小录、事游燕"。熙宁后，政府有时赐给进士及第和诸科钱，以为"期集费"或印"小录"所需费用。范成大记与"同年"会于姑苏之台，"登临胜绝，倾倒情素，献酬乐甚，赋诗相属，州里传写，一夕殆遍"④。真是此乐何极了！又洛中花事极盛，有"万花之会"，后民以为扰而罢。韩琦守扬州时，与王安石等幕客有"芍药会"⑤。宋代宦游者已开始有了"同乡会"，赵昇《朝野类要》卷5载："诸处士大夫同乡曲，并同路者，共在朝，及在三学，相聚作会，曰乡会。"

南来临安文士有"西湖诗社"，寄兴适情赋咏，流传四方；武士有"射弓踏弩社"，非武艺精熟不能入；富室郎君、风流子弟等有"蹴鞠、打球、射水弩社"；奉道、佛者更有名目繁多的法会，以礼祀神祇；又有"锦体社、台阁社、穷富赌钱社、遏云社、女童清音社、苏家巷傀儡社、青果行献时果社、东西马塍献异松怪桧奇花社"⑥ 等等，许多结社具有商业性质。凡此诸"社"，使各行业中人员的交流得以加强。

刘筠《大酺赋·序》谓："王德布于天下而合聚饮食焉。"盛世太平，合该大吃！官僚阶层中，"终日宴集无倦"者不在少例。官员张秉"每公宴及朋友家集会，多自挈肴膳而往"⑦。钱惟演晚年留守西京，与谢绛、尹洙、欧阳修等文士，常聚为游宴吟咏，凡园圃之胜，无不到者。⑧ 彼此唱答，极尽宴游之乐。庄绰《鸡肋编》卷下载，西北人生子有"挦帽会"，江浙人家生女多者俟毕嫁有

① 《宋史》卷313，《文彦博传》；司马光：《传家集》卷68，《洛阳耆英会序》。
② 周密：《齐东野语》卷20；《爱日斋丛钞》卷2；龚明之：《中吴纪闻》卷2。
③ 沈括：《梦溪笔谈》卷15。
④ 范成大：《姑苏同年诗序》；王栐：《燕翼诒谋录》卷5。
⑤ 朱弁：《曲洧旧闻》卷9；胡仔：《苕溪渔隐丛话》后集23。
⑥ 吴自牧：《梦粱录》卷19；参周密：《武林旧事》卷3，"社会"；耐得翁：《都城纪胜·社会》。
⑦ 《宋文鉴》卷2；《宋史》卷264，《沈继宗传》；卷301，《张秉传》。
⑧ 魏泰：《东轩笔录》卷3。

"倒箱会"，均是大会亲宾，美餐一顿。真如以朴简著称的司马光所揭示："清茶淡话难逢友，浊酒狂歌易得朋。"①

茶肆酒楼往往为朋友聚会之所。有遇相知，即"引就茶肆相叙渴别之怀"；宣和时有太学生"共登丰乐楼会饮"事。甚至"鱼头参政"鲁宗道也曾易服饮于酒肆，"适有乡里亲客自远来，遂与之饮"②。晏殊为馆职时，"许臣寮择胜燕饮，当时侍从文馆士大夫各为燕集，以至市楼酒肆，往往皆供帐为游息之地"③。南宋临安城中，各种茶坊、茶肆不但是"五奴打聚"或"诸行借工卖伎人会聚"处，也是"士大夫期朋约友会聚之处"④，商家则多蓄妓女以吸引客人。

禁止执政大臣私相晤会的"禁谒之制"宋代时有禁罢之争。故私第受客，时有所避。司马光作相日，书榜稿揭于客位，要求来客不得于私第中谈论政事如"进忠言"之类。政和五年（1115）八月制定了广泛的"禁谒"之制，各级官员的"出谒及接见宾客"受到了很大的限制。"禁谒"一般限于京朝官或地方上一些敏感的职位，不过并非一直严格。金朝也类似规定，亦为"防其请托而徇私"。刘祁说金人南渡后为宰执者，"自非亲戚故旧，往往不得登其门"。一些"志于升进"的地方官，甚者榜于门云："无亲戚故旧、不见宾客、不接士人。"⑤

陆游《道上见村民聚饮》诗描述了秋收后乡野会集之乐："场功俱已毕，欢乐无壮老。野歌相和答，村鼓更击考。"⑥《岳阳风土记》："荆湖民俗，岁时会集。……岳州自元正献岁，邻里以饮宴相庆。"朱辅《溪蛮丛笑》记湘西五溪地区，"秋冬之交聚饮以乐，名吃乡"。情歌互答，则是南方民族青年们喜爱的交流活动。北方西夏、契丹、女真等民族的围猎活动给人们提供了一个彼此交流的时机，其时往往"环坐"纵饮，割鲜而食。女真旧风，"凡酒食会聚以骑射为乐。"渤海人也有"每岁时聚会作乐"和活动。⑦

交往中以物相遗，称之为"人事"⑧。馈赠之物，包括茶酒及其器具、文房四宝、杖扇枕等日用品、珍异食品等。周密说，韩侂胄把寿礼陈列于廊间，"观者为之骇然"，而"以近世观之，每有馈遗，惟恐外人之窥"。又说吴曦出蜀入

① 黄彻：《䂮溪诗话》（《说郛》号81）。
② 王明清：《摭青杂说》，《投辖录》；《归田录》卷1。
③ 沈括：《梦溪笔谈》卷9。
④ 《梦粱录》卷16；耐得翁：《都城纪胜·茶坊》。
⑤ 洪迈：《容斋随笔》卷4；刘祁：《归潜志》卷7。
⑥ 陆游：《剑南诗稿》卷79。
⑦ 《金史》卷80，《阿离补传》；《契丹国志》卷24，《王沂公行程录》。
⑧ 范镇：《东斋记事》卷7。

朝时，多买珍异之物，而"在今观之皆不足道"①。足见宋末馈遗之风盛行，有时则是"贿赂公行"，超过了前辈。

书信是社会交际的重要形式，称为"书"或"书札"；或称为"尺素"、"尺牍"、"简"等。一般说来，"尺牍"主要是往来应酬的短函，"书"涉及的内容要广泛一些。时人认为："书问"与宴会、来往走动都是相互交往中不可缺少的环节，其"所以消祸于未萌而使民免于争夺相杀之患也"②。

书信的文体有散文、骈文、韵文诸形式。宋时骈体文虽衰，但有笺启中仍习用此体。如南宋李刘擅长四六，成为一时的代表，有《四六标准》传世。韵文类的诗歌也是宋时人们习用的书信形式③，如蔡襄《东园诗翰》、陆游《放翁词翰》等。

第三节　交往礼节

士人传统地把交往礼节看成是"人道"要事，所谓"大夫以礼相接，士以礼相谕，庶人以礼相同。……士相见之礼，人道之大端"。但烦琐的礼节又正如吕希哲所说，是"君子所重，常人所轻"的。④

君臣相会，有一套烦琐的礼仪；百官之间，也是等级森严。辽宋金三"史"均有"礼仪"制度的详细记载。百官见宰相，"九卿而下，即省吏高声唱一声'屈'，则趋而入。宰相揖及进茶，皆抗声赞唱，谓之屈揖。待制以上见，则言'请某官'，更不屈揖，临退仍进汤"。中丞、侍御史上事，"台属皆东西立于厅下，上事官拜厅已，即与其属揖而不声喏，谓之哑揖"，或言哑揖时"三出头五折腰"⑤。不过僚属之间礼节则多无著令，相承为例而已。如"学士舍人蹑履见丞相，往还用平状，扣阶乘马之类，皆用故事也。近岁多用靴、简"，后来"学

① 周密：《癸辛杂识》后集，"馈送寿物"。
② 佚名：《酬酢事变》（《说郛》卷43）。
③ 参谢巍：《书信概说》（《文献》1991年第1期）。
④ 刘敞：《公是集》卷37，《士相见义》；吕希哲：《吕氏杂记》卷上。
⑤ 《石林燕语》卷6；文惟简：《虏廷事实》（《说郛》卷8）。

叶谦亨书简

（选自《宋人佚简》卷3）

士日益自卑，丞相礼亦渐薄"①。见长上，有"曳襕拜于庭下"的"没阶之礼"，然举人可不行此礼。②

① 《梦溪笔谈》卷1；《归田录》卷2。
② 《梦溪笔谈》卷1、卷9。

官场中会见，衣着有一定的规矩，其他则随便些。朱熹晚年致仕后，"遵用旧京故俗"，以"闲居野服为礼"①。某些官场礼节渐入民间，如南宋温革《隐窟杂志》说："取覆榜子，盖两制见宰执之礼。自建炎中庶官亦用，今则布衣以下皆通用矣。"需得对方同意方可会见。"客至则设茶，欲去则设汤"，这是上至官府下至民间都实行的习俗，汤是"蜜渍橙木瓜之类"作成。② 整肃"冠履"，是通行的待客之道，故张耒说："开门无客来，永日不冠履。"金刘祁说："凡将迎交接之际，礼貌、语言过则为谄、为曲；不及则为亢、为疏，所以贵乎得中也。"③ 注重礼节的分寸。

求见人，有刺或名纸。在竹简上刺上名字，故称"刺"。后来改用纸，称为"名纸"，此时不乏"怀刺来谒"的记载。又有所谓"门状"，比刺更郑重，一般认为起于唐武宗朝李相贵盛时，百官"相扇留具衔候起居状"而行。④ 陆游说："士大夫交谒，祖宗时用门状"，元丰后又盛行"手刺"，绍兴初乃用"榜子"。嘉祐以前，"士人用名纸，有官即不用。吊慰人即用名纸，如见士人。敬之者亦用门状，见常人即以手状"⑤。南宋费衮记前辈有"行卷之礼"，与刺一同奉入，待主人先阅其文后再见。后世却"率俟相见之时以书启面投，大抵皆求差遣"之类。⑥ 持朝士书谒州郡求事，自前代以来就颇有流行。

门状"贵贱通用"，有一定的书写格式。上书一些谄敬之语，称作"大状"，稍简者谓之"小状"⑦。周煇说："元祐间，虽僧道谒刺，亦大书'谨祗候起居，某官伏听处分'，或云'谨状'，官称不过呼。绍兴初，士大夫犹有以手状通名，止用小竹纸亲书，往还多以书简，莫非亲笔。"手刺则"前不具衔"，皆手书。"榜子"则直书衔及姓名。⑧ 榜子亦可称"谒"。⑨

往来书启一般前后有一些客套话，如王令《上县令书》云："元城王令，谨内谒以书，自道于长官执事：……令再拜。"内谒是通名报姓之意。秦观《与邵彦瞻简》："某顿首启：……某顿首。"⑩ 形式和格式也常有变化，如果与某"流行"的样式不同，则可能失礼。沈括谈到"前世风俗"谓：卑者致书于所尊，

① 罗大经：《鹤林玉露》卷8。
② 佚名：《南窗纪谈》（《说郛》卷40）。
③ 张耒：《柯山集》卷8，《寓陈杂诗》；刘祁：《归潜志》卷13。
④ 李济翁：《资暇录》（《说郛》弓14）。
⑤ 陆游：《老学庵笔记》卷3；王楙：《野客丛书》附《野老纪闻》。
⑥ 费衮：《梁溪漫志》卷3"行卷"条。
⑦ 马鉴：《续事始》（《说郛》卷10）；沈括：《补笔谈》卷1；《石林燕语》卷3。
⑧ 周煇：《清波杂志》卷1；《老学庵笔记》卷3。
⑨ 《老学庵笔记》卷3，《宋史》卷475，《杜充传》，《事物纪原》卷2《门状》，《名纸》。
⑩ 《王令集》卷17，《上县令书》；秦观《淮海集》卷30。

书尾多作"敬空"字，空纸尾以待批答。而"尊者亦自处不疑，不务过敬。前世启甚简，亦少用联幅者，后世虚文浸繁，无昔人款款之情"①，陆游记说：宣和以后，风俗渐趋诏谀，有以骈俪笺启与手简骈缄之，谓之"双书"。后来以单纸，直叙所请，谓之"品字封"。后又变为"札子"，多至十幅。淳熙末，朝士以小纸高四五寸、阔尺余相往来，谓之"手简"②。李之彦记"简翰"礼数之繁云："每见近日简翰，动辄端拜、申禀、百拜、禀申、皇惧、僭蹰、九顿、百拜禀申。有官君子趋事长官，则有状申、札申，如申县、申州、申监司、申朝省之类。吾辈寻常书问往来，何必用申字。又有所谓加拜、申禀，尤为可笑。"且举一笑话说，有令人送信出关又急追回，只因为书中写有"顿首再拜"而一时忘记拜，于是焚香补拜然后遣。③ 朱子也言："今人书简未尝拜而言拜，未尝瞻仰而言瞻仰。"④

唐末以来，礼书庆贺的启牍甚至公文格式，每次需用幅数，每幅尺牍如何书写如是否加"顿首再拜"，是否去"申"字，均费斟酌。时人谓："风俗偷薄，士大夫之儇浮者，于尺牍间，益出新奇。"⑤ 欧阳修批斥了这种"世之浮道之交"的时风，认为古代公事才有所谓"状牒之仪"，而将此仪用于"如兄弟者"，更是大谬。⑥

书信要署时日，赵令畤说张末"每见亲友书后无月日，便掷于地，更不复观"；也应往来有答，洪迈曾批评"士大夫得交朋书问，有懒傲不肯即答者"⑦。

欧阳修《与郭秀才书》对"怀刺"见人之礼有生动的描述："秀才见仆于叔父家。以启事二篇，偕门刺先进。自宾阶拜起旋辟，甚有仪。坐而语，诸其谨。读其辞，温密华富，甚可爱。视秀才待仆之意，甚勤而礼也。"⑧ 王辟之说：宋初袭唐末士风，"举子见先达，先通笺刺，谓之请见。既与之见，他日再投启事，谓之谢见。又数日再投启事，谓之温卷。或先达以书谢，或有称誉，即别裁启事，委曲叙谢，更求一见。当时举子之于先达者，其礼如此之恭。近岁举子不复行此礼"⑨。可见会见礼节繁多，且非一成不变。

妇人与人相见，则常道"万福"致意，苏洞诗言："高资店里主人婆，万福

① 《补笔谈》卷3。
② 《老学庵笔记》卷2，卷3。
③ 李之彦：《东谷所见·简翰》（《说郛》号73）。
④ 《朱子语类》卷91，《杂仪》。
⑤ 赵彦卫：《云麓漫钞》卷4；周煇：《清波别志》卷中。
⑥ 欧阳修：《居士外集》卷18，《与陈员外书》。
⑦ 赵令畤：《侯鲭录》卷8；洪迈：《容斋五笔》卷9。
⑧ 欧阳修：《居士外集》卷16。
⑨ 《渑水燕谈录》卷9。

（选自陈元靓《事林广记》）

官人问讯和。"吕希哲说："凡妇人相见，虽贱必答拜。既当其主母拜，则其使令人拜，勿答焉可也。"①

古有所谓九拜之礼，但"拜"俗各代不尽相同。两浙地区承唐有"传拜"之俗："客至，欲致敬于闺阃，则立使人而拜之。使人入见所礼，乃再拜致命。若有中外则答拜，使人出复拜客，客与之为礼如宾主。"② 沈括说："稽首之礼"本来是仅施于人君的，"今则虽交游皆稽首，此皆生于谄事上官者"③。程颐最重"纳拜之礼"，认为"非己所尊敬，有德义服人者不可"④。宋时妇人拜不跪，太祖问其由，人不能答。赵与时说："妇人之拜不跪，则异于古所谓侠拜。江浙衣

① 《老学庵笔记》卷5；苏洞：《泠然斋诗集》卷6，《过金陵》；《吕氏杂记》卷上。
② 《梦溪笔谈》卷25。
③ 沈括：《补笔谈》卷1。
④ 程颐：《程氏遗书》卷22上。

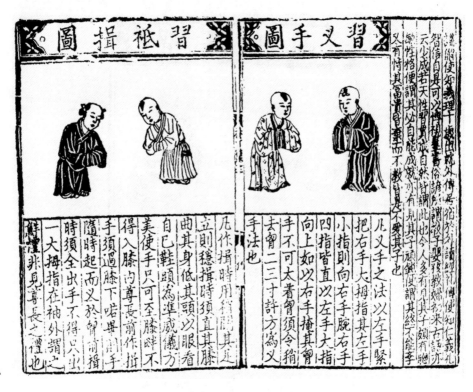

（选自陈元靓《事林广记》丁集卷上）

冠之家，尚通行之，闾苍则否。"而"陕府村野妇人皆夹拜，城郭则不然"①。古"侠拜"，侠谓夹，男子一拜，妇人两拜且跪。

家具的变化引起了礼仪形式的一些改变。古人坐为两膝着地，反其蹠而坐于其上，足皆后，以是为敬。若伸两足，则手据膝，若箕状，为不敬之容。辽宋金时此形式叫"胡跪"，拱两手而下之至地叫"肃拜"，又以头顿于手上叫"顿手"，又却其手而以头着地为"稽首"，均与古同。古拜"当齐屈两膝，如今之礼拜"②，当时道士拜也是两膝齐屈。古代的"奇拜"，先屈一膝，即宋之"雅拜"，是当时通行的拜式③。椅子的普及，"若对宾客时，合当垂足坐"；"古人坐席，故以伸足为箕倨。今世坐榻，乃以垂足为礼，盖相反矣"④。唐代尚未若此，宋时仅僧徒还保持了古礼。由于习惯势力的影响，宋代虽然桌椅普遍流行，但开初一些士大夫家妇女坐椅子、凳子还要被人讥笑。

---

① 赵与时：《宾退录》卷8。
② 朱熹：《晦庵集》卷68，《跪坐拜说》。
③ 罗大经：《鹤林玉露》卷14。
④ 《朱子语类》卷91；庄绰：《鸡肋编》卷下。

《宋史》卷266《王诏传》载契丹俗，入贺，"跪而饮"。《东京梦华录》卷6《元旦朝会》和《三朝北盟会编》卷74载辽使"拜则立左足，跪右足，以两手展拜。副使拜如汉仪"；夏国使"叉手展拜"；"南蛮五姓番皆椎髻乌毡，并如僧人礼拜"。契丹跪拜之礼男女皆同，"其一足跪，一足着地，以手动为节，数止于三。"契丹人或"交手于胸前，亦不作声，是谓相揖"。西北地区的高昌等地也各有"拜礼"或"蕃礼"①。

女真初兴时，"其礼则拱手退身为喏，跪右膝，蹲左膝着地，拱手摇肘，动止于三为拜"②。后来金朝更定拜制有所不同："先袖手微俯身，稍复却，跪左膝，左右摇肘，若舞蹈状。见跪，摇袖，下拂膝，上则至左右肩者，凡四。如此者四跪，复以手按右膝，单跪左膝而成礼。"③ 卫肤敏宣和七年（1125）至金国，拒绝"双跪"受书，认为这是金朝之礼而宋人不可行。乾道中，楼钥《北行日录》卷上载，金地原宋人"或跪或喏，跪者胡礼。喏者犹是中原礼数"。道中遇细车自北来，金人之间"皆胡跪，拱手，摇肘为礼"。金朝拜礼杂用汉俗，《金史》卷35《礼志八》载，承安五年（1200）主事陈松说："本朝拜礼，其来久矣，乃便服之拜也。"而公服之拜为汉制，规定"公裳则朝拜，诸色人便服则皆用本朝拜"。金地的汉人士大夫也保持了相揖而不作声的"哑揖"。

"揖"是较轻的拱手礼，如韩世忠与秦桧不和，见面只"一揖"而已。唐以来有一种比跪拜为轻的礼节"叉手示敬"："以左手紧把右手"，作抱拳状，稍离前胸，"其左手小指则向右手腕，右手皆直其四指，以左手大指向上"，小儿学，先教叉手④。宋时另有一种"唱喏"，或叫"声喏"，须扬声致敬。开封府李伦被召至御史台，"有声喏于庭下者，李遽还揖之"⑤。岳飞受诬被捕送大理寺，"初对吏立，身不正而撒其手，旁有卒执杖子，击杖子作声而叱曰：叉手正立！"岳飞被迫"声喏而叉手矣"⑥。宋画《中兴四将图》中，侍从们也是"叉手而立"。陆游说："今所谓喏，乃始于江左诸王。方其时，惟王氏子弟为之。故支道林入东，见王子猷兄弟还，人问诸王何如？答曰：见一群白项乌，但闻哑哑声。即今喏也。"⑦ "喏"声大小当有分寸，否则被视为无礼。《夷坚支丁》卷5《李晋仁喏样》载，李祐"尝为磁州滏阳令。磁守老昏，而好校僚属礼数。

① 叶隆礼：《契丹国志》卷27；文惟简：《虏廷事实》（《说郛》卷8）；《宋史》卷485、卷486，《夏国传》；卷490，《高昌国传》。

② 《会编》卷3。

③ 《金史》卷35，《礼志》8。

④ 《事林广记》丁集卷3，《速成门》。

⑤ 康与之：《昨梦录》（《说郛》卷21）。

⑥ 《会编》卷206。

⑦ 《老学庵笔记》卷8。

祐初上谒，鞠躬，后声作揖。守惊顾，为之退却。既去，遣客将责之。明日再至，但俯首拱敬，而不启齿。守大怒，出府帖取问，令分析"。李祐回答："高来不可，低来不可，伏乞降到喏样一个，以凭遵禀施行"。成为一个官场笑话。

"父执之礼"特勤。陆游说："前辈遇通家子弟，初见请纳拜者，既受之则设席，望其家遥拜其父祖乃就坐。先君尚行之。"① 周密说南渡后"世道日薄"，他幼年时，"犹见亲旧通家初见日，必先拜其家影堂，后请谒，此礼今亦不复见也"。并举例说：国子博士李稷怠慢韩琦，文彦博决定要"庭训之"。后相见时，彦博对稷说："而父，吾客也，只八拜。"李稷不得已而如数拜之。欧阳修受其友吕公著诸子谒拜，亦如"子侄之礼"②。

由于南北的长期分裂，也产生见面礼节的差异。文天祥被俘到元大都，见元丞相博罗"长揖"，通事（翻译）人命他"跪"，文天祥说："南之揖，即北之跪。吾南人，行南礼毕，可赘跪乎？"③ 自然也是借此表示不屈之意。

生日贺礼，亲朋相聚，祝寿者生辰。生日献诗词，盛于北宋时。文彦博以太尉镇洛师，遇生日，僚吏皆献诗。朱彧《萍洲可谈》云："近世长吏生日，僚佐画寿星为献，例只受文字，其画却回，但为礼数而已。"④ 绍兴时，鉴于州郡、监司率受"生日致馈"之礼，曾下诏予以禁止。⑤ 庆元年间（1195—1200）俞成说，"今人诞辰，极意欢娱，祝寿之词多用律吕体状其月，又用蓂荚形容其日"，形式虚浮。⑥ 各国朝中又行有不同的生日庆典。

每遇年、节时彼此酬答祝贺，有"冬年贺状"，通用者上书"应时纳祐，与国同休"。张世南家藏元祐墨迹，其间有"观敬贺子允学士尊兄正旦，高邮秦观手状"，大概是可见到的最早贺年片记载。贺刺"或书官职，或书郡里，或称姓名，或只称名，既手书之，又称主人字，且有同舍尊兄之止。风流气味，将之以诚"⑦。吴自牧《梦粱录》卷1《正月》记元旦时，"士夫皆交相贺，细民男女亦皆鲜衣，往来拜节"，有的令人送"刺"或"门状"，表到而已，称为"脱笼"，成为京都虚诈的代称。刘攽为馆职时，同舍有令从者"以书筒盛门状遍散于人家"。刘攽以己刺尽易他人之刺，后实投放刺而主人之刺不达，周密表舅吴四丈也闹过类似的笑话。⑧ 司马光在台阁时，不送门状，说是不可为此不诚之

---

① 《老学庵笔记》卷7。
② 周密：《齐东野语》卷9。
③ 《文山光生先生全集》卷17，《宋少保左丞相兼枢密使信国公文山先生纪年录》。
④ 参钱大昕：《十驾斋养新录》卷19 "生日献诗词"条。
⑤ 《要录》卷175，绍兴二十六年闰十月。
⑥ 俞成：《萤雪丛说》卷下。
⑦ 吴曾：《能改斋漫录》卷2；张世南：《游宦纪闻》卷1。
⑧ 吕本中：《轩渠录》；周密：《癸辛杂识》前集 "送刺"。

事。周遵道说："吴门风俗多重至节，谓曰肥冬瘦年，互送节物。"人或讥之："至节家家讲物仪，迎来送去费心机。"黄冀之记北方正月旦日，金人"亦相庆贺，相见以手交搋，歌舞语笑为礼"①。

道中相遇，有尊长之礼。据《天圣编敕》，"诸文武官与宰相相遇于路，皆退避。见枢密使副、参知政事避路同宰相"，但元祐时不行用。富弼致政归西都，常着布直裰跨驴出郊，威仪甚盛的中官遇之也不得不"下马执锐，伏谒道左"②。《吕氏乡约》也规定了道遇尊长，如何回避进揖的礼节。

士大夫重视家族或家庭内部的礼仪。司马光《涑水家仪》规定有烦琐而严格的家礼：如子事父母、妇事舅姑，须早起候问。又"容貌必恭，执事必谨，言语应对必下气怡声，出入起居必谨扶卫之，不敢涕唾喧呼于父母舅姑之侧，父母舅姑不命之坐不敢坐，不命之退不敢退"等等。吕希哲记其家"旧规"："表兄弟甥婿皆来，以长幼叙坐，唯妹婿则宾之。有年齿、爵位之相远者则不尽然。"还规定："姨之夫长于己者拜之，少者答拜焉可也。妻之兄长于己者拜之，少者答拜焉可也。"佚名《酬酢事变》所载与吕氏家礼大体相类，还言"受外孙拜不当扶"③。

吕大忠《吕氏乡约》和后来朱熹《增损吕氏乡约》规定了乡里"礼俗之交"的繁琐礼节，大体谓每岁节时和辞见贺谢，皆要向尊者、长者问候致意等，"庆吊赠遗"和"患难相恤"均有礼数。林洪《山家清事》言山林交盟礼节："礼贵简，言贵直。所尚贵清，善必相荐，过必相规，疾病必相救药，书尺必直言事。初见用刺，不拘服色。"等等。

接等宾客，"同席者皆谓之客"，而"古席面谓之客，列座谓之旅。主谓之献，客谓之酬"④。有座次之分，沈括说："古人尚右，主人居左。坐客在右者，尊宾也。今人或以主人之位让客，此甚无义。"南面而坐，则左东右西。程大昌记："古今宾主之位：宾西主东，因为东卑于西，故自处于卑，以西方尊客。"⑤当时朝廷，群臣自东阶而升，亦为尊卑之意。御宴时，"上居中，宝慈在东，长乐在西，皆南向。太妃及中宫皆西向"⑥。而洛阳旧俗，私聚则尚齿不尚官。吕本中《官箴》也说，如己官在前辈之上，遇之得"避坐下坐"。因注重座次，常

① 周遵道：《豹隐纪谈》（《说郛》弓20）；黄冀之：《南烬记闻》（《笔记小说大观》第6辑）。
② 洪迈：《容斋续笔》卷11；朱彧：《萍洲可谈》。
③ 《吕氏杂记》卷上；《酬酢事变》（《说郛》卷43）。
④ 马永卿：《懒真子》卷3。
⑤ 《补笔谈》卷3；程大昌：《演繁露》卷5。
⑥ 李廌：《济南先生师友谈记》。

常"以坐次推逊不己",朱熹言:"吾人年至五十后,莫论官、休。"①《涑水家仪》规定:"凡为人子者,有宾客不敢坐于正厅。"

契丹、女真、西夏等民族,宴饮或围猎时,多"团坐"或"环坐",无贵贱老幼之分。又女真饮客,"尽携亲友而来,及相近之家不召皆至,客坐,主人立而侍之。至食罢,众客方请主人就坐"②。后来逐渐受到汉人尊卑礼节的影响。金国又有"过盏"之礼,"如宰臣、百官生日及民间婚妇、生子若迎接天使、趋奉州官之类,则以酒果为具,及有币帛、金银、鞍马、珍玩等诸物以相赠遗。主人乃捧其酒于宾以相赞祝祈恳,名曰过盏。如此结恩释怨,不如是者为不知礼"③。海南"黎峒蛮","客至,主人出不交一言。置酒,先以真味,客若食不辞则喜,少有嫌则逐客"④。

有不喜拜跪之礼者,如《宋史》本传载张咏、盛度就是如此,有拜则骂之,或瞪视之。张耒《柯山集》卷10《谒客》诗刻画了出于无奈见客的情形:"入门投刺吏翩翩,我非欲见礼则然。异哉宾主两无语,客起疾走如避燃。"或以礼节过繁而云可去,也有人"厌宾客",甚至"常挂歇息牌于门首"⑤。周辉说:"造请不避寒暑,诚可讥诮。"当时应付这类人的名言是:"宁使讶其不来,莫使厌其不去。"⑥

① 《朱子语类》卷91。
② 《会编》卷3。
③ 文惟简:《虏廷事实》(《说郛》卷8)。
④ 方凤:《夷俗考》(《说郛》弓55)。
⑤ 庄绰:《鸡肋编》卷中。
⑥ 周辉:《清波杂志》卷4。

第十四章

多种宗教信仰

第一节　佛教

　　宋辽金代的诸多宗教中，民间的佛教崇拜居于首位。宋真宗时统计，"天下二万五千寺"。尽管宋真宗大力提倡道教，僧尼数为 40 余万，而道士、女冠数约仅及其二十分之一。僧尼的分布北方以河北为最多，南方以福建和四川为最多。① 此后的僧道统计数为二三十万，而道士和女冠的数字大体仍维持在僧尼数的十分之一以下。

　　朱熹说："今老佛之宫遍满天下，大郡至逾千计，小邑亦或不下数十。"足见佛寺之盛。但"寺观所在不同，湖南不如江西，江西不如两浙，两浙不如闽中"②。佛教特别以福建路为最盛，福州号称是"金银佛地三千界"。但有的地区佛教并不兴盛，如"山东朴鲁，非江、浙比，俗不为僧道，故寺观绝少"，如

---

　　① 江休复：《杂志》（《说郛》卷 2）；《宋会要》道释 1 之 13；《永乐大典》卷 8706，《干文传道释志》；《山堂群书考索》后集卷 63。

　　② 《朱文公文集》卷 13，《辛丑延和奏札七》；《许国公奏议》卷 2，《奏论计亩官会一贯有九害》。

王安石行书《首楞严经旨要卷》（部分）

广济军"止定陶一邑，天宁一寺"①。

各地僧寺由朝廷颁赐寺额，僧众也须领受官府度牒，以作"凭由"，即身份凭证。《水浒传》中的鲁智深、武松等人使用度牒，反映了古代社会的真实情况。最初，由"祠部给僧尼牒，每通纳百钱"，宋太宗时还一度取消。② 发放度牒此后成为官府的重要财源。到南宋中期，一道度牒的官价竟达 800 贯。但度牒发放过滥，在民间也出现大幅度贬值的情况。③

除度牒外，国家对少量高级僧侣颁发师号和紫袈裟，也要收取紫衣和师号的费用。宋神宗时对西夏用兵，赐边将"紫衣、师号敕，度牒八百"，以作军费。由于此类情况相当常见，故官员说："国家所以纾用度者，僧牒与鬻爵耳。"④ 南宋初期，"吴国长公主生日，合得度牒、紫衣各一十五道，依例系折银

① 《淳熙三山志》卷 40，《重阳》；《毗陵集》卷 12，《詹扑墓志铭》。

② 《事物纪原》卷 7，《度牒》；《长编》卷 18，太平兴国二年三月癸亥；《宋会要》道释 1 之 14 作"每道纳钱百缗"，则其价差千倍。

③ 《建炎以来朝野杂记》甲集卷 15，《祠部度牒》；《真文忠公文集》卷 17，《申尚书省乞免降度牒状》。

④ 《长编》卷 315，元丰四年八月庚申；《宋会要》职官 13 之 39。

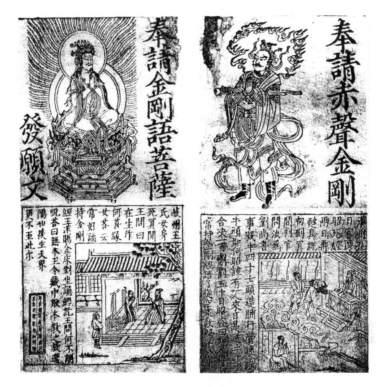

宋《金刚般若波罗蜜经》

（选自《中国文明史》第 6 卷）

三百两”，“隆祐皇太后生辰，合进度牒、紫衣各七十道”①。度牒等作为祝寿礼
品，既可折银，实现货币价值，当时亦可剃度僧道。

度牒最初用“黄纸”，后改用“绫纸”，即类似于中国画的裱糊纸。如南宋
“紫衣绫纸面上织造‘文思院制敕紫衣绫’八字”，“师号绫纸面上织造‘文思
院制敕师号绫’八字”②。

在宋代社会中，从皇室、高级官僚到下层平民，佛教都有广泛的影响。宋
太宗第七幼女申国长公主，“平生不茹荤”。宋真宗即位后，“遂乞削发”，皇帝
特准，“赐名清裕，号报慈正觉大师。建寺都城之西，额曰‘崇真’”。一时“藩
国近戚及掖庭嫔御愿出家者”竟达 30 多人，包括宋太宗孙女、大将曹彬之女
等，“皆随出家”③。他们甘愿抛弃富贵生活，而皈依佛门，足见其对佛教有十分
虔诚的信仰。宋仁宗时，“宫中以私财为佛寺置田”，这虽是不合制度的“乱法”

---

① 《宋会要》帝系 8 之 37、后妃 2 之 2。

② 《要录》卷 31，建炎四年正月己巳；卷 103，绍兴六年七月癸酉；《宋会要》职官 13 之 37。

③ 《宋朝事实类苑》卷 43；《湘山野录》卷上、卷下。

金代赵城藏《佛说弥勒下生成佛经》

（选自《中国文明史》卷6）

行为①，也可见当时皇宫中对佛教的耽溺。

北宋名臣王安石"晚师瞿（佛）聃（道）"。他上奏朝廷，"乞施田与蒋山太平兴国寺充常住，为其父母及子雱营办功德"，得到宋神宗的特准。王安石上谢表说，"荣禄虽多，不逮养亲之日；余年向尽，更为哭子之人。追营香火之缘"，"乃将侥福于无穷"②。可知王安石笃信佛教地狱受苦，人间可为死者追荐冥福之说。宋哲宗时，蔡京知成都府，"为万僧会，穷极侈丽"，他后来虽作恶甚多，却也信仰佛教。宋孝宗时，"有保义郎、新监行在丰储西仓陈泌者。施钱逾百万，市田百亩于路村"，他对和尚随侃说："岁九月十日，其为我设冥阳，供斋无碍。"③ 这又是一个低级官员信佛教的实例。

在福建路，"风俗克意事佛，乐供好施，休咎问僧，每多淫祀，故民间衣食因此未及丰足"。又如在杭州盐官县，"农夫深耕，利于早熟，蚕妇织偶，以勤女红，乐岁家给人足，斥其赢，奉佛唯谨。故民居与僧坊栉比，钟呗之声相闻"。在某些场合，耽溺甚深的善男信女辈甚至"炼臂、灼顶、刲肉、燃指、截指、断腕，号曰教化，甚者致有投崖赴谷，谓之舍身"。在"相州林摅县，邢州龙冈县天平、陵霄二山，高崖之上有舍身台，每岁春月，村民烧香"，"有僧行

① 《王文公文集》卷91，《司封郎中张君墓志铭》。

② 《东坡七集·东坡外制集》卷上，《王安石赠太傅》；《长编》卷279，熙宁九年十二月丙戌；《王文公文集》卷19，《谢依所乞私田充蒋山太平兴国寺常住谢表》。

③ 《长编》卷472，元祐七年四月癸丑朔；《东塘集》卷18，《陈氏舍田道场山记》。

西夏文《金光明最胜王经·序》（部分）

（选自《中国文明史》第6卷）

诱惑，使人舍身者"①。宋代的佛教对各种社会风俗，如节日、丧葬、饮食等产生广泛的影响。

自宗教问世以来，教徒有虔诚信仰者，也有欺世诳俗者。宋太祖自扬州归京，"左右街僧道出迎"，有"皇建院僧辉文、僧录琼隐等"17人"携妇人酗饮传舍"，宋太祖将他们"杖杀"或"决杖配流"。宋时，"广南风俗，市井坐估，多僧人为之，率皆致富。又例有室家，故其妇女多嫁于僧"。"尝有富家嫁女，大会宾客"，其女婿"乃一僧也"，有人写讽刺诗说："行尽人间四百州，只应此地最风流。夜来花烛开新燕，迎得王郎不裹头。"又如湖南路永州一带，"为浮屠、道者，与群姓通商贾，逐酒肉，其塔庙则屠脍之所聚也"②。不少僧寺为非作歹，称霸一方。佛门的清规戒律虽多，在挂羊头、卖狗肉的僧徒那里，却荡然无存。

辽代社会的佛教极盛。辽兴宗"尤重浮屠法，僧有正拜三公、三师兼政事令者，凡二十人，贵戚望族化之，多舍男女为僧尼"。他们"师事"的高僧，"凡上章表，名而不臣。兴宗每万机之暇，与师对榻"。辽道宗"一岁而饭僧三

---

① 《宋会要》刑法2之49、54、66；《芸庵类稿》卷6，《盐官县南福严禅院记》。

② 《长编》卷2，建隆二年闰三月庚午；《鸡肋编》卷中；《云巢编》卷7，《天庆观火星阁记》。

十六万，一日而祝发三千"①。辽朝后族的一位萧氏女子，24 岁出家，修行 58 年，恪守各种佛门之规，"无私蓄贮"，"手不捉钱宝"，"身不服蚕衣"，"不乘车马"，"日止一食"，是非常虔诚的信徒。但在辽代社会中，也有部分僧寺"放债营利，侵夺小民，民甚苦之"②。

金军攻破北宋都城开封后，对宋朝皇帝至平民，无不恣意凌辱或杀戮，惟独对僧人例外，"索详通经教德行僧"，"解赴金国军前。复有退令归者，所留仅二十人。待遇颇厚，诸寨轮请斋供，殆无虚日"。女真人的习俗，"奉佛尤谨，帝后见像设，皆梵拜。公卿诣寺，则僧坐上坐"。"虽贵戚望族，多舍男女为僧尼"。金朝的"国师"，"威仪如王者师，国主有时而拜，服真红袈裟，升堂问话讲经，与南朝等"③。在辽东义州（宜州）一带，"人物繁夥，风俗淳古，其民不为淫祀，率喜奉佛。为佛塔庙于其城中，棋布星罗，比屋相望"④。自辽朝以来，燕京"僧居佛寺，冠于北方"，"大者三十有六，然皆律院"，属佛教律宗。"自南僧至，始立四禅，曰太平、招提、竹林、瑞像。"金熙宗"生子肆赦，令燕、云、汴三台普度，凡有师者皆落发，奴婢欲脱隶役者，才以数千嘱请，即得之。得度者亡虑三十万"⑤，可知金朝前期佛教之盛。

金朝也将官府出售度牒之类，作为重要的财政收入。金世宗初，"以边事未宁，财用阙乏"，"卖僧、道、尼、女冠度牒，紫、褐、师德号，寺观名额"。金章宗承安二年（1197），因连年与蒙古战事，"调度颇多"，"降僧道空名度牒，紫、褐、师德号，以助军储"。后"西京饥，诏卖度牒以济之"。李妃生皇子，"满三月，敕放僧道度牒三千道"，这又是为得子而"祈福"⑥。

金朝佛寺道观有所谓"二税户"，作为"僧道奴婢"，"有欲诉者，害之岛中"。金世宗至金章宗时，将部分二税户放免，理由是"出家之人安用仆隶"，"僧不杀生，况人命乎"⑦！僧人可以杀害奴婢，当然是完全违背佛门教义。

大理的宗教主要是佛教。"其俗多尚浮屠法，家无贫富，皆有佛堂。人不以老壮，手不释数珠。一岁之间，斋戒几半，绝不茹荤饮酒，至斋毕，乃已。"当地僧寺很多，"凡诸寺宇，皆有得道居之。得道者，非师僧之比也。师僧有妻子，然往往读儒书"。按大理的佛教习俗，"戒律精严者名得道，俗甚重之。有

---

① 《契丹国志》卷 8、卷 19，《马保忠传》；《辽东行部志》；《辽史》卷 26，《道宗纪》。
② 《满洲金石志别录》卷下，《妙行大师和尚碑》；《栾城集》卷 41，《二论北朝政事大略》。
③ 《会编》卷 81；《松漠纪闻》卷上；《大金国志校证》卷 36。
④ 《满洲金石志》卷 3，《宜州大奉国寺贤圣题名记》。
⑤ 《靖康稗史笺证·宣和乙巳奉使行程录》；《契丹国志》卷 22；《松漠纪闻》卷上。
⑥ 《金史》卷 10，《章宗纪》；卷 50，《食货志》；卷 64，《章宗元妃李氏传》。
⑦ 《金史》卷 46，《食货志》；卷 94，《内族襄传》；卷 96，《李晏传》；《中州集》卷 2，《李承旨晏》。

宁夏黑水城出土 　西夏刻印《译经图》

家室者名师僧，教童子，多读佛书，少知六经者"。段氏政权"选官置吏皆出此"①。

　　吐蕃"尊释氏"，在邈川一带建立政权的唃厮啰（"河州人谓佛'唃'，谓儿子'厮啰'"），其妻后为尼姑，宋廷曾为她"赐紫衣、师号及法名"。在吐蕃本部，11

<hr />

① 《大理行纪》；《说郛》卷36，《云南志略》。

世纪先后出现若干佛教教派，后人统称喇嘛教。后为元朝国师的八思巴，出身于吐蕃古老贵族，"生七岁，诵经数十万言，能约通其大义，国人号之圣童，故名曰八思巴"。唃厮啰之子为董毡，其养子阿里骨"本于阗人"①。在阿里骨政权的青唐城中，"设金冶佛像，高数十尺，饰以真珠，覆以羽盖"。当地"重僧，有大事，必集僧决之。僧丽法，无不免者。城中之屋，佛舍居半。［惟］国主殿及佛舍以瓦，余虽主之宫室，亦土覆之"。后金朝占领陕西，唃厮啰的后裔结什角由乔家族等"四族耆老、大僧等"立为"王子"②，也可见当地僧侣的权势。

西夏接受四周宋、辽、吐蕃等多方面的影响。今存西夏文的文献中，有大量佛经，其中很多译自汉文者，也有译自藏文者。西夏境内有许多寺院，在佛教的各教派中，似以喇嘛教的势力最大。"西夏国俗，自其主以下，皆敬事国师。凡有女子，必先以荐国师，而后敢适人。"③

五代至宋初的于阗，"其王李圣天自称唐之宗属"。"俗喜鬼神而好佛"，"圣天居处，尝以紫衣僧五十人列侍"。于阗曾派僧人善名、善法等使宋。④

回鹘人"奉释氏最甚。共为一堂，塑佛像其中。每斋必刲羊，或酒醋，以指染血，涂佛口，或捧其足而呜之，谓为亲敬。诵经则衣袈裟，作西竺语"。北宋前期，王延德等出使高昌回鹘，见当地"佛寺五十余区，皆唐朝所赐额"，寺中有《大藏经》等。"其僧皆发（留发），寺无绘塑。经语亦不通，惟和沙州寺像如中国，诵汉字佛书。"⑤ 从以上记载看，回鹘人杀羊祭佛，僧侣蓄发等习俗，与中原差别很大。但宋真宗时，有回鹘僧觉称至中原，说"见屠杀猪羊，县肉市肆，甚不忍观"，"彼西土，或一国人全不食肉"⑥。估计回鹘各部的风俗也不尽相同。

第二节　道教

道教是土生土长的汉族宗教。对道教的崇奉主要是在宋、金两朝，但也扩

---

① 《宋史》卷492，《吐蕃传》；《涑水记闻》卷12；《元史》卷202，《八思巴传》。
② 《说郛》卷35，《青塘（唐）录》；《金史》卷91，《移剌成传》附结什角传。
③ 《黑鞑事略》。
④ 《新五代史》卷74，《于阗传》；《宋史》卷490，《于阗传》。
⑤ 《松漠纪闻》卷上；《挥麈录》卷4；《归潜志》卷13。
⑥ 《长编》卷72，大中祥符二年十一月癸酉；《宋朝事实类苑》卷43，《西域僧觉称》。

山西应县辽代佛宫寺释迦木塔剖面图

（选自《中国文明史》卷6）

大到辽、西夏等处。道教经历五代战乱，出现了衰微景象。宋太祖和宋太宗时，"道教之行，时罕习尚，惟江西、剑南人素崇重"。江南西路和四川是宋代道教的流行地区。宋真宗发动了第一次尊崇道教的运动，他伪造天书，自称梦见神人，诡

229

称道教人皇九人之一的赵玄朗是自己的始祖，于是"天下始遍有道像矣"①。但在宋真宗晚年的统计中，如前所述，道士和女冠数仍仅及僧尼数的二十分之一，全数 2 万余人的道士和女冠中，川峡和江南计 8000 余人，高于其他各路。②

北宋晚期，出现了第二次道教热。宋徽宗耽溺道教，宠信林灵素等人，实际上他们是用一些伶人的魔术装神弄鬼。"每设大斋，辄费缗钱数万，谓之千道会。"③ 道士们"皆外蓄妻子，置姬媵"，"美衣玉食者几二万人"。"既隆道教，故京城佛寺多废毁"，开封寺院改宫观计 691 区，僧尼改德士、女德者 15955 人。有人写词讽刺僧改德士说，"道袍须索要，冠儿戴，恁且休笑"，"古来少，葫芦上面生芝草"④。宋徽宗自称教主道君皇帝，他别出心裁地设置道官、道职、道学等。道官辈享受各种特权，"其家得为官户，其亲得以用荫"。林灵素"出入呵引，至与诸王争道"⑤。

北宋末，金军攻宋，宋徽宗慌忙退位，宋钦宗即位后，又尊他为教主道君太上皇帝。⑥ 金军最后攻开封，宋钦宗等人竟乞灵于方士郭京的"六甲法"。郭京招募"六甲正兵"7777 人，"不问武艺，但择其年命合六甲法，又相视其面目以为去取"，自称"择日出师，便可致太平"。郭京率六甲兵出战之际，很多"士庶延颈企踵于门，立俟捷报"。结果在金人铁骑的攻击下，六甲兵不战而溃。⑦ 迷信道教的宋徽宗及其家属最后成了俘虏。⑧

宋代许多士大夫信奉道教。北宋晁迥"善吐纳养生之术，通释老书，以经传傅致，为一家之说"。他"初学道于刘海蟾，得炼气服形之法，后学释氏"。致仕后，他又于居第"为道院，名其所居堂曰凝寂"。实际上是学了道家的一些气功。名臣富弼也"少好道，自言吐纳长生之术，信之甚笃。亦时为烧炼丹灶事，而不以示人"⑨。

宗教的出现和发展，自然与人力无以制服某些天灾有关。如杭州发生海啸，

①　《长编》卷 72，大中祥符二年十月甲午；《宋史》卷 104，《礼志》；《九朝编年备要》卷 8，大中祥符五年十月。

②　《宋会要》道释 1 之 23—24。

③　《夷坚志补》卷 20，《神霄宫醮》；《宋史》卷 462，《林灵素传》。

④　《九朝编年备要》卷 28，重和元年十月；《夷坚支丁》卷 1，《杨戬毁寺》；《夷坚三志己》卷 7，《善谑诗词》；《湖海新闻夷坚续志》后集卷 1，《崇兴道教》。

⑤　《靖康要录》卷 5，靖康元年四月二十五日；《宋史》卷 462，《林灵素传》；《清波杂志》卷 3；《家世旧闻》卷下。

⑥　关于宋徽宗的道号，见《宋史》卷 21、22，《徽宗纪》；《挥麈后录》卷 1。

⑦　《会编》卷 69。

⑧　关于宋真宗和宋徽宗尊崇道教，可参金中枢：《论北宋末年之崇尚道教》（《宋史研究集》第 7、8 辑），周宝珠：《宋代东京研究》第 16 章第 3 节。

⑨　《宋史》卷 305，《晁迥传》；《石林燕语》卷 10；《蒙斋笔谈》。

宋徽宗先后降铁符二十道，"每一符重百斤，正面铸神符及御书咒"，特命当地"建道场设醮，投之海中"。这种镇海符当然不会有任何法力。宋代民间请僧道念经作醮消灾，是十分常见的。在开封城中，"欲设斋僧、尼、道士，即早辰桥市街巷口"，"道士、僧人罗立会聚，候人请唤，谓之罗斋"①。民间死人，也往往"命僧道诵经，设斋作醮，作佛事，曰资冥福也，出葬用以导引"。宋人认为："老氏之教有君臣之分，尊严难犯，报应甚捷。故奉老氏者，倍加恭敬，不敢亵渎，此释氏之所不如也。"②

辽太祖神册三年（918），"诏建孔子庙、佛寺、道观"，在开国之初已提倡道教。辽兴宗也崇信道教，"如王纲、姚景熙、冯立辈皆道流中人，曾遇帝于微行，后皆任显官"。他"常夜宴，与刘四端兄弟、王纳入伶人乐队，命后妃易衣为女道士"。宋"蔡州有村童，能棋，里中无敌"。他前往辽国，在燕京与"棋国手""校胜负"，对方"乃一女子妙观道人"，最后"卒得女为妻"③。

在西夏境内，道教也占一席之地。开国皇帝夏景宗元昊的儿子宁明"喜方术，从道士路修篁学辟谷，气忤而死"。西夏都城西平府（灵州）城中，既有僧侣，也有道士。④

金代民间兴起了全真道等新的教派。金世宗说："人多奉释老，意欲徼福。朕壮年亦颇惑之，旋悟其非。"他下令"禁民间无得创兴寺观"⑤。金章宗即位之初，"以惑众乱民，禁罢全真及五行毗卢"，"禁以太一混元受箓私建庵室者"⑥。但是，道教，特别是全真道等新教派，却"已绝而复存，稍微而更炽"，"堕窳之人，翕然从之，南际淮，北至朔漠，西向秦，东向海，山林城市，庐舍相望，什百为偶，甲乙授受，牢不可破"。金卫绍王时，受蒙古军攻击，国势危蹙，将"全真师"郝大通"赐号广宁全道太古真人"，"蚩蚩之民，靡所趣向，为之教者，独是家而已"⑦。全真道等对民间有极大的影响。

在金末元初，全真道传人丘处机得到蒙古开国皇帝成吉思汗的召见和尊重。当时蒙古军"蹂践中原，河南、北尤甚，民罹俘戮，无所逃命"，丘处机"使其徒持牒招求于战伐之余，由是为人奴者得复为良，与滨死而得更生者，毋虑二

---

① 《泊宅编》卷中；《东京梦华录》卷4，《修整杂货及斋僧请道》。
② 《燕翼诒谋录》卷3；《梦粱录》卷15，《城内外诸宫观》。
③ 《辽史》卷1，《太祖纪》；《契丹国志》卷8；《夷坚志补》卷19，《蔡州小道人》
④ 《长编》卷162，庆历八年正月辛末；卷318，元丰四年十月庚午。
⑤ 《金史》卷7，《世宗纪》大定十八年三月，十九年三月。
⑥ 《金史》卷9，《章宗纪》明昌元年十一月，二年十月。
⑦ 《元遗山先生文集》卷35，《太古观记》、《紫微观记》。

三万人"①。这是全真道兴盛的重要原因。②

第二节　其他宗教

伊斯兰教传入今中国境内，通过水陆两路。宋朝沿海一些城市，如广州、泉州、扬州等地，都有信仰伊斯兰教的商人前来，有的还在当地定居，"多市田宅，与华人杂处"③。于是在这些地区建立一些清真寺，如广州的怀圣寺、泉州的清净寺、扬州的礼拜寺等。

大致相当于北宋前期，伊斯兰教开始传入黑汗（喀喇汗）王朝，逐渐扩展到今新疆的很多地区，这个王朝成为今中国境内第一个接受伊斯兰教的国家。④尽管如此，整个回鹘（畏吾）族信仰伊斯兰教仍经历了漫长的过程。如前所述，直到金朝亡国前夕，回鹘人大体仍信奉佛教。

摩尼教在唐代一度兴盛于中原和回鹘等族。北宋前期，于阗"摩尼师"使宋，"贡琉璃瓶二，胡锦一段"。高昌回鹘一带"有摩尼寺，波斯僧各持其法"⑤。

宋徽宗时，臣僚上言，"温州等处狂悖之人自称明教，号为行者"，"共有四十余处，并是私建无名额佛堂"，即"斋堂"，"每年正月内，取历中密日，聚集侍者、听者、姑婆、斋姐等人，建设道场"，"男女夜聚晓散"。庄绰说，"事魔食菜"者"断荤酒，不事神佛祖先，不会宾客，死则裸葬"，其教"自福建流至温州，遂及二浙。睦州方腊之乱，其徒处处相煽而起"。故宋朝下禁令甚严。⑥

南宋前期的陆游说，"男女无别者为魔，男女不亲授者为明教。明教遇妇人所作食则不食"。"此色人处处皆有，淮南谓之二桧子，两浙谓之牟尼教，江东

① 《元史》卷202，《丘处机传》。
② 关于金代道教，参见陈垣先生：《南宋初河北新道教考》。
③ 《长编》卷118，景祐三年四月辛亥。
④ 参见冯家昇等：《维吾尔族史料简编（上）》；《新疆宗教研究资料》第三辑苏北海：《伊斯兰教传入新疆考》；王治来：《论伊斯兰教在新疆的发展》。
⑤ 《宋史》卷490，《于阗传》；《挥麈录》卷4。
⑥ 《宋会要》刑法2之78、81，111—113，120—121；《鸡肋编》卷上。

福建泉州伊斯兰教墓碑石拓片

（选自《中国文明史》第 6 卷）

谓之四果，江西谓之金刚禅，福建谓之明教、揭谛斋之类，名号不一。"看来应有不同的宗派。"明教尤甚，至有秀才、吏人、军兵亦相传习。其神号曰明使，又有肉佛、骨佛、血佛等号，白衣乌帽，所在成社。""以祭祖考为引鬼，永绝血食，以溺为法水，用以沐浴"，"烧必乳香，食必红蕈"①。宋时的摩尼教看来

---

① 《渭南文集》卷 5，《条对状》；《老学庵笔记》卷 10；《嘉定赤城志》卷 37，李谦诗（同书卷 9 作李兼）；《要录》卷 63，绍兴三年三月丁丑。

福建泉州摩尼教墓碑石拓片

（选自《中国文明史》卷6）

有不少支派，但陆游所说的四果之类应非摩尼教。

与摩尼教相似的，南宋还有白莲教的活动。白莲教起源于佛教的净土宗，但专职的教徒可以娶妻生子等。白莲教往往与摩尼教一并被官府禁止。官府无意于区分两者，统称"妖教"。白莲教流行于台州、信州、饶州一带，"往往传习事魔，男女混杂，夜聚晓散"，"曰我系白莲，非魔教也"。宋末的官员曾"毁撤"抚州的一个白莲教堂，并没收其"田业"①。

---

① 《嘉定赤城志》卷37，李谦诗；《名公书判清明集》卷14，《痛治传习事魔等人》；《黄氏日抄》卷75，《申安抚司乞拨白莲堂田产充和籴状》。关于摩尼教和白莲教，参见王国维：《摩尼教流行中国考》；陈垣：《摩尼教入中国考》；沙畹著、冯承钧译：《摩尼教流行中国考》；朱瑞熙：《论方腊起义与摩尼教的关系》（《历史研究》1979年第9期）；杨讷：《元代的白莲教》（《元史论丛》第2辑）。

第十五章

天地山川鬼神等崇拜

各民族几乎无例外地经历了原始宗教崇拜的发展阶段。原始宗教包括了对天地日月、风雨雷电、山川湖海以至动物、植物等的广泛崇拜。辽宋金代的各民族以不同形式保留了此类崇拜。多神崇拜与宗教有相似之处，也有不同之处。多神崇拜往往并无专门的宗教团体或信徒。宋代祠庙一般有庙祝，"无非假鬼神以疑众"①。但庙祝们各据祠庙，并未如僧道那样组成宗教团体。多神崇拜流行于各民族社会的上层至下层，其仪式或耗资巨大而劳民伤财，或简单朴素而虔诚尽敬。多神崇拜往往是为祈求今世的福祉，而宗教更包括了对冥福的追求。

---

① 《名公书判清明集》卷14，《约束诸庙庙祝》。

第一节　宋朝的多神崇拜

●皇室的天地祖宗崇拜

按照君权神授之说，"有天下者，莫重上神之报；为人子者，莫严宗庙之承"①。宋朝对前代的吉礼有因有革。北宋前期，"岁之大祀三十"，"中祀九"，"小祀九"。其祭祀对象包括昊天上帝（这不同于道教中的玉皇大帝）、皇地祇、天皇大帝（北极星，号称"星中之尊"）、五方帝（青帝、赤帝、黄帝、白帝、黑帝）、神州地祇等。五方帝中的赤帝代表火德，宋人认为本朝"以火德上承正统"，故奉赤帝为感生帝。农业社会中代表土地和谷物，则有太社和太稷。"岳、镇、海、渎之祀"则包括五岳（东岳泰山、西岳华山、北岳恒山、南岳衡山、中岳嵩山，恒山后避宋真宗名讳改称常山），五镇（东镇沂山、西镇吴山、南镇会稽山、北镇医巫闾山、中镇霍山），东、西、南、北四海和淮、江、河、济四渎。祭祀制度在宋朝各代也稍有变更。南宋初，人称"祖宗以来，每岁大、中、小祀百有余所，罔敢废阙"。祭祀的神总计一千几百个。各种祭典都有繁琐的礼仪，被祀诸神又有各种搭配。如"冬至祀昊天上帝，以太祖配"，宋朝各代皇帝都作为在天享受祭祀的神灵。②

三年一次南郊祭天，即昊天上帝，是皇家最隆重的祭典，皇帝"亲郊，合祭天地，祖宗并配，百神从祀"。南郊又是最劳民伤财的祭典。宋太宗时，"三岁一亲祀郊丘，计缗钱常五百余万"，宋真宗时增至 700 余万，而宋仁宗时"飨明堂"，增至 1200 余万。③

按古代的传统，装神弄鬼的宋真宗亲往东岳泰山封禅，又至河中府宝鼎县祀汾阴后土，作为祭祀天地的空前盛典，为自己装潢门面。"东封八百余万，祀汾阴，上宝册又增二十万"，加之崇奉道教的巨额支出，使财政陷入困境。④

宋朝天子吉礼中的每一位神，都被赋予专门的庇佑功能。相传商的祖先

①　《宋会要》礼 28 之 9。
②　以上叙事参见《宋史》卷 98 至卷 103，《礼志》。
③　《宋史》卷 101，《礼志》；卷 179，《食货志》。
④　《长编》卷 70、卷 75；《宋史》卷 104，《礼志》；卷 179，《食货志》。

"高辛妃简狄吞燕卵而生契"，于是"后王以为禖官"，特设名为高禖之祀。① 南宋初，好色的宋高宗在逃难时丧失生育能力，他除了寻医问药外，也乞灵于高禖，为此举办了隆重的亲祀礼，由宰相秦桧出任亲祠使，本人先"斋于内殿"②。今存一首臣僚颂诗说，"则百斯男自可知"，"掖庭应已梦熊罴"③。这种迷信活动自然毫无效验，宋高宗最后仍不得不传位于宋太祖的后裔宋孝宗。

在多种神灵中，享有特殊地位的还有孔子和姜子牙，宋朝分别设文宣王庙和武成王庙，又以前代和本朝的名儒和名将"配享"与"从祀"④。

㈡ 家庙、祠堂和家神

宋朝文武大臣也可依规定立家庙，皇帝的宗庙和大臣的家庙实际上是将敬祖与信神混为一体了。北宋名臣富弼致仕后，"每早作"，"瞻礼家庙"。宋神宗"皇后侄向子骞妻周氏"对"世间禳桧事又素所不信，但默祷家庙求祐"⑤。宋高宗特准秦桧以最高规格营建家庙，又"诏令礼器局造秦桧家庙祭器"。秦桧死后，其养子秦熺对家庙所占的风水宝地恋恋不舍，而宋高宗又毫不留情地收回赐第，在其家庙旧址上营造德寿宫。⑥ 这件事也反映了两人钩心斗角的一个侧面。臣僚有资格设立家庙者. 一般须撰文"祭告家庙"⑦。

南宋时，因儒学者创议，品级不够设家庙者又另立祠堂。祠堂内"为四龛，以奉先世神主"。在抚州金溪的陆九渊家族，"每晨兴，家长率众子弟致恭于祖祢祠堂"⑧。宗族的祠堂在宋以后更为流行。平民百姓也有以祖宗为"家神"。他们认为，"祖宗英灵毋有不阴相子孙"。如"信州永丰石井张税院者，家事家神甚谨"，"家人朝夕祷之，以冀阴相"⑨。

㈢ 各州县的山川、圣贤等神灵崇拜

国家级的吉礼由皇帝和大臣主持，各州县和民间不得僭越。但各州按朝廷的规定，"祭岳、渎、名山、大川在境内者，及历代帝王、忠臣、烈士载祀典

---

① 《事物纪原》卷2，《高禖》。

② 《要录》卷156，绍兴十七年二月甲辰、乙巳；《宋史》卷103，《礼志》。

③ 《松隐文集》卷17，《宫词》。

④ 《宋史》卷105，《礼志》。

⑤ 《宋史》卷109，《礼志》；《邵氏闻见录》卷9；《夷坚甲志》卷12，《向氏家庙》。

⑥ 《要录》卷155，绍兴十六年二月癸丑；《宋史》卷109，《礼志》；《宋会要》礼12之3—4；《桯史》卷2，《行都南北内》。

⑦ 《海陵集》卷22，《焚黄祭告家庙祝文》。

⑧ 《家礼》卷1，《通礼·祠堂》；《鹤林玉露》丙编卷5，《陆氏义门》。

⑨ 《湖海新闻夷坚续志》后集卷2，《家神送物》。

者"。各州县"祭社稷，奠文宣王，祀风雨"①。

地方官遇到自然灾害，尤其重视对山川神祇的祈祷。南宋陆九渊任荆门知军，当地"不雨弥月，龟坼已深"，他"谨以元酒茗饮，蓬莱之香，清陂之莲，就所居青田石湾山顶，除地为坛，昭告于是乡五方山川神祇"。后又"卜日为坛于蒙泉山顶，刑鹅荐血"而"祷雨"。宋朝对各地重要山川之类，往往设立神祠，由朝廷特赐庙额。如江州大孤山圣母祠，宋高宗时赐额显济。泾阳县泾水神祠，宋徽宗时赐庙额普贶。②

各州县城的城隍庙，成为宋代神灵崇拜的一大热门。"其祠几遍天下，朝家或锡庙额，或颁封爵"，"至于神之姓名，则又迁就附会"。如"台州则镇安庙，顺利显应王，吉州则灵护庙，威显英烈侯"，"彭州既有城隍庙，又有罗城庙，袁州分宜县既有城隍庙，又有县隍庙"。"神之姓名"，有隆兴府、赣州、建昌军等八个府州军都说是汉代灌婴。宋孝宗时，李异任舒州知州，"有德于民，去郡而卒，邦人遂相传为城隍神"。南宋末，"赵汝澜知澧州"，自称"生为太守，死作城隍"，他死后，当地士民居然为之"建祠立碑"③。真可谓是五花八门。

宋代的土地庙崇拜十分普遍，实际上是作为一方的守护神。大至州县，小至一家旅店，也可有"本店土地"。朝廷对一些土地庙也加封号，如"莆田县迎仙驿土地神祠"，南唐时，"封平康侯"，宋朝不断加封，最后为"祐民显济孚泽侯，妻封协惠夫人"。南宋抗金名将吴玠在和尚原大败金军，宋廷特令对当地的土地、山神祠加封，"山神封康卫侯，土地封保安侯"④。

宋朝另一类地方祠是历代和本朝的忠臣义士祠庙。永康军导江县李冰庙"爵封至八字王，置监庙官视五岳。蜀人事之甚谨，每时节献享及因事有祈者，无论贫富，必宰羊，一岁至烹四万口。一羊过城，则纳税钱五百，率岁终可得二三万缗，为公家无穷利。当神之生日，郡人酿迎尽敬，官僚有位，下逮吏民，无不瞻谒"，成为宋代有名的大祠庙。开封又为之另立二郎庙。⑤ 三国时吴将甘宁的昭勇庙在兴国军永兴县池口镇，本人封至昭毅武惠遗爱灵显王，妻熊氏封顺祐夫人，"并封其二子曰绍威侯，曰〔绍〕灵侯，女柔懿夫人"，"江上神祠皆不及也"。陆游途经此地，也"以壶酒特豕"前往瞻谒。⑥ "京师二相公庙在城

① 《宋史》卷98，《礼志》。
② 《陆九渊集》卷26，《石湾祷雨文》、《荆门祷雨文》；《宋会要》礼20之60、114。
③ 《宾退录》卷8；《湖海新闻夷坚续志》后集卷2，《赵守为城隍》。
④ 《湖海新闻夷坚续志》前集卷1，《弃妻折福》；《宋会要》礼20之19—20。
⑤ 《事物纪原》卷7，《广济王》、《灵惠侯》；《夷坚支丁》卷6，《永康太守》；《夷坚丙志》卷9，《二郎庙》。
⑥ 《宋会要》礼20之30；《渭南文集》卷46，《入蜀记》。

西内城脚下，举人入京者，必往谒祈梦，率以钱置左右童子手中，云最有神灵"，二相公相传是孔子弟子子游与子夏。①

对本朝的名人，如在陕西立下战功的王韶、种世衡、刘沪，北宋末名将种师道，南宋初死难的李彦仙和杨邦乂，守德安有功的陈规，战死于海州的张玘，夺取金占淮宁府与海州、最后战死的陈亨祖与魏胜，都在不同地点立祠。苏缄在宋神宗时抗击交阯，牺牲于邕州，"邕人为缄立祠"，后朝廷赐额怀忠。②

另有一些祠神，却未必有其人。"鄂州城内三公庙，其塑像鼎足而居，不知为何神，邦人事之甚谨"③。福建兴化军有林夫人庙，"莫知何年所立"，"凡贾客入海，必致祷祠下，求杯珓，祈阴护，乃敢行"。广西"横州城外有丛祠，目为婆婆庙，不知何神也，土人颇严奉之"④。

㈣民间的鬼神崇拜

宋时民间的鬼神崇拜十分广泛。前述各州县祠庙的香火旺盛，都离不开百姓们的出资瞻谒。除城隍庙、土地庙外，民间很广泛的崇拜是灶神，宋人认为，"家有主神，灶为司命，念饮食膳馐之自出"，"司人家一家良贱之命，记人善恶，月晦之日，悉奏天曹"。故人们"切不可对灶吟咏及哭，秽语恶言，烧不净柴，禁厌秽物"，"亦不可用灶火烧香，谓之伏龙屎"⑤。在开封，每年十二月二十四日，市民"备酒果送神，烧合家替代钱纸，帖灶马于灶上，以酒糟涂抹灶门，谓之醉司命"。临安市民则"不以穷富，皆备蔬食饧豆祀灶"。范成大《祭灶词》则反映了苏州一带的民俗："古传腊月二十四，灶君朝天欲言事。云车风马小留连，家有杯盘丰典祀，猪头烂热双鱼鲜，豆沙甘松粉饵团。男儿酌献女儿避，酹酒烧钱灶君喜。婢子斗争君莫闻，猫犬触秽君莫嗔。送君醉饱登天门，杓长杓短勿复云，乞取利市归来分。"⑥ 看来民间迷信中的灶神已非正直之神，人们可以通过"酹酒烧钱"等手段，打通关节，实现天上人间的钱权交易。

宋朝已出现若干行业神，如有田神、蚕神之类。农民"以岁十月农功毕，里社致酒食，以报田神，因相与饮乐，世谓社礼"。四川一带"皆重田神，春则刻木虔祈，冬则用牲报赛，邪巫击鼓，以为淫祀，男女皆唱竹枝歌"。陆游的

① 《夷坚乙志》卷19，《二相公庙》；《梁溪漫志》卷10，《二相公庙乞梦》。
② 《宋会要》礼20之39—44、169，21之62；《宋史》卷446，《苏缄传》。
③ 《夷坚支戊》卷6，《三公神》。
④ 《夷坚支景》卷9，《林夫人庙》；《夷坚三志辛》卷8，《横州婆婆庙》。
⑤ 《海陵集》卷22，《祭灶文》；《湖海新闻夷坚续志》后集卷2，《灶神现身》；《夷坚丁志》卷20，《杨氏灶神》。
⑥ 《东京梦华录》卷10，《十二月》；《梦粱录》卷6，《十二月》；《石湖居士诗集》卷30。

《赛神曲》描写了浙东一带的民俗："击鼓坎坎，吹笙呜呜。绿袍槐简立老巫，红衫绣裙舞小姑。乌臼烛明蜡不如，鲤鱼糁美出神厨。老巫前致词，小姑抱酒壶：愿神来享常欢娱，使我嘉谷收连车。牛羊暮归塞门闾，鸡鹜一母生百雏。岁岁赐粟，年年蠲租。蒲鞭不施，圜上空虚，束草作官但形模，刻木为吏无文书。"① 反映了贫苦农民对美好生活的向往。宋代衣着以丝麻织品为主，民间祭祀蚕神，"割鸡设醴，以祷妇人寓氏公主"，相传"治堰"，"诛草"，"沃灰"，"室入外人"为蚕神的忌讳。又如严州有招商神祠，"假懋迁之利，以粒斯民"。传说中造字的仓颉又成为胥吏神，"京师百司胥吏每至秋，必醵钱为赛神会"。另一传说人物皋陶，宋时"州县狱皆立皋陶庙，以时祠之"，这至少是东汉以来的遗风。②

宋朝还有所谓淫祠。古人认为，"非其所祭而祭之，名曰淫祀，淫祀无福"。有宋一代，民间淫祠层出不穷。"潭州妖妄小民许应于街市求化，呼召鬼神，建五瘟神庙。"新安吴十郎"创神祠于家，值时节及月朔日，必盛具奠祭，杀双羊、双猪、双犬并毛血粪秽，悉陈列于前。以三更行礼，不设灯烛。率家人拜祷讫，不论男女长幼，皆裸身暗坐"③。又如一刘姓平民，"因衰老，遂供洒扫之职于洞庭之祠"，"假鬼神之说"。他死后，居然被巫祝们建刘舍人庙，"塑而祀之"，"谓其能兴风云，神变化"④。

不少南方少数民族也是"畏鬼神，喜淫祀"。他们"初夏徙居数日，以舍祖居"，认为"否则有祸，名走鬼"。瑶人以盘瓠为始祖，每年"岁首"祭祀。⑤

淫祠的出现，大抵都有人装神弄鬼之所致。如"刘良思元充庙祝，伪作神降，破狱出囚"。他被"编置邻州"后，又"逃归，仍前在庙，占据神祝"。"益都屠儿满义"，"绝不畏鬼神，醉经丛祠，辄指画谩骂"。清元真君庙巫祝袁彦隆设法投毒，使满义在"罥神"时七窍流血身亡，"谓义触神之怒而致祸"。于是，人们"争捐金钱入庙，祠宇大兴"⑥。费衮也记载一个相似的故事，"江东村落间有丛祠"，"巫祝附托以兴妖，里民信之，相与营葺，土木寖盛。有恶少年不信，一夕被酒入庙，肆言诋辱"。于是巫祝们在祀酒中置毒，少年饮后"仆地死"。结果"祈禳者云集，庙貌绘缮极严，巫所得不胜计"⑦。

① 《事物纪原》卷8，《赛神》；《太平寰宇记》卷137，《开州》；《剑南诗稿》卷29。
② 《蚕书·祷神》；《景定严州续志》卷4；《石林燕语》卷5；《泊宅编》卷4。
③ 《礼记·曲礼》；《宋会要》礼20之12；《夷坚支癸》卷3，《独脚五通》。
④ 《名公书判清明集》卷14，《不为刘舍人庙保奏加封》。
⑤ 《宋史》卷495，《抚水州》；《溪蛮丛笑》；《文献通考》卷328，引《桂海虞衡志》。
⑥ 《名公书判清明集》卷14，《刘良思占充庙祝》；《夷坚支甲》卷9，《益都满屠》。
⑦ 《梁溪漫志》卷10，《江东丛祠》。

更有甚者，如荆南府一带，流行"稜腾邪神"，须"杀人"以祭。① 在湘阴等地，"多有杀人祭鬼之家，平时分遣徒党，贩卖生口，诱略平民，或无所得，则用奴仆，或不得已，则用亲生男女充代，脔割烹炮煨，备极惨毒"。"浙东又有杀人而祭海神者，四川又有杀人而祭盐井者。"②

宋朝官府经常禁止淫祠。宋徽宗虽耽溺道教，却"诏开封府毁神祠一千三十八区"。宋理宗时，胡颖在浙西路和湖南路"毁淫祠数千区"③。

总的说来，宋代神祠的规模和数量超过了佛寺。统治者和被统治者都信奉神灵，也都利用神灵愚弄他人，或被他人愚弄。神祠对人们不能说没有道德约束力，但人们也有利用神祠为非作恶者。

㈤山川神灵的拟人化倾向

除古代圣贤、当代名人外，很多山川等非人的神灵，也往往被赋予人的外形，这应与朝廷对神祠赐庙额和封号有关。按宋神宗时规定，"诸神祠无爵号者赐庙额，已赐额者加封爵"，爵分侯、公和王三等，女神封号分夫人和妃两等，神仙封号分真人和真君两等。此类封号也会出现一些荒唐的笑料。北宋经学家张载"定龙女衣冠，以其封善济夫人，故依夫人品"。理学家程颐反对说，"龙既不当被人衣冠"，天下"龙女有五十三庙，皆三娘子。一龙邪？五十三龙邪？一龙则不应有五十三庙，五十三龙则不应尽为三娘子也"④。

尽管如此，宋代也并非所有的神灵必具人形。宋朝官方的火神是大火。⑤ 自波斯拜火教传入中土，后称祆教，至唐末大衰。宋时已不成其为宗教，但开封、镇江等地仍有祆庙，其实是作为民间的火神，庙内则有庙祝。⑥ 宋哲宗时对西夏战争，筑平夏城，"有蜥蜴三见于此，居民祠之，水旱祷即应"。宋徽宗时，"赐庙额昭顺，及封其一曰顺应侯，二曰顺贶侯，三曰顺佑侯"。三个蜥蜴居然成神封侯。南宋临安为一白猿建庙，作为"福神"⑦。又如"大江以南"有名为"五通"等神祠，"村村有之"，传言其形"如猴猱，如龙，如虾蟆，体相不一"，"大抵与北方狐魅相似"。"宣州南陵县旧有蜂王祠"，由于"巫祝因以鼓众，谓

---

① 《长编》卷73，大中祥符三年二月乙巳。
② 《名公书判清明集》卷14，《行下本路禁约杀人祭鬼》；《宋会要》礼20之14。
③ 《宋会要》礼20之14；《宋史》卷416，《胡颖传》。
④ 《宋会要》礼20之6—7；《鸡肋编》卷下。
⑤ 《事物纪原》卷2，《大火》；《宋史》卷103，《礼志》。
⑥ 《墨庄漫录》卷4；《东京梦华录》卷3，《大内西右掖门外街巷》；《至顺镇江志》卷8。参见陈垣：《火祆教入中国考》。
⑦ 《宋会要》礼20之144；《湖海新闻夷坚续志》后集卷2，《猿为庙神》。

241

之至灵，里俗奉事甚谨"，这又是以"蠢蠢小虫"为神灵。① 又有"乌龟大王庙"②，以乌龟作神灵。

第二节　辽朝的多神崇拜

辽的统治民族虽为契丹族，而礼制方面却以"汉仪为多"。契丹人"好鬼而贵日"，实际上是以太阳为自然崇拜，"每月朔旦，东向而拜日，其大会聚，视国事，皆以东向为尊，四楼门屋皆东向"。这不同于汉人皇帝上朝、房屋建筑等，以南向为尊。辽朝举行大典礼，"祭告天地、日神，惟不拜月"③。

契丹人的"福神"名"君基太一神"，据说辽太祖时，"君基太一神数见，诏图其像"。契丹人认为，"其神所临之国，君能建极"，"民享多福"④。

辽朝仿效汉制，"设天神、地祇位于木叶山"，为"契丹九庙所在"。木叶山大致在今内蒙古昭乌达盟一带，在宋使眼里，其实是一座平常的山，"兹山亦沙阜，短短见丛薄"⑤。传说有神男和神女，分别乘白马和灰牛车"至木叶山""为配偶，生八子"，成为契丹八部的祖先。辽帝在此举行大典时，"杀白马、灰牛以祭"⑥。宋使彭汝砺赋诗说，"使者东来说契丹，翠舆却自上京还。绣旗铁甲兵三万，昨夜先朝木叶山"。契丹人崇拜"掠胡奥"，汉语译为"赤娘子"，一说是"阴山七骑所得黄（潢）河中流下一妇人，因生其族类。其形木雕彩装，常时于木叶山庙内安置"⑦。

辽朝的另一重要神祇是黑山，位于今内蒙古昭乌达盟境内，当时属庆州。

① 《夷坚丁志》卷19，《江南木客》；《夷坚支乙》卷5，《南陵蜂王》。
② 《名公书判清明集》卷14，《巫觋以左道疑众者当治士人惑于异者亦可责》。关于宋朝的多神崇拜，参见程民生：《神权与宋代社会》（《宋史研究论文集》1987年年会编刊）；程民生撰：《多神崇拜》（姚瀛艇主编：《宋代文化史》第17章第2节）；程民生：《论宋代神祠宗教》（《世界宗教研究》1992年第2期）。
③ 《辽史》卷34，《兵卫志》；卷49，《礼志》；《新五代史》卷72，《四夷附录》。
④ 《辽史》卷1，《太祖纪》；卷116，《国语解》。
⑤ 《辽史》卷49，《礼志》；《鄱阳集》卷12，《再和子育韵》；《栾城集》卷16，《木叶山》。
⑥ 《辽史》卷37，《地理志》；《契丹国志·契丹国初兴本末》；《宋会要》蕃夷2之10。
⑦ 《鄱阳集》卷12，《再和子育韵》；《说郛》卷38，《重编燕北录》。

辽宋西夏金社会生活史

辽代民间门神

(选自韩世明编著《辽金生活掠影》)

黑山"苦寒",契丹人认为,他们死后,"魂皆归此"。黑山犹如中原的"岱宗",即泰山,每年冬至,辽的五京"进纸造人马万余事,祭山而焚之。俗甚严畏,非祭不敢近山"。长白山也是辽代的一大圣地,传言为"白衣观音所居,其山禽兽皆白,人不敢入,恐秽其间"①。

辽朝的神灵尚有火神、路神、军神等。皇帝亲征,"立三神主祭之,曰先帝,曰道路,曰军旅"。契丹人还有麃鹿神;"每出猎,必祭其神,以祈多获"②。

辽朝境内也有一些祠庙。比较特殊的,是在古北口为被俘而死的宋将杨业

---

① 《辽史》卷32,《营卫志》;卷37,《地理志》;卷53,《礼志》;《契丹国志》卷27,《冬至》《长白山》;《说郛》卷3,《使辽录》。

② 《辽史》卷49,《礼志》;卷51,《礼志》;卷116,《国语解》。

立庙。不少宋使都为此祠留下诗句，"威信仇方名不灭"，"尝享能令异域尊"①。又如"蔚州城内浮图中有铁塔神，素著灵验，郡人事之甚谨"②。看来此类祠庙与宋朝祠庙相类。

第三节　金朝的多神崇拜

　　女真人作为一个落后的民族，夺据中原后，不仅接受了"宋故礼器"，连宋帝礼拜的神祇，自昊天上帝以下，也几乎照单全收。金世宗说："我国家绌辽、宋主，据天下之正，郊祀之礼岂可不行。"③

　　金朝虽沿用宋制，对各种祭神仪式也刻意求工，但因并不占有长淮以南的土地，对若干山川的祭祀，只能采用变通的办法。如"立夏，望祭南岳衡山、南镇会稽山于河南府，南海、南渎大江于莱州"④。女真人最初对孔子大不敬，到曲阜"指其像而诟曰：尔是言夷狄之有君者"。后来渤海人高庆绪对他们说，孔子是"古之大圣人"，于是女真贵族又将掘墓者"皆杀之"⑤。金熙宗开始"立孔子庙于上京"，亲"诣文宣王庙奠祭，北面再拜"，称孔子"使万世景仰"。金朝也设武成王庙，降黜一部分历史上的名将，而增加了本朝的功臣为"配祀"⑥。

　　女真人"本无宗庙"，亦无上京的地名，一般称为"御寨"或"皇帝寨"，建一乾元殿，"四围栽柳"。经汉人建议，方设祖庙，"筑室于内之东南隅，庙貌祀事虽具制度，极简略"。北宋灭亡后，金人驱逼宋宫俘虏一千余人，"肉祖于庙门外"。后金海陵王迁都大兴府，方设太庙，作为完颜皇室祖宗崇拜的所在。⑦

———————————

①　《苏魏公文集》卷13，《和仲巽过古北口杨无敌庙》；《公是集》卷28，《杨无敌庙》；《栾城集》卷16，《过杨无敌庙》；《鄱阳集》卷4，《古北口杨太尉庙》。

②　《夷坚甲志》卷1，《铁塔神》。

③　《金史》卷28，《礼志》。

④　《金史》卷34，《礼志》。

⑤　《鸡肋编》卷中；《松漠纪闻》卷下。

⑥　《金史》卷4，《熙宗纪》；卷35，《礼志》；卷105，《孔璠传》。

⑦　《会编》卷166，《金虏节要》；卷244，《金虏图经》；《靖康稗史笺证》的《宣和乙巳奉使金国行程录》和《呻吟语》；《大金国志校证》卷33，《燕京制度》。

此外，金朝也设置若干有女真族特色的山川神灵崇拜。长白山作为"兴王之地"，并沿袭辽礼，认为是"白衣观音所居"，"封兴国灵应王，即其山北地建庙宇"。混同江封兴国应圣公。上京护国林神被封为护国嘉荫侯，大兴府皇陵所在地大房山神被封为保陵公。泸沟河经常泛滥成灾，"特封安平侯"。金太祖灭辽时驻兵的旺国崖，被改名静宁山，后"册山神为镇安公"。金世宗每年夏秋往金莲川避暑，途经冰井，其孙完颜璟（麻达葛）出生，便将此山命名为麻达葛山，后改名胡土白山，"封山神为瑞圣公"。这两座山位于抚州境内，在今张家口一带。此外，叶鲁和完颜谷神"创制女直文字"，也"依苍颉立庙于盩厔例，官为立庙于上京纳里浑庄"①。

金朝的广阔汉人居住区，仍沿袭原有的多神崇拜。如汾阴后土祠"盖汉唐以来故址，宫阙壮丽"，女真人也"斋洁致祭"②。金海陵王时，"泰安守不室里""款谒东岳庙，遍礼群祠"。"绛州骨堆有龙女祠，其下泉一泓，方数丈，可灌民田万亩左右"，"女真人菩察为郡守"，为龙女的三子立祠③。"河中府大旱，府尹特请高僧祷雨，建造龙庙，"请额于朝"④。

第四节　西夏等的多神崇拜

党项人崇拜鬼神和自然物，"所居正寝，常留中一间，以奉鬼神，不敢居之，谓之神明"⑤。即使在佛教发达后，仍有"山神、水神、龙神、树神、土地诸神等"崇拜。⑥ 西夏景宗元昊即位后，"自诣西凉府祠神"⑦。在西夏文字典

---

①　《金史》卷6，《世宗纪》；卷9，《章宗纪》；卷24，《地理志》；卷35，《礼志》；《松漠纪闻》卷下。

②　《夷坚甲志》卷1，《黑风大王》；《夷坚支甲》卷2，《黑风大王》。

③　《夷坚支甲》卷1，《淑明殿马》；《夷坚支甲》卷8，《绛州骨堆泉》。

④　《夷坚支甲》卷1，《河中西岩龙》，类似记载参见《夷坚支甲》卷2，《阳武四将军》；《续夷坚志》卷1，《刀生花》；《济源灵感》；卷2，《天赐夫人》；卷3，《三姑庙龙见》。

⑤　《梦溪笔谈》卷18。

⑥　《甘州黑水建桥碑》，转引自白滨：《从西夏文字典〈文海〉看西夏社会》（《西夏史论文集》）。

⑦　《宋史》卷485，《夏国传》。

《文海》中，还有天神、地神、富神、战神、守护神、飞神等。①

大理也存在多神崇拜。在点苍山"中峰之下有庙焉，是为点苍山神，亦号中岳"，民间认为此山"神龙所宅，岁旱祈祷，灵贶昭著"②。白族等也有祖宗崇拜，"每岁以腊月二十四日祀祖，如中州上冢之礼"③。

位于西部的于阗"俗事妖神"，"喜鬼神而好佛"④，除佛教外，也有鬼神信仰。高昌回鹘也"俗事天神"⑤。但信奉的鬼神已不知其详。

---

① 参见白滨：《从西夏文字典〈文海〉看西夏社会》。
② 《大理行纪》。
③ 《说郛》卷36，《云南志略》。
④ 《新五代史》卷74，《于阗传》；《宋史》卷490，《于阗传》。
⑤ 《契丹国志》卷26，《高昌国》。

第十六章

巫卜

巫卜源远流长，世界各民族几乎无例外地出现各种巫卜。巫卜得以盛行，其重要原因是人们感到无以掌握自己的休咎祸福。巫卜有时有所区别，有时又难以区分。在辽宋金代，各民族的巫卜也各具特色。

第一节 宋朝的巫卜

宋朝虽是当时世界上文明程度最高的国家，其巫卜的盛行，绝不比周边国家逊色。王安石说，仅在开封一地，卜者"以万计"①，这还不包括巫师在内。

———————

① 《临川先生文集》卷70，《卜说》。

江西首府洪州"尚巫"，知州夏竦曾"勒令""师巫一千九百余户""改业归农"①。可知宋代从事迷信职业的人数相当可观。

巫师在社会生活中活动范围很广。如生病求巫就十分常见，四川东部等地"父母疾病，多不省视医药"，江南"闾巷之民一有疾病，摒去医官，惟巫觋之信"，岭南等地甚至"杀人以祭鬼"②。北宋名臣富弼的父亲富言任万州知州仅一年，因当地"有疾勿药，惟巫是仰"，得病而"无良医以资"，死于官邸。至于平民罹疾，更是"免者百一"，"虽或抵死，犹谓事神之未至"③。

官府对此类陋习虽屡下禁令，而收效不大。南宋初年起兵反宋的钟相，本是巫师，他夺取一些州县后，规定"病者不许服药"，无非是沿用有病求巫的旧习。宋宁宗时，常州"疫气大作，民病者十室而九"，当地"东岳行宫后有一殿"，"奉祀瘟神，四巫执其柄，凡有疾者，必使来致祷，戒令不得服药"。知州张贵谟"拘四巫"，"击碎诸像"，"习俗稍革"④。

巫师的活动并不限于祈祷疾疫，他们装神弄鬼，诈骗钱财，甚至图财害命的事，也屡见不鲜。"潼州关云长庙"，"土人事之甚谨"，巫祝喻天祐利用"成都驶卒王云""与庙中黄衣绝相似"，制造了庙中黄衣到人间定做幞头的假象，于是"富人皆乐施，凡得万缗，天祐隐没几半"。"邓城县有巫师，能用妖术败酒家所酿，凡开酒坊者皆畏奉之。每岁春秋，必遍谒诸坊求丐，年计合十余家率各与钱二十千。"⑤ 在北宋洪州，巫师辈"小则鸡豚致祀，敛以还家；大则歌舞聚人，食其余胙"。"其间有孤子单族，首面幼妻，或绝户以图财，或害夫而纳妇。"⑥

宋朝的不少地区，在巫师们的煽惑下，流行着可怕的杀人祭鬼之风。"巴峡之俗，杀人为牺牲以祀鬼，以钱募人求之，谓之采牲。"荆湖南路一带"所在乡村，多有杀人祭鬼之家，平时分遣徒党，贩卖生门，诱略平民"，"脔割烹炮炰，备极惨酷"⑦。

海南岛"黎人得牛，皆以祭鬼"。壮族"人远出而归者，止于三十里外，家遣巫提竹篮迓，脱归人贴身衣贮之篮，以前导还家，言为行人收魂归也"⑧。

① 《文庄集》卷15，《洪州请断袄巫奏》；《宋会要》礼20之10—12。
② 《宋会要》礼20之10—12，刑法2之1—3、67；《宋史》卷89、90，《地理志》；《文庄集》卷15，《洪州请断袄巫奏》。
③ 《琬琰集删存》卷2，《富秦公言墓志铭》；《宋会要》刑法2之133。
④ 《会编》卷137；《夷坚支戊》卷3，《张子智毁庙》。
⑤ 《夷坚支甲》卷9，《关王幞头》；《夷坚丁志》卷10，《邓城巫》。
⑥ 《文庄集》卷15，《洪州请断袄巫奏》；《宋会要》礼20之10—12。
⑦ 《宋会要》刑法2之3—4；《名公书判清明集》卷14，《行下本路禁约杀人祭鬼》。
⑧ 《东坡后集》卷9，《书柳子厚牛赋后一首》；《文献通考》卷330，引《桂海虞衡志》。

辽宋西夏金社会生活史

用巫术诅咒人得病或死亡，也由来已久，甚至不少士大夫也耽溺此道。巫师们"厌胜诅咒，作孽兴妖"，一李姓学谕居然信以为真，"谓其父病之由，起于师巫之咒，钉神之胁，则父之痛在胁，钉神之心，则父之痛在心"①。安化县有巫师曹九师和王魂三将曹万胜"一家年命埋庙中，以兴灾患"②。北宋时，女巫刘德妙经常出入宰相丁谓家，丁谓教刘德妙改为女冠，为之"作颂，题曰'混元皇帝赐德妙'，语涉妖诞"③。宋哲宗孟后被废，是由于孟后被诬以巫术"厌魅"④。

各种各样的占卜，对社会生活也有重要影响。"訾相人仪状色理，逆斥人祸福"，不仅在社会下层，就是腰金纡紫的达官贵人，以至位居至尊者，也往往迷信占卜。正如王安石所说："势不盈，位不充，则热中，热中则惑。势盈位充矣，则病失之，病失之则忧。惑且忧，则思决，以彼为能决。"⑤

宋真宗时，宰相丁谓"最尚礼祥，每晨占鸣鹊，夜看灯蕊，虽出门归邸，亦必窃听人语，用卜吉兆"。宋徽宗当端王时，命人持八字去大相国寺"遍问""吉凶"，有"浙人陈彦"算出他为"天子命"，后来竟"官至节度使"。"蜀人谢石""善相字"，宋徽宗写一"朝"字，谢石说："大家天宁节以十月十日生，此'朝'字十月十日也，岂非至尊乎！"宋徽宗"除擢侍从以上"高官，"皆先命日者推步其五行休咎，然后出命。故一时术者谓士大夫穷达，在我可否之间"⑥。

京城举行科举考试，士人云集，也是占卜得利的时机。沈括说："举人占得失，取之各有术。有求目下之利者，凡有人问，皆曰必得，士人乐得所欲，竞往问之。有邀以后之利者，凡有人问，悉曰不得，下第者常过十分之七，皆以谓术精而言直。后举倍获。有因此著名，终身飨利者。"如宋神宗"熙宁九年（1076），南省奏名，相国寺一相士以技显，其肆如市，大抵多举子询扣得失"。他为丁褆看相后，写了"今岁状元是丁褆"，后并不应验，又另作解释。北宋末的宰相何㮚"在太学"时，曾"诣日者孙黯问命"。孙黯说他"命极贵，不惟魁天下，且位极人臣"，但"当死于异国"，后果然应验。⑦

---

① 《名公书判清明集》卷 14，《巫觋以左道疑众者当治士人惑于异者亦可责》。
② 《名公书判清明集》卷 14，《提刑司押下安化曹万胜讼曹九师符禁事》。
③ 《宋史》卷 283，《丁谓传》。
④ 《宋史》卷 243，《哲宗昭慈孟皇后传》。关于宋代巫师活动，参见杨倩描：《宋朝禁巫述论》（《中国史研究》1993 年第 1 期）。
⑤ 《临川先生文集》卷 70，《卜说》。
⑥ 《枫窗小牍》卷上；《清波杂志》卷 3；《铁围山丛谈》卷 3。关于谢石拆字，如《夷坚志补》卷 19《谢石拆字》、《蓬州樵夫》、《朱安国相字》也有记载。
⑦ 《梦溪笔谈》卷 22；《夷坚支丁》卷 7，《丁褆科名》；《夷坚乙志》卷 7，《何丞相》。

249

宋时的占卜种类繁多，除前面已介绍的算命、拆字等外，今例举于后。

按人的面貌、形体、手相之类预卜祸福吉凶，谓之相术，相术以相面为主。"有明道人者"，"雅擅人伦风鉴之誉，有求相者，每人须百钱"，他看了士人施递的面相后，说："君面有反相。须眉皆逆生，他时决背畔，不终臣节。"另有一苏姓相士，洪迈认为其言往往得到"奇验"。他以"酒困"而"神采已昏"为由，不愿为一王姓官员说相，但私下对洪迈说："酒之为害，但能败一二分气色，其于骨法本不相妨也。"① 北宋名臣寇準"十九擢进士第"，而"有善相者"却说："君相甚贵，但及第太早，恐不善终。若功成早退，庶免深祸。盖君骨类卢多逊耳。"后来寇準也居然落得与北宋初卢多逊类似的可悲下场。②

以八卦、六壬之类占卜，在宋代也相当流行。建康府"有黥卒，已脱军籍，置卜肆于通衢间，占验若神"。有一道士"来问卜"，他说："我于卦中算得君是神仙。"③"日者蒋坚"，"其学精于六壬，为士大夫所称道"④，这又是另一种占卜。

"筮易以丹青，寓吉凶，谓之卦影"，这是北宋成都人费孝先的发明。⑤ 北宋名将狄青之孙狄偶"得费孝先《分定书》，卖卜于都市"。他为官员向子谭"写卦影，作乘巨舟泛澄江，舟中载歌舞妇女，上列旗帜，导从之属甚盛，岸侧一长竿，竿首幡脚猎猎从风靡"，上有诗说，"水畔幡竿险，分符得异恩。潮回波似镜，聊以寄君身"。士人沈枢找一"占者""筮之，得震卦。画一妇人，病卧床上，一人趋而前，旁书'奔'字"。卦影流行一时，"士大夫无不作卦影"。但王安石之弟王安国不信，说："占卦本欲前知，而卦影验于事后，何足问耶！"⑥

宋时所谓阴阳家、葬师之流，专为人们造房修墓选择风水宝地。"寒儒"姚祐"依富室馆第"，结识一"术者"，为他选择一块"秀气呈露"之地，作为其父葬地，预言他"服阕后即登科"⑦。朱载上死后，术者认为，其葬地"山势甚吉，恨去水太远，秀气不集，子孙虽蕃昌，恐不能以科名自奋"。其子朱翌后"舍祖茔而别访地"⑧。北宋蔡京葬父于临平，"以钱塘江为水，会稽山为案，山形如骆驼，葬于驼之耳，而筑塔于驼之峰"，这是依葬师"驼负重则行远"之说。南宋时，"临安始建太学于众安桥北"，引起两名道人的议论，一人说："若

---

① 《夷坚三志壬》卷5，《道人相施递》；《夷坚支庚》卷1，《苏相士》。
② 《宋朝事实类苑》卷49，《寇莱公骨似卢多逊》；《渑水燕谈录》卷6，《先兆》。
③ 《夷坚支庚》卷4，《金陵黥卒》。《夷坚支乙》卷2，《黄若讷》所载也是指八卦。
④ 《夷坚甲志》卷10，《蒋坚食牛》。
⑤ 《说郛》卷32，《拊掌录》；《东轩笔录》卷11。
⑥ 《夷坚甲志》卷13，《狄偶卦影》；卷19，《沈持要登科》；《东轩笔录》卷11。
⑦ 《夷坚支景》卷10，《姚尚书》。
⑧ 《夷坚支景》卷1，《朱忠靖公墓》。类似记载参见《夷坚支景》卷4，《荣侍郎坟》。

向东一处，却大胜此。"此语"闻于朝，时营创且成，不容别改作，于是用所指者立贡院"①。但宋人也有不信者，司马光作《葬论》，叙述其兄买通葬师，不按风水择葬地，"吾妻死"，"未尝以一言询阴阳家"。其结论是"欲知葬书之不足信，视吾家"。程颐也认为，"后代阴阳家流竟为诡诞之说"，"为害之大，妄谬之甚"，"卜其地之美恶也，非阴阳家所谓祸福者也"②。

宋代扶乩最广泛的是使用紫姑神。紫姑神见于南北朝时的《异苑》、《荆楚岁时记》等书，起源甚早，相传是"人妾"，遭"大妇"虐待而自杀。③ 据宋人说，以紫姑扶乩，"古所未有，至唐乃稍见之"。一般是男女巫师"以箕插笔，使两人扶之，或书字于沙中"④。岳飞遇害后，临安"西溪寨军将子弟因请紫姑神"，不料出现了岳飞的花押，并写诗一首："经略中原二十秋，功多过少未全酬，丹心似石今谁诉，空有游魂遍九州。"实际上应是有人借紫姑神指责时政。秦桧"闻而恶之，擒治其徒"。有的士人，如南宋吴曾，"奉紫姑神甚谨"，本人也用"箕箸"为别人扶乩。⑤

听声摸骨往往是盲人的专长。宋真宗"为开封尹，呼通衢中铁盘市卜一瞽者"，命令他对左右亲信"揣听声骨，因以为娱，或中或否"。盲人相武将王继忠时说："此人可讶，半生食汉禄，半生食胡禄。"后来王继忠果然投降辽朝。有"刘童子者，幼瞽，善声骨及命术"⑥。

宋朝沿袭前代之制，设司天监、太史局之类官署，"凡日月、星辰、风云、气候、祥眚之事，日具所占以闻"。宋高宗绍兴末，金海陵王攻宋，"举朝上下无不丧胆"，而姚宽上奏，说自己观察天象，"皆贼必灭之兆"⑦。

广南一带盛行"鸡卜"和"茅卜"，前者是"以小雄鸡未孳尾者，执其两足，焚香祷所占，而扑杀之，取腿骨洗净"，进行占卜。⑧

宋代的占卜种类还不止以上所枚举者。当然，也有人根本不信占卜，王安石著《推命对》说，"吴里处士有善推命，知贵贱祸福者，或俾予问之，予辞焉"。"夫贵若贱，天所为也；贤不肖，吾所为也。""故君子修身以俟命，守道

① 《渭南文集》卷43，《入蜀记》；《夷坚支癸》卷10，《相太学道人》。
② 《司马文正公传家集》卷65；《河南程氏文集》卷10，《葬说》、《葬法决疑》。
③ 《事物纪原》卷8，《紫姑》。
④ 《夷坚三志壬》卷3，《沈承务紫姑》。关于紫姑扶乩，参见《夷坚支乙》卷5，《紫姑咏手》；《夷坚支景》卷6，《西安紫姑》；《夷坚支丁》卷10，《陈元紫姑诗》；《夷坚支戊》卷2，《方翥招紫姑》；《夷坚三志壬》卷5，《邓氏紫姑诗》；《夷坚志补》卷13，《郑明之》。
⑤ 《暌车志》；《夷坚支乙》卷2，《吴虎臣梦卜》。
⑥ 《玉壶清话》卷4，卷7。参见《中吴纪闻》卷5，《草腰带听声》。
⑦ 《宋史》卷164、卷165《职官志》；《水心文集》卷29，《题姚令威西溪集》。
⑧ 《岭外代答》卷10，《鸡卜》、《茅卜》。

以任时，贵贱祸福之来，不能沮也。"　"屑屑焉甘意于诞谩虚怪之说，不以溺哉！"① 事实上，宋人记载中也介绍了一些江湖骗子的手法。如"临安人孙自虚好谈阴阳星术，于军将桥瓦市僦屋，设卜肆自给，初无奇术，俗谓之沙卦是也。最善钩致客言，然后诀语"。如"一妇人入拜求卜，少艾而独行"，孙自虚便问："娘子得非占行人乎？"对方承认后，孙自虚说："夫官爻动，如问出行消息，不过五日，其身随后亦至。道涂平安，多获财利，上卦也。"恰好其夫不久归家，"遂与万钱"。宋孝宗时，"闽士曹仁傑淳熙末预秋榜待补，明年入都，贫无装资，假卖卜自给"。他本"不能卜筮"，只是揣摩人意，行其骗术，居然被誉为"通神"，"留数月，藉此以济旅涂"②。南宋朱继芳《赠日者》诗讽刺说，"短长三万日，好丑百千般"，"送君寻富贵，我命不中看"。在临安城中甚至有"夜市卖卦"，"有盘街卖卦人"，也"有叫'时运来时，买庄田，取老婆'卖卦者"③。

第二节　辽朝的巫卜

在契丹人的社会风俗中，巫卜的地位自然比汉人社会更重要。在辽朝最隆重的木叶山祭天地仪式中，由"太巫以酒酹牲"，"巫衣白衣"，"三致辞，每致辞，皇帝、皇后一拜，在位者一拜"，"太巫奠酹讫，皇帝、皇后再拜，在位者皆再拜"。在"祈雨"的"瑟瑟仪"中，"巫以酒醴、黍稗荐植柳"。在"岁除仪"中，"巫及大巫以次赞祝火神"。皇帝"丧葬"，则由"巫者被除"。皇帝行"再生仪"求子，由"太巫幪皇帝首"，"奉襁褓、彩结等物赞祝之"④。可见巫师在辽廷礼仪中的重要性，这在南方的宋朝是见不到的。

每年正旦夜五更三点，契丹人用糯米团四十九个掷于帐外，"得只（单）数为不利"，"令巫十有二人鸣铃，执箭，绕帐歌呼，帐内爆盐垆中，烧地拍鼠，谓之惊鬼"，"本帐人第七日方出"⑤。

---

① 《王文公文集》卷27。
② 《夷坚志补》卷18，《孙生沙卦》、《曹仁傑卜术》。
③ 《南宋六十家小集·静佳乙稿》；《梦粱录》卷13，《夜市》。
④ 《辽史》卷49、50、53，《礼志》。
⑤ 《辽史》卷53，《礼志》；卷116，《国语解》；《契丹国志》卷27，《正旦》。

契丹人用兵行师，也很注重占卜。"行军不择日，用艾和马粪，于白羊琵琶骨上炙，炙破便出行，不破即不出"。又"以牝、牡麛各一祭之"，名为"礻襄祭"。皇帝亲征，"出帅以死囚，还师以一谍者"，"置所向之方，乱矢射之，名射鬼箭，以被不祥"①。

辽朝的汉人看来也沿用唐五代以来的各种巫卜。辽末有"常胜军校庞太保妻耶律氏"，容貌颇美，"诣燕山乐先生卜肆问命"，乐先生说："夫人不大贵，吾当焚五行之书。"后金朝完颜兀术"纳之而杀其夫"，耶律氏"封越国王妃"②。

第三节　西夏和吐蕃的巫卜

党项社会极重巫卜，"西夏语以巫为厮也"③，"卜师谓之厮乩"④。党项人"笃信机鬼，尚诅祝"，"病者不用医药，召巫者送鬼"。在战争中，"出战率用只日，避晦日"，"败三日，辄复至其处，捉人马射之，号曰杀鬼招魂，或缚草人埋于地，众射而还"⑤。这与契丹人的射鬼箭有相似之处。

党项人也非常重视占卜。他们的占卜术主要有四种。第一种称为"炙勃焦"，或称"死跋焦"，用艾草熏灼羊胛骨（一说为羊髀骨），观察兆纹，"兆之上为神明"，兆纹分"主位"和"客位"。第二种称"擗算"，在地上擗竹，类似于汉人用蓍草占卜。第三种称"生跋焦"，即咒羊。"其夜牵羊，焚香祷之，又焚谷火于野，次晨屠羊，肠胃通则吉，羊心有血则败。"第四种是用箭敲弓弦，"审其声，知敌至之期与兵交之胜负，及六畜之灾祥，五谷之凶稔"⑥。

在甘肃武威发现的西夏文遗物中，有一份卜辞残页，其意为"卯日遇仇人，

---

① 《契丹国志》卷27，《行军》；《辽史》卷51，《礼志》；卷116，《国语解》。
② 《夷坚志补》卷18，《乐先生》。
③ 《辽史》卷115，《西夏传》。
④ 《梦溪笔谈》卷18；《宋朝事实类苑》卷49，《羊卜》作"厮乾"。
⑤ 《宋史》卷486，《夏国传》；《辽史》卷115，《西夏传》。
⑥ 《宋史》卷486，《夏国传》；《辽史》卷115，《西夏传》；《梦溪笔谈》卷18；《宋朝事实类苑》卷49，《羊卜》。

辰日买卖吉"，"午日求财顺"，"申日万事吉"，"戌日有倍利，亥日心来喜"①。用汉人流行的十二支记日，表明党项人的占卜也受汉文化的影响。

吐蕃人"不知医药，疾病召巫觋视之，焚柴声鼓，谓之逐鬼。信咒诅，或以决事，讼有疑，使诅之"②。

第四节　金朝的巫卜

女真人最初信奉原始的萨满教。"珊蛮者，女真语巫妪也。"女真文的创制者完颜谷神（希尹，或音译为兀室、悟室、骨捨），"以其变通如神"，"国人号为珊蛮"。女真人"疾病则无医药，尚巫祝，病则巫者杀猪狗以禳之，或车载病人至深山大谷以避之"，如"有被杀者，必使巫觋以诅祝杀之"。相传有人名叫谢里忽，他的诅咒词说："取尔一角指天、一角指地之牛，无名之马，向之则华面，背之则白尾，横视之则有左右翼者。"据说"家一经诅祝，家道辄败"③。

金朝初年，"用兵行师，未知有时日支干"，后"得辽之太史如忒、李萌、未极母三数人，皆明天文，占验数中"。金军第二次攻开封时，"太史占十一月二十一日午时宋京城当破，其后果然"④。到金季国运危蹙之时，如武祯和武亢父子、李懋、胡德新等，也被朝廷、将相辈"密问国运否泰"，据说"其占如响"，"言祸福有奇验"⑤。时有"相者李茂"至南京开封，"朝士争往叩之"，"近侍焦春和"求相面，李茂说："五品，五品，恨来处不高耳！"焦春和"本世宗家童，闻茂言，深耻之"，后设计将他杀害。⑥ 金朝亡国后，应奉翰林文字张邦直"敝衣褴褛可怜"，只能"鬻卜天街"以维生。⑦ 金代人口以汉人为主，其占卜术大体继承了北宋社会的余绪。其中也有扶乩术，当蒙古军南侵后，河东

---

① 参见《考古》1974 年第 3 期王静如《甘肃武威发现的西夏文考释》，第 6 期史金波《〈甘肃武威发现的西夏文考释〉质疑》，"仇人"，史文释为"亲人"。

② 《宋史》卷 492，《吐蕃传》。

③ 《会编》卷 3；《金志·初兴风土》；《金史》卷 65，《谢里忽传》。

④ 《大金国志校证》卷 33，《天文》。

⑤ 《金史》卷 131，《方伎传》。

⑥ 《续夷坚志》卷 3，《李茂相法》。

⑦ 《归潜志》卷 5。

泽州陵川人纷纷扶乩"祈仙",神仙杨朴"降笔,诗尤奇伟不凡"。如有人"出高丽匹纸求诗",遂写扶乩诗八句,其中有"霜入词锋月痕缺,手中不觉风雷掣"之句。① 但从今存的残缺记载中,已难于了解金代占卜的全貌。

---

① 《续夷坚志》卷3,《陵川人祈仙》。

第十七章

文体娱乐

辽宋西夏金时期，文体娱乐活动较前代更加丰富多彩，与商品经济发展同步，呈现出商业化倾向。少数民族在保持其娱乐习俗的同时，深受汉族娱乐文化影响。

第一节　艺人社团与娱乐中心

艺人社团的出现及娱乐中心的形成，是这一时期引人注目的两大文化现象。

●艺人及其社团

随着社会生产的发展，人们的生活质量有所提高，对文体娱乐生活的需求增大。与此相适应，艺人数量较前代激增，主要来自三种人：一，农村过剩人

乐队雕刻

河南温县北宋墓出土（选自《中国文明史》第6卷）

口。不少农民携带子女，走村串户，进入城市，卖艺谋生。二，城市平民。由于卖艺是项可供选择并收入较多的职业，开封"中下之户不重生男，生女则爱护如捧璧擎珠"，稍大即"随其姿质，教以艺业"，以便挣钱为生。苏州的情况相似："吴下风俗尚侈，细民有女必教之乐艺，以待设宴者之呼使。"① 三，失意读书人。艺人中有许贡士、张解元、周八官人、武书生等等，"贡士"、"解元"

---

① 洪巽：《旸谷漫录》；陈郁：《藏一话腴》。

唱赚图（选自陈元靓《事林广记》）

之类是当时人对读书人的习惯性尊称。他们加入艺人行列，有利于艺术水平的提高。

当时的艺人分为三大类：1. 家内艺人。大凡达官富室，几乎无不广置歌儿舞女。2. 官府艺人。分别隶属于教坊及云韶部、钧容直等机构。宋代沿袭唐代，设教坊于禁门内。云韶部为太祖平定岭南后组建，由原南汉宦官中的聪惠者组成，称"黄门乐"。钧容直系太宗择军中之善乐者组成，称"军乐"。由于财政紧张，不少大臣主张"临时点集，不必置教坊"①。钧容直、教坊相继于绍兴三十年（1160）正月、三十一年六月撤销。3. 民间艺人。又有瓦舍艺人与路歧人之分，前者有固定的演出场所，后者则无。《武林旧事》卷6《瓦子勾栏》称："路歧，不入勾栏，只在要闹宽阔之处做场者，谓之'打野呵'，此又艺之次者。"《都城纪胜·市井》云：临安"执政府墙下空地，诸色路歧人在此作场"。"其他街市如此空闲地段，多有作场之人。"金朝也有这类艺人，《金史》卷104《完颜寓传》称："贾耐儿者，本歧路小说人，俚语诙嘲以取衣食。"歧路与路歧同义。

民间艺人自发结成社团并为数其多。《武林旧事》卷3《社会》称："如绯绿社（杂剧）、齐云社（蹴鞠）、遏云社（唱赚）、同文社（耍词）、角抵社（相扑）、清音社（清乐）、锦标社（射弩）、锦体社（花绣）、英略社（使棒）、雄

---

① 李心传：《建炎以来朝野杂记》甲集卷3，《教坊》。

辩社（小说）、翠锦社（行院）、绘革社（影戏）、净发社（梳剃）、律华社（吟叫）、云机社（撮弄）。"其中除从事梳剃业的净发社等少数社团外，均属艺人结社。《都城纪胜·社会》、《梦梁录》卷19《社会》还载有蹴鞠打球社、川弩射弓社、小女童像生叫声社、射弓踏弩社、射水弩社、苏家巷傀儡社等。每社分为若干专业表演团体，每个表演团体艺人为数不少。《西湖老人繁胜录》载，清乐社"有数社，每不下百人"；"福建鲍老一社有三百余人；川鲍老社亦有一百余人"。失意读书人组成书会，如永嘉书会、九山书会、古杭书会、武林书会等，进行文艺创作，称书会先生或才人。金朝也有书会，女真人石盏德玉便是著名的书会先生，编有杂剧多种，其中《秋胡戏妻》、《紫云亭》、《曲江池》、《金钱记》等流传至今。

当时名艺人为数不少。《东京梦华录》卷5《京瓦伎艺》列有张廷叟等72位，其中白牡丹李师师的小唱表演特别出众，泽州（治今山西晋城）孔三传则是诸宫调的首创者，因编《耍秀才》诸宫调而擅名一时。《西湖老人繁胜录》列有乔万卷、许贡士等63位。《武林旧事》卷6《诸色伎艺人》按照行当，分为演史、影戏等56类，列有张解元、周八官人等520位。辽、金的名艺人有罗衣轻、玳瑁头等，前者《辽史》有传，后者曾被金章宗召入宫中，他打诨道：凤凰"向里飞则加官进禄"[1]。"里飞"为"李妃"的谐音，章宗不禁捧腹大笑。

艺人社会地位低下，常常遭遇不幸。如兖州（今属山东）张山人"以十七字作诗，著名于元祐、绍圣间"，"其词虽俚，然多颖脱，含讥讽"。老来精力不够，"乃还乡里，未至而死于道"，相识以两片芦席将其藁葬。女艺人的遭遇更凄惨，如杨爱爱"善歌舞"，"为金陵少年张逞所调"[2]。唐安安歌色绝伦，被理宗据为己有。李师师虽曾红极一时，但钦宗将其家籍没，她晚年流落于湖湘间。

●二 瓦舍、勾栏

民间艺人又称瓦舍艺人、勾栏乐人，是由于他们活跃于瓦舍、勾栏中。瓦舍又叫瓦子、瓦市、瓦肆，简称瓦，系固定的娱乐中心，游人、看客来往其中，川流不息。《梦梁录》卷19《瓦舍》称："瓦舍者，谓其来时瓦合，去时瓦解之义，易聚易散也。不知起于何时？顷者京师甚为士庶放荡不羁之所，亦为子弟流连破坏之门。"瓦舍中的确治安问题较多，但笼统地称之为"放荡不羁之所"，是士大夫的偏见。瓦舍的出现意味着整个社会的文娱生活上了一个新台阶。北宋开封的瓦舍见于《东京梦华录》者有10座，即新门瓦子、桑家瓦子、中瓦、

---

① 《金史》卷64，《章宗元妃李氏传》。
② 洪迈：《夷坚乙志》卷18，《张山人诗》；张邦几：《侍儿小名录拾遗》。

里瓦、朱家桥瓦子、州西瓦子、州西里瓦、保康门瓦子、州北瓦子、宋门外瓦子。南宋临安的瓦舍见于《武林旧事》卷6《瓦子勾栏》者有23座，即南瓦、中瓦、大瓦（又名上瓦）、北瓦（又名下瓦）、蒲桥瓦（又名东瓦）、便门瓦、候潮门瓦、小堰门瓦、新门瓦、荐桥门瓦、菜市门瓦、钱湖门瓦、赤山瓦、行春桥瓦、北郭瓦（又名大通店）、米市桥瓦、旧瓦、嘉会门瓦、北关门瓦（又名新瓦）、艮山门瓦、羊坊桥瓦、王家桥瓦、龙山瓦。都城以外，不少城市也有瓦舍，如建康府的新瓦、明州的新旧二瓦。

勾栏又叫构肆、钩栏、游棚，简称棚，设置于瓦舍中，与瓦舍有时互为同义词。其原义为栏杆，系固定的演出场所，内设戏台、戏房（后台）、腰棚（观众席），四周栏杆圈围。每座瓦舍中都有勾栏，少者一两座，多者十余座。如开封桑家瓦子、中瓦、里瓦共有勾栏50多座，临安北瓦有勾栏13座。勾栏规模有大有小，大的如开封"中瓦子莲花棚、牡丹棚，里瓦子夜叉棚、象棚，最大，可容数千人"①。

当时的演出场所不止勾栏，此外如露台。《事物纪原》卷9《戏场》称："宋朝至正岁上元，辟端门，起山楼露台棘围，列钧容、教坊乐，及彩棚夹道，令都人纵观。"《剑南诗稿》卷27《春社》诗云："太平处处是优场，社日儿童喜欲狂。且看参军唤苍鹘，京都新禁舞斋郎。"可见农村也有临时性演出场所。山西侯马金代董氏墓中出土的砖雕戏台模型，生动地反映了金朝戏台的情形。②

▤三种新趋势

瓦舍、勾栏的出现是商品经济繁荣、城市规模扩大，以工商业者为主的坊郭户发展壮大的结果。内中的文娱活动呈现出三种新趋势，反映了宋代整个娱乐文化的走向与特色。

1. 商业化趋势。瓦舍既是娱乐中心，又是商业中心，娱乐活动与商业活动同时进行，因而又叫瓦市。《东京梦华录》卷2《东角楼街巷》称："瓦中多有货药、卖卦、喝故衣、探搏饮食、剃剪纸画令曲之类。"勾栏内商业广告琳琅满目，艺人的演出乃至体育表演均以挣钱为目的。

2. 通俗化趋势。文娱活动能满足不同阶层、不同职业、不同年龄阶段、不同文化层次的不同爱好，以致"勾栏不闲，终日团圆"③。《东坡志林》卷1《怀古》载，涂巷小儿听说书，"至说三国事，闻刘玄德败，颦蹙有出涕者；闻曹操

① 孟元老：《东京梦华录》卷2，《东角楼街巷》。
② 参看山西省文管会侯马上作站：《侯马金代董氏墓介绍》（《文物》1959年第6期）。
③ 《东京梦华录》卷2，《东角楼街巷》。

上左：宋青铜双龙菱花镜　（选自《中国文明史》第6卷）

上右：南宋园林仕女图戗金莲瓣形朱漆奁（江苏武进出土）
　　　（选自《中国文明史》第6卷）

　下：宋海兽纹银圆盘（四川遂宁出土）
　　　（选自《中国文明史》第6卷）

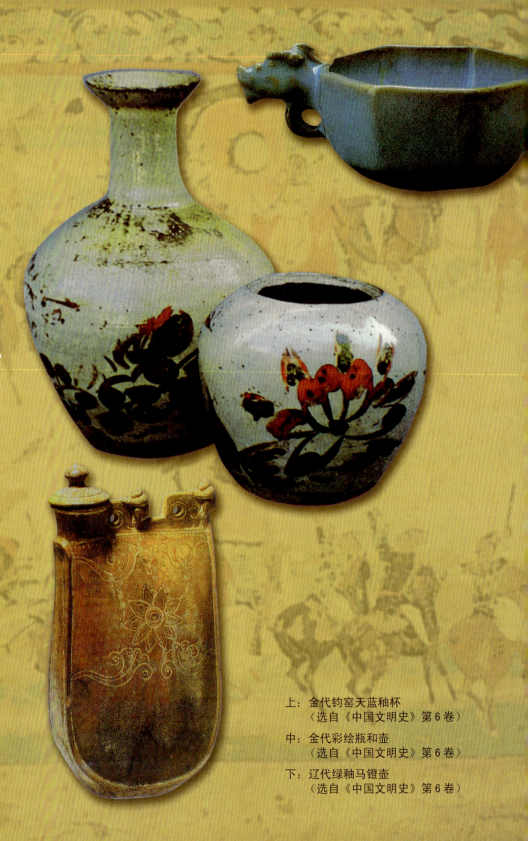

上：金代钧窑天蓝釉杯
　　（选自《中国文明史》第6卷）

中：金代彩绘瓶和壶
　　（选自《中国文明史》第6卷）

下：辽代绿釉马镫壶
　　（选自《中国文明史》第6卷）

辽宋西夏金社会生活史

上：宋朱锐绘《雪溪行旅图》中的牛车
（选自文物出版社编《两宋名画册》）
下：宋人绘《花坞醉归图》中的富人骑驴代步
（选自上海博物馆编《宋人画册》）

南宋王居正绘《纺车图》中的纺纱妇女　（选自《中国美术全集·绘画编》3《两宋绘画》上）

上左：山西高平开化寺北宋壁画
《善事太子本生故事（观织）》绘织女
（选自《中国美术全集·绘画编》13《寺观壁画》）

上右：南宋养鸡女（重庆大足宝顶山石刻）
（选自《中国文明史》第 6 卷）

下：宋人绘《杂剧图》中的裹足、簪花女艺人
（选自文物出版社编《两宋名画册》）

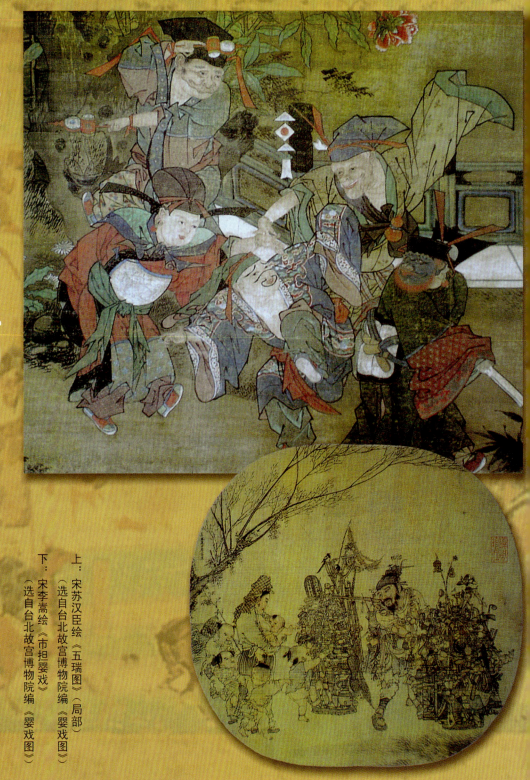

上：宋苏汉臣绘《五瑞图》（局部）
（选自台北故宫博物院编《婴戏图》）
下：宋李嵩绘《市担婴戏》
（选自台北故宫博物院编《婴戏图》）

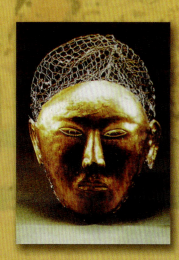

上：宋苏汉臣绘《秋庭戏婴图》
（选自台北故宫博物院编《婴戏图》）

下左：宋人绘《蕉石戏婴图》
（选自文物出版社编《两宋名画册》）

下右：辽代覆盖在驸马遗体面部的金面具（内蒙古通辽市奈曼旗陈国公主墓出土）
（选自吕济民主编《中国收藏与鉴赏》）

宋人绘《消夏图》 （选自文物出版社编《两宋名画册》）

败，即喜唱快"。张耒《明道杂志》载，一孤儿"甚好看弄影戏，每弄至斩关羽，辄为之泣下"。《宋史》卷314《范纯礼传》载，被称为"村野无知"的亨泽村村民"入戏场观优"，归途兴奋不已，作刘备状。可见艺人的表演何等通俗感人。宋代通俗文艺异军突起，在文艺娱乐史上正处于由"雅"到"俗"的转型期。

3. 大众化趋势。瓦舍小者占地一里有余，勾栏大者可容数千人，游人、看客上自达官，下至平民。某些从前为上层独享的娱乐活动，如今成为大众的共同爱好。杭州每年八月，观钱塘江潮，倾城出动。成都每年正月十五至四月十八，春季游赏，全民参与。各地的龙舟竞渡活动都具有广泛的群众性。

第二节　艺术

当时的观赏性与自娱性文体娱乐活动多种多样，可归纳为艺术、体育、游艺三大类。艺术又可区分为说唱、舞蹈、杂技、戏剧四小类。

●一说唱

说唱通过语言与声腔的艺术感染、娱乐听众，包括"说话"、"杂说"和"演唱"。说话即讲故事，讲故事的艺人称"说话人"，讲故事的底本称"话本"。说唱内容包罗万象，讲说经书称"说经"，讲说参禅悟道称"说参请"，还有"小说"与"讲史"。小说系讲说灵怪、烟粉、传奇、公案、朴刀、杆棒、神仙、妖术等事，一般篇幅较短，有说有唱，大多使用接近口语的白话，先以诗词或议论开头称"入话"，再讲一两个故事称"头回"，正文说唱毕，以诗词或议论收尾。小说类话本以《错斩崔宁》、《碾玉观音》、《志诚张主管》、《冯玉梅团圆》、《闹樊楼多情周胜仙》等为代表。讲史系讲说历代兴废战争之事，一般篇幅较长，只说不唱，并有议论。《后村集》卷10《田舍即事》诗云："儿女相携看市优，纵横楚汉割鸿沟。山河不暇为渠惜，听到虞姬真是愁。"可见讲史在农村很受欢迎。霍四究以说三国、尹常卖以说五代而闻名。说话人既说旧话，也说新话。王六大夫说《中兴名将传》即韩世忠、岳飞等人的故事。讲史类话本以《三国志平话》、《五代史平话》、《大宋宣和遗事》等为代表。金朝也有说

艺人在富户人家击板演唱　河南禹县白沙宋墓壁画（选自宿白《白沙宋墓》）

话人，《金史》卷 129《张仲轲传》称：张仲轲出身"市井无赖"，曾"说传奇小说，杂以俳优诙谐语为业"。

杂说以机敏、诙谐的语言引人入胜。如"学乡谈"学说各地方言；"背商谜"，商指本人心口相商或与他人相商，琢磨如何出谜、猜谜；"说诨话"系滑稽诙谐语言表演，或说让人捧腹大笑的故事，或吟咏语含讥讽的歌诗。

演唱艺术种类繁多，"小唱"声调重起轻落，"嘌唱"音调曲折柔曼，"叫声"摹仿各种叫卖声，"唱赚"兼容小唱等多种声腔，"合生"主要演唱诗词，指物题咏，应命辄成，立即演唱。而"乔合生"，乔为滑稽或乔装之意。演唱艺术以"诸宫调"、"鼓子词"与"陶真"最具代表性。诸宫调兼用多种宫调演唱长篇故事，宫指以宫声为主的调式，调指以其他各声为主的调式，有说有唱，以唱为主。演唱时，用琵琶等弦乐伴奏，因而又称"挐弹词"。诸宫调在金朝同样深受人们喜爱，无名氏《刘知远诸宫调》、董解元《西厢记诸宫调》流传至今。鼓子词说用散文，唱用韵文，使用同一曲调反复多次，以鼓伴唱，或写景或叙事。北宋赵令畤《商调蝶恋花鼓子词》迄今仍存。《剑南诗稿》卷 33《小舟游近村舍舟步归》诗云："斜阳古道赵家庄，负鼓盲翁正作场。身后是非谁管得，满村听说蔡中郎。"描述的是盲艺人在农村用鼓子词说唱东汉蔡邕的故事。

东京街上的说唱场面 北宋张择端绘《清明上河图》（局部）

陶真以琵琶伴奏，演唱小说、平话，深受乡下人欢迎。《西湖老人繁胜录》云：
"听陶真，尽是村人。"

舞蹈

舞蹈有宫廷舞蹈、民间舞蹈之分，其代表舞种分别是"队舞"与"舞队"。
宋朝宫廷有两支舞蹈队：小儿队由 72 名少男组成，分为柘枝等 10 队；女弟子队
由 153 名少女组成，分为菩萨蛮等 10 队。这些舞蹈唐代已有，宋代由一人独舞
发展为集体群舞。"队舞"的主体是舞蹈队。此外还有"竹竿子"与"后行"；
竹竿子又称参军色，相当于现在的报幕人，因手执竹竿而得名。队舞演出前，
先由竹竿子向观众介绍节目内容，多用骈文，称"致语"；接着引导舞蹈队出
场，称"勾队"。演出结束时，召唤舞蹈队再度出场，称"放队"或"遣队"，
类似于谢幕。后行则是演出时伴奏的乐队。队舞出现角色分类，并加入歌唱、
致词等，有向舞剧发展的趋势。如《勾南吕薄媚舞》为书生郑六与"狐狸精"
任氏的爱情故事；《勾降黄龙舞》为名妓灼灼与裴质的恋爱悲剧；《五羊仙舞》
为五仙骑羊降临羊城的神话。

民间的"舞队"通常是业余舞蹈队节日在街头演出，一边游行，一边表演。
舞队节目不少，仅《武林旧事》卷 2《舞队》所载，即达 70 种。如"旱龙船"
系在陆地摹仿水中划龙船；"十斋郎"系讽刺卖官卖爵的腐败现象；"村田乐"

宋苏汉臣绘《百子嬉春图》中的狮子舞（摹本）

（选自《中国文明史》第 6 卷）

表现农村的愉快劳动，范成大《石湖居士诗集》卷 23《上元纪吴中节物俳谐体三十二韵》诗云："轻薄行歌过，颠狂社舞呈。村田蓑笠野，街市管弦清"；"舞鲍老"是滑稽舞，鲍老系滑稽角色，陈师道《后山诗话》载杨亿《傀儡》诗云："鲍老当筵笑郭郎．笑他舞袖太郎当。若教鲍老当筵舞，转更郎当舞袖长。"

在辽、金能看到唐、宋舞蹈，有《石湖居士诗集》卷 12《真定舞》及元好问编《中州集》卷 10《观柘枝伎》诗可证。但仍保留其民族特色，如契丹的《臻蓬蓬歌》。《宣政杂录》载，宣和初年，来开封居住的"辽民""每扣鼓和'臻蓬蓬'之音，为节而舞，人无不喜闻其声而效之者"。其歌词曰："臻蓬蓬，外头花花里头空。但看明年正二月，满城不见主人翁。"女真歌舞虽"曲调与中朝一同，但腰鼓下手太阔，声遂下，而管、笛声高。韵多不合，每拍声后继一小声。舞者六七十人，但如常服，出手袖外，回旋曲折"。因审美观点不同，宋人感到"莫知起止，殊不可观"。辽画《卓歌图》及河南焦作等地金墓中出土的雕砖舞伎、散乐图画像石、舞蹈俑等，为了解与研究辽、金舞蹈提供了宝贵的资料。[①]

当时不少地区、不少民族都盛行踏歌，即一面踏地打拍，一面欢唱舞蹈。南宋马远《踏歌图》，画中四位汉族老农踏歌于山路上，画上宁宗题诗："宿雨清畿甸，朝阳丽帝城。丰年人乐业，垄上踏歌行。"王曾《王沂公行程录》云：

---

① 许亢宗：《宣和乙巳奉使行程录》；河南省博物馆、焦作市博物馆：《河南焦作金墓发掘简报》（《文物》1985 年第 8 期。）

"渤海俗，每岁时聚会作乐，先命善歌舞者数辈前行，士女相随，更相唱和，回旋宛转，号曰踏锤。"但各有其特色。吐蕃、末些蛮以此为乐，五溪蛮以此送丧，瑶族以此为未婚男女青年选择配偶提供机会。踏歌，瑶族称踏摇，大理称打歌，渤海称踏锤。不仅名称不尽相同，伴奏所用乐器也不相同。大理使用葫芦笙"攒竹于瓢，吹之呜呜然"。瑶族除葫芦笙外，还用卢沙，"状如古箫"；笛韵，"如常笛差短"，特别好用腰鼓："合乐之时，声响特远，一二面鼓已若十面矣。"①

三 杂技

杂技有狭义与广义之分，狭义的杂技当时称"踢弄"，广义的杂技则包括魔术、口技与马戏。踢弄因杂技节目往往离不开踢与弄而得名，踢如踢瓶、踢磬、踢缸、踢钟、踢笔墨，弄如弄碗、弄花钱、弄花棒鼓。《古杭杂记》称："花棒鼓者，谓每举法事，则一僧三四棒鼓，轮流抛弄，诸妇女竞观之，以为乐。"踢弄之外，还有走索、踏跷、上竿、打筋斗、过门子、过圈子等等，大多继承前代，但难度增大，越发惊险奇特。如走索至迟在东汉已有之，"以大绳系两柱，相去数丈，两倡女对舞，行于绳上，相逢比肩而不倾"。宋代不仅"行于绳上"，而且"索上担水、索上走装神鬼"②。有的艺人将走索与踢弄结合起来，叫人触目心惊。《司马文正公传家集》卷3《走索》诗云："伎儿欲夸众，喜占街路交。系组不厌长，缚竿不厌高。空中纷往来，巧捷如飞猱。却行欠肤寸，倒挂连秋毫。"《宣政杂录》载，宣和初年迁居开封的"辽民"中，"有伎者，以数丈长竿系椅于杪，伎者坐椅上。少顷，下投于小棘坑内，无偏颇之失"。并念诗："百尺竿头望九州，前人田土后人收。后人收得休欢喜，更有收人在后头。"这种杂技表演叫"缘竿"或"寻桩"。《宣和乙巳奉使行程录》载，金初继承辽朝艺术传统，有"踏索"、"上竿"等杂技表演。

魔术节目变幻无穷，刘筠《大酺赋》称："吞刀璀璨，吐火荧煌，或歕气而为雾，或叱石而成羊。"但大多少不了一个藏字，如藏人、藏舟、藏剑等。吞刀、吐火、吃针、取眼之类，也无非是藏。因而魔术又称"藏去之术"。蔡绦《铁围山丛谈》卷4载，"元丰中，有艺人善藏舟，用数十人举置之，当场万众不见"，"上下莫不骇异"。神宗高居御楼上，一眼看破："其人但行，往来篗舟上耳。"其中以"七圣法"即杀人复活术最出奇。临安有位杜姓艺人当场"切人头下"，"少闲依元接上"，因而艺名杜七圣。朝廷将此视为"邪法"，于绍兴六

① 周去非：《岭外代答》卷7，《瑶乐器》、《腰鼓》。
② 高承：《事物纪原》卷9，《高縆》；吴自牧：《梦粱录》卷20，《百戏伎艺》。

年（1136）二月明令禁止"割藏肢体，刳剔肠胃，作场惑众"①。张舜民《使北记》称："契丹上京有人忽见二牛驾赤犊出耳中，别有天地，花木繁茂，云兜玄国也。"所谓"兜玄国"，即魔术表演。

口技系模仿飞鸟、禽兽的吟叫声，当时叫"百禽鸣"。教坊乐人中有以此见长者，他们"效百禽鸣，内外肃然，止闻半空和鸣，若鸾凤翔集"②。民间口技名角则有姜阿得等。

马戏原义为马术特技表演，骑手在马上表演"立马"、"跳马"、"倒立"、"拖马"、"飞仙膊马"、"镫里藏身"等各种高难动作。其引申义则是经过训练的动物参加杂技表演，统称"教禽兽"，包括"教走兽"、"教飞禽"、"教虫蚁"、"教水族"。宋人称："相国寺前，熊翻筋斗，望春门外，驴舞柘枝。"不仅笨熊能打筋斗，而且蠢驴也能踏着多变的鼓点，跳柘枝舞。精灵的猴子则表演百戏，所谓百戏是各种技艺的总称。凶猛的狮豹在"教禽兽"艺人的指挥下，"坐作进退，奋迅举止"，对看客最具刺激性。教飞禽指禽鸟认书、乌鸦下棋一类的节目，以灵禽演剧最精彩。蜡嘴鸟"拜跪起立，俨若人状。或使之衔旗而舞，或写八卦名帖，指使衔之，纵横不差。或抛弹空中，飞腾逐取"。在艺人的调教下，虫蚁表演各种小巧而新奇的节目，如蚂蚁角武：黄、黑两种蚂蚁"各有大者为之将领，插旗为号，一鼓对垒，再鼓交战，三鼓分兵，四鼓偃旗归穴"。教水族除鱼跳刀门等节目外，还有乌龟迭塔："蓄龟七枚，大小凡七等。置龟几上，击鼓以谕之，则第一等大者先至几心伏定，第二等者从而登其背。直至第七等小者，登第六等之背，乃竖身直伸其尾向上，宛如小塔状"；虾蟆说法："蓄虾蟆九枚，于席中置小墩，其最大者乃踞坐之，八小者左右对列，大者作一声，众亦作一声；作数声，亦如之。既而小者一一至大者前，点首作声，如作礼状而退。"③ 所谓七宝之戏则是艺人手敲铜锣并呼唤动物名称，桶内的龟、鳖、鳅、鱼、蟹等七种水族闻呼即出，头戴面具，边游边舞，如此周而复始，叫人趣味横生。

（四）戏剧

戏剧包括傀儡戏、影戏、杂剧和南戏。傀儡戏即木偶戏，分为若干种：艺人以线牵提傀儡表演，称"悬丝傀儡"；用木棍操纵傀儡动作，称"杖头傀儡"；手擎幼童，仿效傀儡表演，称"肉傀儡"；爆炸火药，增强音响效果，称"药发

---

① 见吕祖谦编：《宋文鉴》卷2；《西湖老人繁胜录》；《宋会要》刑法2之150。
② 《东京梦华录》卷9，《宰执亲王宗室百官入内上寿》。
③ 欧阳修：《归田录》卷2；《东京梦华录》卷7，《驾登宝津楼堵军呈百戏》；潘永因：《宋稗类钞》卷7，《工艺》。

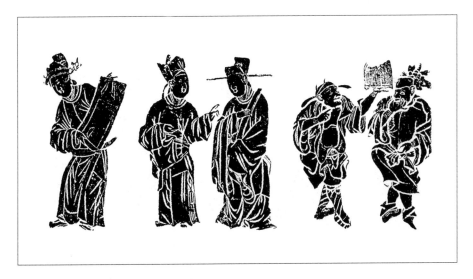

杂剧人物雕刻

河南偃师北宋墓出土（选自《中国文明史》第 6 卷）

傀儡"；在船上或水上进行表演，称"水傀儡"："浮泛傀儡之戏，雕刻鱼龙之质，应乐鼓舞，随波出没。"① 傀儡戏题材广泛，能表演情节复杂的历史故事，在民间受欢迎，并进入宫中。《武林旧事》卷 1《圣节》载，理宗在其生辰，曾观看艺人卢逢春操作表演的傀儡戏《踢架儿》。

《事物纪原》卷 9《影戏》认为，影戏的渊源可追溯到汉武帝时，但"历代无所见。宋朝仁宗时，市人能谈三国事者，或采其说，加缘饰，作影人，始为魏、晋、蜀三分争战之像"。并由纸影逐步发展为皮影戏。《梦粱录》卷 20《百戏伎艺》称：弄影戏者"初以素纸雕簇，自后人巧工精，以羊皮雕形，不致损坏"。"公忠者雕以正貌，奸邪者刻以丑形"，以寓褒贬之意。艺人在表演时，边讲唱故事内容，边摆弄"公忠者"与"奸邪者"，透过灯光折射，布幕上艺术效果良好，"儿童喧呼，终夕不绝"。当时有人写诗赞赏影戏艺术："三尺生绡作戏台，全凭十指逗诙谐。有时明月灯窗下，一笑还从掌握来。"②

杂剧是宋代戏剧的精粹，出现于北宋前期，当时尚未摆脱唐代参军戏的窠臼。后来经过剧作家孟角球、音乐家葛守诚等人的努力，到两宋之际，已不同于参军戏。参军戏情节一般较简单，只有两个角色，主角参军与配角苍鹘或苍头。杂剧则情节较复杂，通常有五个角色，即末泥、引戏、副净、副末、装孤。杂剧分为艳

---

① 杨侃：《皇畿赋》（见吕祖谦编：《宋文鉴》卷 2）。
② 周密：《武林旧事》卷 2，《元夕》；洪迈：《夷坚三志辛》卷 3，《普照明颠》。

267

杂剧角色雕刻　图中化装角色为末泥、装孤、引戏、副净、副末

河南温县北宋墓出土（选自《中国文明史》第 6 卷）

段、正本、杂扮三部分，正本是其主体。艳段是正本演出之前的小段，又称焰段，意思是如火焰，易明易灭，相当简短。杂扮则是正本演出之后的小段，可取可舍，亦可单独表演。演出时有音乐伴奏，以锣鼓为拍节。杂剧爱好者颇多，按照开封的习俗，每年从七月七日起上演《目连救母》杂剧，一直演到十五，"观者增倍"①。

　　辽、金也有杂剧。《辽史》卷 54《乐志》载，辽朝庆祝皇帝生辰及宴请宋朝使者，席间均穿插演出杂剧。金代杂剧又称院本。所谓院指行院，有艺人、剧场、流动戏班等多种解释。金军伐宋，俘获大量杂剧艺人，这些艺人为金代杂剧的发展作出了贡献。山西侯马金代董氏墓中出土的戏台模型，不仅戏台设备完善，而且生、末、旦、丑、净角色齐全，神态逼真。可见金代杂剧艺术已相当成熟。

　　南戏又称戏文，两宋之际兴起于温州等地农村，以村坊小曲演唱，起初结构简单，出场人物较少。太学生黄可道将南戏引入临安，以致"戏文盛行于都下"②。南戏进入城市后，在杂剧等各种艺术形式的影响下逐渐完善，其演出体制与杂剧大体相同。它和杂剧并驾齐驱，标志着戏剧由萌芽走向成熟。

　　宋代艺人发扬了唐代参军戏滑稽的传统，借演出之机讥刺朝政。《独醒杂志》卷 9 载，崇宁年间，二艺人在宫中演出，一饰买浆者，一饰卖浆者。买浆

---

① 《东京梦华录》卷 8，《中元节》。

② 刘一清：《钱塘遗事》卷 6，《戏文诲淫》。

者"投一大钱饮一杯",因卖浆者无零钱可找,只得"连钦至于五六",并称:"使相公改作折百钱,奈何!"以讽刺蔡京铸当十大钱。《贵耳集》卷下载,高宗头戴双胜交环,名二圣环。艺人叹息:"可惜二圣环只放在脑后!"以讽刺高宗无意北伐中原。艺人以此进谏,一般不会触怒皇上,有"无过虫"之称。耐得翁《都城纪胜·瓦舍众伎》称:艺人"大抵全以故事世务为滑稽,本是鉴戒,又隐为谏诤,故从便跣露,谓之无过虫"。皇上有时甚至接受艺人谏言。如据说徽宗看罢《折百钱》,下令废止当十大钱。因而当时有"台官不如伶官"之说。但艺人并非完全能够幸免于祸,秦桧看过《二圣环》,"明日下伶于狱,有死者"①。辽、金艺人同样保持这一传统。《辽史》卷109《罗衣轻传》称:伶官罗衣轻"滑稽通变,一时谐谑,多所规讽"。元昊在战争中"获辽人,辄劓其鼻"。兴宗战败,罗衣轻问:"且观鼻在否?"兴宗大怒,把他逮捕下狱,"将杀之"。太子笑语:"打诨底不是黄幡绰!"罗衣轻应声:"行兵底亦不是唐太宗!"兴宗"闻而释之"。

第三节 体育

与重文轻武的社会风气有关,宋代体育运动往往对抗性减弱、技术性增强。

●一 武术

社会矛盾深刻、民族矛盾尖锐是促成武术繁荣的重要因素。为形势所迫,朝廷不得不在军队中加强军训。农村出于反抗暴政或保卫家乡的需要,组成习武组织。前者如没命社、霸王社、亡命社等,后者如弓箭社、忠义巡社等。苏轼讲到过河北西路的情况:"自澶渊讲和以来,百姓自相团结,为弓箭社。"入社者每人置弓一张、箭三十只、刀一口,农时"带弓而锄,佩剑而樵",农闲"阅习武艺"②。城市则有商业性武术艺人社团,如南宋临安的射弓踏弩社、川弩射弓社之类。

---

① 《铁围山丛谈》卷3;岳珂:《桯史》卷7,《优伶诙语》。
② 《东坡奏议》卷14,《乞增修弓箭社条约状二首》。

当时拳术往往以套路形式出现，如太祖创长拳三十二式。器械武术有长足进步，曾公亮《武经总要》列举各种弓弩、棍棒、武术用刀，并附图解。南宋已有"十八般武艺"一词，既见于戏文《张协状元》，又见于华岳《翠微北征录》卷7《弓制》："武艺一十有八，而弓为第一。"一般指九长九短，如矛、锤、弓、弩、剑、棒、枪、刀等。岳飞少年时代长于射艺，得益于民间武术家周同。李全精于枪法，有"李铁枪"之称，使枪"杆长七八尺"，"枪头重可四十五斤，日习击刺，技日以精，为众所服"。其妻杨妙真更胜一筹，自称："二十年梨花枪，天下无敌手。"并擅长刀术，"能马上运双刀，所向披靡"①。瓦舍艺人朱来儿则是使棒高手。

所谓"诸军百戏"，不少属于与舞蹈相结合的武术表演。《东京梦华录》卷7《驾登宝津楼诸军呈百戏》载，百余名军士"各执雉尾、蛮牌、木刀，初成行列拜舞，互变开门、夺桥等阵，然后列成偃月阵"。接着表演节目，如两名军士分别扮村夫、村妇，"各持棒杖，互相击触，如相殴态"，便是棍术表演。军士表演节目纯属娱乐活动，艺人的演出则合娱乐性与商业性为一。他们在勾栏、瓦舍、空地进行打硬即跌扑翻滚、东西班野战即模拟战斗及挽弓执刀、运枪使拳等各种武术表演。

在重文轻武的社会风气下，难免有人对武术心存偏见。如王辟之《渑水燕谈录》卷9《杂录》载，"陈尧咨善射，百发百中，世以为神"，其母冯氏视武术为"一夫之技"，十分气愤，连骂带打，"碎其金鱼"。朝廷出于巩固统治的需要，往往禁止民间习武。如政和五年（1115）四月，大臣上奏："江南盗贼间作，盖起于乡间。愚民无知，习学枪梃弓刀，艺之精者从而教之。一旦纠率，惟听指呼，习以成风。"徽宗接受建议，下令禁止："敢为首者，加以重刑。"②

与生活环境和民族传统有关，少数民族俗尚武勇，普遍长于骑射，"无不习战，刀弩枪牌，用之颇精"③。女真就很突出，《金志·初兴风土》称："善骑射"，"骑上下崖壁如飞，济江不用舟楫，浮马而渡"。金朝把骑射列为科举考试加试科目，《金史》卷10《章宗本纪二》载，明昌四年（1193）四月，"敕女真进士及第后，仍试以骑射，中选者升擢之"。旨在鼓励骑射，以便不忘旧俗。

少数民族往往刀剑不离身，如五溪蛮"出入坐卧，必以刀自随"④。只是携带方式不尽相同，《岭外代答》卷8《蛮刀》云："瑶刀、黎刀带之于腰，峒刀、蛮刀佩之于肩。"难怪社会经济落后的少数民族也能制造出精良的弓弩刀剑。如

---

① 《齐东野语》卷9，《李全》；《宋史》卷477，《李全传下》。
② 《宋会要》刑法2之64。
③ 《岭外代答》卷3，《田子甲》。
④ 朱辅：《溪蛮丛笑·亿党》。

西夏弓，《梦溪笔谈》卷19《器用》称："以镫距地而张之，射三百步，能洞重札，谓之神臂弓，最为利器。"吐蕃"善锻甲"，所产铁甲，"强弩射之，不能入"。大理刀有"良刀"之称，据说能"吹毛透风"①。

契丹、女真有举行射技比赛的习俗，称射柳。契丹射柳往往在举行瑟瑟仪祈雨时进行。《辽史》卷49《礼志一·吉仪》称："前期，置百柱天棚。及期，皇帝致奠于先帝御容，乃射柳。皇帝再射，亲王、宰执以次各一射。中柳者质志柳者冠服，不中者以冠服质之。不胜者进饮于胜者，然后各归其冠服。又翼日，植柳天棚之东南，巫以酒醴、黍稗荐植柳，祝之。皇帝、皇后祭东方毕，子弟射柳。"女真射柳与祈雨无关，通常在五月五日举行。《金史》卷35《礼志八·拜天》称："凡重五日拜天礼毕，插柳球场为两行，当射者以尊卑序，各以帕识其枝，去地约数寸，削其皮而白之。先以一人驰马前导，后驰马以无羽横镞箭射之，既断柳，又以手接而驰去者，为上。断而不能接去者，次之。或断其青处，及中而不能断，与不能中者，为负。每射，必伐鼓以助其气。"契丹还有射木兔与射猛虎的习俗。《辽史》卷53《礼志六·嘉礼下》称，"三月三日为上巳，国俗，刻木为兔，分朋走马射之。先中者胜，负朋下马列跪进酒，胜朋马上饮之"；"九月重九日，天子率群臣部族射虎，少者为负，罚重九宴"。

㊁相扑

相扑又称角抵或争交，即摔跤。相扑表演可分为两类：一是军士因朝廷举行重大活动而表演。《梦梁录》卷20，《角抵》称："朝廷大朝会，圣节御宴第九盏，例用左右军相扑，非市井之徒，名曰'内等子'。"二是民间相扑手为谋生而表演："瓦市相扑者，乃路歧人聚集一等伴侣，以图摽手之资。先以女飐数对打套子，令人观睹，然后以膂力者争交。"不少州县乃至农村，也有相扑运动。如忻州（治今山西忻州市）、代州（治今山西代县）"民秋后结朋角抵，谓之野场"。所谓"女飐"即女相扑手，先由她们开场卖艺，招徕看客。仁宗曾观看女子表演相扑，司马光描述道："上有天子之尊，下有万民之众，后妃旁侍，命妇纵观，而使妇人裸戏于前。"他认为不合礼法，建议朝廷严加禁止，"今后妇人不得于街市以此聚众为戏"。然而直到南宋后期，女子相扑依然如故。表演之外，还有比赛，以南宋临安护国寺南高峰的露台争交水平最高："须择诸道州郡膂力高强、天下无对者，方可夺其赏。"② 如获头赏，可得旗帐、银杯、彩段、

---

① 《岭外代答》卷6，《蛮刀》。

② 《宋会要》刑法2之14；司马光：《司马文正公传家集》卷23，《论上元令妇人相扑状》；《梦梁录》卷20，《角抵》。

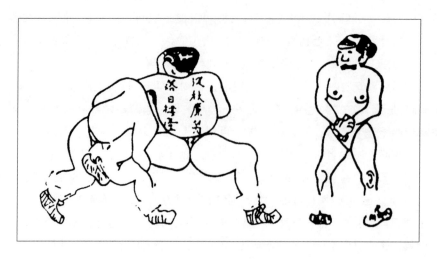

山西晋城北宋墓壁画中的男子相扑图（摹本）

（选自《中国文明史》第 6 卷）

锦袄、官会、马匹等奖品。贾似道专权时，温州相扑手韩福得头赏，除获奖品外，还授予军佐之职。

辽朝的相扑可分为两类，一类为自我娱乐。《辽史》卷 1《太祖本纪上》载，太祖在处死 300 余名叛逆者前，"赐宴一日，随其平生之好，使为之。酒酣，或歌，或舞，或戏射、角抵，各极其意"。可见，角抵是不少契丹人的"平生之好"。另一类为相扑表演。太宗等皇帝曾"观角抵戏"。张舜民《画墁录》称：辽人"角抵以倒地为负，两人相持终日，欲倒地而不可得。又物如小额，通蔽其乳，脱若褌露之，则两手覆面而走"。所谓辽人不乏汉族，尤以"并、汾、幽、蓟为多"。这些相扑手自唐末五代以来进入辽境，为辽代相扑的兴盛作出了贡献。相扑在金朝同样很流行，不仅"百姓纵观"，而且海陵王多次"观角抵戏"①。

⊜球类运动

球类运动统称"球鞠之戏"，从前主要流行于上层及军中，宋代普及到民间。《东京梦华录》卷 7《驾幸宝津楼宴殿》称：琼林苑宴殿之南，"有横街，牙道柳径，乃都人击球之所"。由于球类爱好者增多，专业球类表演团体应运而生，以齐云社即圆社最著名，有"若论风流，无过圆社"之说。并涌现出不少

---

① 《辽史》卷 3，《太宗纪上》；胡峤：《陷北记》；《金史》卷 5，《海陵纪》。

宋蹴鞠纹铜镜（摹本）

（选自《中国文明史》第 6 卷）

球星，如王齐叟"以蹴鞠驰天下名"①。当时的球类运动按接触球体的方式划分，主要有以足踢球和以杖击球两大类。②

以足踢球又有无球门与有球门之分，有球门者称"筑球"。球门门架高三丈有余，用杂彩结网，网中留一洞，俗称"风流眼"，直径约一尺。球用皮革缝制，或实以毛，或充以气，重量轻，有弹性。对参赛人数无严格规定，14、24、32 人均可，平分为两队。北宋时，每队各有球头一名、次球头两名。南宋时，分工更明确，有球头、跷球、正挟、副挟、左竿网、右竿网、散立等。球头负责进攻，由他用力一脚高射，使球穿过"风流眼"。与唐代不同，宋代大多实行单球门制，球门位于球场中线，两队隔网比赛，身体互不相撞，激烈程度明显

① 陈元靓：《事林广记》续集卷 7，《文艺类·圆社摸场》；范公偁：《过庭录》。
② 参看施惠康：《宋代的球类运动》（《上海师范大学学报》1991 年第 1 期）。

宋人板球图　陶枕（选自《中国文明史》第 6 卷）

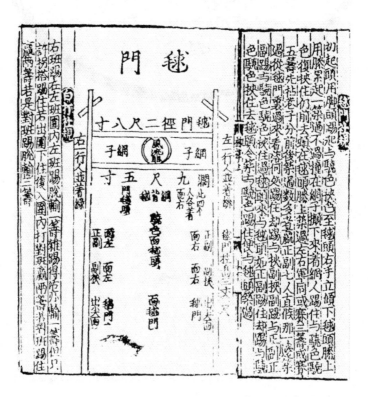

宋代蹴鞠球门（选自《事林广记》）

减弱。无球门者称"蹴鞠",又叫"白打场户"。踢球者双手下垂,可用足、腿、膝、肩接触球体。以踢球者的鼻子为界分身体为左右两部分,球落左边,只许用左半部身体迎击,落右边则以右半部身体碰踢。胜负按所踢花样的多少与动作难度的大小决定。

以杖击球又有乘畜与徒步之分。乘畜挥杖击球称"击鞠",又称打马球。乘马击球叫大打,通常实行双球门制,乘骡、驴击球叫小打,一般实行单球门制。球用木料制成,体积如拳头,表面涂漆,或素色,或彩绘。球杖长数尺,前端弯曲,呈半月形。参赛者平分为两队,所着球衣颜色不同,进行集体对抗。击球入球门即得筹,先赢三筹者获胜。徒步击球称"步击",又叫步打球。比赛方式与打马球相同,只是球场小些。步打球在宋代经改进,变贴身冲撞为间接对抗,称"捶丸"。参赛者二人、多人、两队均可。赛前,各方掘地为"球穴",并在距"球穴"60至100步处选定"球基"。开赛,球员由"球穴"向"球基"击球,入穴即得分。

打球本是军中之戏,太宗将它升格为军中礼。每遇重大典礼,都有球类比赛。《司马文正公传家集》卷6《击球》诗云:"肃奉乘轺命,仍陪戏马游。朋分初回出,势合复相收。顾盼华星澈,萦回紫电流。良因重嘉好,礼接使臣优。"徽宗、孝宗酷好打球,堪称球迷。打球受到某些士大夫鄙视,陈俊卿告诫孝宗:"踢鞠之戏本无益于用武。"孝宗辩解道:"击球,朕放下多时。"[1]

辽代盛行打马球。《宋史》卷262《李涛传》称:辽穆宗"好击鞠"。《辽史》卷18《兴宗本纪一》载,兴宗曾"召善击鞠者数十人于东京,令近臣角胜"。可见近臣们球技不低,足以同专业球员决一雌雄。兴宗本人"击鞠无度"。道宗也乐此不疲,耶律塔不也"以善击鞠,幸于上,凡驰骋,鞠不离杖"。为防止渤海人习武,朝廷"禁渤海人击球"。到重熙七年(1038),才"弛其禁"[2]。

金代打马球,单、双球门制并行,或"于球场南立双桓,置板,下开一孔为门",或"两端对立二门,互相排击,各以出门为胜"。完颜宗翰、宗望都好击鞠,在俘虏宋徽宗北上途中,定要徽宗看球并作诗:"锦袍骏马晓棚分,一点星驰百骑奔。夺得头筹须正过,无令绰拨入邪门。"[3] 金世宗好打马球,宣称目的在于"示天下以习武"。为鼓励习武,朝廷将击鞠列为科举考试项目。金代后期社会风气渐趋文弱,章宗于泰和七年(1207)下令"免试"。哀宗沉湎于击鞠,其养母宣宗王皇后训斥近臣撒合辇:"上之骑鞠举乐皆汝教之,再犯必杖

---

① 《宋史全文》卷25,乾道五年六月戊戌。
② 《辽史》卷80,《马得臣传》;卷111,《耶律塔不也传》;卷81,《萧孝忠传》。
③ 《金史》卷35,《礼志八·拜天》;曹勋:《北狩闻见录》。

汝。"国用安"喜与轻薄子游，日击鞠衢市间"，人们指责他"无将帅大体"①。

㈣水上运动

宋代所谓"水嬉"，泛指水上运动。《宋史》卷113《礼志十六·游观》载，太宗于淳化三年（992）三月，"幸金明池，命为竞渡之戏，掷银瓯于波间，令人泅波取之。因御船奏教坊乐，岸上都人纵观者万计"。这便是一场皇帝亲临、看客众多的大规模游泳比赛。《东京梦华录》卷7《驾幸水殿观争标锡宴》称："有两画船，上立秋千。""一人上蹴秋千，将平架，筋斗掷身入水，谓之水秋千。""水秋千"类似于现在的跳水。《宋徽宗宫词》云："苑西廊畔碧沟长，修竹森森绿影凉。戏掷水球争远近，流星一点耀波光。""水球"体积与足球大致相等，持球者站在水边或船上，用力向水面抛掷，以远为胜。与生存环境有关，南方的疍民水上运动技术高超。他们"以舟为室，视水如陆，浮生江海"，"善没海取蠔"②。

当时的水上运动以竞渡最壮观。《萍洲可谈》卷2称："江浙民间多竞渡，亦有龙舟，率用五月五日，主屈原，湘楚之俗也。"如温州"以端午日，竞渡于会昌湖，里人游观弥岸，绮翠彩舰，鳞集数里，华丽为它郡最"。绍兴则在每年二月二日举行，鉴于"竞渡有争进攘夺之患"，史浩任知府时，"堆设银杯彩帛，不问胜负均以予之，自是为例"③。南方各地均有竞渡，如福州在上巳与端午举行。《鸡肋编》卷上称："湖北以五月望日谓之'大端午'，泛舟竞渡。逐村之人各为一舟，各雇一人。凶悍者于船首执旗，身挂楮钱。或争驶殴击，有致死者。"官府因而"特加禁焉"。五溪蛮也有这一习俗，《溪蛮丛笑·爬船》称："蛮乡最重重午，不论生熟界，出观竞渡，三日而归。既望复出，谓之大十五。"其"船分五色，皂船之神尤恶。去来必有风雨，一月前众船下水饮食，男女不敢共处"。在各地的竞渡中，当推北宋开封金明池与南宋临安西湖的表演最精彩。

金明池原系水军演练地，后为水上娱乐场所。这里船坞宏伟，《梦溪补笔谈》卷2《权智》载，熙宁年间"于金明池北凿大澳，可容龙船"。参赛龙舟造形各异，有虎头船、飞鱼船、鳅鱼船、小龙船等，大龙船则为皇帝特制。各船先围绕大龙船，不断变换队形，最后争夺锦标。《东京梦华录》卷7《驾幸水殿观争标赐宴》称："上挂以锦彩银碗之类，谓之标杆，插在近水殿中。又见旗招

---

① 《金史》卷131，《马贵中传》；卷12，《章宗本纪四》；卷115，《赤盏尉忻传》；卷117，《国用安传》。

② 《岭外代答》卷3，《疍蛮》。

③ 祝穆：《方舆胜览》卷9，《瑞安府·风俗·俗喜竞渡》；《嘉泰会稽志》卷13，《节序》。

之，则两行舟鸣鼓并进，捷者得标，则山呼拜舞。并虎头船之类，各三次争标而止。"

西湖竞渡于每年二月八日开始，《梦粱录》卷1《八日祠山圣诞》称："其日，龙舟六只，戏于湖中。其舟俱装十太尉、七圣、二郎神、神鬼、快行、锦体浪子、黄胖，杂以鲜色旗伞、花篮、闹竿、鼓吹之类。其余皆簪大花、卷脚帽子、红绿戏衫，执棹行舟，戏游波中。"装束五颜六色，富有戏剧性与神话色彩。竞渡时，"诸舟俱鸣锣击鼓，分两势划棹旋转"。夺标者得标赏，其余"钱酒支犒"。"湖山游人，至暮不绝"；"竟日嬉游，不醉不归"。可见竞渡观众之多，游人兴趣之浓。

㈤棋类活动

宋代士大夫较少参与剧烈运动，但对围棋一类文雅活动很感兴趣。围棋纵横19道、棋子361枚，与现在相同，只是着法为执白者先行。张拟《棋经》将棋手棋艺的高低分为九品："一曰入神，二曰坐照，三曰具体，四曰通幽，五曰用智，六曰小巧，七曰斗力，八曰若愚，九曰守拙。"城镇茶肆普遍备有棋具，以便顾客使用。上层所用棋具制作考究，如太宗赏赐钱俶"文楸棋局、水精棋子"①。

宋代皇帝大多爱好围棋，如太宗棋艺甚高，并自制"对面千里"等围棋三势："太宗多才复多艺，万机余暇翻棋势。对面千里为第一，独飞天鹅为第二。第三海底取明珠，三阵堂堂皆御制。中使宣来赐近臣，天机秘密通鬼神。"宫中设有专门陪侍皇帝下棋的棋待诏，如太宗时的贾玄"号为国手，迩来数十年，未有继者"。神宗时的刘仲甫从钱塘到开封，"擅名二十余年，无与敌者"②。著有《棋诀》，至今仍实用。南宋著名围棋待诏有沈之才、郑日新、吴俊臣等。

士大夫也爱好围棋，如王安石"每与人对局，未尝致思，随手疾应，其势将败，便敛之"。并说："本图适性忘虑，反苦思劳神，不如且已。"他棋艺不高，以消遣为目的。《东坡后集》卷6《观棋》诗云："胜固欣然，败亦可喜。优哉游哉，聊复尔耳。"苏轼博弈的水平与目的，同王安石相似。《春渚纪闻》卷2称："近世士大夫棋，无出三衢祝不疑之右者。"他下败刘仲甫，刘甘拜下风，从此"不复以棋为言"。《鹤林玉露》丙编卷1《象山棋》载，陆九渊"少年时，常坐临安市肆观棋，如是者累日"。后下棋获胜，败者惊叹："天下无敌

---

① 《宋史》卷480，《吴越钱氏世家》。

② 王禹偁：《小畜集》卷13，《筵上狂歌送侍棋衣袄天使》；《归田录》卷2；《春渚纪闻》卷2。

手矣。"平民中也不乏围棋高手，如村民黄旦。《夷坚支癸》卷3《文登弈者》载，他能"与国手为敌"。

唐代已大体具备近代象棋的雏形，五代、北宋又增加了"炮"这一棋子。《宋徽宗宫词》云："白檀象戏小盘平，牙子金书字更明。"宋代棋子大多用木材制成，并改图像为文字，以便普及。有人曾对象棋进行改革，如司马光的"七国象棋"，分棋盘为7国，每国各11子，以颜色区分，可连横，可合纵；晁补之的"广象戏"，纵横19路，棋子98枚。因太复杂，难以通行。经过反复实践与比较，象棋到南宋基本定型，棋盘以河为界，分9路，双方各16子，有将、士、象、车、马、炮、卒7种棋子。① 现在能见到的最早象棋谱中的起手局二、残局一，保存在《事林广记》续集卷4《文艺类·弈棋原始》中。这反映了当时象棋的兴盛与棋艺的水平。

宋代皇帝对象棋兴趣很大，他们身边的象棋待诏一般多于围棋。《武林旧事》卷6《诸色伎艺人》所载棋待诏共15人，注明"象"字者10人。在士大夫中，程颢便喜爱此艺。《河南程氏文集》卷3《象戏》诗云："大都博弈皆戏剧，象戏翻能学用兵。车马尚存周战法，偏裨兼备汉官名。中军八面将军重，河外尖斜步卒轻。欲凭纹楸聊自笑，雄如刘项亦闲争。"

辽朝流行围棋。《契丹国志》卷23《渔猎时候》称："夏月以布易毡帐，藉草围棋、双陆。"近数十年来陆续发现辽黑白棋子，在辽陈国公主驸马合葬墓中便出土了80枚。辽、宋之间曾举行围棋比赛。《方舆纪胜》卷64《潼川府路·昌州》载，宋以"天下善弈者"李嶷参赛，辽棋手"望风知畏，不敢措手"。《夷坚志补》卷19《蔡州小道人》载，蔡州（治今河南汝南）棋童与辽女国手妙观对弈，二人经过比赛，结为夫妻。西夏境内围棋较普及，《文海》称："棋，此者戏棋也"；"弈，下棋也，博弈也"②。金熙宗、海陵王都喜爱下棋。《滹南遗老集·宫女围棋图》诗云："争机决胜元无事，永日消磨不奈何。"《中州集》卷5《内族子锐归来堂》诗曰："清尊雅趣闲棋味，盏盏冲和局局新。"可见金朝上流社会对围棋之爱好。

宋代士大夫喜爱的文雅活动还有投壶，办法是用酒壶象征箭靶，在离壶二矢半（约七尺）处，以矢投壶，中者为胜，负者罚酒。这虽属古礼，但具有健身作用。司马光认为："设壶可以治心，可以修身，可以为国，可以观人。"③

---

① 参看朱南铣：《中国象棋史杂考》，中华书局1987年版。

② 内蒙古文物考古研究所：《辽陈国公主驸马合葬墓发掘简报》（《文物》1987年第11期）；《文海》69·142、79·271。

③ 《司马文正公传家集》卷75，《投壶新格》。

第四节　游艺

　　游艺活动种类繁多，其中不乏积极健康的内容。但不少游艺活动可赌性强，某些游艺工具本身就是赌具，一旦以钱财论胜负则成为赌博。

●放风筝

　　放风筝、踢毽子、荡秋千、戴面具等游艺为人们特别是少年儿童所喜爱。《事物纪原》卷8《纸鸢》称："俗谓之风筝，古今相传云是韩信所作。"后来成为民间常见的游艺。《剑南诗稿》卷1《观村童戏溪上》诗云："竹马踉蹡冲淖去，纸鸢跋扈挟风鸣。"《中州集》卷8《纸鸢》诗曰，"鸱鸢雕鹗谁雌雄，假手成形本自同。果物戏人人戏物，为风乘我我乘风。扶摇谩拟层屑上，高下都归半纸中。儿辈呶呶方伫目，岂知天外有冥鸿。"可见放风筝是宋朝和金朝少年儿童的共同爱好。

　　据记载，福州的秋千"设于春台馆之内外"。诗云："万里秋千习俗同。"确实如此，远在西北的吐蕃也"多并水为秋千戏"①。

　　陈元龙《格致镜原》卷60《毽子》引《事物原始》称："今时小儿以铅锡为钱，装以鸡羽，呼为毽子，三五成群走踢。"《武林旧事》卷6《小经纪》所载商品中有"毽子"、"风筝"、"选官图"等，并称"每一事率数十人，各专藉以为衣食之地"。由于踢毽子是常见的儿童游艺，以致毽子同风筝一样，成为销路较好的商品。

　　戴面具，不仅用于除夕驱傩即驱逐所谓疫鬼，而且是少年儿童喜爱的游艺。陈元靓《岁时广记》卷40《为面具》引《岁时杂记》称："除日作面具，或作鬼神，或作儿女形。或施于门楣，驱傩者以蔽其面，或小儿以为戏。"难怪"廛市有摇小鼓而售戏面具者"，《夷坚志补》卷4《程氏诸孙》载，德兴（今属江西）村民程氏"买六枚以归，分与诸小孙。诸孙喜，正各戴之，群戏堂下"。面具以桂林所造，质量最好。《岭外代答》卷7《桂林傩》称："桂人善制戏面，

---

　　① 《淳熙三山志》卷40，《土俗类·岁时·寒食·秋千》；《宋史》卷492，《吐蕃传》。

佳者一直万钱。"《老学庵笔记》卷1载,桂林所造面具,"以八百枚为一副,老少妍陋,无一相似者"。

今存宋人绘画,如苏汉臣《秋庭戏婴图》、《五瑞图》、《货郎图》、《杂技戏孩》、《长春百子》及李嵩《市担婴戏》、佚名《子孙和合》等①,均绘有一些儿童玩具,品种繁多,不胜枚举。《武林旧事》卷6《小经纪》称,临安坊巷中,"儿戏之物名件甚多,尤不可悉数。如相银杏、猜糖、吹叫儿、打娇惜、千千车、轮盘儿,每一事率数十人,各专借以为衣食之地,皆他处之所无也"。而泥玩具则为各地儿童所普遍喜爱。鄜州(治今陕西富县)田氏制作的"泥孩儿,名天下,态度无穷,虽京师工效之,莫能及"。这种泥塑小孩,大的一尺多,小的仅二三寸。平江府(治今江苏苏州)的"泥孩儿"也极精巧,南宋时"为天下第一"。临安的风俗,游西湖者"相尚多买平江泥孩儿,仍与邻家,谓之'土宜像'"②。近年江苏镇江市区曾出土五个平江府制造的儿童陶捏像,形态逼真,颇惹人喜爱。③ 还有一种泥塑或木雕、牙雕的小儿像,加饰衣帽,七夕供养,称"摩睺罗"。摩睺罗系梵语音译,原本是佛经中的神名。④

㈢斗禽虫

当时人们以禽虫相斗为戏取乐,斗禽如斗鸭、斗鸡,斗虫如斗蟋蟀。《中吴纪闻》卷1《斗鸭》载,"陆鲁望有斗鸭一栏,颇极驯良",并"善人言"。《岭外代答》卷9《斗鸡》称:"番禺人酷好斗鸡,诸番人尤甚。"饲养斗鸡,颇有讲究:"结草为缕,使立其上,则足尝定而不倾;置米高于其头,使耸膺高啄,则头常竖而觜利。割截冠缕,使敌鸡无所施其觜;剪刷尾羽,使临斗易以盘旋。常以翎毛搅入鸡喉,以去其涎。而淘米饲之。"并注意培养其勇猛风格:"至其斗也,必令死斗,胜负一分,死生即异。"因而番禺所产斗鸡"特鸷劲善斗"。斗鸡比赛分为三局:前两局系预赛,斗鸡一旦失利,主人当即"抱鸡少休,去涎饮水,以养其气";后一局是决战,"两主皆不得预,二鸡胜负生死决矣。鸡始奋击用距,少倦则盘旋相啄,一啄得所,觜牢不舍,副之以拒,能多如是者必胜"。斗鸡往往同赌博相结合,赌注丰厚,看客很多,即所谓"注以黄金,观如堵墙"。

南宋临安居民普遍养蟋蟀即促织。《西湖老人繁胜录》称:"促织盛出,都

① 见台北故宫博物院编辑委员会编:《婴戏图》,1996年2月版。
② 《老学庵笔记》卷5;《岁时广记》卷26,《七夕上》;《湖海新闻夷坚续志》后集卷2,《泥孩儿怪》。
③ 《文物》1983年第3期图版叁。
④ 《梦粱录》卷3,《七夕》;《武林旧事》卷3,《乞巧》。

民好养，或用银丝为笼，或作楼台为笼，或黑退光笼，或瓦盆竹笼，或金漆笼，板笼甚多。"官巷南北既是买卖蟋蟀的市场，又是斗蟋蟀的场所："每日早晨，多于官巷南北作市，常有三五十火斗者。乡民争捉入城货卖，斗赢三两个，便望卖一两贯钱。苕生得大，更会斗，便有一两银卖。"所谓"苕"，即精囊。乡民在此获利，市民在此游玩。冬季以外，从早到晚，人潮如涌。贾似道有"蟋蟀宰相"之称，他"与群妾踞地斗蟋蟀"，遭到人们讥讽："此军国重事邪?"①贾似道斗蟋蟀误国，但所著《促织经》总结了喂养蟋蟀的经验，是世界上第一部研究蟋蟀的专著。

三 博戏

博戏种类繁多，如叶子格即后世的纸牌。《归田录》卷 2 称："唐世士人宴集，盛行叶子格，五代、国初犹然，后渐废不传。"宋真宗时，钱惟演家中"有叶子揭格之戏"，辽穆宗曾"与群臣为叶子格戏"②。又如牙牌即骨牌，相传始于宋代。《格致镜原》卷 60《牙牌》引《诸事音考》载，宣和二年（1120），大臣建议，"设牙牌三十二扇，共计二百二十七点，以按星辰布列之位。譬天牌二扇二十四点，象天之二十四气；地牌二扇四点，象地之东西南北；人牌二扇十六点，象人之仁义礼智，发而为恻隐羞恶辞让是非；和牌二扇八点，象太和元气流行于八节之间。其他牌名，类皆合伦理庶务器用"。高宗"诏如式颁行天下"。然而当时最流行的博戏，辽、金为双陆，两宋则是钱币与骰子之戏。

双陆玩者分为黑、白两方，相向而坐，局如棋盘，左、右各六路，因此叫"双陆"。每方各有棋子 15 枚，棋子为马头形，因而玩双陆又称"打马"。比赛时，掷骰子，以点数行马。白马自右向左，黑马自左向右，马先出完者胜，用筹码计胜负，赏罚事先约定。洪遵《谱双》、李清照《打马图》对这一游艺介绍颇详尽。陈振孙《直斋书录解题》卷 14 称："此戏今人不复为。"双陆在南宋几乎绝迹，但在辽、金很流行。《辽史》卷 12《圣宗本纪三》载，萧绰"幸韩德让帐"，"命从臣分朋双陆以尽欢"。《松漠纪闻》卷上载，阿骨打"与辽贵人双陆"。《契丹国志》卷 19《大实传》载，耶律大实"与大酋粘罕为双陆戏"。在民间，"燕京茶肆，设双陆局，或五或六，多至十，博者蹴局，如南人茶肆中置棋具也"③。

钱币之戏通常有两种：一为摊钱，又称意钱，办法是随手取钱币若干，放

① 《宋史》卷 474，《贾似道传》。
② 《辽史》卷 116，《国语解》；卷 7，《穆宗本纪下》。
③ 洪皓：《松漠纪闻》卷下。

第十七章 文体娱乐

入器皿之中摇动，开时数钱币，以四为盈数，其余数为零、一、二、三，压得者获胜。《容斋五笔》卷1《俗语有出》说："今人意钱赌博，皆以四数之，谓之摊。"另一为捻钱，又称掷钱。孙宗鉴《西畲琐录》称："今人掷钱为博者，戏以钱文面背分胜负，曰字，曰幕。"字、幕即正面、反面。《铁围山丛谈》卷1载，宋仁宗曹皇后"在父母家时，与群女共为捻钱之戏"。这一游艺一般用于赌博，往往采用关扑即扑卖的形式。《东京梦华录》卷7《池苑内纵人关扑游戏》称："有以一笏扑三十笏者，以致车马、地宅、歌姬、舞女，皆约以价而扑之。"所谓扑，即是赌。同书卷6《正月》称："正月一日年节，开封府放关扑三日。士庶自早，互相庆贺。坊巷以食物、动使、果实、柴炭之类，歌叫关扑。"其实在北宋时关扑并不限于年节，还包括冬至和寒食。赵彦卫《云麓漫钞》卷5称："撃扑食物法有禁，惟元正、冬至、寒食三节，开封府出榜放三日。或以数十笏银，或以乐艺女为一掷，其他百物无不然。非如今常得撃扑也。"照此说来，南宋随时均可关扑。

骰子用兽骨或玉石或象牙制作，成正方体形，六面分刻一点至六点之数，点着色，投掷于盒中，以点数及色彩决胜负。因点着色，亦称色子。因要投掷，又叫投子。因有用玉石制成的，还叫明琼。骰子之戏常常同其他游艺相结合，如彩选格，亦称选官图。其办法是列大小官位于纸上，掷骰子，比色彩，计点数，以定升降。《覆瓿集》卷2《沁园春·归田作》词云："看做官来，只似儿时，掷选官图。"蔡京做太师时，得意地称自己的升迁为"骰子选"："今位极人臣，则亦可人，所谓骰子选尔。"① 这只是比喻，而辽朝果真有"骰子选"，《辽史》卷98《耶律俨传》载，兴宗"晚年倦勤，用人不能自择，令各掷骰子，以采胜者官之"。耶律俨因"得胜采"而升任知枢密院事。如果纸上所列不是官位，而是仙位，便叫"选仙图"。《王华阳集》卷6《宫词》云："尽日闲窗赌选仙，小娃争觅倒盆钱。上筹得占蓬莱岛，一掷乘鸾出洞天。"骰子之戏同钱币之戏一样，往往用于赌博。居住在四川南部的泸夷也有这一游艺。陆游《老学庵笔记》卷3称，他在叙州（治今四川宜宾）无等佛殿西庑，亲眼见到"群蛮聚博其上。骰子亦以骨为之，长寸余而匾，状若牌子，折竹为筹，以记胜负"。

㈣禁赌

当时赌博之风很盛，社会上有人以赌博谋生，也有人开赌场赢利。《老学庵笔记》卷5说："市人有以博戏取人财者，每博必大胜，号'松子量'。"《麈史》卷下《博弈》称："世之纠帅蒲博者，谓之'公子家'，又谓之'囊家'。"

---

① 《铁围山丛谈》卷3。

《武林旧事》卷6《游手》云："柜坊赌局，以博戏关扑，结党手法骗钱。"岂止"少年无赖辈相聚蒲博"，赴京应试的举子也聚众赌博。如天圣年间，举子郑戬"与同辈赌彩选，一坐尽负"，他一人独"赢数百缗"。官场中同样赌博成风，如章得象与杨亿、李宗谔等不时相聚赌博，"一夕负钱三十万"①。数量之大，令人吃惊。皇帝也赌劲十足，如宋神宗与其弟吴王、嘉王"击球，戏赌玉带"。嘉王说："若臣胜，不用玉带，只乞罢青苗。市易。"这不是赌经济而是赌政治，神宗"不悦"。辽兴宗与其弟耶律重元"因双陆，注以居民城邑"。兴宗"屡不竞，前后已偿数城"。伶官罗衣轻劝告道："双陆休痴，和你都输去也！"②

赌博给社会带来严重后果，并危及统治秩序。《燕翼诒谋录》卷2称："其输钱无以偿，则为穿窬。若党类颇多，则为劫盗纵火，行奸杀人。"方岳认为："始而赌博，终而盗贼，始而嬉戏，终而斗殴，始而和同，终而必争，败事丧家，皆由此始。"③赌博造成不少人命案，如《名公书判清明集》卷14《惩恶门·赌博》载，支乙"于衢州南市，楼上开置柜坊，楼下开置茶肆，以妻为饵"。名为柜枋、茶肆，其实妓院、赌场。支乙与余济等同伙"知陆震龙有钱可骗，诱之使赌，又作套坐掷，使之尽输"。陆一夜之间输掉461贯，将全部穿着典当以后，还资不抵债。他"深夜欲归，无衣可着"。支"既以无钱还时，我定到你家取讨，又恐以若取无时，只得经官论取"。因"取之既急，恐之又甚"，陆"在家自缢而死"。问题严重到如此地步，上自朝廷，下至官府，岂有不禁赌之理。知平江府（治今江苏苏州）胡颖宣布："本府严赌博之禁，与禁盗贼同，盖以赌博不已，必至为盗故也。"

北宋初年沿用唐律："诸博戏赌财物者，各杖一百。赃重者，各依已分准盗论。其停止主人及出玖若合者，各如之。赌饮食者不坐。"鉴于赌风太甚，太宗于淳化二年（991）闰二月下诏："京城蒲博者，开封府捕之，犯者斩。""匿不以闻及居人邸店僦与恶少为柜坊者，同罪。"赌博者即处死，惩罚如此之重，实际上行不通。如萧琉赌博，只不过"抵杖刑"。他后来易名立之，应试中进士，被发现后，真宗仅"命夺其敕，赎铜四十斤"④。南宋法令规定："诸开柜坊，停止博戏，赌财物者，邻州编管。于出军营内停止者，配本城。并许人告。"对告发人有奖赏："诸告获开柜坊，或出军营内停止博戏，赌财物者，在席及停

---

① 《宋会要》刑法2之2；吴处厚：《青箱杂记》卷3；《宋史》卷311，《章得象传》。
② 彭百川：《太平治迹统类》卷14，《神宗朝臣议论新法》；《辽史》卷109，《罗衣轻传》。
③ 《名公书判清明集》卷14，《惩恶门·赌博》。
④ 《宋刑统》卷26，《杂律·博戏赌财物》；《宋史》卷5，《太宗纪二》；《长编》卷32，淳化二年闰二月己丑；卷77，大中祥符五年三月丁酉。

止、出九、和合人所得之物，悉给之。"① 然而并无多少实效。何以如此，《燕翼诒谋录》卷2指出，一是"刑名浸轻"，以致"法不足以惩奸，犯之者众"；二是官吏不力，"知而不问者十尝七八"。其实大臣、皇帝参与其中，赌博之风怎能制止？

金朝在大定八年（1168）颁布《品官犯赌博法》，"赃不满五十贯者，其法杖，听赎。再犯者，杖之"。世宗说："杖者，所以罚小人也。既为职官，当先廉耻，既无廉耻，故以小人之罚罚之。"但章宗便带头违反法令，命卢玑"与大臣握槊"，并赐以名马，作为"博直"②。所谓握槊，即是双陆。

---

① 《庆元条法事类》卷80，《杂门·博戏财物》。
② 《金史》卷45，《刑志》；卷75，《卢玑传》。

第十八章

医疗保健

医疗与卫生保健，同人们的社会生活息息相关。在宋辽西夏金时代，医学已经相当发达，许多卫生保健知识为人们所认识，尤其在养生方面总结探索出不少有益的经验。但是各民族和地区之间的发展很不平衡，差异甚大，这在一定程度上反映了当时它们各自所处的社会生活状况和水平。

第一节 宋朝医疗的进步与医药知识的推广

两宋时期，经过政府的努力，以及社会各阶层不懈地向疾病作斗争，医疗水平进一步提高，医药知识得到普遍推广。

●医疗机构的设置与医药救济措施

宋朝重视医学，政府设有各类医疗机构。宋初设翰林医官院，掌供皇帝医药及承诏视疗众疾。又承唐制设太医局，掌疗官吏军民疾病，以治愈病人多寡为医官之考课。① 其后成为医学生徒习读之所，有类学校。太宗至道三年（997），复置御药院，掌按验秘方，调制药品供皇帝及宫廷之用。② 至于诸道州县，亦设医学博士、助教。真宗咸平元年（998）从王禹偁所请，并令诸路置病囚院，以处徒、流以上重罪病囚，罪轻者则允许保外就医。③ 大中祥符二年（1009），遂设养病院。至于药物的管理，宋廷有熟药库、合药所，神宗朝市易务又有卖药所。熙宁九年（1076）将其合并，成立熟药所，掌修合、出售药物以供民间之用。凡药材的收购、检验、管理，药物的配制炮炙研究，成药的创制等，均属其职掌，实际相当于国家药店。熟药所交易频繁，既方便百姓，又为政府赢利。元丰元年（1078）三司言："太医局熟药所熙宁九年开局，至十年六月，收息钱二万五千余缗，其息计倍。"徽宗朝更扩大规模，将神宗朝熟药所"增为五局，又增和剂二局，第以都城东西南北壁卖药所为名"，"岁得息钱四十万（缗）"④。

此外，以"恤贫疗疾"为宗旨的社会救济设施，尚有宋初所设的东、西福田院，用以"养京师老疾穷丐者"⑤。仁宗嘉祐八年（1063），因两福田院"给钱米才二十四人"，于是"别置南、北福田院，并东、西各盖房五十间，所养各以三百人为额，岁出内藏五千贯给之"。其后又增至八千贯。哲宗元符元年（1098），诏鳏寡孤独贫乏不能自存者，官为养之。徽宗崇宁中赐其名曰"居养院"⑥。崇宁元年（1102），并设安济坊以"养民之贫病者"，当时命各州县亦设置，而"诸城、寨、镇、市户及千以上有知监者，依各县增置"⑦。

宋室南渡后，北宋所设医疗机构和作为社会救济的福田、居养、安济等院坊设施，大都相沿并置，只是名称偶有变易而已。据《梦粱录》卷9记载，到南宋末年，"太平惠民局置五局，以藏熟药，价货以惠民也"。其书又记："民有

---

① 《宋会要》职官36之97，22之35。

② 《宋会要》职官19之13；《宋史》卷164，《职官志》。

③ 《宋会要》刑法6之52；《长编》卷48，咸平四年二月条。

④ 《长编》卷72，大中祥符二年七月辛未；卷289，元丰元年四月丁卯；周煇：《清波杂志》（四库全书本）卷12；蔡绦：《铁围山丛谈》卷6。

⑤ 《宋史》卷178，《食货志》。

⑥ 《长编》卷199，嘉祐八年十二月庚寅；李攸：《宋朝事实》卷15；《宋会要》食货60之1，68之129。

⑦ 《宋史》卷19，《徽宗纪》；卷178，《食货志》。

疾病，州府置施药局于戒子桥西，委官监督，依方修制丸散䬸咀，来者疹视，详其病源，给药医治。朝家拨钱一十万贯下局，令帅府多方措置，行以赏罚，课督医员，月以其数上其州家，备申朝省。或民以病状投局，则界之药，必奏更生之效。"① 据《癸辛杂识别集》卷上记载，和剂、惠民药局所售药物，其药价比之时值损三分之一。虽然制度规定如此，但在执行过程中，情况又颇有出入。南宋末年俞文豹说：惠民局官"止于受成坐肆而已。惟吏辈寝处其间，出入变化，皆在其手。药材既苦恶，药料又减亏，稍贵细药，则留应权贵之需"。所以当时药局出售者，"惟汛常粗药，缺者多而赎者少"。"故都人谓惠民局为惠官局，和剂局为和吏局。"可见虽有其制度，由于吏缘为奸，到南宋末年，惠民局的情况是"名虽存而实则泯"②。

宋朝还建立了将翰林医官院中医官剩员派往地方行政单位服务的"驻泊医官制度"。政和三年（1113）闰四月一日，有司报告说："契勘翰林院见今医官至祗候七百余员，并无职事。诸路驻泊额止百余员，令立较试之法，随所试中高下分遣。诸路州军有大、小远近之殊，而医有大、小方脉、产、眼、口齿、针、疮、金镞之别。今以州郡分为八等，以医分为八科。"并要求地方医官们"任满比较"③。现将翰林医官院剩员派往地方服务，在政和年间已经要求制度化。

宋朝还经常性地施药济民，尤其是夏季暑期，疾疫流行，更投入较大的人力和物力。如太宗淳化三年（992）五月，汴京疾疫流行，命太医局选良医十人，给钱五十万为市药之资，医官分别"于京城要害处听都人之言病者，给以汤药，扶疾而至者即诊视之"。淳化五年六月，汴京又发生大疫，复"遣医官煮药给病者"。真宗大中祥符二年（1009）四月，河北安抚司言：北界人多病腮肿死，边民纷纷向南徙避，于是"诏医官院处方并药赐河北避疫边民"④。这种临时性的施药措施，在仁宗以后还形成固定的制度。其初在皇祐元年（1049），从知云安军王端所请，"诏诸州岁市药以疗民疾"。嘉祐二年（1057）又从韩琦之请，命"列郡每夏岁支系省钱二百千，合药散军民"。这项制度一直沿袭到南宋，只是在实施过程中，由于官吏的敷衍塞责，或"为庸医盗其直，或有药而不及贫下人"，平民百姓往往难获实惠。所以孝宗乾道五年，中书门下省言："勘会诸路州军亦有岁赐合药钱，许诸军民请服。尚虑州军不切奉行"。于是

---

① 吴自牧：《梦粱录》卷18。
② 俞文豹：《吹剑录外集》。
③ 《宋会要》职官22之38。
④ 《宋会要》职官22之35；《宋史》卷5，《太宗纪》；卷7，《真宗纪》；《长编》卷71。

"诏令户部申严条法，行下诸路州军遵守，务行实惠"①。

❷医学的建立及其人才培养

宋朝政府甚为重视对医官的考核和医学人才的培养。太祖乾德元年（963），命太常寺考校翰林医官技艺，黜其不精者22人。太宗雍熙四年（987），又诏诸州送医术人校业太医署，以优者为翰林学生。至道二年（996），礼部侍郎贾黄中中风眩而卒，太宗为此切责诸医，"大搜京城医工，凡通《神农本草》、《难经》、《素问》及善针灸药饵者，校其能否，以补翰林医学及医官院祗候"②。庆历三年（1043），仁宗复诏州县选善医者送京城，"校试方术，以补太医"③。宋廷频频到地方上搜罗人才，说明医学人才的缺乏已是值得注意的问题。

到庆历四年，遂从参知政事范仲淹之请，正式创建医学，当时招到诸科生80余人。至和二年（1055），又具体规定："自今校试医官，并问所出病源，令引医经、本草，药之州土、主疗及性味畏恶、修制次第、君臣佐使、轻重奇偶条对之。每试十道，以六通为合格。"④ 嘉祐五年（1060）又命太常寺详定太医局学生人数及有关制度。于是规定：以120人为额，"学生年十五以上方许投名充医生，虽在局听读及一周年，须候额内本科有缺，即选试收补"。学生考试，要求在问《难经》、《素问》、《巢氏病源候论》、《圣惠方》大义十道之外，兼问《本草》大义三两道。又将金镞、书禁、伤折三科合并，共有9科。其各科人数分布为：大方脉40人（现有35人），风科30人（现有66人），小方脉30人（现有38人），产科4人（现有1人），眼科6人（现有5人），疮肿科4人（现有8人），口齿咽喉科4人（现有6人），金镞兼书禁科1人（现有1人），金镞兼伤折科1人（现有3人）。嘉祐六年，又命诸道州府建医学教习生徒，规定大郡以10人为额，小郡7人，"仍与官屋五七间充讲习学，候本州医学博士、助教有缺，即选医业精熟、累有功效者差补。如不经官学试中者，更不得充医学博士、助教"⑤。神宗熙宁九年，太医局分科置教授1人，选翰林医官以下与上等学生及在外良医为之。学生常以春试，取合格者以300人为额，分别入方脉科、针科、疡科学习。三科的教学，"方脉以《素问》、《难经》、《脉经》为大经，

---

① 《长编》卷167，皇祐元年七月己未；卷186，嘉祐二年八月庚戌；叶梦得：《避暑录话》卷上；《宋会要》职官36之105。

② 《长编》卷4，乾德元年闰十二月己酉；《宋史》卷5，《太宗纪》；江少虞：《宋朝事实类苑》卷48。

③ 《长编》卷143，庆历三年九月丙寅。

④ 《长编》卷147，庆历四年三月条；卷181，至和二年九月戊辰；《宋会要》职官22之35。

⑤ 《宋会要》职官22之36。

以《巢氏病源》、《龙树论》、《千金翼方》为小经；针、疡二科则去《脉经》而增《三部针灸经》"①。学生轮流为太学、律学、武学生及诸营将士治疗疾病，"各给印纸，令本学官及本营将校书所诊状，病愈及死，经本局官押；或诊言不可治，即别差人往治，候愈或死，各书其状以为功过"。这实际是既学理论，又参加医疗实践，而岁终则以治疗效果作为考核分等的依据，"上等月给钱十五千，毋过二十人；中等十千，毋过三十人；下等五千，毋过五十人。失多者罚黜之"。徽宗崇宁中，实行三舍法，上舍40人，内舍60人，外舍200人。根据考核成绩，"中格高等，为尚药局医师以下职，余各以等补官，为本学博士、正、录及外州医学教授"②。政和五年（1115），仿京师医学法，令诸州县置医学，亦分方脉、针、疡三科教养生徒。宣和二年（1120），罢在京医学。南宋绍兴中复置，孝宗乾道三年（1167）再罢。光宗绍熙后又再恢复，招有斋生250人，共分8斋，置教授4员。③ 据《吹剑录外集》记载，这时斋生中颇多"市井盘药、合药、货生药之徒"，虽是责难之词，但说明民间医生也多有进入太医局学习的情况。

医书的整理、编辑和刻版

宋人十分重视总结前代的医学经验，政府曾多次下令征集医书、方论，对之进行校订、编辑和刻印出版。太宗太平兴国六年（981），即命知制诰贾黄中等校勘历代医书，当时诏诸州士庶献医著，许以"优赐钱帛，及二百卷已上与出身，已仕者增其秩"的奖励。仁宗朝，又命医官赵拱等校订《黄帝内经》、《素问》、《难经》、《巢氏病源候论》，于天圣四年（1026）奏进于朝，复命集贤校理晁宗悫、王举正等详定，于次年摹印颁行。④ 景祐二年（1035），复命丁度等再校《素问》。到嘉祐二年（1057），枢密使韩琦仍谓医书尚多讹舛，他请"择知医书儒臣与太医参定"，仁宗遂诏于编修院设校正医书局，命掌禹锡、林亿、苏颂、张之洞等为校正医书官，于是复对传世医典《黄帝内经》、《难经》、《脉经》、《针灸甲乙经》、《伤寒杂病论》、《金匮要略》、《巢氏病源候论》、《千金要方》、《千金翼方》、《外台秘要》逐一校订。⑤ 这些医书在校订后，一般随即刊刻，广泛流传。如治平三年（1066）校毕《千金要方》，题名《新校备急千

① 《宋会要》职官22之37；《宋史》卷157，《选举志》。
② 《长编》卷275，熙宁九年五月癸亥；《宋史》卷164，《职官志》；卷157，《选举志》。
③ 《宋史》卷21，《徽宗纪》；《梦粱录》卷15。
④ 《长编》卷22，太平兴国六年十月丙戌；《宋史》卷4，《太宗纪》；王应麟：《玉海》卷63；《长编》卷105，天圣五年四月乙未；马端临：《通考》卷222。
⑤ 《玉海》卷63；《长编》卷186，嘉祐二年八月庚戌；《通考》卷222。

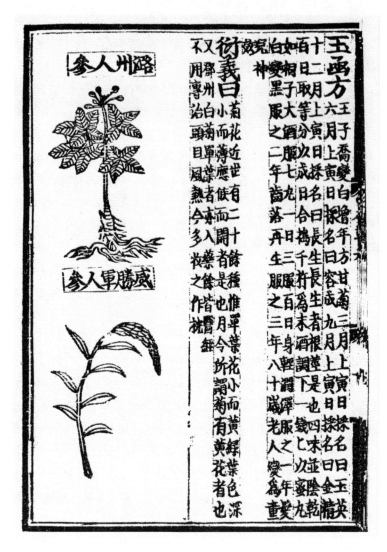

宋曹孝忠著《重修政和经史证类备用本草》金代刻本书影

金要方》镂版；熙宁元年（1068）校订《脉经》镂版，二年刊刻《针灸甲乙经》、《外台秘要》等即是。① 由于书价昂贵，"医人往往无钱请买"，哲宗绍圣三年（1096）并命国子监将《千金翼方》、《金匮要略方》、《王氏脉经》、《补注本草》、《图经本草》五部医书"开作小字，重行校对出卖"，以便医者。南宋绍光中复又依式重刊，发往各州学售卖。②

---

① 余嘉锡：《四库提要辩证》卷12；李淼：《书林清话校补》。

② 叶德辉：《书林清话》卷2，卷3。

宋朝在校订整理医书的过程中，对《本草》一书尤为重视，太祖、仁宗、哲宗、徽宗、高宗朝曾先后五次加以整理增补。此外，医方的搜集和编辑也受到宋人的重视，其中官方所集影响较大者有太宗朝的《太平圣惠方》、仁宗朝的《简要济众方》、神宗朝的《太医局方》、徽宗朝的《太平惠民和济局方》与《圣济经总录》等；私家所编者有王衮的《博济方》、孙用和的《孙氏传家秘宝方》、张涣的《小儿医方妙选》、王俣的《编类本草单方》、许叔微的《普济本事方》、陈言的《三因极一病证方论》、严用和的《济生方》，以及陈自明的《妇人良方大全》等。

㈣医药知识的普及和推广

医疗机构和医药救济措施的建立，医学人才的培养形成制度，医学书籍的大规模整理、编辑和刊刻出版，标志着宋代医疗事业的进步和发展，同时对于医药知识的传播和普及必然起到重要的推动作用。在宋代，先后作为都城的开封和临安，以及一些重要城市，医药的普及程度已经相当高。

据《东京梦华录》卷3记载，北宋开封"马行北去，乃小货行时楼，大骨传药铺，直抵正系旧封丘门，两行金紫医官药铺。如杜金钩家、曹家独胜元（丸），山水李家口齿咽喉药，石鱼儿、班防御、银孩儿、柏郎中家医小儿，大鞋任家产科"。可以看出，整个马行街的北半部，药铺林立，最为集中，既有综合性的，又分骨科、口齿咽喉科、儿科、产科等专科。此外，该书还提到的有张戴花洗面药、国太丞、张老儿、金龟儿、丑婆婆药铺，于道士卖齿药，以及荆筐儿药铺、盖防御药铺、孙殿丞药铺等。《能改斋漫录》卷11亦记，蜀僧海渊，工针砭，天禧中寓相国寺，"中书令张士逊疾，国医拱手。渊一针而愈，由是知名"。此外，相国寺东宋药家，与名画家李成相善，成嗜香药名酒，每至宋家药铺，"醉必累日，不特纸素挥洒盈满箱箧，即铺门、两壁亦为淋漓泼染"，实际起到为宋家药铺打广告扬名的作用。又有"医师能太丞，居京师高头街"。士人潘阆，于讲堂巷开药肆，其药童"唐巾韦带，气貌爽秀"①，风格颇异。坐铺而外，在闹市摆摊卖药，或走街串巷行医者亦复不少。如宋初名医陈昭遇自云："我初来都下，持药囊，抵军垒中，日阅数百人。"为了招引顾客，"京师货药者，多假弄狮子、猢狲为戏，聚集市人"。甚至有"锁活虎于肆"，以求售药者。②画家高益，自涿郡归宋，在京城卖药，将所绘画随药送人，遂名传四方。③

①《枫窗小牍》卷下；《隆平集》卷2，《招隐逸》；文莹：《湘山野录》卷下。

②《宋朝事实类苑》卷48；丁传靖：《宋人轶事汇编》卷19，引《友会谈丛》；《圣朝名画评》。

③ 郭若虚：《图画见闻志》卷3。参见周宝珠：《宋代东京研究》，河南大学出版社1992年版。

图左所绘御医赵太丞家右边招牌写"治酒所伤真方集香丸"，
左边招牌写"太医出丸医肠胃药"；图右为东京沿街的公共水井
北宋张择端绘《清明上河图》（局部）

南宋临安，亦是药铺林立，仅据《梦粱录》卷13 "铺席"条所记，"自淳祐年（1241—1252）有名相传者"就有：猫儿桥潘节干熟药铺，市西坊张家生药铺、讷庵丹砂熟药铺，中瓦子前陈直翁药铺、梁道宝药铺，金子巷口杨将领药铺，官巷前仁爱堂药铺，修义坊三不欺药铺，官巷北金药臼楼太丞药铺，太平坊李官人双行解毒丸，外沙皮巷口双葫芦眼药铺，大庙前陈妈妈风药铺，大佛寺疳药铺、保和大师乌梅药铺，三桥街毛家生药铺，石榴园张省干金马杓小儿药铺，水巷桥沿桥下郭医产药铺。这些药铺都是经营多年的老字号。而从其铺名标示"仁爱堂"、"三不欺"的招牌来看，当时已经颇为注意信誉的宣传。

这些药铺同时还诊治疾病，如孝宗曾患痢疾，众医治疗无效，"德寿忧之，过宫偶见小药局，遣内使询之曰：'当能治痢否？'对曰：'专科。'遂宣至。语以食湖蟹多，故至斯疾。医曰：'此冷痢也，其法用新采藕节，细研，以热酒调服。'如其法而愈。德寿乃大喜，以金杵臼赐之，乃命为官。至今呼为金杵臼严防御家"①。可以看出，这些药铺往往拥有医治某种疾病的专长，其高明者，甚至为国医所不及。

在外州县亦多有药铺名医，尤为著称者，要数北宋的郓州。《避暑录话》卷上记载："本朝公卿能医者，高文庄一人而已。尤长于伤寒，其所从得者不

---

① 《宋人轶事汇编》卷3。参见《说郛》号28。

可知矣。而孙兆、杜壬之徒始闻其绪余，尤足名一世。文庄郓州人，至今郓多医，尤工伤寒，皆本高氏。"《宋史·高若讷传》亦记："高若讷，字敏之，并州榆次人，徙家卫州。……因母病，遂兼通医书，虽国医皆屈伏。张仲景《伤寒论诀》、《孙思邈方》、《外台秘要》久不传，悉考校论谬，行之，世始知有是书。名医多出卫州，皆本高氏学焉。"《邵氏闻见录》卷17载："康节先公昔居卫之共城，有赵及谏议者，自三司副使以疾乞知卫州，多名医故也。"

　　药铺如此之多，药材贸易必然频繁，北宋的汴京自然是一个药材交易中心，而川蜀地区也形成诸多药市。据说唐代梓州人王昌遇得道，号易玄子，以大中十三年九月九日上升。"自是以来，天下货药辈，皆于九月初集梓州城，八日夜于州院街易玄龙冲地货其所赍药，川俗因谓之药市，迟明而散。"仁宗天圣中，燕肃知州事，"又展为三日，至十一日而罢"。实际到宋代，药市并非仅限于梓州，据《长编》卷73记载："大中祥符三年三月，比部郎中蔡汶使西川还，言川峡每春，州县聚游人货药，谓之药市。"每到药市之期，"四远皆集，其药物多，品甚众，凡三日而罢，好事者多市取之"①。而成都药市在宋代尤为有名，城中且不止一处，"以玉局化为最盛"②。南宋临安亦有药市在炭桥，并出现专门经营地方药材的"川广生药市"③。

　　经营药材药物，获利颇丰，如北宋末年熟药局岁获利钱40万缗，当时社会上并出现出售假伪劣质药材药物的情况。《名公书判清明集》卷14即有李百五所卖药材荜澄茄"陈腐细碎，而草梗复居其三之一"，被州官胡石壁"责杖六十，枷项本铺前，示众三日"的记载。又《涧泉日记》记载："李生者居余于门外，善货殖，日卖养脾丸于市，尝揭巨榜于前曰：'不使丁香、木香合，则天诛地灭。'"而丁香、木香实为其合药使婢之名，并非其所卖养脾丸中真正使用了这两味药，此事在李生遭水溺而死之后，方始真相大白。④

　　以上说明宋代的一些大中城市，医药的普及程度已较高，但仍有相当多的地区，特别是在北宋前期，由于惑巫信鬼的习俗使然，人们对于医药尚缺乏认识，抑或根本就不信服。宋朝政府和士大夫在这些地区移风易俗、推广医药知识，作出了相当大的努力。史料记载以下地区的情况是：

---

　　① 高承：《事物纪原》卷8；《宋朝事实类苑》卷59。
　　② 陆游：《老学庵笔记》卷6。按：川蜀药市之期，据蔡汶所言在每岁之春，而杨亿记载则在七月七日，南宋陆游见到的情况则为九月九日，大致随时推移，且药市不止一地才有，故时间颇不一致。
　　③ 《梦粱录》卷13，"团行"；《西湖老人繁胜录》。
　　④ 《说郛》号29。

广南之地，"风土不佳，人多死于瘴疠。其俗又好巫尚鬼，疾病不进药饵，惟与巫祝从事，至死而后已，方书药材未始见也"。这种情况在北宋前期尤为突出。据《宋史》卷249记载，宋初范旻知邕州，邕"俗好淫祀，轻医药，重鬼神，旻下令禁之，且割己俸市药以给病者，愈者千计"。又以方书刻石置于官廨厅壁，民俗丕变。太祖开宝八年（975），琼州言其地俗无医，民疾病但求巫祝。诏以方书、本草给之。① 真宗景德中，邵晔帅广南西路，遂请于朝，"愿赐《圣惠方》与药材之费，以幸一路"。朝廷从其请，"岁给钱五百缗"。于是"每岁夏至前，漕臣制药以赐一路之官吏"，形成制度。稍后陈尧叟为广南西路转运使，"岭南风俗"仍是"病者祷神不服药"。他辑成《集验方》，"刻石桂林驿"。天禧二年（1018），真宗并为郑景岫《四时摄生论》、陈尧叟《集验方》作序，命刊版摹印，"赐授任广南臣僚，仍分给诸道州军"②。

福建之地，"其俗信鬼尚祀，重浮屠之教"。蔡襄知福州，遂托当地人何希鼓从《太平圣惠方》中节录6000余方，集成《太平圣惠方选》60卷，以推广医药知识。又因这一地区行蛊毒害人之风尤盛，仁宗以当地医工林士元"能以药下之"，遂诏录其方，又命太医集诸方之善治蛊者为一编，题名《庆历善救方》，于庆历八年（1048）颁行之。③

江西之俗，亦"尚鬼信巫，每有疾病，未尝亲药饵"。仁宗天圣元年（1023），夏竦帅江西，时逢豫章大疫，因命医者制药给居民。同时严禁师巫，将其1900余户收审，勒令"改业归农及改习针灸方脉"。宋人称"江西自此淫巫遂息"④。实际所谓"遂息"只是在部分地区，因为到神宗熙宁中刘彝知虔州，其地仍是"俗尚巫鬼，不事医药"。他召集医者编辑方书，以训民俗，称为《正俗方》。又"尽藉管下巫师，得三千七百余人勒之，各授方一本，以医为业"，其俗遂变。⑤

巴楚之地，"俗信巫鬼，实自古而然"。宋初李惟清为涪陵尉，"民尚淫祀，疾病不疗治，听命于巫"。惟清擒大巫笞之，然后教以医药，"稍变其风俗"。又有周湛通判戎州，其地"俗不知医，病者以祈禳巫祝为事，湛取古方书刻石教之，禁为巫者，自是人始为医药"⑥。真宗大中祥符八年（1015），以戎、泸二州

　　① 曾敏行：《独醒杂志》卷3；《长编》卷16，开宝八年十一月己巳。
　　② 《独醒杂志》卷3；《宋史》卷284，《陈尧叟传》；《长编》卷92，天禧二年八月丁未；《玉海》卷63。
　　③ 《宋史》卷89，《地理志》；《长编》卷163，庆历八年二月癸酉；《通考》卷223。
　　④ 《长编》卷101，天圣元年十一月戊戌；《独醒杂志》卷2。
　　⑤ 《宋史》卷334，《刘彝传》；《独醒杂志》卷3。
　　⑥ 龚鼎臣：《述医》；《长编》卷24，太平兴国八年十二月条；《宋史》卷300，《周湛传》。

及"富顺监多瘴毒，各赐《太平圣惠方》一部"。赵尚宽知忠州，其"俗畜蛊杀人，尚宽揭方书市中，教人服药，募索为蛊者穷治，置于理，大化其俗"①。

扬、楚之区，"有窄家神庙，民有疾不饵药，但竭臻祀以徼福"。太宗至道中，王嗣宗为淮南转运使、江浙发运使，遂撤其庙，选名医方刻于石州门，"自是民风稍变"。神宗朝又有罗适为桐城尉，以"民俗惑巫不信药，因以药施人多愈，遂以方书召医者参校刻石"，此即世传之《伤寒救俗方》。又有蒋静为安仁令，其地"俗好巫，疫疠流行，病者宁死不服药，静悉论巫罪，聚其所事淫像，得三百躯，毁而投诸江"②。

同时，还有一批士大夫在地方上施药济民。如元祐四年（1089），苏轼知杭州，当时"饥疫并作"，他"遣吏挟医分方治病"。又谓"杭州水陆之会，因疫病死者比他处常多，乃哀集羡缗得二千，复发私橐得金五十两，以作病坊"，名曰"安乐坊"。以僧人主持其事，三年医愈千人，则与紫衣及礼部牒各一道。叶梦得为官许昌，"岁适多疾"，"遂并出千缗市药京师"，"亲督众医分治，率幕官轮日给散"③。

惑巫信鬼是推广医药知识的极大阻碍，宋朝士大夫为官地方，往往痛加禁止。这类例子，还有宋初任中师知广州，一改长吏到任，"当谒诸祠庙"的陋习，并命撤毁官廨中的淫祠。真宗朝王嗣宗先后知并州、邠州，所至禁毁淫祠。胡颖提举湖南常平，"所至毁淫祠数千区"。而宋朝政府亦屡禁其风，如雍熙二年（985），禁邕管杀人祭鬼。④ 淳化元年（990），禁川峡、岭南、湖南杀人祀鬼，州县察捕，募告者赏之。政和元年，毁在京淫祠1038区。绍兴十六年（1146），诏毁诸路淫祠。十九年，禁湖北溪洞用人祭鬼者。⑤ 二十三年，将作临主簿孙寿祖称："湖、广、夔、峡多杀人而祭鬼，近又浸行于他路，浙路有杀人而祭海神，川路有杀人而祭盐井者，望饬监司、州县严行禁止，犯者乡、保连坐，仍毁巫鬼淫祠，以绝永害。"宋廷允准其议。⑥

经过政府和士大夫的努力，两宋时期医药知识得到较为普遍的推广，医疗水平比诸前代也有很大提高。

① 《长编》卷84，大中祥符八年四月己巳；《宋史》卷426，《赵尚宽传》。
② 《宋史》卷287，《王嗣宗传》；卷356，《蒋静传》；《通考》卷222。
③ 《长编》卷435，元祐四年十一月条；《宋会要》食货68之130；《避暑录话》卷上。
④ 《宋史》卷288，《任中师传》；卷287，《王嗣宗传》；卷416，《胡颖传》；卷5，《太宗纪》。
⑤ 《宋史》卷5，《太宗纪》；卷20，《徽宗纪》；卷30，《高宗纪》。
⑥ 《要录》卷165，绍兴二十三年七月戊申。

第二节　辽、西夏、金的医疗

辽西夏金三朝都在不同程度上吸收了汉族的医药知识，其医疗水平虽较宋朝为逊色，但仍有可观者。尤其辽金二朝不乏名医，而金人则长期入主中原，受汉族文化熏染颇深，成就尤大。

● 辽朝的医疗

辽朝建立前，契丹族已经开始使用医药，但其药物匮乏，医疗水平亦不甚高，所以在天显十二年（937）遣使向中原的后晋求医，得到后晋医人的帮助。太宗灭晋建立辽朝，将中原文物包括"方技、百工、图籍、历象、石经、铜人"等"悉送上京"。其方技百工和图籍之属，估计就有医者和医书在内。特别是"铜人"，不知是否与后来宋人所铸针灸铜人模型类似，如果这样，则可能与辽朝医人颇擅针灸之术有关。此外，《辽史》卷60《食货志》记载："太宗得燕，置南京，城北有市，百物山侔"，于是周边部族纷纷前来交易，其中女直（真）"来易于辽"的物品中就多有蜜、蜡诸药材。而穆宗应历三年（953）和四年，北汉连续两次遣使前来贡药。① 统和十九年（1001），回鹘又向辽朝进献名医。正是在同周边各族的接触交往中，特别是在吸收汉族医药知识的基础上，随着自身社会经济和文化生活的进步，辽朝的医疗水平得到很大提高。这之中影响最大的是重熙五年（1036）辽兴宗命耶律庶成将汉族的方脉书译成契丹文一事，据史籍记载："初，契丹医人鲜知切脉审药，上命耶律庶成译方脉书行之，自是人皆通习，虽诸部族亦知医事。"② 说明兴宗朝汉族医籍的翻译流传，不仅带来辽朝医疗的重要发展，其医人普遍懂得"切脉审药"。而且在较大程度上推广了医药知识，"虽诸部族亦知医事"。

辽朝统治者对于医药较为重视，兴宗固不待言，景宗亦喜医术，太祖长孙兀欲，"工画，颇知书。其自契丹归中国，载书数千卷，枢密使赵延寿每假其异

---

① 《辽史》卷3，《太宗纪》，卷4；《太宗纪》；卷6，《穆宗纪》。
② 《辽史》卷14，《圣宗纪》；卷89，《耶律庶成传》。

书、医经，皆中国所无者"①。既收蓄医经，则必为医术爱好者无疑。而辽朝北面官还设有掌疗疾病的"太医局"和侍奉汤药的"汤药小底"。由于畜牧经济在契丹人的社会生活中占有极为重要的地位，因而又设"医兽局"。南面官则设翰林医官、汤药局等承应医药的官员和机构。② 医人受命为达官贵人治病，疗效显著者还可能获得额外奖励。如"重熙十年八月，以医者邓延贞治详稳萧留宁疾验，赠其父母官以奖之"③。

辽朝的医疗，现在已经了解不多，大概当时已有初步分科。如有专事针灸者，又有产医之称④。契丹人早期还发明了冰罨疗法，如辽太宗患热病，以冰罨贴胸腹四肢，这是中国冰罨疗法之始。⑤ 当时的名医耶律敌鲁，史称其"精于医，察形色即知病源，虽不诊候，有十全功"。他治病的方法颇为特异，如"枢密使耶律斜轸妻有沉疴，易数医不能治。敌鲁视之曰：'心有蓄热，非药石所及，当以意疗。因其聩，眊之使狂，用泄其毒则可。'乃令大击钲鼓于前。翌日果狂，叫呼怒骂，力极而止，遂愈"。据说其"治法多此类，人莫能测"。虽然这种治病方法很难用医学道理去加以解释，但其疗效显著，因而朝廷赐予他"世预太医选"的特权。辽朝医人还颇擅针灸之术，如名医直鲁古，"专事针灸，太宗时以太医给侍。尝撰《脉诀》、《针灸书》行于世"⑥。此外，据《新五代史》卷72《四夷附录》记载，辽太宗在灭晋后死去，"契丹人破其腹，去其肠胃，实之以盐，载而北"。说明契丹人已懂得使用正确的尸体保护法。

●二西夏的医疗

以党项人为主体建立的西夏王朝，《辽史》卷115记其风俗是："病者不用医药，召巫者送鬼"，"或迁居他室，谓之闪病"。大概这种情况在党项人早期的社会生活中尤为突出，随着西夏社会经济和文化生活的进步，特别是在同汉族和其他民族的交往过程中不断受到影响，"病者不用医药"的情况逐渐得到改善，医药不仅被采用，并进而受到统治者的重视。

《文海》对"药"的解释是："汤药也，搅和医治疾病之谓。"该书又有"服药"一词，其释云："药治疗也，服药之谓。"西夏还设有"医人院"。说明

---

① 欧阳修：《新五代史》卷73，《四夷附录》。
② 参见《辽史》卷45，《百官志》"承应小底局"条，卷46"局官职名总目"条，卷47"南面朝官"条。
③ 《辽史》卷19，《兴宗纪》。
④ 《辽史》卷53，《礼志》记载，契丹风俗中有为皇帝举行的"再生仪"，而产医妪就是这一仪式成礼过程中的重要角色。
⑤ 参见《中国大百科全书医学卷》附《大事年表》。
⑥ 《辽史》卷108，《方技传》。

西夏文医方　　（选自《中国文明史》第 6 卷）

西夏人患病，确已延医服药治疗。至于重要人物患病，本国不能治疗者，还有向外求医的情况。如仁宗时就向金国求良医，为权臣任得敬治病。桓宗母患病，亦得金国赐药并遣医治疗。据《番汉合时掌中珠》所记，西夏人在民事纠纷中被打伤引起诉讼时，还要请"医人看验"①，这已经具有法医的性质，说明西夏人随着社会生活的进步，其医学的应用范围还有所扩大。

西夏主要是从中原的宋朝获得医学知识的，据《长编》卷 198 记载，毅宗谅祚时，就曾从宋朝获得过医书。1971 年在甘肃武威发现的西夏遗物中有西夏

① 《文海》75·132，82·132；《金史》卷 134《西夏传》；参见史金波：《西夏文化》第 200 页，吉林教育出版社 1986 年版。

文药方残页，这是一道治疗伤寒病的药方，其中有牛膝、椒、茱米等汉族药物，并记载服用方法说："辣头唇……来年空肚时，以新冷水中，服二十一滴，面（向）东。"① 这与汉族传统的服药方法是一致的，足见汉族医药对西夏的影响。

黑城发现的西夏医书有《治疗恶疮要语》，还有丸药的制作方法和用法，以及有关针刺疗法的医书残页②，可见西夏确已建立了自己的医学。

关于西夏的医学情况，从《文海》中还能窥见一斑。《文海》记载了若干常见病，如癞疥，疹痘、痉挛、疝气、鼻疮、肿疮等。其释"疹痘"："疮疥癞出之谓。"释"疝气"："睾丸中风病往来之谓。"释"肿疮"："肿也，肉心中出疥疮之谓。"释"浓出"："疮中污汁出之谓也。"又有关于妇科"小产"、"晚产"的记载，称"落胎也，生时未满，胎散未成"谓之小产；"按期未生"谓之晚产。③ 至于药物的使用和疾病的治疗，则记有"癞疮药"，释云："松、柏、草、屎、粪等之浆是，治癞疮用是也。"又于"扎针"条下记："病患处铁针穿刺，使血出之谓。"并认识到疾病具有传染性，如"（染）传"条释云："传染也，传病也，染恶疮等之谓。"此外，《文海》在解释疾病的原因时，多归为"四大不和合"，且吸收了汉族医学关于血脉不通则病的理论，如其"脉阻"条释云："疾也，病患血脉不通之谓。""血脉不周"条释云："血塞也，血脉病续断不通之谓也。"④ 大概由于党项人在生活中对于畜牧业的依赖甚重，所以《文海》中还有不少关于牲畜病患的记载，如释"牛疮"："疥癞疮，牛身出疮之谓也"；释"牛病"："牛患病也"；释"鼻疮"："牲畜野兽鼻疮也，又与人之鼻疮要似也"⑤等。

⊜金朝的医疗

金朝的医疗较辽、西夏为进步，其制度亦更为完备。在都城设太医院，"掌诸医药"。除置提点、太医院使、副使、总判院事、管勾等官外，有"正奉上太医，副奉上太医，长行太医，十科额五十人"。又设御药院，"掌进御汤药"；"尚药局，掌进汤药茶果"。而"宫人女官"中则有"司药二人、典药二人、掌药二人、女史二人，掌医药"。至于太后、皇后、东宫太子，皆有专掌医药的官员。⑥ 都城而外，

---

① 参见吴天墀：《西夏史稿》增订本，第256页，四川人民出版社1982年版。
② 参见白滨：《〈文海〉所反映的西夏社会》，附《文海研究》，中国社会科学出版社1983年版。
③ 《文海》43·242，43·252，70·162，74·152，杂18·211，杂19·222。
④ 《文海》杂14·171，87·111，78·262，13·111，54·222，73·211，15·122。
⑤ 《文海》60·241，79·122，88·141。
⑥ 《金史》卷56，《百官志》；卷57，《百官志》。

地方亦设医院。《金史》卷57《百官志》在记载大兴府长吏的设置情况之后说："东京、北京、上京、河东东西路、山东东西路、大名、咸平、临潢、陕西统军司、西南招讨司、西北路招讨司、婆速路、曷懒路、速频、蒲兴、胡里改、隆州、泰州、盖州并同此，皆置医院，医正一人，医工八人。"金朝并有每年拨钱造药以给随朝百官的制度。① 又有临时性的医药救济措施，如兴定三年（1219）六月，以"时暑，给修城夫病者药饵"。至于在押罪犯患病者，亦允许"亲属入视"②。金朝还设立学校，注意培养医学人才。《金史》卷51《选举志》记载其情况说："凡医学十科，大兴府学生三十人，余京府二十人，散府节镇十六人，防御州十人，每月试疑难，以所对优劣加惩劝，三年一次试诸太医，虽不系学生，亦听试补。"

对于药物的管理，则仿宋朝熟药所之制，设"惠民司，掌修合发卖汤药"。大定三年（1163），有司言，"惠民岁入息钱不偿官吏俸"，世宗谓："设此本欲济民，官非人，怠于监视药物，财费何足计哉。"于是命惠民司"减员而已"。大概这项制度后来废弛，哀宗天兴二年（1234），"以军民多病，药饵难得"，复又"设惠民司于市，以太医数人更直，药从官给。仍择年老进士二人为医药官"。当时民间药物的交易也颇为频繁，仅开封府一地，就有四处"药市"③。《金史·地理志》并详细记载了各地药材的出产情况，如辽阳府产"人参、白附子"，大定府产"五味子"，大同府产"黄连、百药煎、芥子煎、甘草、枸杞、碾玉砂、地薹"，大兴府产"滑石、半夏、苍术、代赭石、白龙骨、薄荷、五味子、白牵牛"，开封府产"蜜蜡、香茶、心红、朱红、地龙、黄柏"，河间府产"马兰花、香附子"等，真定府产"茴香、零陵香、御米谷、天南星、皂角、木瓜、芎、井泉石"，益都府产"天南星、半夏、泽泻、紫草"，东平府产"天麻、全蝎、阿胶、薄荷、防风"，太原府产"松脂、白胶香、五灵脂、大黄、白玉石"，平阳府产"龙门椒、紫团参、甘草、苍术"，京兆府产"白芷、麻黄、白蒺藜、茴香、细辛"，凤翔府产"芎劳、独活、灯草、无心草、升麻、秦艽、骨碎补、羌活"，临洮府产"甘草、菴蔺子、大黄"等。

为了推广医药知识，金朝多次刊刻医书，如皇统年间（1141—1148）刻印《附广肘后方》，大定年间（1161—1189）刊刻北宋医学巨著《圣济经总录》，泰和四年（1204）刊刻《证类本草》等。

金朝医疗最突出的成就，在于理论上有重要发展，其中名医刘完素、张从正、李杲贡献尤大，他们加上元代的朱震亨在中国医学史上有"金元四大家"

① 《金史》卷7，《世宗纪》。
② 《金史》卷8，《世宗纪》；卷15，《宣宗纪》。
③ 《金史》卷56，《百官志》；卷18，《哀宗纪》；卷25，《地理志》；王鹗：《汝南遗事》卷3。

之称。刘完素据《素问》病机 19 条，阐明六气过甚皆能化火的理论，故治法上"好用寒剂以降心火，益肾水为主"①，后人称为寒凉派，对后世温病学说颇有启发。撰有《运气要旨》、《素问玄机原病式》、《宣明论方》等。张从正学贯《素问》、《难经》，其法宗刘完素，用药多寒凉，且发展了刘完素的医学思想，主张去邪安身，有"攻下派"之称。他以平日见闻及尝试效者辑为一书，凡 14 卷，名曰《儒门事亲》。李杲亦师承刘完素，以治疗伤寒及眼病见长。他创补气益胃之说，被称为"温补派"。著有《内外伤寒辨惑论》、《脾胃论》、《兰室秘藏》、《伤寒会要》等。此外，成无己、纪天锡、张元素、麻九畴、窦汉卿等，都是金代颇有名望的医者。

第三节　宋朝的卫生保健习俗

●一卫生习俗

公共卫生方面，宋朝已经注意到掩埋路尸，真宗咸平二年（999）闰三月，诏两京诸路收瘗暴骸，营塞破冢。大中祥符元年（1008）五月，又诏瘗汴、蔡、广济河流尸暴骸，仍致祭。天禧中，复命于京畿近郊佛寺买地，以瘗死之无主者。当时规定瘗埋尸体，一棺给钱六百，幼者半之。其后不复给，死者暴露于道，嘉祐末，复诏给焉。徽宗朝设漏泽园，专为掩埋路尸。南宋时期，仅临安府所属二县置漏泽园就有十二所，规定"寺庵寄留槥椟无主者，或暴露遗骸，俱瘗其中"，"官府委德行僧二员主管，月给各支常平钱五贯，米一石，瘗及二百人，官府明申朝家，给紫衣师号赏之"②。

政府销毁毒物药品，并注意到避免造成环境污染。如徽宗政和四年（1114）六月，入内侍省药库所藏鸩鸟、蛇头、胡蔓藤、钩吻草、毒汗之类毒药，命"应毒药并盛贮器皿，并交付军器所，仰于新城门外旷阔迥野处焚弃。其灰烬于官地埋瘗，分明封堠标识，无使人畜近犯"③。

---

① 《金史》卷 131，《刘完素传》。
② 《宋史》卷 6，《真宗纪》；卷 7，《真宗纪》；卷 178，《食货志》；《梦粱录》卷 18。
③ 王明清：《挥麈后录》卷 1。

宋人绘《妃子浴儿图》（选自《中国文明史》第6卷）

　　至于城市的清洁卫生，则由官府出资，雇有专人负责。据《梦粱录》卷13记载，南宋临安就"有每日扫街、盘垃圾者，每日支钱犒之"。每到新春时节，官府并差雇淘渠人，"沿门通渠道路污泥，差雇船只搬载乡落空闲处"。各家住户所积"泔浆"，"自有日掠者来讨去"。城市街巷建有公共厕所，大户或有势力的人家一般都有私用坑厕，至于小民之家则多用马桶，"每日自有出粪人蹇去，谓之倾脚头"。由于粪便是极好的农用肥料，各家住户都有固定的出粪人，他人"不敢侵夺。或有侵夺，粪主必与之争，甚者经府大讼，胜而后已"。

　　宋朝各地都有公共浴堂，南宋临安的浴堂并有行会组织，称为"香水行"。浴堂门口早上并兼卖面汤（洗脸水）。而所在浴处，"必挂壶于门"，作为标记。南宋临安城巷陌街市中并经常有卖面桶、项桶、浴桶，以及洗漱盂子者。① 浴堂中还有专门为顾客服务的揩背人，《续夷坚志》卷2即记有泽州一针工尝以揩背钱相助一疾卒到城中浴堂洗浴之事。太学中亦有浴堂，如《癸辛杂识别集》卷上有南宋末年雷宜中长"成均"，"直舍浴堂久圮，遂一新之"的记载。

――――――――――

① 《梦粱录》卷13；《能改斋漫录》卷1。

夏季暑期，是疾病极易流行、传染的时候，太宗雍熙四年（987），诏命"诸州郡暑月五日一涤囹圄，给饮浆，病者令医治，小罪即决之"。[①] 对拘押囚犯的牢房，在暑期尚且五日一洗涤打扫，说明宋人已有颇强的卫生观念。

个人卫生方面，据《石林燕语》卷10记载："王荆公性不善缘饰，经岁不洗沐，衣服虽弊，亦不浣濯。"此事真实与否姑置不论，但从不满王安石之人多借此来攻击他一事看，经常洗沐在当时已经养成习惯，否则便会被视为不近人情，遭人讥讽。周密曾叙及"吴兴多蚊，每暑夕浴罢，解衣盘礴"，为其所扰的苦恼。说明到夏季，一般人并有每晚洗浴的习惯。《石林燕语》卷10又载：吴冲卿为群牧判官，韩持国在馆中，其"三数人尤厚善，无日不过从，因相约每一两月即相率洗沐定力院"。则官僚士大夫交情亲厚者，并有相约到公共浴所沐浴的雅好。至于《癸辛杂识续集》卷上记载："蜀人未尝浴，虽盛暑不过以布拭之耳。谚云：'蜀人生时一浴，死时一浴。'"这与实际不相符合，抑或只是川蜀个别地区的情况，因为那个以洁癖著称的蒲宗孟恰恰就是蜀人。据记载，蒲氏日常生活，有大洗面、小洗面，大濯足、小濯足，大澡浴、小澡浴之分。其小洗面，一易汤，用二人颒面；大洗面，三易汤，用五人，肩颈与焉。小濯足，一易汤，用二人，踵踝而已；大濯足，三易汤，用四人，膝股及焉。小澡浴，汤用三斛，人用五六；大澡浴，汤用五斛，人用八九。每日两洗面、两濯足，间日一小浴，又间日一大浴。而"南方妇人竟岁才一沐"[②] 的说法，亦应属个别地区，并非总体情况。

当时洗沐的去垢用品，有皂角、澡豆等，如宋人记王安石面黑，医者谓为垢污而非疾，云以澡豆洗面可去之，为安石所拒。又《遂昌杂录》记载，僧人温日观与鲜于伯机父交好，日观至其家，"每索汤沐，鲜于公必躬为进澡豆"。当时浙中少皂荚，澡面、浣衣，皆用肥珠子。肥珠子者，"木亦高大，叶如槐而细，生角长者不过三数寸，子圆黑肥大，肉亦厚，膏润于皂荚，故一名肥皂，人皆蒸熟暴干乃收"。而南方一些地区的妇人洗沐，则有用灰汁者。[③]

牙刷这时已经使用，徽宗时人温革撰《琐碎录》记载，当时已生产和使用一种以马尾的毛制造的植毛牙刷。南宋临安城巷陌街市中经常有卖"刷牙子"的小商贩，其市西坊南并有"凌家刷牙铺"，金子巷口又有"傅官人刷牙铺"，即是专门出售牙刷的店铺。在王谬所编《百选方》中并记载了揩牙粉方。而《续夷坚志》卷3亦记有一"揩牙方"，系用茯苓、石膏、龙骨、寒水石、白芷、

---

① 《宋史》卷5，《太宗纪》。

② 周密：《齐东野语》卷10；《宋史》卷328，《蒲宗孟传》；《宋人轶事汇编》卷19；庄绰：《鸡肋编》卷上。

③ 《鸡肋编》卷上。

细辛、石燕子等炮制，"早晚揩牙"。据说当时麟抚折守用此方后，"年逾九十，牙齿都不疏豁，亦无风虫"；王文坚持用此方，亦年到九十，"食肉尚能齿决之"。从这条记载可以获知，宋人不仅刷牙，而且懂得早晚刷牙最为有益的道理。当时并有用苦参洁齿的情况，如沈括、太常少卿舒昭亮即长年"用苦参揩齿"①。为保持口腔卫生，士大夫并用鸡舌香来避口臭，《梦溪笔谈》卷 26 记："三省故事：郎官日含鸡舌香，欲其奏事对答，其气芬芳。"

　　至于清除蚤虱之类，当时多采用药用植物。如宋人记载："芸草，古人用以藏书，曰'芸香'是也。置书帙中即无蠹，置席下即去蚤虱。"此草"叶类豌豆，极芬香，遇秋后叶间微白，如粉污，辟蠹殊验"。"江南极多"，故南方人多采置席下以避蚤虱。又"生姜苗铺席下去壁虱，椒叶能辟蚤，狗舌草花亦然"②。夏季暑期，蚊蝇滋生，宋时吴兴号称多蚊，而湖州"豹脚蚊尤毒"。当时多以艾熏蚊，南宋临安多有卖"蚊烟"的小经纪人。③ 王璆《百选方》中并记有熏蚊子法和去头虱方。大致各地风俗又有不同，据《鸡肋编》卷上记："尝泊舟严州城下，有茶肆妇人少艾，鲜衣靓妆，银钗簪花，其门户金漆雅洁，乃取寝衣铺几上，捕虱投口中，几不辍手，旁与人笑语，不为羞，而视者亦不怪之。""又在剑川见僧舍，凡故衣皆煮于釜中，虽裈裤亦然，虱皆浮于水上。其治蚤，则置衣茶药焙中，火煿令出，则以熨斗烙杀之。"

　　家庭卫生方面，史料有"杭人素轻夸，好美洁，家有百千，必以太半饰门窗"的记载。说明当时已颇为注意居室的布置和环境卫生的打扫。灭鼠主要靠养猫，南宋临安城中并有专门以提供猫食为职业者④，则养猫灭鼠的家庭极为普遍。《夷坚支戊》卷 7 并记有饲养鼠狼捕鼠的事例，其谓钱仲本为大理评事日，其仆以五百钱买一鼠狼，喂养驯熟后用以捕鼠，"无论巨细远近，必追袭，捣其穴擒之。官舍多以松板布地，有为鼠所啮破而往来者，辄亦深入而搜取之。数月之间，群鼠多扫迹殆绝。"而药物灭鼠也普遍采用，据《武林旧事》卷 6 记载，南宋临安城中卖"老鼠药"的小经纪人，无虑数十家。洪迈并记载鄱阳地区又有用蚁虎治白蚁的情况，其云："鄱阳人屋宇多用松，困于蚁暴，患无术可治。"有人自淮南携来"蚁虎"，比白蚁大三四倍，"放入蠹柱中，少顷，蚁纷纷而坠，脑上率有小窍，才半日，空群无余"。而鄱阳山中生长一种草，俗呼为"独脚莲"，当地人将其"移植于居宅隙地及园圃中，蛇虺不敢过其下。王季光宅后榛莽丛里，有穴藏蛇，常出为人害。乃种此草数本于穴外，自是其患不作。

　　① 《梦粱录》卷 13；《宋朝事实类苑》卷 49。
　　② 邵博：《邵氏闻见后录》卷 29；《鸡肋编》卷上。
　　③ 《齐东野语》卷 10；周密：《武林旧事》卷 6。
　　④ 《宋朝事实类苑》卷 60；《梦粱录》卷 13。

至暑月，闻穴内臭甚，使园丁掘土访求，得死蛇十数，盖为草气所薰渍也"。在柳州，则有一种"都管草"，"一茎六叶，置室中辟蜈蚣，蛇不敢入"。又有"蛆草高一二尺，状如茅，夏月插一枝盘筵中，蚊蝇不近，食物亦不速腐"①。

⊜保健习俗

在保健方面，苏轼曾开有一张四味药的处方，"一曰无事以当贵，二曰早寝以当富，三曰安步以当车，四曰晚食以当肉"②。这张处方大体包含了清心寡欲、饮食起居、运动养生三个保健方面的内容。此外，还有药物保健等内容。因此，大致可以把当时的保健养生归为以下几种类型：

一是药物保健。神宗时的名医庞安常说："屠苏可以御风寒"，则当时岁首饮屠苏酒的习俗，"亦取其御风寒而已"③。宋人并认识到服食海菜之类，可以防治瘿瘤。《宋朝事实类苑》卷6记："夫颈处险而瘿，今汝洛间多，而浙右闽广山岭重阻，人鲜病之者。"其原因在于海菜之类具有"疗瘤结气"的作用，"青苔紫菜亦然"。而"被海之邦，食惟错之味，能疗之也"。至于并、代间士人，则"多以长松参、甘草、山药为汤"，认为"服之益人，兼解诸虫毒"。《游宦纪闻》卷5记：士大夫之间往往以"薏苡仁"相馈遗，"杂之饮食间也"。谓其"主拘挛不可屈伸，除风湿痹下气"，"利肠胃，消水肿，令人能食，久服轻身益气"。而南海地区，"地气暑湿，人多患胸中痞滞，故常啖槟榔，日数十口"，据说具有"辟瘴下气消食"的作用。④当时"自福建下四川广东西路皆食槟榔者，客至不设茶，唯以槟榔为礼"。而尤以"广州为甚，不以贫富长幼男女，自朝至暮，宁不食饭，唯嗜槟榔"，"中下细民一家日费槟榔钱百余"。南宋时，仅广州一地征收槟榔税，就"岁计数万缗"，可见服食者之众。海南一带又有服食椰子的习俗，谓椰子浆"消渴，涂髭发立黑。皮煮汁止血，疗吐逆。肉益气去风"⑤。

南宋临安早市有卖汤药的"浮铺"，所卖有"二陈汤"和"调气降气及安肾丸"等。晚上的夜市则有"新楼前仙姑卖食药"。茶肆之中，夏天则多兼卖清热解毒的暑药。北宋时，峡路转运使崔迈，因其多病，令人于药市购药百余品，"各少取置柏枕中，周环钻穴以彻其气"。由于药物使用不当，"卧数月，得癫病，眉发尽落，投江水死"⑥。说明当时已有人在保健"药枕"方面作出了可贵

① 洪迈：《夷坚支戊》卷3、卷7；周去非：《岭外代答》卷8。
② 苏轼：《东坡志林》卷1。
③ 袁文：《瓮牖闲评》卷6。
④ 王闢之：《渑水燕谈录》卷8；《宋朝事实类苑》卷60；《岭外代答》卷6。
⑤ 《岭外代答》卷8；《渑水燕谈录》卷8。
⑥ 《梦粱录》卷13、卷16；《宋朝事实类苑》卷59"百药枕"条。

的尝试。

此外，宋人在药物保健和养生方面还有不少有益的探索和成功的经验。据《坚瓠集》记载，幸黄孙居青城山，"年跻大耋，轻健如童"。盖其尝得一药方，坚持依方服食的结果。其方即："以杏仁七枚，纳口内久之，则尽去其皮，逡巡嚼烂，和津液如乳，顿燕。"据说"日日如法食之，一年必换血，令人强健"。又《宋朝事实类苑》卷49引《忠定公语录》载"进火枕草方表"，记张詠在蜀中得一草药方，谓蜀号为火枕草者，"金棱银线，素根紫叶，对节而生"，"茎叶颇同苍耳"，甚为易得。此草"倘勤久服，旋见神功"。张氏"自吃至百服，眼目轻明，即至千朝，髭鬓乌黑，筋力颇健，效验多端"。其僚属右都押衙罗守一，尝"因中风坠马，失音不语"，张氏嘱其服此药十服，"其病立愈"。"又大慈寺中和院僧司副正明教大师智严，年垂七十，忽患偏风，行履妨废"；"玉局化主道士皇甫，因上元日与合城奏醮，中风口眼㖞斜，时时吐瀑"，张氏各与此药十服，二人服后，"旬日并愈"。因此张氏将其药修合一百剂，并奉表奏进朝廷。在固齿乌发方面，则有辰帅张不疑，年五十时牙已疏摇，后得《治口齿乌髭药歌》，其云："猪牙、皂角及生姜，西国升麻蜀地黄。木律旱莲槐角子，细辛荷叶（剪荷叶心子）要相当。青盐等分同烧煅，研杀将来使最良。揩齿牢牙髭鬓黑，谁知世上有仙方。"不疑依方服食，到熙宁中，年已六十有二，牙齿复牢，"凡巨脔大截，利若刀截"[1]。《志雅堂杂钞》卷上亦记有《御书齿药方》，谓依此方配药，"早晚用揩齿，并治出血动摇等症"。《续博物志》卷10谓："白发须镊去，消腊点孔中，即生黑者。"在保护视力方面，《志雅堂杂抄》卷上记："枸杞子，可以榨油点灯，观书益目。"《宋朝事实类苑》卷62亦记："凡视五色，皆损目，惟黑色于目无损。李氏有江南日，中书皆用皂罗糊屏风，所以养目也。王丞相在政府，亦以皂罗糊屏风。"《志雅堂杂抄》卷上并记有"九龙膏"眼药方，系以冬青叶、黄连等炮制，用以点眼。《能改斋漫录》卷18又记有用艾灸丹田百炷而强身益寿者，其谓：临海有寇魁，"年八十，筋力绝人，盛寒卧地饮冰，了不为异"。自言："年三十许时，有道人告己云：'凡物经火，乃能寿。土赴水即溃焉，瓦砾乃至千年；木仆地即朽，炭之埋没更坚致。人之灼灸，犹是也。'用其语，岁灸丹田百炷，行之盖四十余年"，故能致此。

二是饮食保健。苏轼认为："养生者，不过慎起居饮食，节声色而已。节慎在未病之前，而服药于已病之后。"张方平说："大抵养性命，求安乐，亦无深远难知之事，正在寝食之间耳。"所谓慎饮食，主要是不能过饱、少食肥腻，以及注意营养等。如苏轼即提倡"已饥方食，未饱先止"。他并为自己规定："东

---

[1] 文莹：《玉壶清话》卷5。

坡居士自今日以往，不过一爵一肉。有尊客，盛馔则三之，可损不可增。有召我者，以此先之，主人不从而过是者，乃止。"① 张耒说："某见数老人，皆食至少，其说亦有理。内侍张茂则每食不过粗饭一盏许，浓腻之物绝不向口。老而安宁，年八十余卒。茂则每劝人必曰：'且少食，无大饱。'王龙图造食物必至精细，食不尽一器，食包子不过一二枚耳，年八十卒。临老康强，精神不衰。王为余言：'食取补气，不饥即已。饱生众疾，至用药物消化，尤伤和也。'刘几秘监食物尤薄，仅饱即止，亦年八十而卒。循州苏侍郎，每见某即劝令节食，言食少即藏气流通而少疾。苏公贬瘴乡累年，近六十而传闻亦康健无疾，盖得其力也。"叶梦得亦自谓："吾少不多服药，中岁以后或有劝之少留意者，往既不耐烦，过江后亦复难得药材，每记《素问》'劳佚有常，饮食有节'八言，似胜服药。"张端义甚至说"人有不节醉饱，不谨寒暑，孰谓人为万物之灵"②。这都是主张少食及不吃肥腻的例子。此外，在食物方面，张方平则颇讲究食粥养生，他"每晨起，食粥一大碗"。以为"空腹胃虚，谷气便作，所补不细"。而苏东坡夜坐饥甚，吴子野亦劝其食白粥，说能"推陈致新，利膈养胃"③。唐人柳公度说："不以气海熟生物，暖冷物。"此论最为宋人所称赏，以为乃善养生者，并谓此于年过五十之人尤应注意。宋人还认识到饮食具有疗病的作用，《太平圣惠方》中记载二十八种病可用饮食疗法，主要是将各种营养物品制成粥，如糖尿病人饮牛乳，水肿时食鲤鱼粥或黑豆粥，咳嗽时食杏仁粥，痢疾时食鱼粥等。还讲到产妇应注意服食动物蛋白，如鸡、鱼之类，以及虚劳病人的饮食疗法等。即使是饮水，亦有讲究。苏轼谓："时雨降，多置器广庭中，所得甘滑不可名，以泼茶煮药，皆美而有益，正尔食之不辍，可以长生。其次井泉甘冷者，皆良药也。"④

三是清心寡欲养生。端拱初，前青州录事参军麻希梦被召到京师，其时希梦年已九十余，太宗问以养生之理，对曰："臣无他术，惟少寡情欲，节声色，薄滋味，故得至此。"苏轼与人论及调气养生之事，认为"皆不足道，难在去欲"。文彦博致仕，年几八十，神宗问以摄生之道，对曰："无他，臣但能任意自适，不以外物伤和气，不敢做过当事，酌中恰好即止。"苏辙在陈州，问李昊养生之术，昊时年八九十岁，对以"今诚忘物我之异，使此身与天地相通，如

① 《东坡志林》卷1，卷5；费衮：《梁溪漫志》卷9。
② 《说郛》号43，《续明道杂志》；《避暑录话》卷下；张端义：《贵耳集》卷下。
③ 《梁溪漫志》卷9。
④ 《独醒杂志》卷9；《懒真子》；《东坡志林》卷1；参见何应忠：《论两宋时期的医学发展》载《宋史研究论文集》，河南人民出版社1984年版。

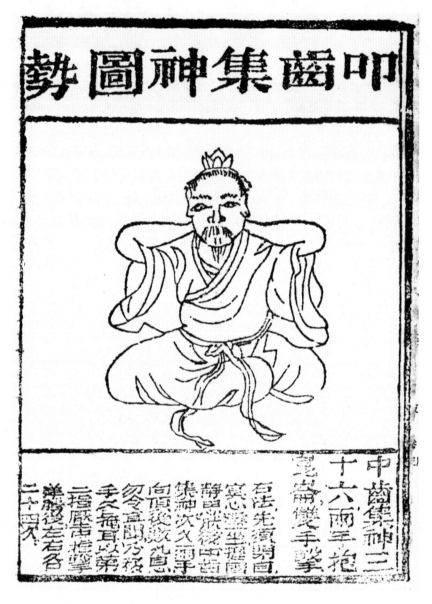

（传）北宋陈抟"八段锦导引法"之一（选自明代高濂著《遵生八笺》）

五行之气中外流注不竭，人安有不长生者哉"！① 《谈圃》记："林英年七十致仕，起为大理卿，气貌不衰，如四五十岁。或问何术致此？英曰：'但平生不会烦恼，明日无饭吃亦不忧，事至即遣之，释然不留胸中。'"《老学庵笔记》卷4

———————————

① 《渑水燕谈录》卷3；《东坡志林》卷1；叶梦得：《石林燕语》卷3；苏辙：《龙川略志》卷10。

记:"从舅唐仲俊,年八十五六,极康宁。自言少时因读《千字文》有所悟,谓'心动神疲'四字也。平生遇事未尝动心,故老而不衰。"都是强调清心寡欲可以延年益寿。

四是运动养生。宋人以为"人之疾病随血气之通塞,气血既快,疾亦自愈"。所以胡瑗判国子监,教导学生:"食饱未可据案,或久坐,皆于气血有伤,当习射投壶游息焉。"苏轼说:"善养身者,使之能逸而能劳。步趋动作,使其四体狃于寒暑之变,然后可以刚健强力,涉险而不伤。"《续明道杂志》记,张方平年八十余,"颐颊白腻如少年"。据其子张恕言,"公自中年后,即清心独居一堂。每旦起,即徐步周环约五里所,日以为常,不见别有施为也"①。《老学庵笔记》卷2载:"张廷老名珙,唐安江原人。年七十余,步趋拜起健甚。自言夙兴必拜数十,老人血气多滞,拜则支体屈伸,气血流畅,可终生无手足之疾。"说明宋人已经比较重视运动对于养生的作用。道士蒲处贯在《保生要录·调肢体》中说,"养生之人,欲血脉常行如水之流",并提出了一些运动方法:"手足欲时屈伸,两臂欲左挽、右挽如挽弓法……或手臂前后左右轻摇;或头左右顾;或腰胯左右转,时俯时仰。"这可以说是一套包括四肢和头部运动,以及转体、变腰的中国古代健身操。宋代并出现了至今流传的著名的八段锦,其中武八段的内容尚见于南宋曾慥所辑《道枢》中,此八段是:1.仰手上举所以治上焦;2.左肝右肺如射雕;3.东西单托所以安其脾胃;4.返而复顾所以理其伤劳;5.大小朝天所以通五脏;6.咽津补气左右挑其手;7.摆鲜之尾所以祛心疾;8.左右攀足所以治其腰。②宋人并认为梳头洗脚亦具有养生的作用,郭尚贤尝谓:"服饵导引之余有二事,乃养生大要,梳头浴脚是也。"他每夜"先发后脚方寝"。自曰:"梳头浴脚长生事,临卧之时小太平。"③据《邵氏闻见录》卷2记,宋仁宗亦"好用导引术理发,有宫人能之,号曰'梳头夫人'"。此外,宋时还有在烈日下经受酷热以锻炼身体的例子,《夷坚支景》卷2记,孙判官者,汴京人,南渡后居于秀州魏塘,好谈修身养生之事。"每岁初夏,辄舁一桌置庭前烈日中,偃卧其上,又以一桌覆之。当食时略起,食已复然,自旦迨暮乃罢。如是者三日。剧暑不渴,凡所谓暑药,未尝向口。专啖冷虀粟饭,亦无藏府泻泄之疾。"这大概与现代的日光浴有异曲同工之妙。

五是炼气养生。炼气即今之所谓气功,当时称为内丹或导引、吐纳之术。它是练功者通过主观努力来对自己身心进行意、气、体相结合的锻炼,以达到

---

① 邵伯温:《邵氏闻见录》卷8;《东坡应诏集》(四部备要本)卷4;《说郛》号43。
② 参见《中国大百科全书·体育》;第327页。
③ 陶穀:《清异录》卷下。

健身和防治疾病的目的。

宋人颇好炼气养生，这与当时道教的兴盛密切相关。宋代道士颇重内丹之术，如五代宋初的陈抟，栖武当山九室岩，"服气辟谷历二十余年"，著有《指玄篇》81 章，言导养及还丹之事。亳州道士丁少微，"善服气，多饵药，年百余岁，康强无疾"。真定龙兴观道士苏澄，尝与陈抟、丁少微结游于关、洛间，得"长啸引和之法"，"年九十许，气貌翘竦"①。甄栖真，真宗朝为开封建隆观道士，年七十五，习炼形养元之术，犹有童颜。撰《还金篇》两卷，论养生秘术。同时又有道士驾兰捷真，"自言百余岁，善服气，不惮寒暑"②。其后为道徒尊奉为南五祖的张紫阳、石泰、薛式、陈楠、白玉蟾一派，以修炼金丹（内丹）或称修炼"性命"为主，在当时社会影响尤大。两宋时期的官僚士大夫喜好炼气者，往往信道，或是多与道徒隐士相往还。如北宋晁迥，"学道于刘海蟾，得炼气服形之法"。曾作过宰相的富弼，亦"少好道，自言吐纳长生之术，信之甚笃"③。《宋史》卷 309《张质传》载："质好养生之术，老而不衰，以是多接隐人方士。"又卷 298《刘夔传》记：夔"尝遇隐者得养生术"，"至老手足耳目强明如少壮时"。足见宋代炼气养生者受道徒影响之深。

炼气者的理论依据是，"人之所恃以生者，气也。气住则神住，神住则形住，形住则长生久视自此始矣。盖日月运转，寒暑往来，天地所以长久；吹嘘呼吸，吐故纳新，真人所以住世"。苏轼并进而论道："人之所以生死，未有不自坎离者。坎离交则生，分则死，必然之道也。"坎指心，象征水，离指肾，象征火，又以龙和虎指水和火，水火相交则人体健康，水火分则病或死。按照这一理论，龙虎相交则身体健康，因此炼气的目的，就是要通过调整呼吸、意念等方式来达到体内龙虎交会，故谓炼气"莫要于龙虎交"。对此，南宋罗点自谓摸索出一种简单易行的方法，他说"以巳午两时绝思虑假寐，则龙虎自交，不假修为"④。

关于炼气的方法与效果，宋人记载尤多，苏轼在《养生诀上张安道》中论述了意念与运气、按摩相结合的练功法，并谓"其法至简近，惟在常久不废，即有深功。且试行一二十日，精神自己不同，觉脐下实热，腰脚轻快，面目有光。久之不已，去仙不远"。他又有《龙虎铅汞说寄子由》、《胎息法》、《养生说》诸文，述炼气养生之法极为详尽。《避暑录话》卷下记叶梦得少与方士论养

---

①　《宋史》卷 457，《陈抟传》；卷 461，《方技传》；《玉壶清话》卷 1。
②　《宋史》卷 462，《方技传》；《宋朝事实类苑》卷 44。
③　《石林燕语》卷 10；《说郛》号 29《蒙斋笔谈》。
④　张邦基：《墨庄漫录》卷 9；《东坡全集》（四库全书本）卷 44，《龙虎铅汞论》；罗点：《闻见录》。

"虾蟆行气法"（选自张君房撰道教著作《云笈七签》）

生，谈及子午气升降一事，道士守荣说："吾尝坐禅，至静定之极，每子午觉气之升降，往来于腹中，如饥饱有常节。吾岂知许事乎？惟心内外无一物耳，非止气也。凡寒暑燥湿有犯于外而欲为疾者，亦未尝悠然不逆知其萌。"叶氏说："余长而验之，知其不诬也。"他到晚年山居，坚持每早晨起到户外观察物候，更得出"惟一静，大可以察天地，近可以候一身"的结论。

上述诸家所记，不免将炼气术的功效说得过于神妙。但据史料记载，宋人通过炼气，对于强身健体，乃至预防和治疗疾病确有良效。如苏轼记载：欧阳修"常有足疾，状少异，医莫能喻"。道人徐问真教他"汲引血气自踵至顶，病辄已"。后苏轼从欧阳修处得此诀，转授黄冈县令周孝孙，孝孙得"重腿疾"，依诀修习，"七日而愈"①。又有洛阳人刘几，"年已七十余，精神不衰，体轻健，犹剧饮"。他之养生，惟用一法，谓之"暖外肾"。即"以两手暖之，坐调

---

① 《东坡志林》卷 2。

息，至千息，两肾融液如泥，沦入腰间"，时称"其法至妙"①。罗点《闻见录》还记载，王清叔的宠姬病骨蒸，用"巳午两时绝思虑假寐"之法，十日而后，"自觉腰间暖如火，疾自愈"。炼气者不仅于自身健康有益，而且可以利用其所具功力为他人治病，《东坡志林》卷2即记载："学道养气者，至足之余，能以气与人，都下道士李若之能之，谓之'布气'。吾中子迨少羸多疾，若之相对坐为布气，迨闻腹中如初日所照，温温也。盖若之曾遇得道异人于华岳下云。"

第四节　辽、西夏、金的卫生保健习俗

辽西夏金在卫生保健方面的情况现在已经了解不多，从辽墓出土植毛牙刷看，当时已有刷牙的习惯。又《辽史》卷18《兴宗纪》记："重熙元年春，皇太后诬齐天皇后以罪，遣人即上京行弑。后请具浴以就死，许之。"说明辽人也养成了洗浴等基本的卫生习惯。

金人的情况，洪皓载："胡俗旧无仪法，君民同川而浴。……吴乞买称帝，亦循故态，今主方革之。"这里虽然是从礼法的角度而言的，但也可看出金人虽然生活在东北苦寒之地，很早就已养成洗浴习惯。金朝还设有街道司，"掌洒扫街道、修治沟渠"②。说明金人还有一套管理城市公共卫生的措施。

西夏人的卫生情况在《文海》中有所反映，其对"脏"的解释是："染污垢、沾污粪、烟熏之谓。"又释"弄脏"为"令臭，使不净也"。对于"净"则解释为："清洁之谓"，"清净也，鲜洁也，无垢秽之谓也"。说明西夏人对于脏和净的观念是非常明确的。至于洗濯方面，《文海》释"濯"谓："洗濯也，洗浴也，为除污垢之义是也。"又释"洗"云："涤也，洗浴也，澡浴也，为除污垢之谓。"又释"澡"云："澡浴也，洗浴也，为除污垢之谓。"③说明西夏人也有浣洗和澡浴的习俗。在打扫清洁卫生方面，《文海》有关于"扫帚"的解释："帚也，扫除帚也，扫除治清洁也。"而释"清扫"，一则谓"清除也，令清扫奉

---

① 《宋人轶事汇编》卷4。参见《说郛》弓43。
② 洪皓：《松漠纪闻》（丛书集成初编本）卷上；《金史》卷56，《百官志》。
③ 《文海》91·121，13·272，43·122，44·161，杂5·231，杂11·252，杂15·141。

送神之谓也"；一则又谓"扫除也，扫洒也，表面好之谓也"。又释"扫除"云："清除也，除却也，使清尘埃之谓"；释"拍除"谓："除去也，使清尘埃之谓。"① 显然，西夏人不仅在举行送神仪式时要洒扫以表示虔诚，平时居家生活亦注意扫除尘埃以保持整洁。《文海》还有对"猫"的解释，谓"猫儿也，捉鼠者之谓"，说明养猫灭鼠也进入了夏人的家庭生活。此然，西夏人还有烧尸的习俗，《文海》释"烧尸"云："火上尸化之谓也。"又释"置尸处"云："放尸处，执用之谓也。"② 这从侧面反映出他们对于尸体的处理是比较卫生的。

在保健方面，契丹、党项和女真人早期都是以游牧经济为主体的民族，即使在农业经济有相当发展之后，他们仍然保有射猎等旧俗，这种运动生活对其体魄的锻炼大有益处。所以史书有西夏人多长寿的记载，这应与其生活方式密切相关。《文海》对"食多、撑"的解释是："食过之胃。"又释"喉涨"云："食过多，饮食喉涨之谓也。"说明西夏人对于饮食过度的害处已有一定的认识。据《长编》卷162记载，夏国主曩霄之子宁明，"喜方术，从道士路修篁学辟谷，气忤而死"。这应是炼气不得法所致。显然炼气养生，也进入了西夏人的生活之中。辽穆宗为了长寿，听信女巫肖古之言，"取人胆合延年药，故杀人颇众"。此事后来为大臣所谏止，也应该受到谴责，但从另一方面说明辽朝贵族也在通过种种方式来乞求延年益寿。金人也有学养生术者，如高仲振曾得异人教以养生术，"尝终日燕坐，骨节戛戛有声"③，所练大概亦属于气功一类。

---

① 《文海》81·252，78·172，杂9·211，87·121，87·132。
② 《文海》29·121，75·242，杂6·122。
③ 《文海》48·261，57·111；《辽史》卷61，《刑法志》；《金史》卷127，《隐逸传》。

第十九章

称谓和排行

　　中国古代历朝的称谓，多有变迁。宋、辽、西夏和金的官制以其复杂多变为其主要特点，官署、官职的简称和别称等，官员和百姓的称谓以及排行，随着社会生活的发展，也与前朝后代有很多的区别。

第一节　官署、官职的简称和别称

　　这一时期各国的职官制度由于历史传承的原因和契丹、党项、女真等民族部落制的影响，显得十分复杂而又变化多端，官署、官职的简称和别称林林总总，不胜枚举。

一 两宋

在中国古代社会中，宋代的职官制度尤其复杂而多变。

1．中央官署和官职

二府：北宋前期，朝廷设"中书门下"和"枢密院"对掌文、武大权，时称"二府"，又称"两司"①。中书门下居东，称"东府"；枢密院居西，称"西府"。元丰改制后，宰相治事的官署亦称"东府"或"东省"，枢密院则称"西府"或"西枢"②。

中书门下：北宋前期承晚唐之制，在宫中设置"中书门下"，题榜"中书"③。其办公厅称"政事堂"、"西枢"、"兵府"，别称"都堂"④。中书门下和中书省以及中书侍郎、中书舍人均可简称"中书"，容易相混。

正宰相简称"平章事"或"同平章事"，尊称"相公"，简称"首台"，别称"夔"⑤。副宰相简称"参政"。两名参知政事和三名枢密院长官，合称"五府"⑥。

哲宗时，开始设"平章军国重事"或"同平章军国重事"之职，以处硕德重臣，位居宰相之上，简称"平章"⑦。

枢密院：枢密院简称"枢府"、"密院""西枢"、"兵府"，别称"宥府"⑧。枢密院的长官枢密使简称"枢密"，知枢密院事简称"知枢"，两者别称"枢相"、"大貂"；枢密使并直太尉，俗称"两府"⑨。其副长官是枢密副使，简称"枢副"或"副枢"；"签署枢密院事"或"同签署枢密院事"，简称"签枢"或"同签枢"。"签署"二字，在英宗即位后因避"御讳"，改为"签书"⑩。

凡以亲王、留守、枢密使、节度使而兼门下侍中、中书令、同中书门下平

---

① 《宋史》卷162，《职官志二》；孙逢吉：《职官分纪》卷3，《宰相》。

② 《长编》卷226，熙宁四年九月丁未；楼钥：《攻媿集》卷40，《参知政事陈骙知枢密院事》。

③ 《职官分纪》卷3，《宰相》。

④ 宋敏求：《春明退朝录》卷上；《玉海》卷120，《乾道左右丞相》。

⑤ 朱彧：《萍洲可谈》卷1；董弅：《闲燕常谈》；曾布：《曾公遗录》卷8。

⑥ 《春明退朝录》卷上；赵昇：《朝野类要》卷2，《五府》。

⑦ 《宋史》卷416，《汪立信传》。

⑧ 《永乐大典》卷11001；司马光：《温国文正司马公文集》卷48，《密院札子》；李心传：《旧闻证误》卷2。

⑨ 高承：《事物纪原》卷4，《枢密》、《知枢》；姜特立：《梅山续稿》卷15，《赠叶枢相》；祖无择：《龙学文集》卷14，《紫微撰〈西斋话记〉共三十五事》；《朝野类要》卷2，《两府》。

⑩ 《事物纪原》卷4，《枢副》；《温国文正司马公文集》卷57，《上庞副枢论贝州事宜书》；《宋史》卷162，《职官志二》；陆游：《老学庵笔记》卷10。

章事者，都称"使相"①。

三司：三司号称"计省"、"计府"。长官"三司使"别称"计相"，三司副使别称"篲"②。宋时"相公"一词的涵盖面可以有所扩大，但仍限于称呼高官。

翰林学士院：简称"学士院"，别称"北扉"、"北门"。又因其正厅名"玉堂"，故又别称"玉堂"③。学士院的翰林学士承旨简称"翰林承旨"，别称"翰长"、"院长"④。翰林学士尊称"内翰"、"内相"，别称"典制北门"、"北门承旨"、"坡"或"銮坡"。遇到起草重要文书，朝廷派两名学士"当直（值）"，称"双宣学士"⑤。其他官员入院而末授学士，称"直学士院"，别称"直北扉"。北宋前期，翰林学士带知制诰者，称"内制"，知制诰以及元丰改制后的中书舍人称"外制"，内、外制总称"两制"⑥。

三省：门下省，又称"左省"，别称"东台"、"黄门"、"鸾台"⑦。元丰改制后，尚书左仆射兼门下侍郎称为"左相"，门下侍郎也别称"黄门"。给事中简称"给事"，别称"夕郎"、"青琐"。⑧ 中书省，又称"右省"，别称"西台"、"紫微"、"凤阁"、"凤池"等。⑨ 元丰改制后，尚书右仆射兼中书侍郎称"右相"，中书侍郎也可简称"中书"；为副相时，别称"小凤"⑩。

门下省设起居郎，称"左史"；中书省设起居舍人，称"右史"，总称"二起居"或"两史"，别称"左螭"和"右螭"⑪。但在北宋前期，"两史"仅用以寄禄，并不典职，而另外委派官员领其事，称为"修起居注"，简称"修注"官。中书省设中书舍人，简称"中书"或"中舍"别称"紫微"。久任中书舍

---

① 《宋史》卷161，《职官志一》。

② 《宋史》卷162，《职官志二》；赵与时：《宾退录》卷1；施宿：《嘉泰会稽志》卷3，《通判廨舍》。

③ 江少虞：《宋朝事实类苑》卷31，《词翰书籍》；叶梦得：《石林燕语》卷7。

④ 《宋史》卷267，《张洎传》；王益之：《职源撮要·翰林学士承旨》。

⑤ 《事物纪原》卷4，《内翰》；《嘉泰会稽志》卷3，《进士》；《石林燕语》卷5；《宋会要》职官6之53。

⑥ 《要录》卷148；林駧：《古今源流至论》后集卷2，《两制》。

⑦ 《攻媿集》卷34，《通奉大夫显谟阁待制陈岘》；李纲：《梁溪集》卷3，《给事中除户部侍郎诏》；《永乐大典》卷7303。

⑧ 《宋史》卷161，《职官志一》；《事物纪原》卷5，《夕拜》等。

⑨ 张嵲：《紫微集》；《事物纪原》卷6，《凤池》；朱弁：《曲洧旧闻》卷6。

⑩ 赵与时：《宾退录》卷1；曾布：《曾公遗录》卷7。

⑪ 《事物纪原》卷5，《二起居》；《朝野类要》卷2，《史官》；《容斋四笔》卷15，《官称别名》。

人者别称"阁老"①。知制诰美称"三字"官。"权中书舍人"别称"摄西掖"②。

尚书省，又称"都省"、"南省"、"南宫"，别称"文昌"、"中台"、"内台"③。尚书省长官的办公厅也称"都堂"④，易与北宋前期政事堂的别称"都堂"相混。尚书左丞和尚书右丞别称"左辖"和"右辖"，总称"丞辖"或"纲辖"⑤。孝宗乾道八年（1172），改左、右仆射称左、右丞相作为正宰相，别称"左揆"、"右揆"，总称"两揆"⑥。尚书左、右仆射，左、右丞，中书侍郎，门下侍郎总称"八位"。在左、右仆射为正宰相时，尚书左、右丞和六部尚书总称"八座"⑦。

尚书省左、右司别称"都司"、"大有司"、"都曹"⑧。

吏部又称"文部"、"天官"。户部又称"地官"，别称"民部"、"民曹"、"版曹"。礼部又称"春官"，别称"南宫"、"兰省"、"仪曹"⑨。礼部尚书简称"礼书"，礼部侍郎别称"春官贰卿"，礼部郎官别称"南宫舍人"。权礼部郎官别称"摄郎仪曹"⑩。兵部又称"武部"、"夏官"。刑部又称"秋台"、"秋官"，又称"宪部"。⑪工部又称"冬官"，别称"起部"⑫。工部侍郎简称"工侍"。六部的尚书别称"太常伯"，侍郎别称"少常伯"⑬。

六部和三省、枢密院"管干架阁库"或"主管架阁库文字"官简称"架阁"，别称"掌故"。六部监门官别称"城门郎"、"户郎"、"门长"⑭。

寺监：各寺卿又称"大卿"；各监正长官又称"大监"⑮。九寺中，太常寺简称"常卿"别称"礼寺"、"曲台"、"颂台"⑯。太常卿简称"常卿"别称

① 《宾退录》卷1；赵翼：《陔余丛考》卷26，《阁老》；《旧闻证误》卷2。
② 《容斋三笔》卷12，《侍从两制》；《要录》卷149。
③ 《事物纪原》卷4，《都省》；《宋会要》职官4之1、2；庞元英：《文昌杂录》；《文献通考》卷51，《职官五》。
④ 《宋会要》职官4之1。
⑤ 李赓芸：《炳烛编》卷4，《纲辖》。
⑥ 《事物纪原》卷4，《左右相》；宫梦仁：《读书纪数略》卷35，《爵秩类》。
⑦ 《朝野类要》卷2，《八位》；《事物纪原》卷4，《八座》。
⑧ 周密：《癸辛杂识》别集下，《李伯玉》。
⑨ 《职源撮要·吏部尚书》；《容斋四笔》卷15，《官称别名》。
⑩ 《石林燕语》卷3；《癸辛杂识》别集下，《胥吏识义理》；《宋会要》职官73之33。
⑪ 《职源撮要·兵部尚书》；周必大：《二老堂杂志·宪台》。
⑫ 《梦粱录》卷9，《六部》；《宋史》卷165，《职官志五》。
⑬ 《职源撮要》；《容斋三笔》卷12，《侍从两制》。
⑭ 《宋会要》职官73之33；《永乐大典》卷14046；《书叙指南》卷14，《门城管钥》。
⑮ 《宋朝事实类苑》卷28，《太常卿秘书监》；《梅山续稿》卷3，《寄巩大监》。
⑯ 任广：《书叙指南》卷2，《公府区宇》。

"乐卿"，太常少卿简称"常少"、"少常"，别称"奉常"、"少奉常"①。太常丞简称"太丞"，太常博士简称"太博"、"常博"②。宗正寺简称"宗寺"、"司宗"，别称"麟寺"、"秋宗"③，宗正卿简称"宗卿"，宗正少卿简称"宗少"。大理寺别称"棘寺"、"棘司"、"棘署"，大理卿简称"理卿"、"理寺长"，别称"月卿"、"棘卿"，大理少卿简称"理少"，大理丞别称"棘丞"，大理寺主簿简称"理簿"，大理评事别称"廷评"④。司农寺别称"大司农"、"大农"、"扈农"、"农扈"、"田寺"⑤；司农卿简称"农卿"，因管辖仓贮，又别称"走卿"；司农丞简称"农丞"⑥。太府寺别称"外府"、"司府"，太府卿别称"忙卿"。光禄卿别称"饱卿"。鸿胪卿别称"睡卿"⑦。六监中，国子监别称"成均"（学校亦然）、"胄监"，国子祭酒尊称"监长"、"司成"，国子监丞别称"胄丞"，国子博士简称"国博"⑧。太学博士简称"太博"，武学博士简称"武博"⑨。将作监别称"匠寺"、"工监"、"匠监"⑩。将作监和少监别称"大匠"和"少匠"或"小匠"⑪。将作监官员总称"工官"⑫。殿中监丞简称"殿丞"。军器监简称"军监"，别称"戎监"，又称"武监"。各监的主簿都简称"监簿"⑬。

御史台：别称"宪府"、"宪台"、"南台"、"南司"、"兰台"、"横榻"、"中台"、"乌台"、"乌府"、"霜台"、"柏台"⑭。御史中丞简称"中丞"、"台长"、"宪长"、"台丞"，别称"中宪"、"中执法"、"中司"、"独座"⑮。侍御史知杂事简称"知杂御史"，别称"杂端"、"台端"⑯。御史中丞、知杂侍御史皆可别称"端公"。御史台下设三院：侍御史主管的"台院"，殿中侍御史主管的"殿院"，监察御史主管的"察院"。察院设六名御史，称为"六察"。殿中侍御

① 《曾公遗录》卷 8；《容斋四笔》卷 15，《官称别名》。
② 杨万里：《诚斋集》卷 6，《江湖集》。
③ 许应龙：《东涧集》卷 4，《董槐除宗正簿制》。
④ 《癸辛杂识》别集下，《余晦》；《容斋五笔》卷 4，《棘寺棘卿》。
⑤ 朱熹：《朱文公文集》卷 91，《司农寺丞翁君墓碣铭》。
⑥ 王得臣：《麈史》卷下，《谐谑》；刘过：《龙洲集》卷 2，《王农丞舟中》。
⑦ 《永乐大典》卷 14607、卷 14608；《麈史》卷下，《谐谑》。
⑧ 杨简：《慈湖先生遗书》附《年谱》卷 1；《齐东野语》卷 17，《景定彗星》。
⑨ 洪迈：《夷坚三志壬》卷 1，《倪太博金带》；《癸辛杂识》别集卷下，《余晦》。
⑩ 蔡襄：《端明集》卷 9，《毕从益将作监主簿制》；《永乐大典》卷 14608。
⑪ 《职源撮要：将作少监》；《容斋四笔》卷 15，《官称别名》。
⑫ 王安石：《王临川集》卷 52，《余涣试将作监主簿制》。
⑬ 《攻媿集》卷 41，《大宗正丞李大性军器少监兼权司封郎官》；《永乐大典》卷 14608。
⑭ 《宋史》卷 162，《职官志二》；《宋会要》职官 4 之 22。
⑮ 《宋史》卷 162，《职官志二》；《容斋四笔》卷 15，《官称别名》。
⑯ 《宋史》卷 162，《职官志二》；刘昌诗：《芦浦笔记》卷 4。

史别称"副端"。监察御史简称"察官"，别称"豸"①。

谏院：又称"谏垣"。左、右谏议大夫简称"大谏"，别称"大坡"。左、右司谏别称"中谏长"，左、右正言别称"小谏"或"小坡"②。

秘书省别称"蓬省"、"麟台"、"芸台"、"兰台"、"道山"③。其长官秘书监简称"秘监"，别称"大蓬"；秘书少监简称"秘少"，别称"小蓬"、"少蓬"；秘书丞简称"秘丞"④。秘书丞与太常丞、宗正丞总称"三丞"。秘书省的属官著作郎别称"大著作"、"大著"，著作佐郎别称"小著"⑤。著作郎和著作佐郎总称"二著"⑥。

馆阁：别称"道山"。任馆职者也称"省官"⑦。资政殿大学士简称"大资政"或"大资"，观文殿大学士简称"大观文"⑧，观文殿学士简称"观学"，端明殿学士简称"端明"，显谟阁学士简称"显学"，显谟阁直学士与徽猷阁直学士等都称"阁学"⑨。据方勺《泊宅编》、高承《事物纪原》等书记载，龙图阁学士简称"龙学"、"龙阁"，别称"老龙"（王得臣《麈史·谐谑》作"大龙"）；龙图阁直学士也可简称"龙学"、"直龙"，别称"大龙"（《麈史·谐谑》作"小龙"）；龙图阁待制简称"龙制"，别称"小龙"；直龙图阁简称"直龙"，别称"假龙"。任直龙图阁而至死者，称为"死龙"⑩。集贤殿修撰简称"殿撰"，俗称"热撰"；秘阁修撰简称"秘撰"，俗称"冷撰"；天章阁待制简称"天制"，枢密直学士简称"枢直"或"密学"、"密直"⑪。

2. 地方官署和官职

路级官署：转运使司简称"漕司"、"漕台"。转运使简称"运使"，别称"外计"、"计使"⑫。转运副使简称"运副"，转运判官简称"运判"。掌管两路以上的"都转运使"，简称"都运"或"都漕"⑬。提点刑狱司简称"提刑司"，

① 徐度：《却扫编》卷下；魏泰：《东轩笔录》卷8；《宋史》卷162，《职官志二》；《癸辛杂识》别集下，《郑清之》。
② 《宾退录》卷9；《炳烛编》卷4，《大坡小坡》。
③ 《齐东野语》卷14，《馆阁观画》；《职源撮要·秘书监、秘书省》。
④ 王明清：《挥麈录》后录卷6，《冯京作主文，取张芸叟置优等》；《老学庵笔记》卷4。
⑤ 叶梦得：《避暑录话》卷下，范仲淹：《范文正公集》卷12，《蔡齐墓志铭》。
⑥ 刘克庄：《后村集》卷43，《玉牒初草·宁宗皇帝》。
⑦ 《紫微集》卷29，《谢馆职上赵相公启》；《道山清话》。
⑧ 晁补之：《鸡肋集》卷43，《祭大资政李公文》；《旧闻证误》卷2。
⑨ 梁克家：《淳熙三山志》卷23，《官秩类四》；《避暑录话》卷上。
⑩ 《避暑录话》卷上；《麈史》卷下，《谐谑》。
⑪ 《宾退录》卷2；《事物纪原》卷4，《天制》、《枢直》；郑克：《折狱龟鉴·陈述古》。
⑫ 杨杰：《无为集》卷12，《沈立神道碑》；《癸辛杂识》前集卷1，《闽鄞二庙》。
⑬ 《事物纪原》卷6，《运副》、《运判》；《宋史》卷167，《职官志七》。

韩世忠致某总领、少卿咨目

（选自上海书店编《宋元尺牍》）

又与御史台一样别称"宪台"，又别称"宪司"、"臬司"①。提点某路诸州军刑狱公事简称"提刑"；如由武臣充任"同提点刑狱"，简称"武宪"②。提举常平等司总称"提举司"，其长官总称"提举官"。提举常平司别称"仓司"、"庾司"。提举某路常平简称"常平使者"、"常平官"③。提举茶盐司简称"茶盐司"，提举某路茶盐简称"提盐"④。提举学事司简称"学事司"、"学司"；提举某路学事简称"提学"⑤。漕司、宪司和仓司号称"外台"。监司又可称"监职"

---

① 《二老堂杂志·宪台》；宋慈：《洗冤录序》；范仲淹：《范文正公集》卷12，《宁海军节度掌书记沈君墓志铭》。

② 《宋史》卷167，《职官志七》。

③ 钱大昕：《十驾斋养新录》卷10，《庾司》；《宋史》卷167，《职官志七》。

④ 王洋：《东牟集》卷7。

⑤ 《夷坚支戊》卷4，《五台文殊》；《宋会要》崇儒2之16，选举20之2。

或"部刺史"。安抚使司别称"帅司",安抚使别称"帅臣"①。

路级一些特殊官署,如制置使司简称"制司",别称"制阃"。其长官制置使,简称"制臣"或"制使"。发运使司简称"发运司",其长官发运使简称"发运"②。总管数路"某某等路都大发运使"别称"大漕",发运副使简称"发副"③。总领某路财赋军马钱粮所简称"总司"、"总所",别称"饷所"、"饷司",其长官"总领某路财赋"简称"总领"④。

州级官署:北宋都城开封府和南宋都城临安府,其长官是牧、尹,委派亲王充任,称"判南衙"。实际并不常设,而另派"权知府"一人为长官。凡任权开封府知府或临安府知府者,称"尹天府";任临安府通判者,称"倅天府"⑤。

各州的长官"权知某州军州事"简称"知州",别称"牧"、"郡太守"、"太守"、"郡守"、"专城"、"五马"、"郡寄"、"紫马"、"州将"、"明府"、"府君"、"明使君"⑥。另设"通判州军事",简称"通判",俗称"倅"、"倅贰",别称"监州"、"半刺"⑦。添差通判俗称"添倅"或"员外倅"⑧。

各州录事参军简称"录事"、"录参"。知录事参军简称"知录"。司户参军简称"司户",别称"户曹"。司法参军简称"司法",别称"法掾"、"法曹"⑨。司理参军简称"司理",别称"仪曹"、"理掾"⑩。

各州幕职官简称"职官",别称"宾佐"、"幕客"、"从事"⑪。签署(书)判官公事厅简称"都厅",徽宗宣和三年(1121)改称"签判厅"或"签厅"⑫。其长官签书判官公事(节度州即称签书节度判官公事),简称"签判"。徽宗时曾改称"司录"。节度、观察或军事判官厅简称"判官厅",其长官节度判官简

---

① 蔡戡:《定斋集》卷2,《乞选择监司奏状》;葛胜仲:《丹阳集》卷3,《上监职书》;《宋会要》职官41之116。

② 黄震:《古今纪要逸编》;《宋史》卷476,《李全传上》;龚明之:《中吴纪闻》卷4,《卢发运》。

③ 《宋史》卷167,《职官志七》;《事物纪原》卷6,《发副》。

④ 《山堂先生群书考索》续集卷13,《官制门》;《十驾斋养新录》卷10,《四总领》。

⑤ 陶穀:《清异录·官志》;岳珂:《桯史》卷3,《机心不自觉》;《宋会要》职官73之30。

⑥ 《宋会要》职官47之21、46、52;《老学庵笔记》卷3。

⑦ 《书叙指南》卷2;《永乐大典》卷7325;《宋会要》职官47之52、53。

⑧ 《宋史》卷161,《职官志一》;陆游:《渭南文集》卷43,《入蜀记》。

⑨ 《职官分纪》卷40,《总州牧》;《朱子语类》卷112,《论官》;《范文正公集》卷12,《胡令仪墓志铭》。

⑩ 杨简;《慈湖先生遗书》卷18,《杨简行状》;《燕翼诒谋录》卷1,《置司理参军》。

⑪ 《宋史》卷373,《洪遵传》;《水心文集》卷20,《黄度墓志铭》;《宋史》卷292,《张观传》。

⑫ 《永乐大典》卷2789;卢宪:《嘉定镇江志》卷16,《金厅》。

称"节判"，观察判官简称"察判"，军事判官简称"军判"①。节度、观察或军事推官厅简称"节推厅"、"察推厅"或"推官厅"，长官节度推官简称"节推"②，观察推官简称"察推"，军事推官简称"推官"③。凡推官也可简称"推"④。节度掌书记厅简称"书记厅"，其长官为节度掌书记，无出身者则称观察支使，简称"书记"，"支使"⑤。幕职官皆可别称"从事"，有时路级官属如勾当公事和州的通判也可用此称。⑥ 此外，州学设教授，教授可至州衙厅前上下马，故称"上马官"。所有学官为"缓慢优闲之职"，号称"冷官"⑦。在都城的府学任教官，则称"京教"。在诸王宫任大、小学教授者，也简称"宫教"⑧。

驻泊兵马都监厅、兵马都监厅和兵马监押厅简称"驻泊厅"、"都监厅"和"监押厅"。其长官驻泊兵马都监、兵马都监和兵马监押，分别简称"驻泊"、"都监"和"监押"⑨。

县级官署：知县和县令都称"作邑人"，别称"明府"、"明大夫"、"明廷"⑩。县丞如差京朝官任职，称为"知县丞"，简称"知丞"⑪。县丞别称"赞府"⑫。县尉别称"少府"、"户尉"、"仙尉"⑬。

3. 阶官

北宋前期阶官中，太子赞善大夫简称"赞善"，太子中舍简称"中舍"，"中舍"与中书舍人无关。⑭ 元丰官制后开府仪同三司简称"开府"，金紫光禄大夫、银青光禄大夫简称"金紫"和"银青"，以下自光禄大夫、宣奉大夫至承直郎都摘取前两字而省去"大夫"或"郎"字作为简称。其中中大夫则例外地简称"中大"⑮。京官和选人都以"郎"为阶官，其简称即省去"郎"字，如通直郎简称"通直"，宣教郎简称"宣教"，修职郎简称"修职"⑯。

① 《宋史》卷167，《职官志七》；《朝野类要》卷2，《幕职》；《事物纪原》卷6，《军判》。
② 《淳熙三山志》卷7，《职官厅》；曾巩：《元丰类稿》卷4，《季节推亭子》。
③ 《朝野类要》卷6，《幕职》；《永乐大典》卷2789。
④ 陆九渊：《象山先生全集》卷8，《与赵推》。
⑤ 谈钥：《嘉泰吴兴志》卷2，《州治》；《事物纪原》卷6，《书记》、《支使》。
⑥ 《宋史》卷171，《职官志十一》。
⑦ 《朝野类要》卷2，《上马官》、《冷官》。
⑧ 《癸辛杂识》别集下，《黄国》；《事物纪原》卷5，《宫教》。
⑨ 《淳熙三山志》卷7，《都监监押厅》；卷4，《州司武官》。
⑩ 《宋会要》职官47之50；《节孝集》卷7，《送吕明府》；《容斋随笔》卷1，《赞公少公》。
⑪ 《兴化府志·叙官》；《朝野类要》卷2，《知丞》。
⑫ 方回：《桐江集》卷1，《汪斗山识悔吟稿序》；《容斋随笔》卷1，《赞公少公》。
⑬ 《云麓漫钞》卷5；《清波别志》卷中。
⑭ 《容斋三笔》卷16，《中舍》；文同：《丹渊集》卷30，《谢三泉知县赞善》。
⑮ 《龙洲集》卷7，《代上韩开府》；《曾公遗录》卷7；《避暑录话》卷上。
⑯ 《攻媿集》卷14，《石通直挽词》；《陈与义集》卷37，《黄修职雨中送芍药五枝》。

辽宋西夏金社会生活史

武臣官名的简称不太复杂，如三班奉职简称"奉职"，左右班殿直简称"殿直"，左右侍禁简称"侍禁"①，东西头供奉官简称"供奉官"，内殿崇班简称"崇班"②，左、右骐骥正使和副使简称"骐骥"③。这些简称不分左右，不辨正副，容易引起混乱。徽宗政和二年（1112）进一步改革官制，用"大夫"和"郎"代替原有的阶官。这些新的阶官在简称时，一般省去。如《说郛》卷37《撼青杂说》有"吕忠翊"和"贺承信"，即是吕姓忠翊郎和贺姓承信郎。为了表示郎和大夫的区别，如武官有亲卫郎和亲卫大夫，岳飞任亲卫大夫，则称"亲卫岳大夫"④。

宋代还以节度使和观察使为"两使"。节度使有时称"节钺"⑤。承宣、观察、防御、团练等正使，简称时一般省去"使"字。遥郡观察使、防御使、团练使、刺史，简称"遥察"、"遥防"、"遥团"、"遥刺"⑥。其中遥郡防御使，未立军功，不准"落阶官"，俗称"秃头防御"。

宋代在相当长的时间里，还将阶官分为左、右，凡阶官前带"左"字者，因"左"字像"右"字开口，所以别称"开口官"⑦。

㊁辽代和金代

辽代：辽代的官制有蕃汉并行，自成系统；名实不一，复杂多变；制度疏略，记载错乱等特点。辽代既不像唐、宋官制那样烦琐，又不像金、元官制那样自成体系，而只是因俗而治，因事设官，因人设职。但辽代没有留下记载职官制度的原始典籍。《辽史·百官志》只是元代编修者依据见于纪、传的官名，参考唐制，勉强排比拼凑，以致重复错乱之处甚多。⑧ 有关官署、官职的简称和别称也极少记载，仅有如称枢密院为"枢府"⑨。

金代：金代的职官制度杂糅了女真族的军事部族制和辽、宋的旧制。金太祖建国伊始，封其弟完颜吴乞买（名晟，后为太宗）为谙班勃极烈，国相完颜撒改为右国论勃极烈，完颜辞不失为阿买勃极烈，弟完颜斜也（杲）为国论昃勃极烈。勃极烈具有部落贵族议事会的性质，又是辅助皇帝的统治机构。太宗灭辽，仿辽朝南面官制，以汉官治汉地，建尚书省，"遂有三省之制"；会宁府

---

① 《李觏集》卷36，《送杜奉职》；卷37，《送侯殿直之官吉州》、《赠韩侍禁》。

② 《宋史》卷171，《职官志十一》；《王临川集》卷53，《崇班胡珙等改官制》。

③ 《温国文正司马公文集》卷75，《苏骐骥墓碣铭序》。

④ 岳珂：《鄂国金佗续编》卷5，《乞科拨钱粮照会从申省札》。

⑤ 《老学庵笔记》卷3；《庆元条法事类》卷4，《官品杂压》。

⑥ 《曾公遗录》卷8；苏辙：《栾城集》卷27，《皇兄令羽磨勘转遥团》。

⑦ 叶绍翁：《四朝闻见录》丙集，《秃头防御》；《朝野类要》卷2，《开口官》。

⑧ 《中国古代官制讲座》第14章，蔡美彪：《蕃汉并行的辽朝官制》，中华书局1992年版。

⑨ 《辽史》卷110，《萧十三传》。

朝廷则仍行女真官制。熙宗时,"颁新官制及换官格","大率皆循辽、宋之旧"。海陵王时,撤销中书省和门下省,只设尚书省,成为朝廷最高行政官署。尚书省以下,分设各院、台、府、司、寺、监、局、署、所等。

1. 尚书省和其他中央官署、官职

尚书省有时简称"尚书"。左、右丞相简称"丞相",平章政事简称"平章",参知政事简称"参政"①。尚书省的长官尤其是参知政事常被人尊称"相公"②。

左、右司郎中和左、右司员外郎别称"首领官"。左、右司的属官都事皆可径称"都事",或直称"左司"或"右司"。尚书省讲议官简称"讲议"③。户部尚书、礼部尚书等往往省略部名,只称"尚书";但有的户部侍郎、员外郎或刑部和吏部郎中,常省去侍郎、郎中或员外郎的官称,只称部名。④ 作为某部侍郎不省称"某部"而径称"侍郎"者甚少。⑤

此外,枢密院简称"枢密"或"枢府"。尚书省和枢密院合称"省院"⑥。其副长官枢密副使简称"副枢",签书枢密院事简称"签院",枢密院判官简称"枢判"、"院判"⑦。翰林学士院,简称"翰苑"。翰林学士承旨简称"承旨",别称"翰长";翰林学士简称"学士"、"内翰";翰林待制简称"待制",翰林修撰简称"修撰";翰林直学士简称"直学士",应奉翰林文字简称"应奉"⑧。翰林直学士和待制、修撰、应奉文字也皆可称为"内翰",翰林侍讲学士和待制、应奉文字皆可简称"翰林"。有时,翰林待制也被人尊称为"学士"⑨。御史台别称"宪府",御史中丞简称"中丞",监察御史简称"监察"或"御史"⑩。殿前都点检简称"点检"。左、右谏议大夫简称"谏议",左、右司谏简称"司谏"⑪。判大宗正事简称"判宗正";司农少卿也可简称"司农";国史院别称"史馆",编修官简称"编修";太常卿别称"奉常春官",太常丞也可被人尊称为"太常"⑫。秘书监简称"秘监",秘书少监简称"秘书"。有时,秘书省著作郎也称为"秘书"。著作局的著作郎简称"著作"。大理司直简称"司

① 刘祁:《归潜志》卷 10;《金史》卷 5,《海陵纪》;卷 116,《蒲察官奴传》。
② 《金史》卷 117,《王宾传》。
③ 《中州集》卷 4、卷 10。
④ 《归潜志》卷 4,杨云翼、萧贡、庞铸、冯延登;卷 5,杨恺、杨维桢、魏琦。
⑤ 《金史》卷 75,《沈璋传》。
⑥ 《金史》卷 110,《杨雲翼传》;卷 109,《陈规传》。
⑦ 《金史》卷 114,《白华传》;卷 17,《哀宗纪》;《归潜志》卷 9。
⑧ 《中州集》卷 10;《金吏》卷 110,《赵秉文传》;《归潜志》卷 7,卷 10 赵可。
⑨ 《金文最》卷 95,《内翰王公墓表》;《中州集》卷 1。
⑩ 《遗山先生文集》卷 15,《拟御史大夫让枢密使表》;《归潜志》卷 5,李英。
⑪ 《金史》卷 132,《徒单贞传》;卷 129,《张仲轲传》;《归潜志》卷 4,许古。
⑫ 《金史》卷 76,《萧玉传》;《归潜志》卷 5,康锡、申万全。

直"。司竹监使简称"监使"①。皇太子的居所称"东宫"，别称"春宫"；太子太傅等统称"宫师"②。记室参军简称"记室"③。

2. 地方官署和官职

金代地方行政区划实行路、州、县三级建制。路设兵马都总管府、按察司（即提刑司）、安抚司（即宣抚司）、转运司等。提刑司作为"专纠察黜陟"的官署，"当时号为'外台'"。按察使简称"按察"，提刑司判官别称"外台判官"④。都转运使司简称"漕司"，其长官都转运使简称"都运"。有时中都路转运使也可简称"都运"。转运使简称"运使"，转运副使简称"漕副"或"运副"⑤。安抚司简称"安抚"，经略司简称"经略"⑥。陕西诸道行御史台简称"西台"⑦。

各州的正职长官如节度使、防御使、刺史别称"州将"⑧。副职长官如同知防御使事、同知州事别称"州倅"，府的同知府事也称"倅"⑨。府的判官简称"府判"，而防御州的判官则称"防判"⑩。防御州的防御使简称"防御"。各节镇的节度使和节度副使简称"节度"或"节使"和"节副"⑪。节度判官和观察判官，次赤县的县令，各总管府的推官，简称"节察令推"。"盐度户勾"是指三司的盐铁、度支、户部三科的勾当官。⑫

各路总管府的兵马都总管简称"总管"。金末，各地分设行总帅府事，简称"总帅"，别称"行院"⑬。

3. 阶官

金代的文官，其中正二品至从六品皆称某某大夫，正七品至从九品皆称某某郎。前者皆省略"大夫"二字，如正奉大夫简称"正奉"⑭。武散官自正三品至从三品称某某大将军，正四品至从四品称某某上将军，正五品至从六品称某某将军，正七品至正九品称某某校尉，从九品称某某副尉。如金吾卫上将军简

---

① 《金史》卷90，《贾少冲传》；《归潜志》卷4，张谷英；《中州戊集》第五。
② 《金史》卷109，《完颜素兰传》；王寂：《拙轩集》卷1，《咏张宫师〈二疏东归图〉》。
③ 《遗山先生文集》卷7，《闻希颜得英府记室》。
④ 《金史》卷98，《完颜匡传》；赵秉文：《闲闲老人滏水文集》卷3，《送李按察十首》。
⑤ 《金史》卷75，《左渊传》；《遗山先生文集》卷9，《梁都运乱后……》。
⑥ 《金史》卷110，《韩玉传》；卷118，《靖安民传》。
⑦ 《遗山先生文集》卷5，《送希颜赴召西台……》。
⑧ 《金史》卷111，《纥石烈牙吾塔传》；《归潜志》卷6。
⑨ 《归潜志》卷7；《金文最》卷109，《中议大夫、中京副留陈规墓表》。
⑩ 《归潜志》卷5，韩玉；《金文最》卷87，《中靖大夫邵公墓志铭》。
⑪ 《中州集》卷5；《金史》卷122，《张顺传》；卷128，《蒲察郑留传》；《拙轩集》卷2，《泛舟用王子告节副韵》。
⑫ 《归潜志》卷7。
⑬ 《归潜志》卷5，田琢；《金史》卷113，《白撒传》。
⑭ 《中州集》卷2；《拙轩集》卷3，《上大人通奉寿三首》。

第十九章 称谓和排行

称"金吾"，武略将军简称"武略"，忠武校尉简称"忠武"①，皆省略"上将军"、"将军"、"校尉"等词。②

第二节　官员和百姓的称谓

这一时期各国官员和百姓的称谓，随着社会生活的发展，有些是沿用历史旧称，有些是赋予旧称以新的内容，有些则是新出现的称谓。

●两宋

宋代的各种称谓，按其性质可分为尊称、卑称、通称、美称、恶称、谬称六种。

1. 各行业的通用称谓

首先是皇帝和皇后、嫔妃、公主、驸马、宗室等的称谓。宋代官员和百姓都尊称皇帝为"官家"。赵彦卫《云麓漫钞》卷3记载："蔡邕《独断》，汉百户小吏称天子曰'大家'。晋曰'天'。唐人多曰'天家'，又云'官'。今人曰'官家'，禁中又相语曰'官里'。官家之义，盖取'五帝官天下，三王家天下'。"有人说过：宋仁宗"百事不会，只会做官家"③。官员又经常称皇帝为"上"。在宫中，嫔妃也称皇帝为"大家"。有一次，仁宗从御苑回宫，吩咐嫔妃们说："渴甚，可速进熟水。"嫔妃送上开水，问仁宗："大家何不外面取水而致久渴耶?"④ 皇后在皇帝面前自称"妾"。宫中称皇后为"圣人"、"娘娘"，称嫔妃为"娘子"。徽宗时，一度改称"帝姬"，不久复旧。⑤ 有时皇太后可以自称"老身"，又称公主为"主主"，看来是一种亲热的称谓。官员们称大长公主为"大主"⑥。俗称驸马为"国婿"、"粉侯"。王师约当了驸马，人们因称其父王尧

---

① 《归潜志》卷2；李献能：《金文最》卷104，《忠武任君墓碣铭》。
② 《归潜志》卷6。
③ 施彦执：《北窗炙輠》卷上。
④ 《事物纪原》卷1，《呼上》；魏泰：《东轩笔录》卷11。
⑤ 蔡绦：《铁围山丛谈》卷1；吴曾：《能改斋漫录》卷12，《公主称》；张淏：《朝野遗记》。
⑥ 《长编》卷201，治平元年五月戊申；钱世昭：《钱氏私志·董夫人》。

臣为"粉父"。文及甫写信给邢恕，也称驸马韩嘉彦之兄忠彦为"粉昆"。宗室之女封为郡主者，其夫称为"郡马"；封为县主者，其夫称为"县马"。亲王南班的女婿，号称"西宫"，又称"裙带头官"①。

其次是官员的通用称谓。皇帝可称臣僚为"卿"，但臣僚不敢自相称呼为"卿"。官员们对上级或同级官员自称"下官"，是一种谦称。② 但称呼别人，常常过称官名，实际是互相吹捧。仁宗初年，曾经发现文、武官员过称官名，"僭妄相尊"。如任节度使和观察使者，检校官不到太傅，就允许别人称自己为"太傅"；诸司使允许别人称自己为"司徒"，等等。当时朝廷特地制定专法加以禁止，但收效甚微，撤销禁令后，"其风愈炽，不容整革矣"。有些官员的寄禄官只是朝议大夫（正六品），却擅自让人称己为"中大夫"（正五品），提高了整整三阶。甚至知州以上的官员都乱称"中大夫"或"通奉大夫"（从三品）。③百姓们通称现任官员为"官人"。官员守选或待缺期间，如不回故里，而寄居外乡，在当地被称为"寓公"④。宋代官员一般不称"老爷"。南宋初起兵反宋的巫师钟相，称"钟老爷"，信徒自称"爷儿"，投弃钟相则称"拜爷"。爷即是父，"拜爷"就是"拜父"⑤。

第三，富室的通用称谓。宋代称宰相之子为"东阁"。其实，东阁最初是宰相招延宾客的场所，与宰相之子不相干。后来把"郎君"加在东阁之下，表示宰相之子。到宋代，直接以宰相之子为东阁。权贵的子弟又可称为"衙内"。太宗时，河南府洛阳有"十衙内"，他们是一些节度使在军队中充当牙校的 10 名子弟。达官显宦家的子弟还可称为"舍人"，得名于武官的官称"閤门宣赞舍人"。各地富人在社会上普遍被尊称为"员外"。南宋末年人方回指出，北宋时汴京"富人皆称员外"，"员外"得名于尚书省各部的员外郎，为长官的副后。追溯到宋以前，"员外"乃指宋代的"添差"即超编官员。⑥ 如果富人的年龄较轻，则人称"小员外"。有些富人被称为"承务"、"朝奉"或"郎"，得名于文官的官阶承务郎和朝奉郎。孝宗时，湖州市民许六，原以售饼为生，被称为"许糖饼"。后业"家业渐进，遂有'六郎'之称"⑦。"郎"得名于宋代中下级文武官员的寄禄官通称，具体如迪功郎、承信郎。广州民间还称拥有铜鼓者为

---

① 梁章钜：《称谓录》卷11；《朝野类要》卷3，《入仕》。
② 王观国：《学林》卷5，《朕》；《事物纪原》卷2，《下官》。
③ 《容斋三笔》卷5，《过称官名》；《云麓漫钞》卷4。
④ 王明清：《挥麈后录》卷5；萧参：《希通录考》。
⑤ 《会编》卷137；《要录》卷31，建炎四年二月甲午。
⑥ 戴植：《鼠璞·东阁》；《长编》卷18；《续古今考》卷10，《附秦汉九卿考》。
⑦ 《夷坚甲志》；卷4，《吴小员外》；《夷坚支景》卷5，《许六郎》。

"都老"，原来当地人称呼所尊敬者为"倒老"，而后讹化为"都老"①。

第四，巫医、娼妓、工匠、军人等的通用称谓。宋代市井的巫师、医人、祝卜、技艺之流，无不自称为"助教"。北方称卜相之士为"巡官"，得名于巡游四方卖术。宋代还开始称医人为"大夫"或"郎中"，《清明上河图》绘有汴京"某某大夫"行医售药的药铺。饶州波阳医人赵珪，"人称为赵三郎中"②。汴京迁临安医家张二大夫，后在吉州开药店。"医生"是对各级医学中学生的称呼。太医局的学生也可称为"局生"；见习学生称为"习医生"或"习学医生"，"习医生"经过考试合格，则可升为"局生"。当时，北方民间又常常称医人为"衙推"③。各行业工匠，开始被人们称为"司务"。木匠称为"手民"或"手货"④。在饭馆酒肆内，卖下酒食品的厨子，叫"茶饭量酒博士"，或称"量酒博士"。店内的年轻后生，称为"大伯"。在厨内掌勺的厨师，是"当局者"称"铛头"。在两廊负责向客人端菜者，称"行菜"。女厨师被称为"厨娘"⑤。临时到店内向食客唱喏，为之办事，像"买物命妓，取送钱物"，称为"闲汉"。在客人桌前换汤、斟酒、歌唱，或送上水果、香药，等客人离去时索取赏钱，称"厮波"⑥。专门替人"拂试头面"而有"缴鼻"、"缴耳"和"缴面之末技"的理发修脸匠，称为"剃剪工"、"剃工"、"刀镊家儿"，妇女当理发修脸匠则称为"刀镊妇"⑦。汴京百姓鄙称军人为"赤老"⑧，因为北宋时士兵都穿红色的军装。妓女称为"录事"或"酒纠"。汴京相国寺南有"录事项（巷）妓馆"，妓院中姿色出众、地位最高者称为"上厅行首"或"行首"⑨。人们还称收生婆为"助产"、"老娘"⑩。船上的篙师称为"长年"或"长老"⑪。

第五，仆隶的通用称谓。江西和江东俗称受雇的佣工为"客作儿"，此词早在三国时已经出现，但宋代更为普遍使用，且成为一个骂人的词语。⑫宋朝官员们称自己的家仆为"院子"，称主管自家杂事的仆人为"内知"或"宅老"⑬。

① 《永乐大典》卷 11907，《广字·广州府三》。
② 曾敏行：《独醒杂志》卷 2；《夷坚三志辛》卷 9，《赵珪责妻》。
③ 《宋会要》职官 22 之 42－43；《老学庵笔记》卷 2。
④ 李调元：《官话》卷 1，《外郎》；《清异录》卷上。
⑤ 《东京梦华录》卷 4，《食店》；《梦粱录》卷 19，《顾觅人力》。
⑥ 《东京梦华录》卷 2，《饮食果子》；《梦粱录》卷 16，《分茶酒店》。
⑦ 《名公书判清明集》卷 14，《卖卦人打刀镊妇》；耐得翁：《都城纪胜·闲人》。
⑧ 江休复：《江邻几杂志》。
⑨ 《老学庵笔记》卷 2、卷 6；《东京梦华录》卷 3，《寺东门街巷》；《梦粱录》卷 2。
⑩ 袁褧：《枫窗小牍》卷下；《朱子语类》卷 138，《杂类》；《武林旧事》卷 8。
⑪ 戴埴：《鼠璞·篙师》；《默记》卷上。
⑫ 《能改斋漫录》卷 2，《俗骂客作》。
⑬ 谢采伯：《密斋笔记》卷 4；《东轩笔录》卷 2。

吴楚地区的主人称自家年轻的女使为"丫头"。京城富人购买婢女，其中从未进入人家者被称为"一生人"，主人喜欢她们"多淳谨也"①。一般人称未婚的女婢为"妮"、"小妮子"、"小环"。梅尧臣《宛陵先生集》卷53《听文都知吹箫》诗有"欲买小环以教之"之句。仆们往往彼此互称官名，比当官的主人的官阶还要高许多。曾慥说："近年贵人仆隶，以仆射、司徒为卑小，则称'保义'，或称'大夫'也。""保义"即保义郎，"大夫"指武官的官阶武翼大夫以上。两浙地区还称富人家年幼的奴仆为"将军"②。奴仆一般称男、女主人为"郎君"和"娘"或"小娘子"，这些"郎君"或"小娘子"应该是年纪比较轻的。年纪较大的仆隶在主人面前，自称"老奴"③。

2. 亲属间的通用称谓

宋代亲属之间的称谓，因传统习惯的不同而有所区别，但也有一些各地通用的称谓。这些称谓包括晚辈称呼长辈、同辈之间的称谓等。

第一，子女对父母的通用称谓。宋代子女普遍称父亲为"爹"或"爹爹"，称亲生父亲为"嫡父"；称母亲为"妈"或"妈妈"，称亲生母亲为"嫡母"。庄绰认为，这种称呼是"举世皆然"的。④ 不过，也有一些地区的子女称父亲为"爷"或"爷爷"，称母亲为"娘娘"，尊称母亲为"北堂萱"的。如高宗初，东京留守宗泽威名日著，金人既敬重又害怕，尊称为"宗爷爷"。又如仁宗称真宗刘皇后为"大娘娘"，称真宗杨淑妃为"小娘娘"⑤。徽宗也称杜太后为"娘娘"。蔡絛指出，徽宗"至谓母后亦同臣庶家，曰'娘娘'。江州（治今江西九江市）农村中称父亲为"大老"。福建人称父亲为"郎罢"或"郎伯"⑥。陕西一带"俚俗"，子女称父亲为"老子"，即使年仅十七八，只要生子，也用此称。所以，西夏人称范仲淹和范雍为"小范老子"和"大范老子"，是尊崇他们为父的缘故。⑦ 有些地区的子女称父亲之妾为"少母"或"支婆"。陆游：《家世旧闻》载有"杜支婆"者，注云："先世以来，庶母皆称支婆。"

第二，长辈对儿女的称呼。福建人称儿子为"囝"（音检）。⑧ 各地称遗腹

① 王洋：《东牟集》卷6，《弋阳道中题丫头岩》；《老学庵笔记》卷6。

② 曾慥：《高斋漫录》；《容斋随笔》卷7，《将军官称》。

③ 《淳熙三山志》卷40，《岁时·序拜》；吕希哲：《吕氏杂说》卷上；沈俶《谐史·戴献可仆》。

④ 张舜民：《画墁录》；《夷坚志补》卷21，《鬼太保》；《鸡肋编》卷上。

⑤ 《演繁露》卷4，《父之称呼》；《宋史》卷360，《宗泽传》；《龙川别志》卷上；程大昌：《演繁露》卷4，《父之称呼》。

⑥ 《铁围山丛谈》卷1；赵令畤：《侯鲭录》卷8；吴处厚《青箱杂记》卷6。

⑦ 《老学庵笔记》卷1；《云麓漫钞》卷3。

⑧ 《青箱杂记》卷6。

329

子为"别宅子",法律规定:"诸别宅之子,其父死而无证据者,官司不许受理。"称过继与本族本房人为子者为"过房儿子"或"养子"、"义子"、"继子"①。出继给他人为子者,称"出继子"②。一般民户称人家的在室女(处女)为"小娘子"或"女娘子",即使是官宦之家的女儿也是如此。"小姐"一般是对散乐路歧人和妓妾等地位低微的女性的称呼。只在区别人家的长女和次女时,才称长女为"大姐",称次女为"小姐"③。

第三,子孙对祖父母和外祖父母的通用称谓。子孙一般称祖父为"翁"、"阿翁"、"翁翁"、"耶耶"、"祖公"或"太公",称祖母为"婆"、"婆婆"、"娘娘"、"祖婆"、"太母"或"太婆"④。北宋末,燕山府永清县有一石幢,上刻"亡耶耶王安、娘娘刘氏……"⑤ 四川民间尊称年长者为"波",因而对祖父或外祖父也都称"波"。一般外孙称外祖父母之家为"外家",称外祖父母为"外翁"和"外婆"⑥。

第四,女婿与岳父母之间、女婿与女婿之间、媳妇与公婆之间等通用称谓。宋代普遍称岳父为"丈人",称岳母为"丈母"。也有称岳父为"冰叟"或"冰翁"。王琪《续纂》说,"左科"即差错之一为"丈母牙痛,灸女婿脚跟"⑦。有些地区女婿称岳父为"泰山",称岳母为"泰水"。当时人们尊称他人的岳父为"令岳",称他人妻子的伯父和叔父为"列岳"。至于岳父母,也可雅称女婿为"娇客"、"东床"、"坦床"或"郎"⑧。江休复《嘉祐杂志》载,外戚曹佾太尉是仁宗曹皇后之弟、大臣张耆的"坦床"。蔡襄称自己的女婿谢仲规为"谢郎"。两广地区的岳父母直称女婿为"驸马",这是"中州所不敢言"者。⑨

前夫死后,续招一夫进家,世称后夫为"接脚婿"。法律允许接脚夫的存在,"盖为夫亡子幼,无人主家设也"⑩。有些人家无子,唯恐世代从此断绝,不肯出嫁其女,于是招婿以补其世代,称为"补代"。民间讹传赘婿为"布袋",有人望文生义,以为当了赘婿,"如入布袋,气不得出",故名。有人入赘岳父

① 《名公书判清明集》卷8,《无证据》、《女合承分》。
② 《名公书判清明集》卷7,《出继子不肖勒令归宗》。
③ 《夷坚三志己》卷2,《许家女郎》;卷4,《傅九林小姐》;《永乐大典》卷13136,《梦字·梦亡夫置宅》;《鄂国金佗续编》卷27,《杨温拦路虎传》。
④ 阮元:《两浙金石志》卷13,《宋修六和塔砖记》;岳珂:《鄂国金佗续编》卷13,《先兄甫等复官省札》。
⑤ 钱大昕:《十驾斋养新录》卷15,《永清县宋石幢》。
⑥ 范成大:《吴船录》卷上;《夷坚丁志》卷5,《陈通判女》。
⑦ 《夷坚三志壬》卷10,《解七五姐》;《说郛》卷5。
⑧ 晁说之:《晁氏客语》;谢维新:《古今合璧事类备要》前集卷29,《外亲属门》。
⑨ 岳珂:《宝真斋法书赞》卷9,《蔡忠惠家书帖》;庄绰:《鸡肋编》卷下。
⑩ 《名公书判清明集》卷9,《已出嫁母卖其子物业》。

家，号"季布袋"。江西一带称赘婿为"入舍女婿"①。

女婿和女婿之间的称呼。大女婿称为"大姨夫"，小女婿称为"小姨夫"②。

人们还称同门女婿为"连襟"、"连袂"、"连袄"或"僚婿"、"友婿"。马永卿《嬾真子》卷2《亚婿》说，江东人称为"僚婿"，江北人称为"连袂"、"连襟"。吴曾记载，范仲淹和郑戬"皆自小官、布衣选配，为连袂"③。

媳妇一般称公公为"舅"或"阿翁"、"阿舅"，称婆婆为"姑"或"阿姑"、"阿婆"④。两广、浙西、苏州一带民间还称公公为"官"，称婆婆为"家"⑤。公、婆普遍称儿子的妻子为"媳"或"新妇"。刘跂《学易集·穆府君墓志》说："女嫁唐诵，我姑之媳。"

第五，兄弟姊妹之间的通用称谓。世俗都称兄长为"哥"或"哥哥"，庄绰说这一称呼"举世皆然"⑥。《颍川语小》也记载："哥，今以配姐字，为兄弟之称。"世俗又称姊为"姐"或"姐姐"，弟、妹称兄之妻为"嫂嫂"⑦。

第六，夫妻之间的通用称谓。宋代世俗，丈夫可称妻子为"老婆"或"浑家"、"老伴"。临安府的卖卦人，在街市边走边叫，"时运来时，买庄田，取（娶）老婆"⑧。借此招徕顾客。有时，老年妇女也可自称"老婆"。如长兴霍秀才之母对官员说："此老婆之子霍某，儿女尚幼……""浑家"一词宋时也较多使用。尤袤《淮民谣》诗云："驱东复驱西，弃却锄与犁。无钱买刀剑，典尽浑家衣。"⑨ 同时，沿用唐人习俗，"浑家"有时当作"全家"之义使用。如有人赋诗云："深夜一炉火，浑家团圆坐，煨得芋头熟，天子不如我。"⑩ 夫妻年老后，丈夫可称妻子为"老伴"。姜特立《老伴》诗云："老人须老伴，旧事可重论。今古不同调，后生难与言。"⑪ 从宋初到徽宗政和二年（1112），升朝官的妻子可获国夫人、郡夫人、郡君、县君四级封号，其母亲的封号则皆相应加上"太"字。政和三年起，改为夫人、淑人、硕人、令人、恭人、宜人、安人、孺人共八等。⑫ 人们包括丈夫也可用这些封号来称受封的妇女。"县君"和"孺

① 朱翌：《猗觉寮杂记》卷上；《夷坚三志壬》卷6，《隗伯山》。
② 《古今合璧事类备要》前集卷60，《婚礼门》。
③ 《能改斋漫录》卷18，《李氏之门女多贵》。
④ 《夷坚甲志》卷7，《张屠父》；卷20，《曹氏入冥》；《夷坚乙志》卷7，《毕令女》。
⑤ 《野客丛书》卷12，《称翁姑为官家》；《鸡肋编》卷下。
⑥ 《鸡肋编》卷上。
⑦ 《能改斋漫录》卷2，《妇女称姐》；《宝真斋法书赞》卷18，《陈忠肃书简帖》。
⑧ 《梦粱录》卷13，《夜市》。
⑨ 《夷坚三志壬》卷9，《霍秀才归土》；《梁溪遗稿》补遗，《淮民谣》。
⑩ 林洪：《山家清供》。
⑪ 《梅山续稿》卷13。
⑫ 《枫窗小牍》卷上。

人"在宋代民间似乎成了官太太的同义词。丈夫对小妻的称呼，常因地而异。西北人称为"祗候人"或"左右人"，两浙人称为"贴身"或"横床"，江西和江东人称为"横门"①。

妇女常称丈夫为"郎"。高宗时，探花陈修年六十三，娶妻施氏年方二十三，有人戏为诗："新人若问郎年几，四十年前二十三。"② 还常尊称成年男子为"郎君"，请安时含笑迎揖道："郎君万福。"③ 皇帝和皇后之间，有的皇后自称"妾"，而称皇帝为"哥哥"。如宋光宗在一次病愈后，其皇后"泣谓曰'尝劝哥哥少饮，不相听。近者不豫，寿皇（按即孝宗）几欲族妾家，何负何辜！'"④

第七，其他亲戚的称谓。宋代人们称父亲的哥哥为"伯伯"，称父亲的弟弟为"叔叔"，父亲的弟妻即叔母为"婶"，"婶"字是"世母字二合呼也"。⑤ 又称父亲的堂哥哥为"堂伯伯"，称父亲的姊妹为"姑姑"，称姑姑的丈夫为"姑夫"⑥。还称母亲的兄弟为"舅父"，称舅父之妻为"舅母"或"妗"。张耒《明道杂志》指出："经传中无……妗字，妗字乃舅母字二合呼也。"称母亲的姊妹为"姨"或"姨姨"，称姨的丈夫为"姨夫"。宗泽在家书中说："暑热计时奉姨姨太孺人安佳。"⑦ 人们又称妻子的兄弟为"舅"或"舅子"，这是依随其子女的称谓。青州人韦高娶杨三娘子为妻，后来遇到杨签判宅的"二承务"，"视之，乃舅子也"。称妻子的姊妹为"姨"，常与对母亲的姊妹的称呼相混。⑧

女方称丈夫的兄妻为"母母"，或称"姆姆"。吕祖谦《紫微杂记》载："吕氏母母受婶房婢拜，婶见母母房婢拜，即答。"⑨

婚姻之家互称"亲家"，双方的男长辈称为"亲家公"或"亲家兄"，女长辈称为"亲家母"。这是承袭了唐代的习俗。⑩

3. 士大夫之间的通用称谓

宋代士大夫私交，常以"丈"字相称。在现存的宋代史籍中，士大夫之间往来的书信，往往互相称为"丈"。朱弁说："近岁之俗，不问行辈年齿，泛相称必曰'丈'。不知起自何人，而举世从之。至侪类相狎，则又冠以其姓，曰

---

① 《鸡肋编》卷下。
② 田汝成：《西湖游览志余》卷2，《帝王都会》。
③ 《夷坚支乙》卷4，《衢州少妇》。
④ 张▮：《朝野遗记》（《说郛》号49）。
⑤ 张耒：《明道杂志》。
⑥ 《东轩笔录》卷15。
⑦ 《宝真斋法书赞》卷22，《宗忠简留守司二札》、《家书》、《吾友三贴》。
⑧ 《夷坚志补》卷10，《杨三娘子》；吕希哲：《吕氏杂说》卷上。
⑨ 引自《称谓录》卷7；《梦粱录》卷20，《育子》。
⑩ 《野客丛书》卷29，《续释常谈》；《宾退录》卷5；钱泳：《履园丛话》卷3，《亲家》。

'某丈'、'某丈'，乃反近于轻侮也。"如有些文人称司马光为"司马十二丈"，称苏轼为"东坡二丈"①。士大夫们普遍以别人称自己为"公"，为敬重自己；反之，如别人称自己为"君"，则认为"轻己"②。

宋代人们还喜欢用行第相称。诸如欧阳修称"欧九"，蔡襄称"蔡九"，梅圣俞称"梅二"，章惇称"章七"，苏轼称"苏九三"，苏辙称"九三郎"，韩绛称"韩三"，吕公着称"吕十六"，江休复称"江十"，秦观称"秦七"，黄庭坚称"黄九"，赵自称"赵四郎"，韩世忠早年人称"泼韩五"等。所谓行第，就是今天的排行。行第有多种排列方法，明人顾炎武说："兄弟二名而用其一字者，世谓之排行。如德宗、德文，义符、义真之类。起自晋末，汉人所未有也。"如起单名，即"以偏旁为排行"。这种办法与用"兄弟行次，称一为大"的做法，顾炎武说已"不知始自何时"。宋代的宗室仍然"依行第连名"，规定不能使用单名，同一辈必须联同一个字如"士"字、"之"字之类。这是所谓双名行第法，其中同一辈的名字中必须一字相同。另一种是单名行第法，名字必须同一偏旁。第三种是按出生次序排列的行第法。如宗室赵德文，是赵廷美第八个儿子，其兄三人早死，依照活着的五兄弟的顺序，他为老五，因此真宗戏呼他为"五秀才"，仁宗尊称他为"五相公"③。使用这种行第法时，往往将同胞兄弟和姐妹一起按照出生的先后顺序排列。如岳州妇女甘氏的行第是百十，而其哥名"甘百九"④。第四种行第法是前面用百、千、兆等中的一个字序辈，下一字则按出生次序排列行第。现存的《宝祐四年（1256）登科录》载有状元文天祥以下殿试中榜人名单，也记录了他们的行第。如文天祥为"第千一"（有弟一人，名天璧）、陈桂"第兆二"。又如王景偁"第小一"，有兄一人；傅一新"第大"，有弟一人。这种行第法较为复杂。宋代士大夫们以被人按行第称呼为荣。陆游说过："今吴人子弟稍长，便不欲人呼其小名，虽尊者亦行第呼之矣。"⑤ 这显然是唐代以来的一种新的风气。

4. 妇女的名讳

宋代普通的妇女不起正名，常常用姓氏加上一个"阿"字，便算她的正式名字。赵彦卫说："妇人无名，以姓加阿字。今天官府，妇人供状，皆云阿王、阿张。"在平时，妇女只是按照自己的行第组成名字，称为"某某娘子"。如果是未婚的闺女，则称"某某小娘子"。如孝宗时一名妇女姓张，排行第三，人们

---

① 《曲洧旧闻》卷10；《续资治通鉴》卷79；《豫章黄先生文集》卷26。
② 王得臣：《麈史》卷中，《体分》。
③ 《日知录集释》卷23，《杂论·排行》；《宋会要》帝系5之23；《宋史》卷244，《宗室一》。
④ 《夷坚三志壬》卷10，《邹九妻甘氏》。
⑤ 《老学庵笔记》卷5。

称之为"张三娘"①。再如"史氏百九八娘"、"郑氏三十娘"、"张氏十一娘"、"孙四娘子"等。这一类妇女的姓名，在有关文献中俯拾即是。像李清照、朱淑真等有正名和字、号的妇女，在宋代只是为数不多的中上级官员的家属而已。

宋代妇女经常自称"妾"。如一名娼女对秦观说："妾僻陋在此……"妇女又常常自称"奴"、"奴奴"或"奴家"。华岳《新市杂咏》十首之一云："试问行云何处觅？画桥东畔是奴家。"②《鬼董·裴端夫》也记载，一名少女自称"奴奴小孩儿，都不理会得"。朱翌认为，"今则'奴'为妇人之美称。贵近之家，其女其妇，则又自称曰奴"。他指出：妇女"一例称奴，起于近代"。朱翌还记载，两广的女子都自称"婢"，男子自称"奴"，与其他地区稍有不同。清代学者钱大昕说，妇人自称为"奴"是从宋代开始的，实际上，唐代妇女已可自称"奴"③。

●二 辽代和金代

辽、金二代的官民称谓记载较少，没有像宋代那样比较丰富的内容。只能通过一鳞半爪的资料，了解其中的一二。

辽代民间称祖父为"耶耶"，祖母为"娘娘"。《郑□造陀罗尼幢记》记载："……妻董母奉为先祖耶耶、娘娘，独办杂宝藏荣孝经一藏……"《为亡父母造幢记》记载："涞水县遵亭乡累子村李晟，并出家女法广等奉为先亡父母、耶耶、娘娘等，特建尊胜陀罗尼幢子一座于此茔内……"又称伯父为"阿伯"或"伯伯"，伯母称"伯娘"。《李从善造罗汉像记》中，提到"阿伯守宁，伯娘刘氏"④。

辽朝皇帝自称"朕"，偶尔也对大臣自称"予"或"我"⑤；尊称大臣为"卿"。官员尊称皇帝为"陛下"，自称"臣"。被称为某国王或北院大王、南院大王者，人称"大王"。如耶律乙辛任北院枢密使，封魏王，其他官员称之为"大王"。皇室的公主，人们简称为"主"⑥。

金代至章宗明昌二年（1191）正月，才允许宫中称皇帝为"圣主"。人们称女真宗室为"郎君"。熙宗时，完颜忽睹"以后戚怙势赃污不法"，留守中京，

---

① 《云麓漫钞》卷10；《夷坚支景》卷8，《张三娘》。
② 《夷坚志补》卷2，《义倡传》；《翠微南征录》卷10。
③ 《猗觉寮杂记》卷下；《十驾斋养新录》卷19，《妇女称奴》；《太平广记》卷274，《欧阳詹》。
④ 《辽文汇》7；黄任恒编：《辽代金石录》3，《石编》。
⑤ 《辽史》卷100，《耶律尤者》，卷102，《萧奉先传》。
⑥ 《辽史》卷110，《耶律乙辛传》、《萧十三传》；卷79，《室昉传》。

"选诸猛安富人子弟为扎野，规取财物，时号'闲郎君'"。官场中，下级官员对上级长官，自称"下官"①。

金代实行乡试和府试、省试（会试）、御试四级科举考试制度，凡乡试第一名称"解元"，省试第一名称"省元"或"会元"，御试第一名称"状元"②。宋金时，瞧不起某些士大夫，称之为"措大"。如章宗常对人说："措大辈止好议论人。"宋人也使用"村措大"一词。士大夫之间，尊称德高望重者为"丈"。如刘祁尊称翰林直学士王若虚为"王丈"③。

金代民间的称谓记载殊少，仅有个别例子，如称母亲之姊妹为"姨母"④。

第二十章

避讳

在中国古代，人们不得直接书写或称呼帝王、圣贤和尊长之名，而必须采用其他方法加以回避。这种习俗称为"避讳"。凡与这些尊长之名相同的人、地、职官、书、物等名，都要回避。这种习俗开始于周代。到宋辽西夏金时期，随着社会的发展，出现了一些新的内容，而一些远见卓识的文人学者实际上反对这种习俗。

这一时期避讳的特点是一般只避尊长之名，不避其字、号或谥号。依照其内容，可分为官讳和私讳两大类。

第一节　官讳

官讳又称国讳，包括四部分内容。第一，皇帝生前的"御名"（正名）、曾

辽宋西夏金社会生活史

用名（旧讳），这些名死后成为"庙讳"。

辽朝统治者"起自朔漠，其始本无文字，无所谓避讳"。辽兴宗时，翰林都林牙兼修国史萧韩家奴上疏说：太祖代遥辇即位后，"累圣相承，自夷离堇湖烈以下，大号不加，天皇帝之考夷离堇的鲁犹以名呼"。可见很长时间没有形成避讳的习俗。"既占河朔，始习汉文，兼用汉文名字。"受汉族风俗的影响，统治者逐渐也讲究起避讳了。① 辽圣宗太平六年（1026）七月，宋朝委派韩亿为贺辽后生辰使，"诏亿名犯北朝讳，权改曰意"②。辽朝方面记载为"韩翼"③。太平十年正月，宋朝命张亿任贺契丹皇后正旦使到达辽京，张亿也临时改名为"张易"④。这是为了避辽太祖阿保机的汉名"亿"。辽兴宗重熙元年（1032）十月，宋朝派遣王德基为贺契丹国母生辰使，与正使刘随一起到辽京。王德基在《辽史》中被改为"王德本"。天祚帝耶律延禧在位时，追改辽兴宗的年号重熙为"重和"。因此，在辽天庆二年（1112）释迦、定光二佛的身舍利塔记，叙述重熙十五年铸铁塔事，为避天祚帝之讳改重熙为"重和"。这时，高丽国王王熙也为避天祚帝之讳改名为"颙"。

此外，辽朝为避太宗耶律德光之讳，改官名光禄卿为"崇禄卿"；为避兴宗耶律宗真之讳，改女真为"女直"。"凡石刻遇光字皆缺画"⑤。

有关辽朝避讳的记载较少，也没有辽朝官讳的详细记载。以上说明辽朝官讳大致上是从辽圣宗开始实行的。有关人名、官称、族名、年号等，凡与官讳相碍，皆须改字。有时也用缺笔的办法。宋朝、高丽也尊重辽朝的习俗，主动更改自己使臣的名字甚至国王的名字。

宋朝官讳的资料极多，有关皇帝御名、曾用名和庙讳的记载更多。如宋孝宗淳熙十五年（1188），下诏将"文书式"和国子监现行《韵略》中所载高宗"御名"改为庙讳，由刑部和国子监负责改正。孝宗、光宗死后，其"御名"改为庙讳，也经历了类似的过程。宋朝回避皇帝旧讳，始于真宗大中祥符二年（1009）。是年，规定中外文字有与太宗旧讳"光义"二字相连及音同者，并令回避。到仁宗宝元元年（1038），翰林侍读学士李俶建议"毋得连用真宗旧名"。英宗治平元年（1064）十一月，翰林学士贾黯奏请"毋得连用仁宗旧名""受益"二字。自此，禁止连用皇帝的旧讳二字，遂"著之文书令，为不刊之典"⑥。

---

① 《辽史》卷 103，《文学上·萧韩家奴传》；陈垣：《史讳举例》卷 8。
② 《长编》卷 104，天圣四年七月乙丑。
③ 《长编》卷 109，天圣八年八月戊申；《辽史》卷 17，《圣宗八》。
④ 《长编》卷 110，天圣九年十月乙酉；卷 111，明道元年八月壬子。
⑤ 《史讳举例》卷 3、卷 7；《宋史》卷 487，《外国三·高丽》。
⑥ 《宋会要》仪制 13 之 17—18；岳珂：《愧郯录》卷 2，《旧讳训名》。

金朝最初与辽朝一样，统治者并不讲究避讳。金熙宗完颜亶即位后，逐渐受辽、宋习俗的熏染，开始避讳。官讳中也有御名和庙讳之分。天会十四年（1136），伪齐奏申请求"降下御名音切及同音字号，下礼部检讨开具申覆施行"。显然，这是为回避金熙宗"御名"做好准备。皇统三年（1143），学士院"看详"高丽国的贺表内"犯太庙讳同音"，究其原因，是"原初不经开牒，至有犯讳"。现今应该"全录庙讳、御名及同音字号"，"分朗（按：'朗'字疑避金太祖汉名'旻'字的嫌音'明'字改）开牒施行"。尚书省"商量"："拟与宋国一就开坐牒报"。熙宗"准奏"。世宗大定元年（1161），"御前批送下御名、庙讳"。次年，朝廷"奏定御名、庙讳……回避字样，合遍下随处外，御名、庙讳报谕外方"。大定九年，朝廷奏申"今御名同音，已经颁降回避外，有不系同音相类字，盖是讹误犯，止合省谕各从正音。余救切二十八字，系正字同音，合回避；尤救切十六字，不系同音，不合回避"。世宗"敕旨准奏"[1]。这说明金朝的官讳也包括御名及其同音字和庙讳。

金章宗泰和元年（1201），下令"官司、私文字避始祖以下庙讳小字，犯者论如律"。据《金史·世纪》，金太祖前，从始祖（名函普）、德帝（名乌鲁）、安帝（名跋海）、献祖（名绥可）、昭祖（名石鲁）、景祖（名乌可迺）、世祖（名劾里钵）、肃宗（名颇剌淑）、穆宗（名盈歌）至康宗（名乌雅束），共八代十位祖宗。金熙宗时规定始祖、景祖、世祖庙"世世不祧"。这样，庙讳有增无减。金章宗泰和元年，还首次规定庙讳的同音字也在禁用之列。金章宗曾经问尚书右丞孙即康和参知政事贾铉："太宗（按名晟）庙讳同音字，有读作'成'字者，既非同音，便不当缺笔画。睿宗（按：名宗辅，死后改名宗尧）庙讳改作'崇'字，其下却有本字全体，不若将'示'字依《兰亭帖》写作'未'字。显宗（按名允恭）庙讳'允'，'充'字合缺点画，如'统'傍之'充'似不合缺。"孙即康答道："唐太宗讳世民，偏傍犯如'葉'字写作'菜'字，'泯'字作'泜'字。"睿宗庙讳上字从"未"，下字从"垚"；世宗（按名雍）庙讳从"系"。显宗的庙讳"如正犯字形，止书斜画，'沇'字、'铣'字名从'口'，'兑'、'悦'之类各从本体"。章宗赞同，"自此不胜曲避矣"[2]。按此规定，所要回避的字扩大到同形字。

西夏统治者也讲究回避御名、庙讳。如李彝兴原名彝殷，因避宋宣祖讳，改"殷"为"兴"。李彝兴之子克睿原名光睿，避宋太宗讳，改"光"为"克"。同

① 《大金集礼》卷23，《御名》。
② 《金史》卷1，《世纪赞》；卷11，《章宗三》；卷99，《孙即康传》。

时，西夏统治者自己的名字以及已故父亲的名字也要求国内或邻国回避。①

第二，有些皇帝的生父和宋太祖、太宗的几代祖先之名，也列入庙讳。前者如英宗生父赵允让（淮安懿王）、孝宗生父赵偁，后者如宋太祖、太宗之父赵弘殷（宣祖）、祖赵敬（翼祖）、曾祖赵珽、高祖赵朓、远祖轩辕、始祖（圣祖）玄朗。这部分官讳有些是可变的。如哲宗初年，决定将翼祖皇帝赵敬的神主改迁夹室，按礼部例，其名不再回避，即不入官讳之列。当时称"祧迁"或"祧庙"。徽宗崇宁四年（1105），又认为翼祖不应"祧迁"，乃归还本室，其名讳添入《集韵》。高宗绍兴三十二年（1162），因为把钦宗的神主祔庙，翼祖夫妇的神主再次"祧庙"，规定从此其名"依礼不讳"。但光宗时规定，今后"臣庶命名，并不许犯祧庙正讳。如名字见有犯祧庙正讳者，并合改易"②。

金朝有些皇帝的生父之名，依仿宋朝习俗，列入庙讳。如世宗之生父睿宗名宗尧，章崇之生父显宗名允恭，皆在庙讳之列。如大宗正府，至章宗泰和六年（1206），因避睿宗讳，改称大睦亲府；判大宗正事改称判大睦亲事。完颜思恭因避显宗讳，改为思敬。③

西夏国主元昊之父名德明，元昊下令在自己境内称宋年号明道为"显道"。宋朝官员范仲淹致书元昊，称后唐明宗为"显宗"，也是为避元昊之父名讳。④

第三，皇太子、亲王以及皇后之父等名讳。如宋仁宗即位前任寿春郡王时名"受益"，供奉官赵承益请避其讳，改名"承炳"。仁宗初年，刘太后执政，其父刘通追封彭城郡王，"通"字也定为官讳。但刘太后死后，又复其旧即不再避刘通之名。哲宗即位初，英宗高皇后改为太皇太后，朝廷下诏全国回避太后之父高遵甫名下一字。这时，文及甫给人写信，省去"甫"字，只称"及启"、"及再拜居易少卿兄"等。⑤

金朝海陵王在天德四年（1152）立子光英为皇子，于是改鹰坊为驯鸷坊，改英国为寿国，应国为杞国。宋高宗绍兴二十八年（1158），为避光英讳，改光州为蒋州，光山县为期思县。海陵王被诛后，即复旧名。⑥

第四，有些皇后的名讳。金世宗大定元年十一月，"御前批送下"钦慈皇后（世宗父之原妻，姓蒲察）、贞懿皇后（世宗的生母，姓李）的名讳，列入

---

① 《宋史》卷485，《外国一·夏国上》。

② 《宋会要》仪制13之14—18。

③ 《金史》卷55，《百官志一》，卷70，《思敬传》。

④ 《宋史》卷485，《外国一·夏国上》；范仲淹：《范文正公集》卷9，《答赵元昊书》。

⑤ 《宋史》卷242，《后妃上》；周密：《齐东野语》卷4，《避讳》；《长编》卷353；《宝真斋法书赞》卷18，《文周翰盛暑帖》。

⑥ 《金史》卷5，《海陵纪》；《宋史》卷88，《地理志四》。

庙讳。①

宋代的庙讳，据宁宗庆元时洪迈《容斋三笔》卷十一《帝王讳名》，这时共有 50 个字。《庆元条法事类》卷 3《名讳》中更具体和详细的规定。具体的回避方法，有改字、改音、缺笔、空字、用黄纸覆盖等。

第一，改字。改动范围极广，包括人的姓名以及官曹、官称、官阶、地、书、衣冠等名。凡遇需要回避的字，就改用同音字或同义字。关于改姓氏：宋真宗时规定，应回避"圣祖"等名讳，凡姓玄武氏者皆改姓"都氏"；姓敬氏者，皆析为文氏和苟氏，变成两姓。徽宗时，还命官府审定姓氏"犯祖宗庙讳者，随文更易"。宋朝还规定回避"宣祖"赵弘殷的名讳，凡殷字都改为商或汤。金世宗时，为避其父宗尧之名，下令改宗氏为姬氏。② 章宗时，尹安石为避章宗生父允恭名讳，改姓师氏。③ 关于改人名：宋徽宗时，承直郎宋敬为避翼祖之名，改名"竞"。仁宗初年，命杨大雅任知制诰。大雅原名"侃"，因犯真宗旧讳"元侃"，下诏改名。④ 金章宗时，张燨因避章宗（名璟）嫌名，改为张炜。卫绍王原名允济，因避显宗名讳，改名永济。⑤ 关于改官曹名：宋仁宗初年，为避刘通讳，改通进银台司为"承进银台司"。金海陵王时，为避太子光英讳，改鹰坊为驯鸷坊。关于改官称：仁宗初年，为避刘通讳，改通判为"同判"，通事舍人为"宣事舍人"。关于改官阶名：为避刘通讳，又改通奉大夫为"中奉大夫"、通直郎为"同直郎"⑥。又为避"支"字，改观察支使为"观察推官"⑦。关于改地名：宋真宗时，为避"圣祖"讳，改朗州为鼎州，蔡州郎山县为确山县，梓州玄武县为中江县。仁宗初年，为避刘通讳，还改通利军为"安利军"，通州为"崇州"，大通监为"交城监"。金世宗时，为避御名"雍"，改雍丘县为杞县。章宗时，为避睿宗讳，改宗州为瑞州，宗安县为瑞安县。关于改衣冠名：宋仁宗初年，因避刘通讳，改通天冠为"承天冠"。关于改殿名：真宗时，诏改含光殿为会庆殿，原因是"光"乃太宗旧名的上一个字。⑧ 关于改物名：山药原为薯药，宋英宗即位后，为避御讳"曙"，遂称山药。关于改文书等名：宋孝宗时，为避御名"昚"的嫌音"申"字，凡"状申"都变成"状呈"，

---

① 《大金集礼》卷 23，《御名》。
② 王明清：《挥麈前录》卷 3；朱彧：《萍洲可谈》卷 1；《大金集礼》卷 23，《御名》。
③ 《金史》卷 108，《师安石传》。
④ 《宋会要》仪制 13 之 15；《愧郯录》卷 2，《旧讳训名》。
⑤ 《金史》卷 100，《张炜传》；卷 13，《卫绍王》。
⑥ 《宋会要》仪制 13 之 12、13。
⑦ 张孝祥：《于湖居士文集》卷 15，《讳说》。
⑧ 叶绍翁：《四朝闻见录》戊集，《韩墩梨》；《金史》卷 25，《地理志中》；卷 24，《地理志上》；《愧郯录》卷 2，《旧讳训名》。

时间的申时改成"衙时"①。一时还将公文用语"申复"改为"中复"。

第二，改音。即改读。宋高宗初年，采用改读法以避讳。规定对钦宗之名"桓""各以其义类求之"读音。以威武为义者读作"威"，以回旋为义者读作"旋"，以植立为义者读作"植"②。

第三，空字。凡遇官讳，如难以用他字代替，便将该字空缺。宋孝宗亲撰古体诗两首，其中一首云："志士惜日短，愁人知夜长。摄衣步前庭，仰观南雁翔。□景随形运，流响归空房。"岳珂指出其中缺少一字，"盖避庙讳，所以尊祖也"③。

第四，缺笔。又称"空点画"。唐代以前，避讳多用改字法；唐代以后，兼用改字、缺笔二法。缺笔法是在应回避而难以回避的情况下，可用缺笔的方法，少写最后一画。如《贡举条式》中《淳熙重修文书式》规定，庙讳皆写成玄（玄）、朗（朗）、匡（匡）、胤（胤）、炅（炅）、恒（恒）、祯（祯）等。南宋时，一种称为"牢丸"（包子、汤圆之类）的食品，因避宋钦宗之名，写成"牢九"④。

第五，用黄纸覆盖。宋代官讳增多，遇难以回避的常用字，不得已则可用黄纸覆盖。⑤

对于庙讳，宋朝规定不仅要回避其单名和双名的正讳，还要回避其嫌名（指正名的同音字）。皇帝的双名旧讳，可以不回避其中一字，但二字连用则为犯讳；单名的旧讳，则必须回避。哲宗初年，一度允许庙讳的嫌名可以依例不讳，但进呈文字仍应用黄纸覆盖。⑥

宋朝还把一些字定为官讳。徽宗宣和初年，根据户部勾当公事李宽奏请，凡以"圣"字为名者，皆予禁止。给事中赵野又提议世俗以君、王、圣三字取名者，应全部"革而正之"，而仍有以天为称者，也拟禁止。此后，又有人提出龙、皇、主、玉字也应遏禁。于是这八个字成为官讳的一部分。此外，还曾规定回避万、载等字。当时，据此将龙州改名政州，青龙镇改名通惠镇。到高宗初年，朝廷才将一批地名恢复旧称。⑦

金朝也将一些字定为官讳。如章宗明昌二年（1191），下令"禁称本朝人及本朝言语为'蕃'者，违者杖之"。次年，还下诏规定凡"臣庶名犯古帝王而姓

① 顾文荐：《负暄杂录》；《于湖居士文集·讳说》。
② 《宋史》卷108，《礼志十一》。
③ 《宝真斋法书赞》卷3，《历代帝王帖》。
④ 元人盛如梓：《庶斋老学丛谈》卷下；清人俞正燮：《癸巳存稿》卷10，《牢丸》。
⑤ 《宋会要》仪制13之12。
⑥ 《宋会要》仪制13之12、19。
⑦ 龚明之：《中吴纪闻》卷5，《易承天为能仁寺》；《要录》卷43。

复同者禁之，周公、孔子之名亦令回避"①。禁止官员和百姓与古代帝王同姓并同名，同时又将周公和孔子之名列入官讳。

第二节　私讳

私讳又称家讳。宋太宗雍熙二年（985）下诏，官员三代的名讳只可行于自家，州县长官不准命人将家讳在客位榜列出；新授的职官，除三省、御史台五品，文班四品、武班三品以上，允许按"式"奏改，其余不在请改之列。同时，律文又规定，"诸府号、官称犯祖、父名，冒荣居之者，徒一年"。"诸上书若奏事，犯祖庙讳者，杖八十；若嫌名及二名偏犯者，不坐。"② 此后，直到仁宗嘉祐六年（1061）五月前，尚未确立一个严密的制度，有时某一小官要求避家讳而获准改换差遣或官阶，而高官却不获允许；有时虽然二名为嫌名而准许回避，正犯单讳却不予批准。王栐觉得雍熙二年诏书与律文的规定相反，可能是"此诏既行之后，人无廉耻，习以成风，故又从而禁之耶"？这时，"前后许与不许，系于临时"，说明尚未"稽详礼律，立为永制"。于是在嘉祐六年根据知审官院贾黯的建议："父祖之名为子孙者所不忍道，不系官品之高下，并听回避"，下诏："凡府号、官称犯父祖名，而非嫌名及二名者，不以官品高下，并听回避"③，说明从这时开始正式规定，凡官员所授官职，遇府号或官称违犯父、祖正名时，不论官品高下，都准回避；如果只犯嫌名或双名中一字，仍旧不讳。神宗、徽宗时，一度不准官员为避私讳而改官称。南宋《庆元条法事类》卷3《避名称》规定，"诸府号、官称犯父、祖嫌名及二名偏犯者，皆不避"。"诸命官不得令人避家讳"。这当北宋规定有异。理宗时人赵昇说，当时"授职任而犯三代名讳者"，准许回避；如"二名偏犯"，则不准回避。④

官员在接受差遣、升迁官阶等时，回避家讳的方法很多，有改地、改授差遣、换官、改职、改官称、沿用旧衔、不系衔内等十多种。

---

① 《金史》卷9，《章宗一》。
② 《宋会要》仪制13之19、20；《愧郯录》卷10，《李文简奏稿》；《长编》卷193。
③ 《燕翼诒谋录》卷4，《禁士大夫避讳》；《长编》卷193。
④ 《朝野类要》卷4，《杂制》。

辽宋西夏金社会生活史

第一，改地。即更改地名或者改换所授差遣的地点。沈括的叔父名同，在《梦溪梦谈》中称混同江为"融江"。马骘任权发遣衡州，因本州安仁县名犯其父讳，改差主管台州崇道观。

第二，改授差遣和换官。新除起居舍人罗点，因"起"字犯曾祖名，改除太常少卿。张子覭任太常寺奉礼郎，因父名宗礼改授太祝。①

第三，改授次等阶官。宋朝"著令"，凡官员经过磨勘（考核），其升迁的阶官官称如与三代名讳相犯，允许自陈，授给次等阶官，称为"寄理"，系衔时放在官称之首。

第四，改职。即改换所授职名。徐处仁任资政殿学士，因避其祖讳，改授端明殿学士。

第五，改官称和官衙名。宋太祖初年，侍卫帅慕容延钊和枢密使吴廷祚都因其父、祖讳章或璋，原应在拜使相时带"平章事"，乃改称同中书门下二品。宋宁宗开禧初年（1205），张嗣古授起居郎，以犯家讳辞免，特改称"侍立修注官"。宋代在京师设平准务，蔡京以其与父名准相违，改称平货务。②

第六，仍用旧衔。梁克家连升三官为左银青光禄大夫，因"光"字为其父名，乃仍用旧官系衔。

第七，不系官衔内。施师点迁官，应加食实封，因"实"字犯父名，命其免予系衔。

第八，减去差遣名称中某字或暂不迁官。张俊授枢密使，因其父名密，改称"枢使"。太府寺丞楼钥原应迁太常博士，但"常"字犯其祖讳，申请回避，朝廷命其暂任旧职。③

第九，改文书用语。寇準作相，各司公文用语都改"準"为"准"。苏洵之父名序，苏洵撰文，改序为"引"，苏轼改序为"叙"。王安石撰《字说》，不收"益"字，原因是其父名益④。同时，益字也是仁宗的旧讳之一，也应回避。

第十，改人名。司马光担任宰相期间，韩维（字持国）为门下侍郎。两人"旧交相厚"，司马光为了避自己父亲之讳，常常称韩维为"秉国"，而不称"持国"。参知政事钱良臣"自讳其名"，其幼子"颇慧"，遇所读经、史有"良臣"二字，皆予更改。一天，读《孟子》"今之所谓良臣，古之所谓民贼也"。

① 《梦溪笔谈》卷25，《杂志二》；《宋会要》仪制13之24—26。
② 《愧郯录》卷3，《阶官避家讳》；卷10，《同二品》；《宋会要》仪制13之26；《朝野类要·杂制》；《朝野类要》卷4，《杂制·家讳》；叶梦得：《石林燕语》卷4。
③ 《宋会要》仪制13之26、27。
④ 陈垣：《史讳举例》卷2；谢维新：《古今合璧事类备要》续集卷3，《姓名门·讳忌》；清人梁绍壬：《两般秋雨庵随笔》卷5，《避讳》；陆游：《老学庵笔记》卷6。

即改为"今之所谓爹爹，古之所谓民贼也"。颇为可笑。①

第十一，其他更改。蔡京任相，凡来往公文皆避京字，还改京东、京西为畿左、畿右。秦桧权势更甚，为了避他的名讳，"谓脍"为"鱼生"，以致他的岳父王仲山也要避名讳，乃改"山"称"岩"②。哲宗时章惇为相，安惇任从官，安惇见章惇，必称己名为"享"②。更多的士大夫则在日常应酬和著作中，不直接称呼父祖的名字，而用父祖的最高官位的简称来代替；或者不提父祖之名，注明该字"从某从某"。如岳珂称其父岳霖为"银青"，原因是岳霖的官阶最高至银青光禄大夫。如杨万里在给人的信中提到"故人南丰宰陈通直"，为避这位通直郎"陈芾"之名，而在下面注明"名与先人同，从艹从市"③。宋理宗时，赵时杖任平江府签幕，其所写判词中，凡"决杖"的"杖"字，吏人都用纸贴上。④

对于私讳，宋朝按照比官讳略为放宽的原则，允许"二名不偏讳"和不避嫌名。但也有"出于一时恩旨免避，或旋为改更者"。如赵洙以国子司业为宗正少卿，洙父名汉卿，御史认为这是"冒宠授官"，准备纠劾。幸而执政者提出异议，理由是"礼文"有"不偏讳"的规定，才免被劾。寇準新授襄州刺史、山南东道节度使，自言父名"湘"，与州名音同，要求"守旧镇"。宰相认为，湘与襄为嫌名，可以不避。孝宗时还下令，"诸府号、官称犯父祖兼（嫌）名及二名偏犯者，皆不避讳"⑤。这一规定成为当时的"常行之法"。岳珂指出，官员"避家讳者不避嫌名，虽著于令，初无官曹、官称之别"。他解释，比如中书舍人，中书是曹司，不是官称，而舍人是官称。⑥

第三节　避讳的弊病

这一时期避讳的风尚带来一些弊病。宋、金朝廷礼官为维护皇权的威严，

---

① 王明清：《挥麈后录》卷6；元人仇远：《稗史·志杂·讳名》。
② 《齐东野语》卷4，《避讳》；《于湖居士文集》卷15，《讳说》；清人李世熊：《宁化县志》卷2，《土产志》。
③ 《宝真斋法书赞》卷28，《银青制札帖》；杨万里：《诚斋集》卷110，《与俞运使》。
④ 周密：《齐东野语》卷8，《赵签判花字样》。
⑤ 《容斋五笔》卷3，《士大夫避父祖讳》；《宋会要》仪制13之29、30。
⑥ 《容斋三笔》卷11，《家讳中字》；《愧郯录·官称不避曹司》。

"每欲其多庙讳"。随着各朝皇帝的替代，庙讳陆续增添，而且在实行时，连一些形似的字也列入回避之列。如宋真宗名恒，从心从亘，音胡登切；缺其一画则为恒，音威。于是连相也不敢用，而改用"常"字。在日常生活中，使人们感到"不胜曲避"，动辄有触犯庙讳的危险。

许多庙讳加上其嫌音，士人在参加各级科举考试时最易违犯，一旦不慎，便名落孙山。为此，在举行考试时，贡院都"晓示试人宗庙名讳久例全书"，张挂在墙壁或铺陈在道路上。但是，每次考试总不免有一些人因"用庙讳、御名"，违犯"不考式"而遭黜落。

宋孝宗时，宫中将旧版《文苑英华》交给宦官校雠，"改易国讳"。如押"殷"字韵诗，因冒犯"宣祖"赵弘殷之讳，乃改殷为商，于是将一诗之韵全令协"商"字。宦官招募"后生举子"为门客，他们"竟以能改避为功"。这时只有大臣周必大觉得这种做法"尽坏旧本，其甚害理者"，"殊可痛惋"，决定自校一本藏于家。① 乱改古书，必然造成混乱。有些文学作品，因为避讳，被改得面目全非。如苏轼《念奴娇·赤壁怀古》词，原作"乱石崩空"，为了避"崩"字，改成"乱石穿空"。又如秦观《踏莎行》词，原有"杜鹃声里斜阳树"一句，因为讳英宗"曙"字，不得不改为"杜鹃声里斜阳暮"，"遂不成文"②。

官员们还利用家讳抬高自己的身份和欺压下属。资政殿学士黄中之子任临安府通判，其官阶仅中散大夫或中大夫，借口避父讳，命合府称其为"通议"即通议大夫，比原有官阶高了好几阶，而"受之自如"。李清臣之父名不陋，派客吏修理屋漏，呼而问之，客吏答道："今次修了不漏。"李不陋大怒，立即严惩客吏。赵方在楚州，问一娼妓从何而来，对方答道："因求一碗饭，方到此。"赵方怒其言及自己和父亲之名，将对方处死。陈卓知宁国府，一名司法参军初次参见，陈问其何往，答道："在安仁县寓居。"陈转身入内，在家庙内边哭边诉说："属吏辄称先世之名。"司法见状，手足无措，很快寻医而去。③ 仁宗至和（1054—1056）年间，田登知应天府，自讳其名，触犯者必生气，吏卒多被榜答，于是全府皆讳灯为"火"。上元节（正月十五日）点灯，依例准许百姓入州治游赏，吏人写榜张贴于闹市云："本州依例放火三日。"从此，留下了"只许州官放火，不许百姓点灯"的笑柄。④ 还有执政官薛昂，为诣媚蔡京，称蔡为父，全家不准犯"京"字，亲属犯者训斥，奴婢犯者捶答，宾客犯者罚酒，自

① 《宋会要》选举 4 之 8、3 之 26；项安世：《世氏家说》卷 8，《文苑英华》。
② 《项氏家说》卷 8，《因讳改字》。
③ 《容斋三笔》卷 11，《家讳中字》；张端义：《贵耳集》卷中。
④ 庄绰：《鸡肋编》卷中；陆游：《老学庵笔记》卷 5。

己违犯则自打耳光。① 这些带有故事性的记载，极为可笑，但在当时人们习以为常，鲜以为怪。

第四节　避讳的怀疑者和反对者

宋代士大夫大都看重避讳，把它当作天经地义之事。但也有一些士大夫对此提出异议，甚至自己不讲家讳。

首先是有些思想家对某些庙讳提出怀疑，认为大可不必。宋仁宗时，胡瑗为皇帝讲解《乾卦》，谈到元、亨、利、贞，其中贞字犯御讳，仁宗"为动色"。胡瑗不慌不忙地说："临文不讳。"程颐为哲宗讲课，言及"南容三复白圭"，内侍提醒他："容字，上旧名也。"程颐不听。讲毕，对哲宗说："昔仁宗时，宫嫔谓正月为初月，饼之蒸者为炊，天下以为非。嫌名、旧名，请勿讳。"公然向皇帝提出不要回避御讳的嫌名和旧名。朱熹认为，真宗时王钦若之流论证"圣祖"之名为"玄朗"，但"这也无考竟处"。"某常疑本朝讳得那旧讳无谓。且如宣帝旧名病己，何曾讳？ 平帝旧名亦不曾讳。"他赞成当时朝廷"祧了几个祖讳"，但圣祖玄朗依然不祧，"那圣祖莫较远似宣祖些么"②！

其次是有些官员反对实行家讳。北宋时，大臣杜衍不赞成官员们自定家讳，他说："父母之名，耳可得而闻，口不得而言，则所讳在我而已，他人何预焉。"知并州的第三天，孔目官来请家讳，他说："下官无所讳，惟讳取枉法赃吏。"孔目官"悚陈然而退"。包拯瞋知开封府，上任之日，吏人也来请家讳。包拯瞋目而视说："吾无所讳，惟讳吏之有赃恶者。"南宋时，张孝祥还撰《讳说》篇，说："避讳一事，始闻而笑，中闻而疑，终之不能自决。"他主张"二名不偏讳，卒哭乃讳，礼也。私讳不及吏民，律也"。即官员生前不应自讳，只有皇帝之讳通行天下。马光祖知临安府，莅政之初，吏人具牍请家讳，马光祖批曰："祖无讳，光祖亦无讳，所讳者强盗、奸吏。"③ 有些官员任官不避家讳。如富弼之父

---

① 《齐东野语》卷4，《避讳》；《宋史》卷352，《薛昂传》。
② 《齐东野语》卷4，《避讳》；《朱子语类》卷128，《本朝二·法制》。
③ 《古今合璧事类备要·讳忌》；《于湖居士文集》卷15，《讳说》；元人仇远：《稗史·志政·讳》。

名言，富弼照样充任右正言、知制诰；韩保枢之子韩亿和孙韩绛、韩缜，都历官枢密院，未曾回避。①

再其次是还有一些士大夫赞成实行家讳，但不赞成以家讳强加于人。宋理宗时，张端义说："近年以来，士大夫之避讳，自避于家则可，临官因致人罪则未可。"他列举许多事例，说明当时"习尚如此"，只是"未能各家自刊《礼部韵略》耳！"② 在避讳风尚炽盛的状况下，这或许是一种较为切合实际的主张。

① 《容斋五笔》卷3，《士大夫避父祖讳》。
② 《贵耳集》卷中。

第二十一章

押字

押字，又称花押或签押、押花字、画押、批押，是宋辽西夏金时期人们按照各自的爱好，在有关文书或物品上，使用的一种特定的符号，以代表本人，便于验证。押字与签名、签字不同，签名是用楷书或草书写上本人的姓名，容易认出；押字则用笔写或画出某一符号，一般不是该人的姓名的工整的汉字，不易辨别。

第一节　押字的起源

押字起源甚早，大致从战国开始，经魏晋南北朝到唐代逐渐流行。

唐末五代时，藩镇擅权，他们的署名"极有奇怪者"，"跋扈之徒，事事放恣"。此后，人们互相仿效，"率以为常"，更有"不取其名"而"出于机巧心法者"①。岳飞之孙岳珂曾见到五代后唐庄宗时宰相豆卢革的《田园帖真迹》一卷，帖中署名不像"革"字，认为是"五代花书体"。岳珂还见到《吴越三王判牍帖》，其中有吴越国王钱镠亲书的押字。②

第二节　"御押"

宋辽西夏金时期，除辽和西夏因资料缺乏、情况不明外，宋和金朝从统治者到官员、平民都使用押字。

宋朝 15 个皇帝，从宋太祖到度宗，每人都有"御押"。除真宗、神宗、光宗的"御押"纯系画圈外，其他 12 个皇帝均押一个特殊的符号。南宋末年人周密《癸辛杂识》别集卷下《宋 15 朝御押》（学津讨原本）条，记载这 15 个皇帝的"御押"样式如下：

宋太祖	🔲	宋太祖原押	🔲
宋太宗	🔲	宋太宗原押	🔲
宋真宗	O	宋仁宗	🔲
宋英宗	🔲	宋神宗	O
宋哲宗	🔲	宋徽宗	🔲
宋钦宗	🔲		
宋高宗	🔲	宋孝宗	🔲
宋光宗	O	宋宁宗	🔲
宋理宗	🔲	宋度宗	O

可能因为转辗传刻的误差，这些押字与杭州凤凰岭玉皇宫石刻所存宋太祖、太宗、真宗"御押"不尽相同。笔者以为凤凰岭玉皇宫的石刻更为可信。另外，今山东淄博玉皇宫也存有宋太宗等"四帝御押石刻"，系宋徽宗在宣和七年（1125）亲书，其中宋太祖的御押为正，太宗为叉，真宗为瓩，仁宗的御押已缺

① 《萍洲可谈》卷 1；《事物纪原》卷 2，《花押》。
② 岳珂：《宝真斋法书赞》卷 8，《唐摹杂帖》。

泐，仅露末笔。以上三帝御押当较可信。①

据现今传世的徽宗绘画和高宗手书墨迹，知道徽宗和高宗的"御押"与《癸辛杂识》也不太相同。如徽宗在所绘《悔竹双禽》卷上押字作 $天$，在所绘《听琴图轴》上押字作 $天$ ②，在唐代韩幹所绘《牧马图》作"丁亥御笔 $天$ "，在（传）唐代韩滉所绘《文苑图》作"丁亥御札 $天$ "，他又在所绘《蜡梅双禽图》和《梅花绣眼图》作 $天$ 和 $天$ 。③ 丁亥即大观元年（1107）。可见至少在大观元年宋徽宗使用以上样式的押字，这与《癸辛杂识》所载有些差别。元代贾文彦《图绘宝鉴》卷 3 认为，宋徽宗在"画后押字用'天水'"。现代有的学者认为，宋徽宗的这个"别致的'花书'签押，却是由四字联缀的'天下一人'所组成"④。

宋高宗的御押，据现今传世的《赐岳飞手敕》，可知是这样的： $两$ 。绍兴三年（1133）由日本僧人带回日本的宋高宗墨迹上，高宗的御押作 $角$ 。⑤ 这两个押字与《癸辛杂识》有些相似，但又有不同。宋理宗的御押，据《宝庆御笔》记载为 $閦$ 。⑥ 由此可见，《癸辛杂识》所记宋代 15 个皇帝的"御押"，由于转辗翻刻，只是基本形似。

此外，宋朝皇帝为图方便，专门刻制"押字印宝"，以便随手加盖，免去书写的麻烦。如仁宗在所绘《御马》图上，除题写时间外，还盖有"押字印宝"⑦。

金代皇帝也仿照宋朝习俗使用押字。金太宗时，朝廷草拟回答宋朝的国书，"欲以押字代印章"，宋朝使臣提出异议说："押字施之臣下可也，岂所以待邻国哉！北朝立国，当以礼义。今修好不以礼，交邻不以义，将何以国乎？"坚持要求加盖玉玺，金朝最后只得作出让步，"卒易玺书"。据岳珂记载，在金朝军队使用的金、银牌上，有像篆字一样的字六七个，"或云阿骨打花押也"。周煇记载，金朝"接伴"宋朝使臣的官员"戎服陪它，各带银牌，牌祥如方响，上有蕃书'急速走递'四字，上有御押，其状如'主'字"。金章宗专刻一枚押字印

① 《北京图书馆藏中国历代石刻拓本汇编》第 42 册（南宋），第 154 页，四帝御押均已无存。今据《山左金石志》卷 18，《宋石·玉皇宫四帝御押石刻》。

② （美国）高居翰：《中国绘画史》，第 68 页；《中国历代绘画（故宫藏画集Ⅱ）》，第 92 页。

③ 《文物与天地》1983 年第 5 期，第 2 期封底彩图；《两宋名画册》。

④ 华叶："'花押'考趣"（《中国文物报》1995 年 3 月 5 日第 4 版）。

⑤ 谭旦同主编：《中华艺术史纲》下册；王德毅：《中国历史图说》第 8 册，第 73 页。

⑥ 《越中金石记》卷 5。

⑦ 郭思：《纪艺》。

章，其字为 。①

第三节　官员的押字

　　宋代官员经常使用押字。神宗、哲宗时大臣司马光的押字是这样的：，这一押字见于司马光的《宁州帖》，帖上的司马光花押与他的"光"字似若相像而又不像。王安石的押字则用"石"字。据叶梦得说，王安石的押字，"初横一划，左引脚，中为一圈"。因为他为人性急，画圈都不圆，往往窝匾而收，横画又多带过。外人还误以为他押了"歹"字。王安石知道后，特意作圈，尽量画得圆一些。② 李建中在写《谵送志母帖》时也在帖后押书作款：，与他的名字完全不同。③ 这一押字很像简写的"亚"字。祖无择所作押字，"直作一口字"，别人问他，他说："口无择言。"④ 本江府签幕赵时杖使用的押字，"作一大口字，而申其下一画"。知府陈恺（一作垲）初到，见赵的签押，"书其侧云：'签判押字大空空，请改之，庶几务实。仍请别押一样来。'闻者无不大笑"⑤。

　　可以说，从北宋初年开始，在很长时间内，官员们在经由朝廷进呈皇帝的文书上，"往往只押而不书名"。如在宋太祖"御批"过的文书中，有一卷为侍卫亲军都指挥使党进在开宝四年（971）的请给旗号文书，"枢密院官只押字，而不签名"。这种情况到孝宗乾道（1165—1173）、淳熙（1174—1189）间大致相沿如旧。朱熹在浙东路任官时，吏人请他在安抚司的牒文上署名并押字。后来在处理绍兴府的牒文时，吏人要求他签名，他只给押字。士大夫们在书写简帖时，只在前面书名，后面也用押字，像司马光、李建中那样。甚至在名刺（类似现代的名片）上，前面写"姓某，起居"，"其后也是押字"。大约从光宗

---

　　① 汪藻：《浮溪集》卷25，《卫公墓志铭》；岳珂：《愧郯录》卷12，《金银牌》；周煇：《北辕录》；赵振绩：《中国历史图说》第9册，第126页。
　　② 《文物》1966年第2期图版四；《石林燕语》卷4。
　　③ 《中国艺术史纲》下册，图版292之上。
　　④ 江休复：《江邻几杂志》。
　　⑤ 《齐东野语》卷8，《赵签判花字样》。

朝开始，士大夫不再全用押字来代替自己的名字。①

第四节　押字的广泛应用

　　宋、金两朝押字的应用范围极为广泛。

　　第一，官员们在公文结尾，除正楷书名外，还要花押；如仅有名而无押字，公文便不能生效。反之，只押字而不书名，也完全有效。周密曾见到宋太祖和太宗时"朝廷进呈"的"文字"，如开宝四年（971）九月侍卫亲军都指挥使党进"请给旗号，枢密院官只押字，而不签名"。其他一些"御批"文书也如此，官员们"往往只押字而不书名"。周密开始还怀疑这些公文是"检、底"（三司的文稿称"检"，枢密院的文稿称"底"），而文件最后竟有"御书批"，觉得"殊不可晓"。后来见到前辈记载说，乾道、淳熙间"礼部有申秘书省状，押字而不书名者"②。高宗时，眉州都监邓安民蒙冤死于狱中。据洪迈说，邓安民死后，带着文书找到原眉州知州邵博，要求邵博在牒尾"书名"作证。后来，邓又找邵说："有名无押字，不可用。"于是邵又"花书之"，邵才离去。虽然这是一则带有迷信成分的故事，但反映了当时社会上人们对于押字的重视。

　　官员们在官署中办理政事，各人"分以文字书押，或以日，或以长贰，分而判押"，称为"轮笔"③。"轮笔"者要在公文上写明处理意见，最后签上自己的押字。在官府的公文末尾，官员们按照官位的高低排列名次，官位越高，越排在后面署名花押。至于官位最高的宰相和执政官，在要求皇帝审批的公文之后签署，一般只写"臣"而不列姓氏，而且只花押，不写名字。仁宗前期，钱惟演从枢密使任使相，他恨自己不能成为真宰相，常叹息说："使我得于黄纸尽处押一个字，足矣！"但他始终没有达到此位，实现宿愿。哲宗时，宰相苏颂喜欢在文书最后押花字。有一次，一位比他官位更高的官员在他之后押字，把他所押花字排在前面，他便"终身悔其初无思量"，不该"押花字在下"④。理宗景定五年（1264），在《赐兴举报国寺额敕》最

　　① 周密：《云烟过眼录》卷上；《癸辛杂识》后集，《押字不书名》。
　　② 《癸辛杂识》后集，《押字不书名》；《云烟过眼录》卷上。
　　③ 洪迈：《夷坚甲志》卷20，《邓安民狱》；《朝野类要》卷5，《余纪》。
　　④ 魏泰：《东轩笔录》卷2；《朱子语类》卷116，《朱子十三·训门人四》。

后，依例自前至后由朝廷最高长官签押：签书枢密院事兼权参知政事姚（希得）卩，同知枢密院事兼权参知政事叶（梦鼎）乙，太傅、右丞相、鲁国公（贾似道）厂。贾似道只写押字，不书姓和名。①

在这种用黄纸书写的重要公文上，庶官即一般官员没有资格"押黄"，而只能押在黄纸的背面。地方上也规定，凡官府"应行文字"，由长官"签押，用印圆备，方得发出"②。这表明押字在当时人们心目中的重要地位。

宋代法律还规定，凡官员处理公事"失错"，"其主典应同坐。虽系书而不押字，或托故避免而不系书者，皆论如法"③。尽管有的官员在公文上只是"系书而不押字"，或者"托故""不系书"，如果出现失误，照样要追究罪责。

今存宋高宗建炎二年（1128）河东路抗金义军的五份文件中，有四份都有一个官员的押字。1966年初，山西灵石县农民在山间石缝中发现一只铜罐，内藏五份白麻纸文书。第一份是鄜延路经略安抚使王庶颁发给义军首领李实的札子，札子宣称李实为"借补进武校尉"，时间为"建炎二年正月初八日"，在"初八日"之下有一押字，显然是鄜延路经略使王庶的押字。④（见抗金义军借补官等文书之一）。第三、第四份是都统河东路军马安抚使司颁发给李实的札

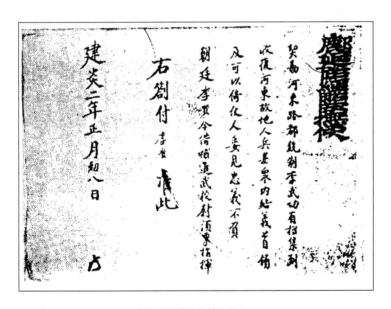

抗金义军借补官等文书之一

---

① 《江苏金石记》卷18。
② 《萍洲可谈》卷2；李元弼：《作邑自箴》卷5。
③ 《庆元条法事类》卷10，《职制门七》。
④ 《要录》卷12。

子。第三份（见抗金义军借补官等文书之二）称李实为保义郎。第四份（见抗金义军借补官等文书之三）称李实由保义郎"转补成忠郎"，时间为"建炎二年

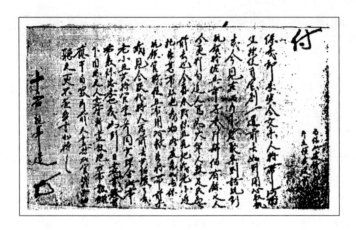

抗金义军借补官等文书之二

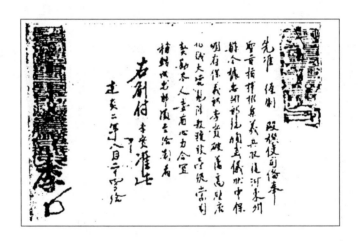

抗金义军借补官等文书之三

八月二十四日"。这两份札子在左下端各有一个官员的押字，两个押字相同，显然是都统河东路军马差遣安抚使李宋臣的花押。第五份（见抗金义军借补官等文书之四）是河东陕西路经制使司颁发给李实的札子，宣称成忠郎李实为"借补成忠郎"，时间为"建炎二年九月初四日"。札子左下角也有一个长官的押字，估计是河东陕西路经制使的押字。①

---

① 《文物》1972 年第 4 期图版八；陈振：《有关宋代抗金义军将领李宋臣的史料及其他》（《文物》1973 年第 11 期）。

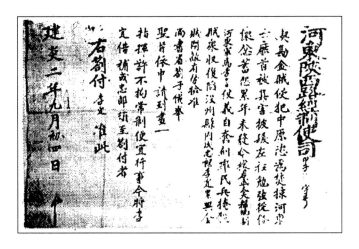

抗金义军借补官等文书之四

　　第二，百姓们书写诉讼状纸，起诉人必须在状纸末尾押字，官府才予承认。徽宗时，李元弼在所撰《作邑自箴》一书中，规定了各种"状式"，在状子末尾写明年月日，然后再写"姓某押状"。如果遇起诉人不会写字，则命代写人"对众读示，亲押花字"。这显示押字在法律文书方面所起的重要作用。

　　第三，百姓们在买卖田地或房屋等财产时，习惯于在契约上书名之后，再画上押字。朱熹指出，当时法律规定，"母已出嫁，欲卖产业，必须出母著押之类，此皆非理"。虽然不符合常理，但出售产业时，改嫁的生母必须在契书上签押，方能生效，这是法律规定的制度。袁采《世范》卷3《治家·田产宜早印契割产》提出，人户买卖田产，"如有寡妇、幼子应押契人，必令人亲见其押字。如价贯、年月、四至、亩角，必即书填"。这种买卖田产契书再经官府"投印"，就成为最为详备的合法契书。朝廷"赋役令"还规定，各县衙设置"税租割受簿"，遇有百姓买卖土地，割受相关赋税，"即时当官注之"，"逐户之下结计现管数目，县官垂脚押字"①。今存宋理宗景定元年（1260）正月十五日徐胜荣与其母阿朱卖地契，上面写有卖地人徐胜荣的押字"右"，又写有其母阿朱的花押"○"，还有"书契见交钱人李邦善"的押字"冏"。这是有关押字的又一实物证据。

　　第四，官府发行纸币，在钞版上刻有有关主管官员和吏人的押字，印在纸币上作为记认。北宋王小波、李顺起义后，益州（即成都府）"豪民"十余户，"连保作交子"，"诸豪以时聚首，同用一色纸印造。印文用屋木人物，铺户押

---

　　①　《庆元条法事类》卷47，《税租簿》。

字。各自隐密题号，朱墨间错，以为私记，书填贯，不限多少"。这种交子由发行者"交子铺"负责押字。宋真宗时，改由官府发行。① 此后，尚未见到有关发行官员和吏人在纸币上押字的记载和实物。

金代最初没有发行纸币。至海陵王迁都中都（治今北京市）后，在贞元二年（1154）始置交钞库，发行交钞，与铜钱同时流通。② 交钞之制规定，交钞中间在"某字料"、"某字号"横阑之下，刻印"中都交钞库，准尚书户部符，承都堂札付户部复点勘令史姓名押字"。又规定"库、掏、攒司、库副、副使、使各押字，年月日。印造钞引库库子、库司、副使各押字，上至尚书户部官亦押字"。此外，还要加盖支钱州、府的合同印。今存金宣宗时期的几种交钞版，一是"贞祐（1213—1217）宝券"五贯文合同版。该版中间左面有尚书户部勾当官的押字，往右有印造库使、宝券库使和副使的押字，印造库子、攒司的押字；右面有宝券库掏的押字和另一攒司的押字。其中宝券库和印造库判官、专副之下空缺，无押字。二是贞祐宝券"五十贯"文合同版（见金纸币贞祐宝券合同版图）。该版中间左面有尚书户部勾当官的押字，往右有印造库使和宝券库使的押字，印造库库子的押字；右面有宝券库攒司的押字。其中宝券库和印造库的副使、判官以及宝券库掏、专副之下皆空缺，无押字。三是贞祐二年北京路一百贯文交钞版（见金纸币贞祐二年交钞版图）。该版中间左面为尚书户部委差官的押字，向右有印造钞官的押字（二人），印造钞库子的押字；右面有攒司、库子、复点勘讫都目的三个押字。另有金宣宗兴定六年（1222）"兴定宝泉二贯闻省版"（见金纸币兴定宝泉版图）。该版据学者研究系属赝品。③ 不过，造假者也极力模仿金代制度，在尚书户部勾当官、户部勘合令史、宝泉库使、印造库使等之下有押字。但作伪者也露出一些破绽，如"二贯文"之"文"误作"闻"，"判官"漏刻了"官"字，等等。不过，它仍能使人们了解金代交钞上押字的大概情况。

第五，在器物上押字。手工业工人制造铜镜、漆器、瓷器等，也往往在器物上押字，表示对产品质量负有全责。官府铸造的铜镜上，还要镌勒监押官的押字。如宋仁宗天圣八年（1030），朝廷规定在京铸镴务铸造铙、钹、钟、磬等铜器，必须在器物上镌勒工匠、专副的姓名以及监官的押字。④ 传世的一面南宋铜镜，铸就楷书"湖州炼鉴局，乾道四年炼铜照子，官"，以下为监官的一个押字。照子上还铸刻"湖州真石家念二叔照子"，说明生产地点和店家。另一面南

---

① 李攸：《宋朝事实》卷15，《财用》。
② 《金史》卷5，《海陵纪》；卷48，《食货三·钱币》；卷125，《蔡松年传》。
③ 刘森：《宋金纸币史》第12章，《金朝的纸币》。
④ 《宋会要》食货55之19。

南宋梁楷绘《布袋和尚图》 （上海博物馆藏）

辽宋西夏金社会生活史

上：北宋太原晋祠圣母殿
（选自《中国文明史》第6卷）

中：北宋螺钿经箱（江苏苏州瑞光寺塔出土）
（选自《中国文明史》第6卷）

下：北宋武宗元绘《朝元仙仗图》之三
（选自《中国美术全集·绘画编》3《两宋绘画》上）

上：河北宣化辽代张世卿墓壁画《备佛经图》
桌上置《金刚般若经》和《常清净经》
（选自河北省文物研究所编《河北古代墓葬壁画》）

下左：西夏木缘塔（甘肃武威出土）
（选自《中国文明史》第6卷）

下右：西夏罗汉图（莫高窟第97窟壁画）
（选自《中国文明史》第6卷）

上：西藏扎达古格王国都城遗址曼陀罗殿《瑜珈行者》
（选自《中国美术全集·绘画编》13《寺观壁画》）

下：山西高平开化寺金代壁画《西方净土变》（局部）
（选自《中国美术全集·绘画编》13《寺观壁画》）

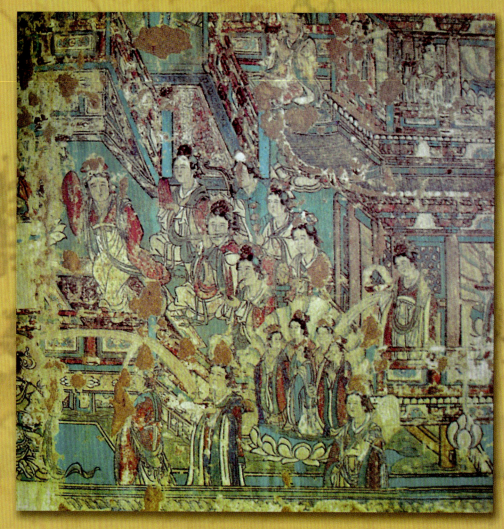

上：河南禹州白沙镇宋墓舞乐图
（选自宿白《白沙宋墓》）

中：元代钱选绘《蹴鞠图》中
宋太祖、宋太宗等踢球情景
（上海博物馆藏）

下：南宋马远绘《踏歌图》
（选自故宫博物院编《中国历代
绘画·故宫博物院藏画集》III）

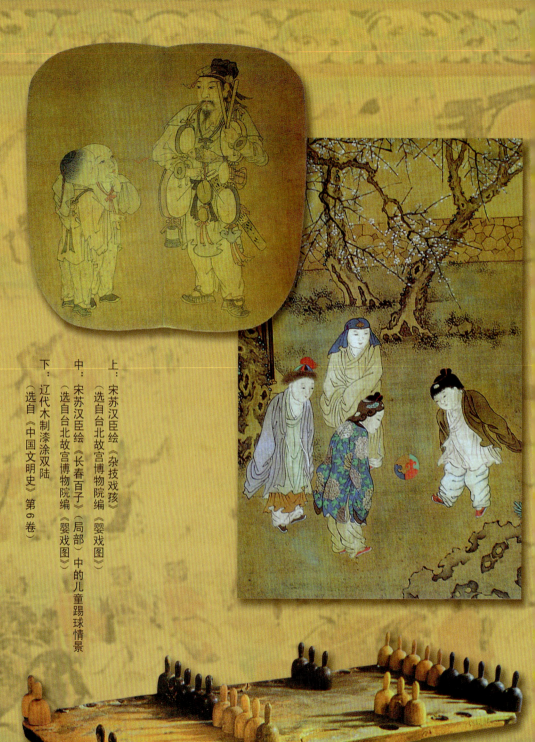

上：宋苏汉臣绘《杂技戏孩》
（选自台北故宫博物院编《婴戏图》）

中：宋苏汉臣绘《长春百子》（局部）中的儿童踢球情景
（选自台北故宫博物院编《婴戏图》）

下：辽代木制漆涂双陆
（选自《中国文明史》第6卷）

上：金代杂剧表演俑（山西侯马出土）
　　（选自《中国文明史》第6卷）

下：金代杂剧砖雕（山西稷山段氏墓出土）
　　（选自《中国文明史》第6卷）

上：宋人绘《杂剧人物图》
（一作《眼药酸图》）中艺人手臂刺青
（选自文物出版社编《两宋名画册》）

下左：宋人绘《瑶台玩月图》中的富室中秋赏月情景
（选自上海博物馆编《宋人画册》）

下右：宋苏汉臣绘《灌佛戏婴》中的庆祝佛日活动
（选自台北故宫博物院编《婴戏图》）

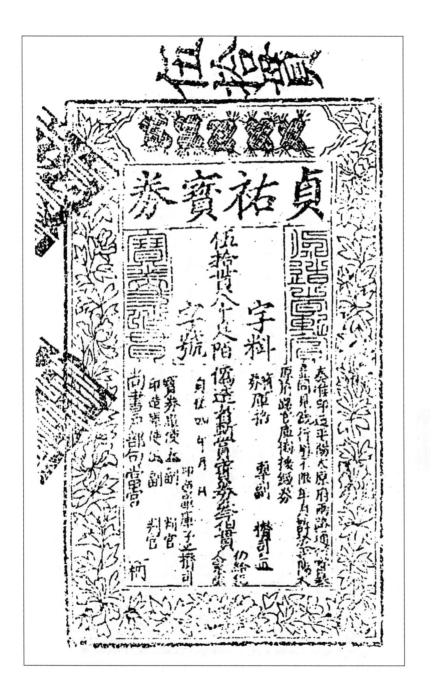

金纸币贞祐宝券合同版图

金纸币贞祐二年交钞版图

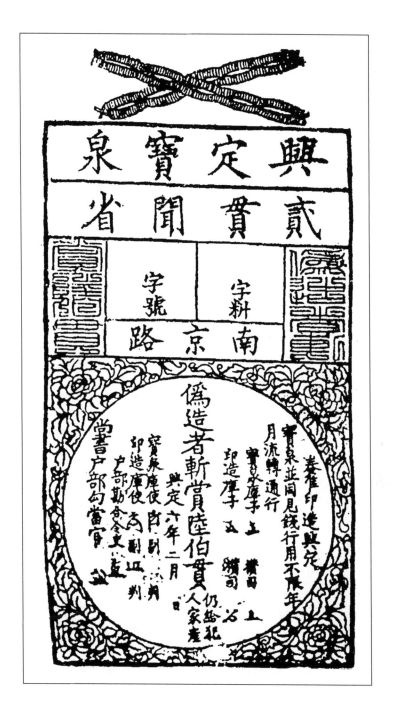

金纸币兴定宝泉版图

宋菱花镜，铸就"湖州铸鉴局，乾道十年铸炼铜监"，以下为监官的押字；还有"铸造工匠杨"，以下为杨某的押字。宋朝的这种习俗传入北方的金朝，在由官府铸造的或由南宋传入的铜镜上刻金朝有关官员的押字。如由金朝官府铸造的一面八棱海舶镜上，铸有"临洮府录事司验讫"字样，下面是检验官员的花押铭记。由南宋铸造的"湖州真正念二叔镜"，运入金境后，在背面边沿刻着"富民县丞"，以下是押字。① 另一面"湖州真正石念二叔照子"运入金境后，也在背面边缘刻"通州司使司官"字样，以下是该官的押字。②

　　1959 年，江苏省淮安市宋代墓葬中出土许多漆器，其中一部分盘、碗等带有文字，写明制造这一器物的时间（干支）、地点、漆匠姓名，最后为漆匠的押字。如写有"壬申杭州真大□□上牢"，下面为一押字。又如一只圆盘上写有"己丑温州孔九叔上牢"，下面也是一个花押。有的文物工作者将这些花押认作"画"字，显然是不对的。这些器物上还有漆匠的其他一些押字。③

　　1958 年，内蒙古巴林左旗出土北宋的银铤五枚，其中一枚表面錾刻铭文为"杭州都税院买发转运衙大观元年郊祀银……专秤魏中行等，监匠"，以下为：血匠。显然这是负责监督铸造这枚银铤人员的两个花押。由于錾刻与毛笔书写不同，只有横、直的细线。这些银铤上凡不易辨认的字，实际上大都是有关官、吏、工匠的花押。金朝的银铤也仿照此制，有关银铤的铸造工匠、秤子、监官等皆镂刻押字在其上。如在四枚金章宗泰和六年（1206）秋税银铤上，在"任理验"三字之下，皆有押字 □。④

　　有时在瓷器的底部，也刻有制造该瓷器的窑户的押字。如河南鹤壁集瓷窑遗址出土了许多北宋至金代的瓷器，其中一些瓷器底部刻有款识，如"赵"、"杨"、"张"、"刘"、"李"、"宋"等姓氏。在"赵"字之下刻有押字。⑤ 估计这是生产这一瓷器的窑户的押字。

　　第六，在量器上押字。南宋时，有的州府规定各官仓受纳粮食，必须使用法定的标准斛斗。如宋宁宗嘉定间（1208—1224），宁国府（治今安徽宣城）为各官仓新造了标准斛斗，在斛内刊有"嘉定九年三月，宁国府照文思院降下铜式，新置造斛，铁锢加漆。今后受纳，非此斛不得行用。江东提举、权府事李（押）"。在斗内刊有"嘉定九年三月，宁国府造文思院斗，用此受纳。提举兼权

---

① 梁上椿：《岩窟藏镜》第 3 集；沈从文：《唐宋铜镜》（《考古》1959 年第 9 期，第 487 页）。
② 《文物》1977 年第 11 期，第 9 页。
③ 《文物》1960 年第 8、9 期合刊。
④ 《考古》1965 年第 12 期，第 643 页；《文物》1975 年第 8 期，第 73 页。
⑤ 《文物》1964 年第 8 期。

"壬申杭州真大□□上牢" 押字

"己丑温州孔九叔上牢" 押字

漆器上的押字

"赵"字之下所刻押字

府事李（押）"。宋代法律也规定各官仓使用的斛、斗，应该加刻监官的押字。如《金玉新书·诸仓类（凡三十二条，并系增入淳祐新书）》第十三条规定："斛、斗、升、合刻押（庆元重定）；诸仓官斛、斗、升、合，各刻仓分、监官押字，置库封锁，应修者当官较量。"此外，第四条还规定，各州州学的钱粮专派一名曹职官掌管收支账册，每月由知州"检点签押"①。

为了表示慎重和使用方便，宋代很多人还把自己的押字刻成印章。如前述宋仁宗的"押字印宝"。地方上专门代人书写诉讼状纸的人，由县衙登记姓名，发给木牌，挂在门前，并且要有"官押印子"，在状纸印上号码；否则，不准代人写状。②

还有一些文人有押字癖。如宋神宗时都官员外郎柳应辰，他所到之处留"押字盈丈"，甚至在浯溪（源出湖南祁阳西南，东北流入湘江）石上作大押字，题云："押字起于心，心之所记，人不能知。"有些"好事者"替他解释，说是可以"祛逐不祥"③。又如历任饶、吉等地知州的施结，"性好蓄古今人押字"，所积其多，从唐末到宋朝当代无所不有，全部勒石，每次迁居，雇佣数人担负随行。还有一位姓马的官员还乡，将"私居文字，纸尾皆署使字押号"。宋理宗宝祐癸丑元年（1253），王柏从"鬻书人"处购得"古贵人押字"石碑，他认为"古人之押字，实书名而花之。后世乃不然，与其名而不相似，直著其心之精微，寓于数划之中"，叫人捉摸不透。只有司马光的押字"署名而小花，则不失其制押之原，而精神风致自然见于诚意之表"，但"此法未易尽识之耳"④。

宋代民间还把某些官员的押字看成可以压邪治病的物品。如自宋仁宗朝起，历任四朝宰相等职的文彦博，因其威望，其花押被民间神化，认有"佩之止疟"⑤。

第五节　押字的弊端

在中国历史上，押字习俗的形成是一种进步的社会现象，它减少了人们在

---

① 《永乐大典》卷7512，《仓字》。
② 李元弼：《作邑自箴》卷6，《劝谕民庶榜》。
③ 《容斋五笔》卷10，《柳应辰押字》；《北京图书馆藏中国历代石刻拓本汇编》第39册（北宋），第71页，《柳应辰游浯溪题名》。
④ 《萍洲可谈》卷1；王柏：《鲁斋集》卷11，《古贵人押字跋》。
⑤ 《宋人轶事汇编》卷9，《文彦博》。

各种交往过程中遇到一些不必要的麻烦。自然，押字也带来了一些弊端。如官员们业已习惯在文书上使用本人固定的花押，不用多久，办事的下级官员或吏人便会熟悉，于是试图为非作歹者便乘机加以模仿，或截取文书纸尾的官员花押，换接到别的公文上，从中营私舞弊。宋仁宗庆历三年（1043）四月，三司副使、兵部郎中李宗咏受到朝廷降官的惩处。原因是三司"后行"（吏人的一种，由后行升迁为前行）崔珏等"伪学"权三司使姚仲孙等人的押字，借此"脱赚钱物"，而李宗咏犯了失于觉察的罪。宋宁宗嘉定十一年（1218），福建路转运司主管文字韩括"伪作"转运使魏大中的押字，擅自"将签厅拟断公事""书判"施行，被发现后"特降一官放罢"。南宋末年，文天祥担任地方官时，发现典吏侯必隆"辄敢于呈押之时，脱套花字于行移之后，揍掇公文"，"行移"是指各级官府之间往来的公文。吏人侯必隆在进呈官员押字后，截取纸尾，揍掇到别的公文上。文天祥判决侯必隆脊杖 16 下，刺配千里州军。①

———————

① 《宋会要》职官 64 之 42、75 之 18；文天祥：《文山先生全集》卷 12，《断配典吏侯必隆判》。

第二十一章 押字

第二十二章
刺字、文身和簪花

世界古代各国都有刺字和文身的习俗，先在人身上刺字或图案，再涂以墨汁或其他色素，使之沉着于皮下组织，永不褪落。除刺字、文身而外，宋代还有簪花的习俗。

第一节　刺字

宋代继承前代习俗，在军人和大多数囚犯的面部或其他部位刺字。对于囚犯，是作为刑罚之一，北宋初仅适用于贷死的囚犯，此后适用范围日益扩大到大多数囚犯。真宗大中祥符四年（1011），朝廷发现各地将负犯人并部送阙下者，皆刺满面大字，毁形尤甚，规定"自今不得更然"。至孝宗淳熙间，刺配法增至570条。神宗末年，重定黥配法，规定"犯盗，刺环于耳后；徒、流以方，杖以圆。三犯杖，移于面，径不得过五分"。刺面分为大刺与小刺两种。凡被认为"情重凶恶"的囚犯，所刺之字稍大，两面分刺。仁宗赞成只刺一面，字样可稍大。① 所刺文字，如因囚犯被判流罪，命刺其面为"刺配某州牢城"。如果罪不至此，量刑过重，则在这些字前加"特"字。高宗、孝宗时，对宽大处理给予"贷命"的"强盗"，在额上刺"强盗"二字，在脸上刺大字"配某州或某府重役"，或"配某州、府屯驻军重役"。如被宽大处理的"强盗"而可充兵士，则在额上刺"免斩"二字，在"面刺双旗"②。

北宋还继承前朝的习俗，凡招募士兵，皆在其面部刺上小字，"各识军号"。仁宗初年，规定在京东西、河北等路募兵，"当部送者刺'指挥'二字"。庆历二年（1042），选河北、河东强壮并抄民丁刺手背为"义勇"。康定间，又在环、庆二州以沿边弓手"涅手背充"寨户。英宗治平元年（1064），再次在陕西点义勇，"止涅手背"。神宗熙宁七年（1074），在河北招募蕃人弓箭手，"蕃兵各愿于左耳前刺'蕃兵'二字"③。钦宗靖康元年（1126），朝廷拟在陕西路招募"义勇"，"止于右臂上刺字"。南宋时，士兵仍然免不了在额部和手背刺字。方回记载说，当时"大军刺字，号以姓名；禁、厢军刺额，号以六点"④。额部一般刺军号，手部一般刺姓名。

有些军人为了表示自己的志向，也在自己身体上刺字。如北宋时，兵马副部署、保州刺史呼延赞在自己身上刺"赤心杀贼"四字，表示"愿死于贼"。仁宗庆历七年（1047），河北贝州（治今河北清河县）宣毅卒王则率众占据州城造反，所建军队在士兵脸上刺"义军破赵得胜"六字，表示推翻宋朝统治的决心。岳飞背上刺有"尽忠报国"四个大字，"深入肤理"，相传是岳飞的母亲亲自替他刺上的。高宗初年，抗金名将王彦退入太行山，聚集义军。为表示抗敌的决心，义军皆面刺"赤心报国，誓杀金贼"八字，号称八字军，河北、河东百姓纷纷响应。⑤

金朝奴婢的面部或身上往往刺字，对此朝廷一般不予过问。宋金战争之初，

---

① 《长编》卷75，大中祥符四年二月壬戌；《宋史全文》卷27，淳熙十一年七月己丑；《长编》卷362，元丰八年十二月癸酉；《宋会要》刑法4之11。

② 魏泰：《东轩笔录》卷10；《宋会要》刑法4之56、55、51、47，方回：《续古今考》卷37，《五刑起于何时？汉文除肉刑，近世配军刺旗法》。

③ 施宿：《嘉泰会稽志》卷4，《军营》；《长编》卷106，天圣六年四月戊寅；《宋史》卷193，《兵志七》；卷191，《兵志五》；卷190，《兵志四》。

④ 《宋史》卷193，《兵志七》，《续古今考》卷37，《五刑起于何时？汉文除肉刑，近世配军刺旗法》。

⑤ 孙逢吉：《职官分纪》卷40，《刺史》；《长编》卷161，庆历七年十一月戊戌；《宋史》卷365，《岳飞传》；《会编》卷113，建炎元年十月二十九日乙酉。

金军统帅完颜宗翰（粘罕）命令各地大量捕拿中原民众，将他们没为奴婢，在这些奴婢"耳上刺'官'字"，先"散养民间"，再"立价卖之"。南宋使者范成大在金朝亲眼看到奴婢"两颊刺'逃走'二字"，系"主家私自黥涅"。其《清远店》诗云："屠婢杀奴官不问，大书黥面罚犹轻。"① 而宋朝则禁止主人私自黥刺奴仆。② 宋英宗时，官员刘注被"追三官，潭州编管"，其罪状之一便是"刺仆人面，为逃走二字"③。但对于有些官奴婢，宋朝规定必须在手背刺字。神宗熙宁四年（1071），下诏将陕西庆州（治今甘肃庆阳县）叛兵的家属除处死外，其余皆"没官为奴婢"，"男刺左手，女右手"，以示严惩。④

第二节　文身

　　宋代有些市井百姓喜欢文身，称为"刺绣"。迎神的团体称"锦体社"。专门为人文身的工匠称"针笔匠"，他们往往"设肆为业"。荆州的街子葛清，自头颈以下遍刺白居易的诗和画："不是此花偏爱菊"句，刺"有一人持酒杯，临菊丛"；"黄夹缬林寒有叶"句，刺"一树，上挂缬"。共刺20多处，人们称他为"白舍人行诗图"。宋太祖、太宗时，有"拣停军人"张花项，晚年出家做道士。当时习俗"以其项多雕篆"，所以"目之为'花项'"⑤。仁宗天圣二年（1024），下诏自今不得收录"文身者系帐"即当僧人。徽宗时睿思殿应制李质，年轻气盛，行为"不检"，"文其身"，被赐号"锦体谪仙"。东京百姓在大街上庆祝重大节日时，"少年狎客"往往追随在妓女队伍之后，也"跨马轻衫小帽"，另由三五名文身的"恶少年""控马"，称"花腿"。所谓花腿，乃自臀而下，纹刺至足。东京"旧日浮浪辈以此为夸"。南宋初，张俊所率军队常驻"行在"，挑选少壮长大的士兵皆刺花腿，防止逃往其他军队，"用为验也"。这些士兵常

　　① 《要录》卷40，建炎四年十二月辛未；范成大：《石湖居士诗集》卷12。
　　② 王林：《燕翼诒谋录》卷3，《主家不得黥奴仆》；《长编》卷54，咸平六年四月癸酉。
　　③ 《宋会要》职官65之23。
　　④ 《长编》卷221，熙宁四年三月辛丑。
　　⑤ 《续古今考》卷37，《五刑起于何时？汉文除肉刑，近世配军刺旗法》；《永乐大典》卷5840，《花》字；张齐贤：《洛阳缙绅旧闻记》卷3，《田太尉候神仙下降》。

宋仁宗皇后旁戴花冠的宫女（摹本）

（选自周锡保著《中国古代服饰史》）

常被张俊用来建造第宅、房廊及酒肆太平楼，苦不堪言，因此编成歌谣："张家寨里没来由，使他花腿抬石头，二圣犹自救不得，行在盖起太平楼。"表达了对张俊的怨恨。① 孝宗、宁宗时，饶州百姓朱三的"臂、股、胸、背皆刺文绣"；鄱阳东湖阳步村民吴六也"满身雕青"；吉州太和居民谢六"举体雕青，故人目

① 《长编》卷 102，天圣二年十二丙寅；王明清：《挥麈后录》卷 2；孟元老：《东京梦华录》卷 7，《驾回仪卫》；庄绰：《鸡肋编》卷下。

367

为'花六'，自称'青狮子'"。理宗淳祐以后，临安有名的店铺中有金子巷口陈花脚面食店，其店主人显然也是刺双腿者。现存宋人画杂剧《眼药酸》绢画中，绘有一位手臂"点青"的市民。但朝廷严禁宗室"雕青"①。

由于不少南方少数民族系古代越人的后裔，他们直到宋代仍保留文身的习俗，如《清波杂志》卷10称：广南黎洞"人皆文身，男女同浴"，以致有"文身及老幼，川浴女同男"之说。但又各有其特点，壮族先民只有女奴婢才黥面。《岭外代答》卷10《绣面》称"邕州溪峒使女，惧其逃亡，则黥其面"。而黎女绣面属于"吉礼"，《诸蕃志》卷下《黎》云："女及笄即黥颊为细花纹，谓之绣面。女既黥，集亲客相贺庆，惟婢获则不绣面。"黎族先民只是女性才绣面，而金齿蛮则男性与女性皆文身，并因此有绣面蛮、花脚蛮一类的称呼。《云南志略·诸蛮风俗》称："文其面者，谓之绣面蛮；绣其足者，谓之花脚蛮。"《马可波罗行纪·金齿州下》说："男子刺黑线于臂腿下。刺之法，结五针为一束，刺肉出血，然后用一种黑色颜料擦其上，既擦，永不磨灭。此种黑线，为一种装饰，并为一种区别标识。"范镇《东斋记事》卷5记载，归州（治今湖北秭归县）民家，自汉代王昭君"嫁异域"以来，凡生女不论丑，"必灸其面，至今其俗犹然"。这种女子灸脸的习俗，估计是自古以来文身的继续和变种，不一定与王昭君有关。

宋代工匠还发明一种用药消除刺字或文身的痕迹的方法。仁宗天圣二年（1024），为防止"情重凶恶"的盗贼将脸部所刺字"烧炙涂药"消去，下诏在其脸部"一面刺稍大字样"。真宗的杨淑妃之弟杨景宗，最早是一名无赖，"以罪隶军营务，黥墨其面，至无见肤"。后来因其姐入宫而做官，便"用药去其黥痕，无芥粟存者"，"既贵，而白皙如玉"②。

第三节　簪花

宋代沿袭前朝习俗，不论社会地位或性别、年龄，在平时或节日，都簪戴

---

① 洪迈：《夷坚支志癸》卷8，《阁山排军》；卷9，《吴六竞渡》；《夷坚丁志》卷3，《谢花六》；吴自牧：《梦粱录》卷13，《铺席》；《宋会要》帝系7之31。

② 《宋会要》刑法4之11；魏泰：《东轩笔录》卷2，《杨景宗》。

花朵。

　　从宋初起，逐步形成"故事"：凡大臣参加皇帝举办的宴会，皆赐给宫中名花，其中亲王和宰臣由内侍将花插在他们的幞头上，其他官员自己戴花。皇帝有时也特命内侍为宠爱的翰林学士戴花，使旁观的官员们羡慕不已。每年三月，皇帝与大臣们赴金明池游玩，从宰相到从臣，都赐"生花"即鲜花，"皆簪花而归"。这些花朵分为三品：凡遇圣节大宴，如有辽朝使臣参加，则用绢帛做花，"示之以礼俭"。春、秋季的两次宴会，则用罗帛做花，"为甚美丽"。至于大礼后恭谢、上元游春等，从臣都随皇帝出行，到时安排小宴称为"对御"。凡遇"对御"，即赐从臣们"滴粉缕金花"，"极其珍巧矣"。在赐给从臣们"燕花"时，一般按照官员的品阶决定多少，而在赐给滴粉缕金花时，数量则比平常加倍。这些花朵因为是皇帝赐给的，所以又称"御花"，大臣们遇到这种场合都要穿"公裳，簪御花"。花朵一般都插在幞头上，所以又称"簪戴"①。

　　宋朝皇帝每逢重要庆典，也簪戴花朵。如真宗时，曾特赐东京留守陈尧叟和大内都巡检使马知节御宴，"真宗与二公皆戴牡丹花而行"。在宴会中，真宗命陈尧叟"尽去所戴者"，"召近御座，真宗亲取头上一朵为陈簪之，陈跪受拜舞谢"。徽宗每次出游，回宫时则"御裹小帽，簪花，乘马"。同时，对"前后从驾臣僚、百司仪卫，悉赐花"②。

　　南宋时，官员们每逢重要节庆，如郊祀、明堂礼毕回銮、圣节、赐宴时，都在幞头簪花。花朵分为三种，一为大罗花，分为红、黄、银红三种颜色；二为栾枝即双枝，用各种颜色的罗制成；三为大绢花，分为红、银红两种。罗花以赐百官，栾枝赐卿、监以上官员，绢花赐将校以下武官。各级官员所戴花朵有一定的数量，不准随便超过限数。③

　　宋代官民所戴花朵，除上述罗花、绢花、滴粉缕金花外，还有真花即生花，以及用通草、琉璃制成的花朵。人们喜爱簪戴真花的著名地区有洛阳和扬州，《洛阳牡丹记》说：洛阳之俗"大抵好花，春时，城中无贵贱皆插花，虽负担者亦然"。扬州居民与洛阳"无异"，"无贵贱皆喜戴花"。这两地居民所戴之花大都是真正的牡丹和芍药。当然，洛阳居民也有戴仿生花朵的。如宋太祖开宝初年，洛阳有李姓染匠，又"能打装花缬"，人们称之为"李装花"④。这种仿生花朵使用罗、绢为材料。此外，还有用通草、水晶和琉璃即玻璃制作花朵的。

　　① 王辟之：《渑水燕谈录》卷1；王巩：《闻见近录》；蔡絛：《铁围山丛谈》卷1、卷3；《宋史》卷153，《舆服志五》。
　　② 吴曾：《能改斋漫录》卷13，《记录·御亲赐带花》；《东京梦华录》卷7，《驾回仪卫》。
　　③ 《宋史》卷153，《舆服志五》；《宋会要》职官55之20。
　　④ 欧阳修：《欧阳文忠公集》卷72；王观国：《芍药谱序》；《永乐大典》卷5840，《花》。

如宁宗时，饶州一户居民以生产通草花朵为业。太祖时，吴越国王钱俶进贡"银假果、水晶花凡千数，价值巨万"。度宗时，宫中流行簪戴琉璃花，因此"都下人争效之"。当时，临安有人赋诗道："京城禁珠翠，天下尽琉璃。""识者以为流离之兆。"①

南宋临安的 414 行中，有面花儿行或花朵市、花团。著名的花市或花团在官巷，官巷内著名的花铺有齐家、归家花朵铺，它们专门生产和销售各种花朵，其中有"像生花朵"、"罗帛脱蜡像生四时小枝花朵"等。②

---

① 《夷坚支志癸》卷 8，《李大哥》；《永乐大典》卷 5839，《花》；《宋季三朝政要》卷 4，《度宗》。

② 《西湖老人繁胜录·诸行市》；《武林旧事》卷 6，《诸市》；《梦粱录》卷 13，《团行》、《铺席》、《诸色杂货》。

第二十三章
休假

宋辽西夏金时期的官私休假，因各自的习俗而形成一定的制度。辽和西夏的官私休假制度因史料阙如，详情不明。宋、金的休假情况则较为清楚。

第一节　宋朝的休假

中国古代官员休假经常称"休沐"，或称"休浣"。宋朝凡由官府按"令式"规定的假期，一概称为"式假"。管理"式假"的官署，在神宗元丰官制改革前，一是祠部：真宗时规定，祠部郎中和员外郎所管全年节假日共 100 天，其中包括旬休 36 天。二是鸿胪寺：神宗熙宁四年（1071）下诏，凡鸿胪寺所管式假，并令太常礼院行遣。元丰改制后，鸿胪寺不再经管"式假"之事，完全由祠部负责，全年节假日共 76 天。①

各社会群体因职业的不同，诸如官员、胥吏、军队、学生、编配囚徒、丁夫等享有不同的假期。

●官员的休假制度

官员的休假，大致分为公假和私假两大类。公假有节假、旬假、国忌假、外官上任假、唱名后假、朝假，还有特殊情况给假等。私假有婚嫁假、丧假、病假、探亲假、私忌假等。

1. 官员的公假

（1）官员的节假

官员的节假，在北宋初年，有岁节（元旦）、寒食、冬至各七日，休务各五日。圣节、上元、中元各三日，休务各一日。春社、秋社、上巳、重午（端午）、重阳、立春、人日、中和节、春分、立夏、三伏、立秋、七夕、秋分、授衣、立冬，各假一日，不休务。夏至、腊日，各假三日，不休务。诸大祀，皆假一日，不休务。这里的"假"日是指在京的官员免予朝参，"休务"是指各级官署停止办公。此后，宋朝"或因旧制，或增建庆节、旬日赐沐，皆令休务者，并著于令"。宋真宗时，规定每年大祀、忌日、大忌前一日，皇帝均不坐殿，即在京官员免予朝参，亦即放朝假。元日、冬至、寒食仍各放假七日，诞圣节、元夕等放假皆依旧。新增了天庆节、先天节、降圣节，各放假五日；天祺节、天贶节各放假一日。② 大中祥符元年（即景德五年，1008）建天庆节和天祯（天祺）节、天贶节，五年（1012）建先天节和降圣节，规定各休假五日。宋仁宗康定元年（1040）二月，因西夏主元昊率兵侵扰西北部边境，下诏中书门下和枢密院、三司，自今大节、大忌给假一日，其他小节等"并赴后殿奏事"，减少中央最高官署的假期。直到庆历五年（1045）六月，因"西兵解严"，才重新恢复天庆、天祺、天贶、先天、降圣五个节日的"休务"。庆历六年十二月，规定三元节即上元、中元、下元以及夏至、腊日"自今并休务"③。原来每逢夏至和腊日官员只放三天朝假，且休务，官员实际真正享受了假期。嘉祐三年（1058），御史中丞包拯上疏说：冬至、年节、寒食前后各假一日（按：应当三日），皇帝虽不御殿，即令二府、百司入衙"视事如常"。若皇帝"行幸"或举办燕宴，第二天官员"歇泊"，而"不遇休务者，更不别为假日；或观书、阅礼

---

① 《宋会要》职官 60 之 15；《宋史》卷 163，《职官志三》；《宋会要》职官 25 之 3；庞元英；《文昌杂录》卷 1。

② 《宋会要》职官 60 之 15；《宋史》卷 163，《职官志三》。

③ 《长编》卷 126、卷 156、卷 159。

物之类，毋得早归私第"。仁宗依奏。① 神宗元丰五年（1082），祠部重定官员休假制度，元日、寒食、冬至，七日；天庆节、上元节、同天圣节、夏至、先天节、中元节、下元节、降圣节、腊日，各三日；立春、人日、中和节、春分、春社、清明、上巳、天祺节、立夏、端午、天贶节、初伏、中伏、立秋、七夕、末伏、秋社、秋分、授衣、重阳、立冬，各一日。另有大忌十五日、小忌四日。对于皇帝而言，每逢天庆、夏至、先天、中元、下元、降圣、腊日，皆在前、后一天坐后殿办公，当天不坐。每逢立春、春分、立夏、夏至、立秋、七夕、秋分、授衣、立冬、大忌，前一日，也坐后殿。其余假日，皆不坐，因为"百司休务焉"。以上节假，加上旬假（每月三日，全年三十六日），全年共 124 天。这些假日实际都只是免除上朝，并不全部"休务"。宋徽宗政和四年（1114），新定十一月五日为天应节，依照天祺、天贶节先例，作休务假一日。②

　　南宋初期，因为战乱，官员的节假实际被取消，凡遇节假，"百司"官员"皆入局治事"③。绍兴初以后，随着政局逐渐稳定，节假开始转入正常。孝宗时，罗愿针对当时下诏全国增加中秋节的假期，上疏提出，御史台掌管将每月坐朝和百司入局的情况报告宰执，为"月报"。从月报看，官员们"一月之中，休暇多者殆居其半，少者亦十余日"。国家的大事，诸如"四时孟享，侍从以上有扈从之劳，则为之休务可也"。以往"国家全盛之时，上下燕安，亦有天祺、天贶之属以文太平，历世承平，循而不敢废"。但是，自从"艰难以来，臣民日思淬励，何暇相从于娱乐之事，而独为休告于官府，失其实矣同时，"国家法度在有司者，关报截会，比前代为密。休暇既多，则远方之人常困于守待，而事亦因循失时，有不振之弊"。所以，他建议明诏"有司"，取承平以来一时以庆事名节者，存其名勿废，而使百司得治事如常日"，以便集中精力"恢崇祖宗之功业"。待到"天下复平"，然后"复举旧令为休暇如承平时"④。罗愿的建议是否获准，现不得而知。到宁宗时，据这时的法典《庆元条法事类》"假宁格"规定⑤，南宋官员的节假减少较多，主要是元日、寒食、冬至各由七日减为五日。元日、寒食、冬至的假期，共七日时，规定前、后各三日；共五日时，规定前、后各二日。如北宋时的"假宁格"规定，清明节前二日为寒食节；寒食节前、后各放假三日，共七日。这样，清明节正在寒食节的后二日，清明节的假日恰纳入寒食节的假期内。元日、寒食、冬至虽减为各五日，但官员实际皆享受全

---

① 《长编》卷 178，嘉祐三年十二月己未；庞元英：《文昌杂录》卷 3。
② 《文昌杂录》卷 1；《宋会要》礼 57 之 31。
③ 《宋会要》职官 60 之 15。
④ 明人杨士奇等：《历代名臣奏议》卷 195，《戒佚欲》。
⑤ 《庆元条法事类》卷 11，《给假》。

部假期。据《嘉泰事类》规定，该三大节各假五日，"诸假皆休务"①。由上述记录可知，元旦、寒食（包括清明）和冬至是宋代三大节假日。

在皇帝登殿视事（办公）的日子，有关官员必须上朝，参见皇帝。比如神宗元丰改制后，实行官员"六参"制度。六参，又称"望参"，即每逢一日、五日在京大小职事官和不厘务官，"趁赴望参"。这些官员"不得连三次请假"。朝廷有时因天气如多雨、重要官员去世等下令免予官员朝参，称"放朝假"。放朝假的日子，有时官署停止办公，官员休息；有时官署照常办公，官员不能休息。如上述《庆元条法事类》规定天庆节休朝假三天，实际情况是此时临安府已不像北宋开封府那样，宫观连续斋醮数日，而是"未尝举行，亦无休假"。而外地各州府长官至时必定率员前赴天庆观朝拜，"遂休务，至有前、后各一日"。降圣、天祺、天贶诸节的庆祝和官员放假情况大致也如此。②

（2）官员的国忌假

宋朝的国忌，是指由朝廷特定的本朝先帝、先后逝世纪念日。国忌分为大忌和小忌两种。宋太祖建隆元年（960）三月，追尊僖祖（即赵朓，太祖和太宗的高祖）以下四庙，规定僖祖十二月七日忌，其妻文懿皇后（崔氏）六月十七日忌；顺祖（即赵珽，太祖和太宗的曾祖）正月二十五日忌，其妻惠明皇后（桑氏）五月二十一日忌；翼祖（即赵敬，太祖和太宗之祖父）四月十二日忌，其妻简穆皇后（刘氏）十月二十日忌；宣祖（即赵弘殷，太祖和太宗之父）七月二十六日忌。其中以宣祖为大忌，其余皆为小忌。建隆二年，太祖和太宗之母杜太后逝世，次年五月，下诏以其六月二日忌日为大忌。自此以后，凡皇帝和皇后死后，皆由新皇帝将其忌辰立为大忌。有时，一次增加四名已故皇后的忌辰为大忌。如神宗元丰六年（1083），一次下诏将孝惠（太祖贺皇后）、孝章（太祖宋皇后）、淑德（太宗尹皇后）、章怀（真宗潘皇后）四后的忌日"依大忌例"加以纪念，实际皆立为大忌。随着时间的推移，宋朝也实行废忌。真宗时一度罢宣祖大忌。英宗治平三年（1066），废罢僖祖和文懿皇后的忌日；神宗元丰八年（1085），废罢顺祖和惠明皇后的忌日。但至徽宗崇宁四年（1105），又恢复僖祖和文懿皇后的忌辰，稍前还恢复翼祖和简恭皇后、简穆皇后的忌辰。神宗熙宁三年（1070），国忌共有四小忌、十五大忌。四小忌为顺祖、翼祖、惠明皇后、简穆皇后，十五大忌为宣祖、太祖、太宗、真宗、仁宗、英宗、昭宪、孝明、明德、懿德、元德、章穆、章宪、明肃、章懿皇后。此外，国忌还有双忌

① 陈元靓：《岁时广记》卷15，《寒食上》；卷16，《寒食下》；卷38，《冬至》。
② 《朝野类要》卷1，《班朝》；《长编》卷408，元祐三年二月庚辰；《长编》卷131，庆历元年二月丙午；洪迈：《容斋五笔》卷1，《天庆诸节》。

和单忌之分，单忌是一天只有一位先帝或先后的忌辰，双忌则同一天有两名或两名以上的先帝或先后的忌辰。如昭宪皇后、淑德皇后、懿节皇后的忌日同在六月初二日，僖祖和慈圣光献皇后（仁宗的曹皇后）的忌日同在十月二十日。①

宋太祖初次立国忌，规定凡逢其日，"禁乐，废务，群臣诣佛寺行香修斋"。逢大忌，中书门下的官员全部参加纪念活动；逢小忌，轮派一名官员去佛寺烧香修斋。"天下州府军监亦如之。"同时，规定大忌之前一日，皇帝不坐殿视事。"自后太祖、太宗忌，亦援此例，累朝因之。"这说明大忌前一天，皇帝不坐殿视事，在京官员即放朝假。到忌日那天，各官署休务，官员去佛寺烧香后即可回家。②仁宗时，逢真宗、庄懿皇太后的忌日，往往前后三天到二天皇帝不视事，实际是放在京官员七天到五天的朝假。神宗元丰六年（1083），下诏规定大忌日，六曹诸司"不得假执政官早出，诸司官不得随出"③。要求各司官吏照常上班。

南宋时，可能因国忌日益增多，出现了逢双忌、单忌不同的休假办法。按照规定，在京文武百官只在双忌放假，因为烧香跪拜的礼数很多，待全部仪式结束，时间已晚；单忌仅三省官员"归休"，其余"百司坐曹决狱，与常日亡异"。宋孝宗时，罗愿上疏要求减少官员假期，如双忌日，百官"不过行香一时之顷，退而入局，盖未害也"④。实际上建议取消双忌百官休假的规定。

（3）官员的旬假

宋代沿袭前代，实行官员旬假制度。太祖开宝九年（976），开始规定每遇旬假，皇帝不登殿视事，赐百官休沐一天。所谓旬假，是每十天中休息一天，一般放在每旬之末。史称"每旬唯以晦日休务"，即每月的十日、二十日、三十日或二十九日（小月）休假。⑤仁宗康定元年（1040）二月，因西夏主元昊反叛，边防紧张，下诏中书门下和枢密院、三司，自今逢大节、大忌给假一日，其余小节、旬休"并赴后殿奏事"。这就是说命令百官暂停旬假。同年六月，翰林学士丁度上疏提出为了安定人心，"请休务如故，无使外夷窥朝廷浅深"，乃决定恢复旬假。⑥宋高宗建炎初年，因战事频繁，凡遇旬休和其他假日，百官照常入局治事。稍后，改为每月最后一天休务。至绍兴元年（1131），下令朝廷各

---

① 《宋会要》礼42之1、15、16、11、10、12；陆游：《老学庵笔记》卷10。
② 王栐：《燕翼诒谋录》卷2；《长编》卷62。
③ 《宋会要》礼42之6、7；《长编》卷335；庞元英：《文昌杂录》卷4。
④ 《容斋随笔》卷3，《国忌休务》；《燕翼诒谋录》卷2；《历代名臣奏议》卷195，《戒佚欲》。
⑤ 《长编》卷17；《宋会要》职官60之15。
⑥ 《长编》卷126、卷127。

司每旬仍休息一天，但其他假期依旧停放。宁宗时，《庆元条法事类》"节假"中规定，每旬放假一天。①

（4）外官上任假

宋代沿袭唐制，外官上任规定期限，"限满不赴者"有罚。② 官员接受新的差遣后，有一定的假期休息，然后赴新任。太宗淳化二年（991）正月，下诏京朝官"厘务于外者，受诏后给假一月浣濯，所在州府以赴上日闻，违者有罪"。真宗咸平元年（998）十二月，又下诏京朝官被差任知州、通判、知军、监县场及监临物务者，在差遣确定后，"不得更赴朝参"，即不得继续在京城逗留，"限五日朝辞"。除去路途上的时间，再与一个月的假期。如果到任超假三天以上，"别具闻奏"即朝廷将依法加以惩罚。③

（5）法官给假

宋代有些官员因职务特殊，平日公事繁忙，每逢假日，只得照常办公，或者另外补假。如仁宗天圣二年（1024），因审刑院案牍较多，遇到天庆、乾元等五节，仅三天暂停奏申大辟公案；其他公案，仅在这五节的当天"住奏"。哲宗时，户部遇到假日，还派少数官吏去审理杖以下的一些案件。④ 推想假日不休的官员当有补假的办法。

（6）特殊给假

在特殊情况下，朝廷临时给官员休假。如真宗在大中祥符七年（1014）二月，从亳州回京城，特赐随驾"东封西祀"的文武官员休沐假三日。⑤ 仁宗次子赵昕在庆历元年（1041）病死，仁宗停止视朝五日，表示哀悼。庆历六年三月，在御试完毕，公布录取进士、诸科名单后，下诏"依宴后一日例，放歇泊假一日，前、后殿不坐，永为定式"。同年四月，仁宗赴金明池，并刘麦和各处游宴，下诏第二天"并放歇泊沐务假，并后殿不坐，永为定式"⑥。皇帝不坐殿办公，有关官员即放朝假，且可"歇泊"一天。南宋时，在御试唱名后，也给有关考试的官员放歇泊假三天。⑦

2. 官员的私假

宋代官员的私假名目很多，也形成一定的制度。同时，官员的大部分私假

---

① 《宋会要》职官 60 之 15；《要录》卷 41；《庆元条法事类》卷 11，《职制门八·给假》。
② 《重详定刑统》卷 9，《职制律》。
③ 《燕翼诒谋录》卷 3，《外官给告浣濯》；《宋会要》仪制 9 之 8。
④ 《宋会要》职官 15 之 30—31；《长编》卷 102、卷 477。
⑤ 《宋会要》职官 60 之 15。
⑥ 《长编》卷 131；《宋会要》选举 8 之 33、职官 60 之 15。
⑦ 周必大：《文忠集》卷 7，《次韵陈叔晋舍人殿试笔记》。

实际享受公假的待遇。

（1）官员的婚嫁假

据《庆元条法事类》记载，官员自身结婚，朝廷规定给假九日。官员的期亲（如亲兄弟、姊妹、侄子、叔父等）结婚，给假五日；大功亲（如孙、堂姊妹、堂兄弟等）婚嫁，给假三日；小功亲（如堂侄、堂孙、堂姑等）婚嫁，给假二日；缌麻亲（如堂侄孙、曾孙、玄孙等）婚嫁，给假一日。对于有些官员的婚嫁假，因其职务繁忙，朝廷另有规定。如太宗淳化三年（992），规定大理寺断官"婚姻亦假三日"①。

（2）官员的丧葬假

宋代提倡孝道。宋初法律规定，人们如闻父母丧或周亲尊长、大功以下尊长丧而"匿不举哀者"，将受到严惩。② 对于官员，自然更要求严格遵行。文官遇父母亡故，一般都要解除官职，持服三年（实际为二十七个月）。武宣遭父母丧，宋初照例不解除官职，也没有给假的日限。至仁宗天圣八年（1030），开始规定，武臣遇父母丧，卒哭（即死后第一百天）后，便允许朝参。实际上，规定三司副使以上及班行使臣，遭父母亡故，都给假一百天。③ 嘉祐四年（1059），由于武臣普遍"不持丧"，这种情况引起了朝廷大臣们的注意，于是经过两制和台谏官的商议，决定阁门祗候、内殿崇班以上持服，供奉官以下不必持服。哲宗元祐七年（1092），又下诏命武臣丁忧者，现任管军处或担任路分总管、钤辖、都监、知州县城关使、县尉、都监、寨主、监押、同巡检、巡检驻泊、巡防驻泊及管押纲运大使臣等，皆不解除官职（其中系沿边任职和押纲者，给假十五日），一律给假一百天。此外，原来不应解除官职而自愿解除官职行服者，除沿边任职者须奏申朝廷待批外，一概准许。④ 孝宗时，"吏部选法"规定，小使臣遭丧不解除官职，给"式假"一百天。内侍官丁忧时，也如此给假。不过，这时又补充规定，凡小使臣中荫补子弟、取应宗室，武举出身人、捧香、戚里、宗室女夫等"诸色补官"人，"皆合遵三年之制"。宁宗时，《庆元条法事类》规定，"武臣丁忧，不解官"，给假一百日；其中正在"缘边任使"、"押纲"者，给假十五日，一般"非在职"的文官遭丧，按亲等给假：期亲三十日，大功二十日，小功十五日，缌麻七日，降而服绝三日；其中"无服之殇"（指未满八岁而夭折，无丧服之礼），期亲五日，大功三日，小功二日，缌麻一日。下葬时，期亲五日，大功三日，小功二日，缌麻一日。除服（脱去丧服，不再守孝）

① 《庆元条法事类》卷11，《职制门八·给假》。

② 《重详定刑统》卷10，《职制律·匿哀》。

③ 《长编》卷109，卷177。

④ 范镇：《东斋记事》卷2；《长编》卷470。

时，期亲三日，大功二日，小功、缌麻一日。一般在职的文官遭丧：期亲给假七日，大功五日，小功、缌麻三日，降而服绝、无服之殇一日。遭本宗及同居无服亲之丧，给假一日。"丁忧不解官"时，至大祥（父母丧后二十五月的祭名）和小祥（父母丧后十三月的祭名）七日，禫（父母丧后二十七月的祭名，从此免除丧服）五日，卒哭（父母丧后一百天）三日，朔、望各一日。①

对于有些职务忙碌的官员，朝廷在丧假方面有特殊的规定。如真宗天禧元年（1017）规定，在京城的场、务、坊的监官，遇期亲丧，给假五日，闻哀二日；遇大功或小功丧，给假三日，闻哀一日；遇缌麻亲丧，给假一日。②

有关官员的丧葬假，还有一些具体的规定，其中比较重要的有：一，"诸遭丧给假，以遭丧日为始；闻丧者，以闻丧者为始"。规定了丧假起始的日期。又规定"闻丧"给假比"遭丧"减少三分之一。二，沿边任职而"遇军期者"，不给祥、禫、卒哭、朔望假。三，凡丧、葬在他处者，在职官不准离任；如欲奔赴或护丧，如能在自己婚嫁中还假者，允许离任。"非在职人"，仍加给路程假。③

（3）官员的私忌假

宋太祖开宝九年（976）规定，"应常参官及内殿起居职官等，自今刺史、郎中、将军以上，遇私忌请准式假一日"。真宗景德三年（1006），下诏"文、武官私忌并给假一日"，"忌前之夕，听还私第"④。扩大至所有官员遇私忌，都给假一日。仁宗庆历初，因西北边境战事吃紧，暂停在朝宰执等私忌假，至庆历五年（1045）六月才依旧。"私忌"一般是指官员亲生父母的忌日。神宗"元丰令"规定："诸私忌给假一日，逮事祖父母者准此。""逮"指"及"，即"谓生而及见祖父母者也"。到宁宗时，更明确规定私忌是指祖父母和父母的忌日，祖父母内还包括"逮事曾、高同"⑤。

（4）官员的病假

宋代官员请病假，法律上称"寻医"。大臣请病假，直接写奏札向皇帝提出，在奏札中说明病情、准备请假天数，请求皇帝批准。如孝宗淳熙十三年（1186），枢密使周必大在《请假十日札子》中说，因"不善卫生，腰痛日甚，百药俱试，殊来有效"，所以请予"给假十日，庶几一意将理，获遂痊平"。官

---

① 《宋会要》礼 36 之 37；《庆元条法事类》卷 11，《职制门八·给假》；《长编》卷 422，元祐四年二月甲寅。
② 《长编》卷 89。
③ 《庆元条法事类》卷 11，《职制门八·给假》。
④ 《宋会要》仪制 13 之 31；《长编》卷 17。
⑤ 《长编》卷 156；《文昌杂录》卷 5；《庆元条法事类》卷 11，《职制门八·给假》。

员申请寻医，则必须找两名同级现任官员担保，保证其"别无规避"，所在官署验实保明，奏申朝廷。在任的官员寻医，实际上给予病假 100 天。满 100 天后，如继续请假，所在官署"勘验"确"无规避"，即准许离任，然后申报原来差举的官署。其中通判、路分都监以上，要具奏听旨。暂时没有差遣的寄禄官，则申报御史台。官员在赴阙或赴任、请假、离任等途中患病后痊愈，经所在州衙自陈验实，发给公凭，申报原任官署。如病假满 100 天，或者已经痊愈，而续假累计达 200 天以上，则申报在京所属官署。官员犯赃而装病寻医者，依照"诈疾病有所避律"加罪两等，监司和郡守"徇情故纵者"与之同罪。①

（5）官员的探亲等假

现任官员遇父母患病、病危而请探亲假，应离任"省视"者，由所属官署查明，除去路程外，给假最多不超过一个月。离任后，申报吏部。如遇"急难"或搬家，须离任者，也查实确"无规避"，保明申报吏部。哲宗元祐四年（1089），始对现任官员"以急难乞假离任"的情况加以立法。②

除上述有关官员的公假和私假的许多具体规定以外，还有一些较为重要的规定。诸如一，按照宋高宗绍兴六年（1136）二月敕的规定，凡官员以三年为任者，允许每任请假两个月；以二年为任者，允许每任请假一个月。超假时间的俸禄、职田租米之类，一概停发；如违，以贪赃论处。二，"考课令"规定，"诸准格令给假（谓应给而非乞假者），其月、日理为在任"。表明凡官员在"式假"以外所请之假，在考课时不计入其任职时间内。③ 三，官员请事假或延长假期，要事先向主管官署或吏部递呈札子，写明请假或展期的理由。④

⊜军队的休假制度

军队的休假，也形成一定的制度。如宋真宗大中祥符元年（1008）下诏因福建山路险恶，为官府运输货物的军士，允许享受旬假和节日假。次年，又下诏准许各仓库、场务的役兵"给假休息，仍赐缗钱"，实际是带薪休假。宁宗时，《嘉泰事类》"军防格"规定，每遇寒食节，"诸军住教三日"；遇中元节，"诸军住教一日"⑤。

---

① 周必大：《文忠集》卷 128；《庆元条法事类》卷 11，《职制门八·寻医侍养、给假》。
② 《庆元条法事类》卷 11，《职制门八·寻医侍养、给假》；《长编》卷 422，元祐四年二月甲寅。
③ 《庆元条法事类》卷 11，《职制门八·给假》。
④ 方逢辰：《蛟峰文集》卷 1，《乞假札子》、《抵家乞宽假一月》。
⑤ 《长编》卷 69，大中祥符元年八月申辰；《长编》卷 71，大中祥符二年六月丁未；陈元靓：《岁时广记》卷 16，《寒食下》；卷 30，《中元下》。

㊂学校的休假制度

学校的休假制度，从北宋到南宋逐步严格。仁宗庆历二年（1042），王洙上疏指出，当时国子监"殊无国子肄习之法，居常讲筵无一二十人听读者"。建议凡在本监听读的生徒在授业的学官处"亲书到历。如遇私故出入，或疾告归宁，并于判监官处具状乞假，候回日，于名簿开记请假日数。若满一周年已上，不来参假者，除落名籍"①。表明允许国子生连请一年的长假，但如果超过一年而又不来国子监销假，即予除名。庆历四年（1044），正式设置太学。至徽宗时，太学生有病得向所在的斋请假，称"斋假"；因故暂时不能上学，应请"长假"。南宋时，依旧实行太学生请长假超过一年者，必予除籍的规定。②

南宋太学和武学还放节假。上巳，太学放假一日，武学三日；清明，太学放假三日，武学一日。对上述"两学暇日"，南宋学者周密也觉得"殊不可晓"。太学生在元宵节晚上出游，要向学官"告假"③。

至于各地州学，同样也有一定的请假制度。仁宗至和元年（1054）制定的京兆府（治今陕西西安）"小学规"规定："应生徒依府学规，岁时给假，各有日限。如妄求假告及请假违限，并关报本家尊属，仍依例行罚。"徽宗时，"学制甚严"，蔡州州学的学生七八人在"黄昏潜出游，中夕乃还"，他们"未尝谒告，不敢外宿"④。

㊃其他人员的休假制度

宋代其他人员的休假制度，主要是编配囚徒和服役丁夫以及一般的"工作"人员等休假的规定。

宋宁宗时，《庆元条法事类》"假宁令"规定："诸配流、编管、羁管移乡人，在道闻祖父母、父母丧及随行家属有疾，或死若产者，申所在官司，量事给住程假。"⑤允许被判配流、编管、羁管而移乡的人（主要是官员），在路途中得悉祖父母、父母亡故，或者随行家属患病、亡故、生产，申报所在官署，酌情给予"住程假"。同书"假宁格"规定，"流囚居作"者，每旬给假一日，元日和寒食、冬至各给假三日。⑥

---

① 《宋会要》崇儒1之29。
② 《宋会要》选举4之13、16之12。
③ 周密：《癸辛杂识》后集，《两学暇日》；《夷坚乙志》卷15，《京师酒肆》。
④ 《夷坚丙志》卷13，《蔡州禳灾》。
⑤ 《庆元条法事类》卷11，《职制门八·给假》；卷75，《编配流役》。
⑥ 《庆元条法事类》卷11，《职制门八·给假》。

对于服役的丁夫，官府也给予一定的休假时间。如真宗大中祥符元年
（1008）十二月，下诏沪州南井煎盐灶户自今遇元日、冬至、寒食三节，各给假
三日。大中祥符六年（1013），下诏"诸煎盐井役夫，遇天庆等四节并给假"。
哲宗元祐四年（1089）六月，因太热，特"给在京工役假三日"。绍圣四年
（1097）六月，哲宗亲自批示："为暑热，应在京工役去处，并放假三日。"① 宁
宗时，《庆元条法事类》规定，凡"役丁夫"，元日、寒食、冬至、腊日各放假
一日。②

对于从事一般"工作"的工匠，也定期给假。真宗景德四年（1007），始
"诏诸处钱监铸匠，每旬停作一日；愿作者，听之"。规定各官办的钱监铸匠每
旬休假一天，如不愿休假，也允许。宁宗时，《庆元条法事类》规定，"工作"
人每逢元日、寒食、冬至三大节各休假三日，逢圣节、每旬、请衣、请粮、请
大礼赏各休假一日。③

第二节　金朝的休假

金朝建国后，逐渐仿效辽、宋旧制，实行官员的休假制度。官员的休假方
式大致有三：一是免朝或辍朝，即皇帝不坐殿视事，官员免予朝参；二是休务
或废务，即官署停止办公；三是正式休假。

●一 免朝或辍朝

金代皇帝往往是在朝廷举行隆重的典礼、重要人物丧葬、天气或天象异常
等情况下决定免朝或辍朝的。

金世宗大定八年（1168）正月九日，敕旨："自今后凡享太庙行礼日免朝。"
大定九年，重申祭太社稷行礼的当日，皇帝"皆不视朝"。这是每逢朝廷举行重
大典礼时，皇帝免朝。

---

① 《长编》卷70，卷81，卷429，卷489。
② 《庆元条法事类》卷11，《职制门八·给假》。
③ 《长编》卷67；《庆元条法事类》卷11，《职制门八·给假》。

金熙宗皇统二年（1142），太师完颜宗幹（斡本）死，薛王完颜宗强（阿鲁）死，皆临时"辍朝七日"。又规定凡平章死，"辍朝三日"。皇统九年，太师完颜宗弼（兀术）死，"辍朝三日"。大定十三年（1173）、大定十五年，"奉安"昭德皇后（金世宗皇后乌林答氏）、武灵皇后于别庙，"亦免朝参，似此百官行礼，其日并免朝"。大定十九年，改葬昭德皇后，"前后各一日不视朝，废务"。又规定"自来凡遇妃主、大臣薨逝及出葬，并辍朝废务"①。金章宗明昌元年（1190）元旦，"以世宗丧，不受朝贺"。明昌二年正月，皇太后徒单氏，太师、尚书令徒单克宁连续去世，金章宗停止视朝，直至二月才继续视朝处理公务。②

金世宗大定三年（1163）六月一日，日食。朝廷"依旧典故，太阳亏，有司预奏皇帝不视事，百官各守本司，不治务，过时乃罢。自后以为常式"。大定十五年，敕旨进一步规定："后每遇太阴、太阳亏蚀，并免朝。"③ 说明在日食、月食时，皇帝不登殿视事，百官免朝，各在官署坚守，停止办公；日食、月食过后，继续办公。有时，遇到天降大雪或者暑热，免予朝参。如金宣宗兴定四年（1220）五月，"以时暑，免常朝，四日一奏事"④。

●休务或废务

金代各级官署每逢国忌、宗庙从祀、皇后改葬、皇太子丧葬等时，休务一日或数日。

金世宗大定二年（1162）五月，臣僚奏请睿宗皇帝（完颜宗辅，世宗的生父）忌辰，是否废务。世宗批示："废务，仍为定制。"同月，贞懿皇后（世宗的生母李氏）忌辰，"亦废务，过大祥后不废"。大定十九年，臣僚奏请太祖（阿骨打）和太宗（吴乞买）、睿宗"忌辰并废务"，"今来世祖皇帝（按即劾里钵，金太祖之生父）五月十五日忌辰，有无合行一体废务"，世宗依奏。大定二十六年，决定金熙宗忌辰，官署"亦废务"⑤。

金代"自来宗庙从祀，并原庙、别庙奉安尊享，及凡庆慰等礼数用百官者，并废务"⑥。这是因为文武百官到时要参加这些重要典礼，所以各官署不得不停止办公。

① 《大金集礼》卷32，《辍朝》。
② 《金史》卷9，《章宗一》。
③ 《大金集礼》卷32，《辍朝》。
④ 《金史》；卷12，《章宗四》；卷16，《宣宗下》。
⑤ 《大金集礼》卷32，《废务》。
⑥ 同上。

一些重要人物丧葬时，除官员免朝外，各官署也废务。如海陵王贞元三年（1155）十二月，太傅、领三省事大臬死，朝廷"命有司废务及禁乐三日"。世宗大定十九年（1179），改葬昭德皇后，"前后各一日废务"。大定二十五年，皇太子死，"废务、禁乐三日"。又规定这些活动"但用百官祭殿行礼日，亦废务。其发引并葬日，并废务、禁乐"①。

⊜正式休假

金代官员的正式休假，有节假和旬假、国忌假、私忌假、婚假、丧假、病假、探亲假、特准假等。虽然，直到金章宗承安五年（200）十月，"初定百官休假（格）"，但金熙宗天眷二年（1139）已经由"详定所定到仪式"，其中一款规定了旬休和节序假宁休务日。② 这些旬休日，加上各个重要节日，就成为金代的法定假日。

官员的节假，天眷二年"详定所"规定：元正、冬至、寒食各节前后，"其休务三日"；上元、立春、秋社、上巳、端午、三伏、立秋、重阳、授衣（九月一日），"各休务一日"。其后，又补充规定夏至、中元、下元各休假三日，人日、中和节、七夕、春分、立夏、立冬各休假一日。海陵王天德二年（1150），朝廷认为"内外官司自来准式休假颇多，不无旷废官中事务"，乃决定减少假期，仅年节即元旦前后各给假一日，共三日；清明、冬至，各一日；"其余节辰，并不给假"。到金世宗大定二年闰二月，认为节假过少，又决定清明节给假三日，"尚书省相庆（度），各给清明前二日，共三日"。十一月，进一步决定元日、寒食的前后各给假一日，实共三日；冬至、立春、重五、立秋、重九"各给假一日"。在金朝亡国后成书的《大金国志》记载，金代"周岁节假日仪"中规定，元日假三日，前后各一日；寒食假五日；冬至、立春、重五、立秋、重九，各给假一日。③

官员的旬假和国忌，天眷二年"详定所"规定：每月三旬和国忌，各休务一日。此后，直至金末，未有变化。④ 国忌休假的时间，有时由皇帝随意延长。如海陵王贞元元年（1153），皇太后大氏病死，下诏尚书省："应随朝官至五月一日方治事"，"外路自诏书到日后，官司三日不治事"⑤。

官员的私忌假，到金章宗明昌元年（1190）才正式规定：凡内外官并诸局

---

① 《金史》卷5，《海陵》；《大金集礼》卷32，《废务》。
② 《金史》卷11，《章宗三》；《大金集礼》卷32，《休假》。
③ 《大金集礼》卷32，《休假》；《大金国志》卷35，《杂色仪制》。
④ 《大金集礼》卷32，《休假》。
⑤ 《金史》卷63，《后妃上》。

承应人，遇祖父母、父母的忌日，皆给假一日。①

官员的婚娶假，至金世宗大定十七年（1177）规定：朝官嫁娶给假三日，"不须申告"②。

官员的丧假，在海陵王贞元元年规定，内外官凡闻大功以上亲戚丧，只给当日假；如是父母丧，"听给假三日"，"著为令"。金章宗泰和五年（1205），规定："制司属丞，凡遭父母丧，止给卒哭假，为永制。"③ 据宋人记载，"虏法，文武官不以高下，凡丁家难，未满百日，皆差监关税、州商税院、盐铁场，一年为任，谓之优饶"。

官员的病假，朝廷规定一次限请一百天。一百天内俸禄照发，超过一百天，则停发。金世宗大定十七年（1177），宰相纥石烈良弼请病假满百日，世宗下诏"赐告"即特准延长病假日期，并"遣太医诊视"④。

官员的探亲假等，往往是出由皇帝特准。如金章宗明昌四年（1193），右丞相夹谷清臣上表请求退闲，章宗不允，特批"赐告省亲"，给假五十日，"驰驿以往，至彼可为一月留也"。除去路程二十日，实际探亲时间为三十日。明昌三年，参知政事夹谷衡"久在告"，"承诏始出"，章宗见其"羸瘠"，"复赐告一月"⑤。

㈣其他人员的休假制度

金代官员以外，各级学校以及工役场所也有一定的休假制度。各级学校规定："遇旬休、节辰皆有假，病则给假，省亲远行则给程"，遭丧也给一百日的假。⑥ 金宣宗兴定四年（1220）五月，特命工部"暑月停工役"⑦。

---

① 《金史》卷9，《章宗一》。
② 《金史》卷7，《世宗中》。
③ 《金史》卷5，《海陵纪》；卷12，《章宗四》。
④ 洪皓：《松漠纪闻补遗》；《金史》卷58，《百官志四》；卷88，《纥石烈良弼传》。
⑤ 《金史》卷94，《夹谷清臣传》、《夹谷衡传》。
⑥ 《金史》卷51，《选举志一》。
⑦ 《金史》卷16，《宣宗下》。

第二十四章
语言和文字

第一节　汉文的口语化倾向，准共同语的变化

　　汉语方块字的优点是统一了文字，方块字不至于像拼音文字那样，会因地方方言语音的差别，而分裂成多种文字。但是，由于各地方言的语音差别很大，宋人也追求一个标准语音。因政治中心的关系，自东汉迄宋，洛阳语作为标准语，语言学家称之为准共同语。因为宋朝建都开封，故北宋人往往以开封和洛阳方言作为当时的标准语音。人称"乡音是处不同，惟京师，天朝得其正"。陆游说："中原惟洛阳得天地之中，语音最正。"但是，他又认为即使是洛阳方言的读音亦并非纯正，如洛阳语"谓弦为玄，谓玄为弦，谓犬为遣，谓遣为犬之类，亦自不少"。北宋前朝，大臣寇準和丁谓在政事堂上，"闲论及天下语音何处为正"。寇準说："惟西洛人得天下之中。"丁谓说："不然，四远各有方言，惟读书人然后为正。"① 宋时读书人与洛阳语之间的差别，类似于现在普通话与北京土话之间的差别。南宋初，大批中原人聚居在作为政治中心的临安，时至今日，杭州官话在某种程度上仍保留着北方语音。

---

　　① 《耆旧续闻》卷7；《老学庵笔记》卷6；《说郛》卷5《谈选》。

宋代的汉人到底有多少种方言，目今缺乏较完整的记录。但从某些片断的记载，也可看出一些方言的特色。陆游说："四方之音有讹者，则一韵尽讹。如闽人讹高字，则谓高为歌，谓劳为罗；秦人讹青字，则谓青为妻，谓经为稽；蜀人讹登字，则一韵皆合口；吴人讹点字，则一韵皆开口。"周密说："浙之东言语，黄王不辨，自昔而然。"现今的一些江浙方言也同样是黄王不辨。"荆楚人以南为难。"①

各地的方言中必然有一些特殊的词汇。如开封方言"谓不循理为乖角"，"作事无据者为没雕当"，"淮人谓岁饥为年岁揽减，越人以婴儿为呕鸦"②。"闽人谓子为囝，谓父为郎罢"。"岭南风俗，相呼不以行第，唯以各人所生男女小名呼其父母"。如"韦庶女名睡娘，即呼韦庶作父睡，妻作姆睡"③。

任何时代总有一些秽言和詈语。例如宋时"谓贱丈夫曰汉子"，秦桧学生时代，人称"长脚汉"，秦桧惧内，即使升任高官，其妻仍称他"老汉"。施全行刺秦桧不成，有人讥他为"不了事汉"，但"好汉"和"丈夫汉"当时仍是褒词。④

口头语言和书面语言的关系，自然是源和流的关系，但两者又各有其继承性。宋代的书面语言，仍大致沿用秦汉以降的古文和后来的骈体文。自春秋、战国时出现汉语史上第一次白话文运动以后，经历了千余年的演变，秦汉古文与口头语言的差别愈来愈大。

《说郛》卷7《轩渠录》记载，北宋开封"有营妇，其夫出戍"，其子名窟赖儿，她"托一教学秀才写书寄夫云：窟赖儿娘传语窟赖儿爷，窟赖儿自爷去后，直是忔憎儿，每日根特特地笑，勃腾腾地跳。天色汪囊，不要吃温吞蟊托底物事"。那个秀才无法捉笔，只能退回她数十钱。书面语言表达口语固然困难，而文化水平较低的人往往不易听懂书面语言，更不论自己作文了。因此，就出现了书面语言的白话文倾向。

宋代不少民间语言逐渐渗透到书面语言之中。例如宋代的"勾当"、"管勾"等词，就是常用口语，意为管理之类。当时的官名有管勾卖盐官、勾当御药院⑤、管勾文字、勾当公事、管勾帐司⑥等。又如"诡名"一词，也属民间口

---

① 《老学庵笔记》卷6；《癸辛杂识》续集下，《黄王不辨》；《耆旧续闻》卷7。
② 《萍洲可谈》卷1；《江湖长翁文集》卷11，《送学生赴秋试因省别业三首》。
③ 《宋朝事实类苑》卷60，《岭南人相呼》、《闽人称呼》。
④ 《老学庵笔记》卷2、卷3；《朝野遗记》；《三朝北盟会编》卷151；《鄂国金佗续编》卷25，《杨么事迹》。
⑤ 《宋会要》职官44之40；《司马文正公传家集》卷39，《言王中正札子》。
⑥ 《长编》卷367，元祐元年二月戊子。

语，指假冒姓名之类。此词在宋代官方文献中使用也非常普遍，如诡名挟户、诡名挟佃①、诡名子户、诡名隐寄②、诡名走寄、诡名冒请③等，都是指假冒姓名立户，分户，伪称佃户，隐瞒田产，请佃官田之类。

今存宋人文献中，保留了不少使用民间口语的谈话记录。北宋时，登州妇人阿云"用刀斫伤"丈夫韦阿大，"县尉令弓手勾到阿云，问：是你斫伤本夫，实道来，不打你"④。宋金通使时，宋人记录金人译语，也间或用白话文。如金将完颜粘罕对马扩说："见皇帝说：射得煞好，南使射中，我心上快活。"金人萧褐禄问宋使魏良臣等人说："秦中丞（桧）安乐么？此人元在自家军中，煞是好人。"⑤ 在著名民族英雄岳飞的震惊千古的冤狱中，最初是由其部将王俊的一纸诬告状为借口。王俊诬告岳飞的爱将张宪企图谋反，其状词全用白话文。这反映了王俊本人的文化水平，他显然没有能力写标准古文式的书面语言，故文士们称其"甚为鄙俚之言"。如"自家懑都出岳相公门下"，"他懑有事，都不能管得"，"大段烦恼"之类，都是宋时常用的口语。"懑"相当于现今的"们"。"大段"意为大大地，战场上立功，可称"大段立功"⑥。在这次冤狱中，秦桧蛮横无理地回答韩世忠"莫须有"三字是很有名的，这也是宋时的口语，意为"岂不须有"⑦。

民间口语虽有鄙俚不雅之词，但也不乏生动的语言。如"嫁得鸡，逐鸡飞；嫁得狗，逐狗走"。南宋初的谚语说："仕途捷径无过贼，上将奇谋只是招。"又说："欲得官，杀人放火受招安；欲得富，赶著行在卖酒醋。"又说："要高官，受招安；欲得富，须胡做。"⑧ 这些谚语辛辣地讽刺了时政。

一些民间口语也被文士们吸收到诗词之中。如苏轼诗说："三杯软饱后，一枕黑甜余。"就是吸取了"谚语"。"巧媳妇做不得没面馎饦"，"远井不救近渴"，"瓦罐终须井上破"等谚语，也被陈师道改为七言诗，"巧手莫为无面饼，谁能留渴须远井"，"瓶悬甃间终一碎"⑨。

词是宋时的歌曲，吸收口语的成分更多。例如著名的女词人李清照《声

---

① 《历代名臣奏议》卷45，余应求奏；《长编》卷249，熙宁七年正月丙寅。
② 《宋会要》食货5之24、38之21。
③ 《历代名臣奏议》卷258，虞俦奏；《朱文公文集》卷99，《晓谕逃移民户》。
④ 《司马文正公传家集》卷40，《议谋杀已伤案问欲举而自首状》。
⑤ 《会编》卷4，《茅斋自叙》；卷162，《绍兴甲寅通和录》。
⑥ 《挥麈录余话》卷2；《长编》卷341，元丰六年十二月癸酉。
⑦ 宋时"莫"或可作"岂不"解。如《永乐大典》卷19735《曾公遗录》载宋哲宗说："府界莫可先行？"《宋史》卷192《兵志》作"府界岂不可先行"。
⑧ 《鸡肋编》卷中、卷下；《会编》卷140。
⑨ 《鸡肋编》卷中、卷下；《后山集》卷3，《送杜侍御纯陕西转运》、《次韵苏公西湖徙鱼三首》。

声慢》词，"乍暖还寒时候，最难将息"，"守着窗儿，独自怎生得黑"，"这次第，怎一个愁字了得"。宋理宗时，福建兴化人陈彦章"往参大学，时方新娶"，其妻作《沁园春》词，"记得爷爷，说与奴奴，陈郎俊哉"！"那孤灯只砚，郎群珍重，离愁别恨，奴自推排"，"早归则个，免待相催"。南宋太学生"有采俗语作耍"说："湖女艳，莫娇他，平日为人吃诱拿，乌龟犹自可，虔婆似那吒。早晨起来七般事，油盐酱豉姜椒茶，冬要绫罗夏要纱。君不见，湖州张八仔，卖了良田千万顷，而今却去钓虾蟆，两片骨臀不奈遮。"① 这些全属当时的口语。

洪迈《夷坚志》是一部神鬼怪异小说，用文言书写，但其中也有口语。如《夷坚丁志》卷10《建康头陀》记载一个"头陀道人"见到建康一批学生，便说："异事！异事！八坐贵人都著一屋关了，两府直如许多，便没兴不唧溜底，也是从官。"学生范同轻薄绰号为"秦长脚"的秦桧，说："这长脚汉也会做两府？"即是一例。如前所述，"长脚汉"也是蔑称。

《朱子语类》是著名大思想家朱熹的谈话记录，经后人编次成书，但仍在很大程度上保留了使用白话的原貌。这表明即使像他那样的大学者，平日言谈，甚至讲授儒家经典，也只能使用当时的口语，而无法使用古语。因此，此书不仅是宋代理学的重要著作，也保存了十分丰富的宋代白话文资料。这里不妨摘录两段。此书卷3说："鬼神事自是第二著。那个无形影，是难理会底，未消去理会，且就日用紧切处做工夫。"此书卷10说："莫说道见得了便休。而今看一千遍，见得又别；看一万遍，看得又别。须是无这册子时，许多节目次第都恁地历历落落，在自家肚里，方好。"

从上引的一些实例看，宋时的口语与现代口语有很大的差别，故今人读《朱子语类》等白话文，反而比读宋时的标准古文更加困难。降及元代，汉文中的白话成分更大。明清时又出现逆转，唯有小说之类使用白话。直到五四新文化运动时，方实现了汉语史上的第二次革命，以白话文取代了文言文。

大致自金代开始，汉族的标准语，即准共同语，开始了由洛阳语转变为北京语的缓慢进程。如金朝完颜合周"语鄙俚"，其所写榜文有"雀无翅儿不飞，蛇无头儿不行"之语。② 现代北京语带"儿"字，是一大特点，可推知标准语演变之端倪。这当然与自金朝以降，今北京成为政治中心有关。③

---

① 《湖海新闻夷坚续志》前集卷1，《俗谚试题》；后集卷2，《送夫入学》。
② 《金史》卷114，《合周传》。
③ 参见王曾瑜：《书同文和标准话》，载《文史知识》2004年第1期。

第二节　其他民族的文字

在宋辽金代，现今中国疆域内既然存在着多种民族，也必然存在着多种语言和文字。除汉人使用汉语外，存在着另外多种语言和文字。

● 契丹文

契丹族作为辽朝的统治民族，其语言接近于蒙古族语和满洲通古斯族语。辽的一支被统治民族奚族，"契丹与奚言语相通，实一国也"。据宋使彭汝砺诗描写说："秃鬓奚奴色如玉，颊拳突起深其目。鼻头穹隆脚心曲，被裘骑马追鸿鹄"①。似乎像白种人。

契丹语的语法结构显然与汉语不同。宋人记载说，"契丹小儿初读书，先以俗语颠倒其文句而习之，至有一字用两三字者"。例如汉语中"鸟宿池边树，僧敲月下门"的诗句，契丹儿童便念成"月明里和尚门子打，水底里树上老鸦坐"②。

宋人记载保存了一些契丹语的音译。"刁约使契丹，戏为四句诗"说："押燕移离毕，看房贺跋支，饯行三匹裂，密赐十貔狸。"移离毕是官名，相当于宋朝仅次于宰相的执政。"贺跋支，如执衣防阁。"匹裂是"小木罂，以色绫木为之，如黄漆"。貔狸"如鼠而大，穴居，食果谷，嗜肉，狄人为珍膳"。宋人余靖懂契丹语，他使辽时曾写一诗说："夜宴设逻臣拜洗，两朝厥荷情感勤。微臣雅鲁祝若统，圣寿铁摆俱可忒。"其注说，设逻，"厚盛也"；拜洗，即"受赐"；厥荷，即"通好"；感勤，即"厚重"；雅鲁，即"拜舞"；若统，即"福佑"；铁摆，即"嵩高"；可忒，即"无极"③。由于契丹语的传世资料十分稀缺，上述的片断音译记录就弥足珍贵。

契丹人仿效汉字，创制契丹文。辽太祖神册五年（920），"始制契丹大

---

① 《辽史》卷73，《耶律曷鲁传》；《鄱阳集》卷2，《奚奴》。
② 《夷坚丙志》卷18，《契丹诵诗》。
③ 《梦溪笔谈》卷25；《中山诗话》。

契丹小字《辽道宗哀册》册盖（拓本）

（选自清格尔泰、刘凤翥等著《契丹小字研究》）

字"①。稍后又有皇族耶律迭剌"制契丹小字，数少而该贯"②。契丹字分大字和
小字。大字是类似于汉字的方块字，大体上是增减汉字笔画而成。小字大体上
是表音文字，但其拼音结构类似于朝鲜文，仍形似方块字。拼音小字按先左后
右，两两下移的原则，拼凑成方块字形。据统计，契丹小字的原字计 350 个左
右，每个单词由一至七个不等的原字排列组合而成。

契丹文和汉文同作为辽朝的官方文字。辽朝灭亡后，契丹文继续行用，直
到金朝中期章宗明昌二年（1191），"诏罢契丹字"。但是，因辽亡时皇族耶律大

① 《辽史》卷2，《太祖纪》；卷75，《突吕不传》；卷76，《耶律鲁不古传》。
② 《辽史》卷64，《皇子表》。

契丹大字《北大王墓志》

（选自《中国文明史》第 6 卷）

石率部西迁，另建西辽，故契丹文仍行用于西辽社会上层。后来契丹人遗裔耶律楚材随蒙古军西征，"遇西辽前郡王李世昌于西域"，便"学辽字于李公"①。

契丹文如今已成死文字。由于传世资料颇少，近代对契丹文的研究工作虽有所进展，仍存在相当大的困难。②

---

① 《金史》卷9，《章宗纪》；《湛然居士文集》卷8，《醉义歌》序。

② 关于契丹文，参见《内蒙古大学学报》1977 年第 4 期契丹小字研究专刊；贾敬颜：《契丹文》（中国民族古文字研究会编：《中国民族古文字》）；刘凤翥、于宝林：《契丹字研究概况》（《中国民族古文字研究》）；刘凤翥：《略论契丹语的语系归属与特点》（《大陆杂志》84 卷 5 期）；刘凤翥：《契丹文字与汉字和女真字的关系》（《大陆杂志》87 卷 1 期）。

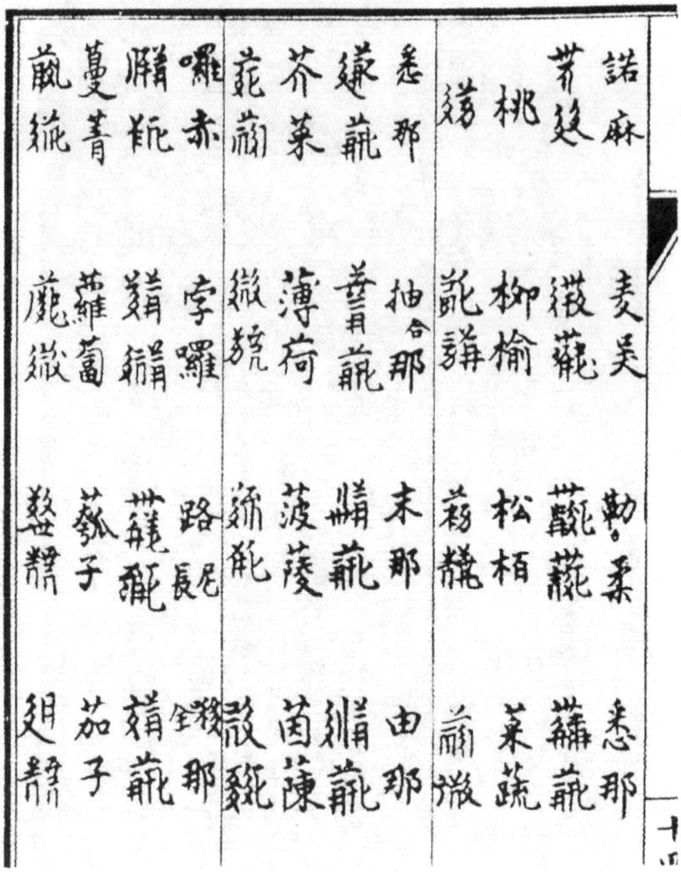

西夏文《番汉合时掌中珠》

（选自《中国文明史》第 6 卷）

⚁西夏文

人们一般认为，党项语属汉藏语系的藏缅语族。西夏文由夏景宗元昊建国后创制，史称"元昊自制蕃书，命野利仁荣演绎之，成十二卷，字形体方整类八分，而画颇重复"①。"八分"是指汉代隶书。西夏文成为当时西夏境内的流行文字。西夏灭亡后，西夏文最迟行用到明朝中期，但如今也成为一种死文字。西夏文的传世文献远比契丹文献丰富，特别是今存有一批西夏文的辞典和韵书，

---

① 《宋史》卷 485，《夏国传》。

西夏文敕燃马牌

（选自《中国文明史》第 6 卷）

女真文《女真进士题名碑》

（选自《中国文明史》第 6 卷）

如《番汉合时掌中珠》、《音同》、《文海》等，使人们对西夏文的语音、语汇、语法等有了较多的知识。

西夏文的借词数量很大，主要是借自汉语。西夏字是仿造汉字的方块字，两种文字的形体近似，但西夏字形比汉字更为繁复，其书法也有楷书、行书、草书、篆书等区分。

尽管夏景宗元昊一度强调尊崇本民族文字，以加强对宋的独立性，但汉语和汉文在西夏境内毕竟有深厚的基础和影响。实际上，汉文和西夏文同时在西夏社会中流行。[1]

📑 女真文

金代女真人是现代满人的祖先。女真语和满语的语汇约有十分之七相同，却先后出现了女真文和满文两种不同的文字。

金太祖天辅三年（1119），"颁女直字"。女真人称"叶鲁、谷神二贤创制女真文字"。女真文字"乃依仿汉人楷字，因契丹字制度，合本国语"而创制，时称"女真大字"。金熙宗天眷元年（1138），另"颁女直小字"[2]。女真大字和小字显然是仿效契丹大字和小字。女真文一直沿用到明朝。明朝前期所编的《女真译语》，成为今存研究女真文的工具书。此后女真文字成为死文字。满人在明朝后期勃兴后，又仿照蒙古文字母，另外创制满文。

女真族原先毕竟是个落后民族，其文化程度较低，语汇也不丰富，即以姓名而论，女真人有几十个姓，连同当时的契丹人、奚人等，都分别确定了相应的汉姓。例如完颜的"汉姓曰王，乌古论曰商"，契丹人姓耶律（移剌）的汉姓为刘，契丹人和奚人姓石抹的汉姓为萧。女真人的名字"或以贱，或以疾，犹有古人尚质之风"。如金初大将完颜粘罕，粘罕的女真语义是心；完颜兀尤，兀尤的女真语义是头；完颜阇母，阇母的女真语义是釜。[3] 但后来女真贵族也感到其名不雅，又另取汉名。如完颜粘罕的汉名为宗翰，完颜兀尤的汉名为宗弼。今人往往沿用古代演义小说的惯例，称完颜兀尤为金兀尤，这自然是不确切的。其实，完颜兀尤的汉姓汉名就可叫王宗弼。

女真人作为一个落后民族，其语言的语汇和表达能力，自然与汉语有相当差距。金朝灭辽破宋，占领华北广大地域后，汉人又成为人口的主体。故在金

---

① 关于西夏文，参见吴天墀：《西夏史稿》（增订本）第4章第264—282页；白滨：《西夏文》（中国民族古文字研究会编：《中国民族古文字》）；史金波：《西夏文概述》（《中国民族古文字研究》）。

② 《金史》卷2，《太祖纪》；卷4，《熙宗纪》；卷35，《礼志》；卷73，《完颜希尹传》。

③ 《金史》卷135，《金国语解》；《会编》卷3；陈述：《金史拾补五种》。

朝境内，汉语和汉文事实上比女真语和女真文更为流行。惟有留在东北的少量女真人，真到元代，还是"各仍旧俗"①，最后发展成为今日的满人。迁入中原的大多数女真人却很快汉化。到金朝中期，尽管金世宗大力提倡保持女真旧俗，而他的皇子完颜胡土瓦（汉名允恭）却"颇未熟本朝语"。完颜胡土瓦的儿子金宣宗和金章宗"就学"，"每日先教汉字，至申时汉字课毕，教女直小字，习国朝语"②。由此可见，女真人的汉化是当时不可逆转的潮流。金朝灭亡后，中原的女真文便很快消亡了。③

㈣回鹘文和黑汗（喀喇汗）国文

回鹘语属突厥语系，最初使用古突厥文，为拼音文字。回鹘族自唐朝后期西迁前后，开始依照粟特文字母创制回鹘文。自 9 世纪中期到 15 世纪，回鹘文在中亚、新疆等地广泛使用，即使在西辽统治时期，回鹘文仍是当地的主要文字。据金朝后期出使蒙古的吾古孙（乌古孙）仲端说，西辽亡后，"其国人（契丹人）无几，衣服悉回纥也"。"其书契、约束并回纥字，笔苇其管，言语不与中国通。"④

受回鹘文影响最大的，是蒙古文。蒙古人"肇基朔方，俗尚简古，未遑制作，凡施用文字，因用汉楷及畏吾字，以达本朝之言"。塔塔统阿是"畏兀人"，"深通本国文字"。成吉思汗西征时，塔塔统阿"就擒"，"遂命教太子诸王以畏兀字书国言"⑤。回鹘、回纥、畏吾、畏兀等都是同音歧译，如今即称维吾尔。直到明代，还编录了《高昌馆来文》和《高昌馆杂字》，实际上是回鹘、汉文辞典。⑥

黑汗（喀喇汗）国是五代至南宋，由操突厥语的民族在今新疆、中亚等地所建立的国家，也是今中国境内第一个接受伊斯兰教的国家。在黑汗王国统治时期，以阿拉伯字母为基础，创制了一种新的文字，今人称之为喀喇国文或阿拉伯字母式的突厥文。这种拼音文字将阿拉伯 28 个字母删存 21 个，又另增 3 个，并对元音和辅音的读法的附加符号也作了些改变。

喀喇汗国文的传世文献主要有《突厥语词典》、叙事长诗《福乐智慧》等。

---

① 《元史》卷 59，《地理志》。

② 《金史》卷 19，《世纪补》；卷 98，《完颜匡传》。

③ 关于女真文，参见颜华：《女真文》（中国民族古文字研究会编：《中国民族古文字》）；金启孮：《女真文字研究概况》（《中国民族古文字研究》）。

④ 《归潜志》卷 13。

⑤ 《元史》卷 202，《八思巴传》；卷 124，《塔塔统阿传》。

⑥ 关于回鹘文，参见黄润华、胡振华：《回鹘文》（中国民族古文字研究会编：《中国民族古文字》）；耿世民：《回鹘文》（《中国民族古文字研究》）。

这种文字在新疆等地与回鹘文并存约有四五百年。①

五 古藏文

吐蕃人除居今西藏外，在今甘肃、青海等地则与汉人、党项人、回鹘人等杂居。吐蕃人即今藏族祖先，其所用文字，今称古藏文。据有的说法，系参考古梵文字母，按藏语语音略有增减而成。古藏文演变到现代藏文，曾时行过三次厘定工作。传世的古藏文文献，其数量十分丰富。②

在邈川一带的吐蕃族唃厮啰政权，受宋朝官封，与西夏相抗。但其与宋往来文字，仍用"蕃书"，即古藏文，需要由宋人译成汉文，转告朝廷。③

六 白文的出现

唐宋时期南诏和大理的通行文字是汉文，"言语书数"，"略本于汉"④。宋人记载说："大理国间有文书至南边，及商人持其国佛经，题识犹有用圆字者，圆，武后所作国字也。《唐书》称大理国，今其国止用理字。"⑤ 从今存的若干碑文看，大理也有个别汉字略异，如乾坤的乾字，大理作乹字；股肱的肱字，大理作胘字。⑥

在南诏后期，白族民间开始用汉字记录白语，创造了一种用增损汉字笔画构成的白文。白文此后也有所流行。⑦

综上所述，在辽宋金代，今中国境内有着丰富多彩的语言和文字。其中汉文源远流长，事实上占据着主导地位。其他多种文字经历了沧桑变迁，虽也流行一时，但大多成了死文字。各种语言和文字必然互相影响和渗透。例如回鹘"妇人戴油帽，谓之苏幕遮"⑧，或称回鹘舞蹈为苏幕遮，成为宋词的一个词牌。西夏文"背嵬"作为"大将帐前骁勇人"，传到宋朝，又成为军名。⑨ 西夏人称

---

① 关于喀喇汗国文，参见陈宗振：《从〈突厥语词典〉看喀喇汗王朝的文字》（中国民族古文字研究会编：《中国民族古文字研究》）。

② 关于古藏文，参见罗秉芬：《藏文》（中国民族古文字研究会编：《中国民族古文字》）；王尧：《吐蕃文献叙录》（《中国民族古文字研究》）。

③ 《宋会要》蕃夷6之18；《长编》卷306，元丰三年七月壬申；卷341，元丰六年十二月癸西。

④ 《大理行记》。

⑤ 《桂海虞衡志》；《宾退录》卷5。

⑥ 《金石萃编》卷160，《护法明公德运碑赞》。

⑦ 关于白文，参见赵衍荪：《白文》（中国民族古文字研究会编：《中国民族古文字》）。

⑧ 《挥麈录》卷4。

⑨ 程大昌：《演繁露》卷9，《背嵬》。参见汤开建：《有关"铁鹞子"诸问题的考释》（《宋史研究论文集》1987年年会编刊）。

皮靴为"吊敦背"，也成为宋时的道家文字。① 但其中以汉语和汉文对其他各族的影响最大。例如在金朝的黄龙府，"凡聚会处，诸国人语言不能相通晓，则各以汉语为证，方能辨之"②。汉语事实上是各族的通用语言。

---

① 参见王曾瑜：《〈宋史〉与〈金史〉杂考》五"荒诞的郭京六甲神兵"（上海图书馆历史文献研究所编《历史文献》第 1 辑）。

② 《靖康稗史笺证·宣和乙巳奉使金国行程录》。

第二十五章

民间家族组织

经过唐末农民战争的扫荡和五代十国时期的战乱，门阀士族遭到毁灭性的打击，他们的旧式的以血缘为纽带的家族组织随之崩溃，族人星散，宗法关系松弛。残存的士族后裔，因为亡失家谱，世系中绝，谱牒之学日趋衰落。谱牒之学本是门阀士族用来炫耀自己贵族血统的一门学问。郑樵指出，隋、唐而上，官府有簿状，私家有谱系，选举官员必据簿状，私家婚姻必依谱系。历代还设图谱局，凡百官和族姓的家状，上交官府，为之考订翔实，从而使"贵有常尊，贱有等威"，所以"人尚谱系之学，家藏谱系之书"。但在门阀士族退出历史舞台后，"取士不问家世，婚姻不问阀阅"①，即无人修谱续牒，又无人试图利用旧式的门阀士族血统来谋求政治和经济上的特权。因此，到北宋初期，即使"名臣巨族"，也"未尝有家谱"②。由于士大夫不讲究谱牒，世人也不载，"由贱而贵者耻言其先，由贫而富者不录其祖，而谱遂大废"③。一般庶族地主（宋称官僚地主）因为出身微贱，不愿追述自己的祖先，无从追溯自己的世次，同时，

---

① 郑樵：《通志》卷25，《氏族略第一·氏族序》。
② 欧阳修：《集古录跋尾》卷2，《后汉太尉刘宽碑阴题名》。
③ 苏洵：《嘉祐集》卷13，《谱例》。

地主士大夫正陶醉于新王朝的太平盛世而怡然自得，尚未感到需要重新建立一种新的家族组织。契丹族在建立辽朝后，对境内的部族实行新的编制，以加强对本族和其他被征服的游牧、渔猎各族部落的统治。这些新的部落组织由国家任命的官员管理，各自有固定的居住区域。这些部落组织不同于中原地区汉族的家族组织。

宋代的政治制度和经济制度决定了一般官员、地主都不享有世袭固定官职和田产的特权。到仁宗时期，有些敏感的士大夫逐渐意识到自己各个家庭的政治地位和经济地位的不稳定性，于是就产生了一种需要，即在国家的强力干预之外，寻找某种自救或自助的办法。同时，由于农民对地主的人身隶属关系相对松弛，地主阶级也正需要寻找一种补充手段，以便加强对于农民的控制。这个办法或手段，就是利用农村公社的残余，建立起新的民间家族组织。

宋仁宗皇祐、至和间（1049—1056），欧阳修和苏洵不约而同地率先编写本族的新族谱，并且提出了编写新族谱的方法；范仲淹也在苏州创建义庄，以其田租供养族人。这时，理学家张载、程颢、程颐等人也推波助澜，大力宣传造家谱和立"宗子之法"的好处。在这些著名政治家和学者的倡导和推动下，新的民间家族组织便在各地陆续建立起来。

地处北方的金朝，其猛安、谋克最初是女真族的氏族部落组织，猛安代表部落联盟中的部落，谋克代表氏族。在攻灭辽朝和北宋的过程中，猛安、谋克迅速由氏族组织转化为奴隶制下的军事组织。建国后，基本规定每三百户为谋克，每十谋克为猛安①，逐步变成一种以地域来划分的生产单位和基层军事组织，散落于汉族的州县之间。受汉族租佃制的影响，女真猛安、谋克出卖奴隶，将所占土地出租，收取田租，但他们仍旧四五十户"结为保聚，农作时，令相助济"②，维持着类似汉族的一个个家族。金朝统治下的汉族，继承北宋中期以后的传统，也建立起民间家族组织，编纂族谱，有些文人还为这些族谱撰序。③

以下介绍宋代民间家族组织情况。

---

① 《金史》卷44，《兵志·兵制》。
② 《金史》卷46，《食货志一·户口》。
③ 金人李俊民：《庄靖集》卷8，《李氏族谱》；《山右石刻丛编》卷20，《裴氏族谱石刻》。

第一节　小宗之法

　　中国古代的家族组织都实行宗法，笼罩着一层温情脉脉的宗法关系的纱幕。宋代士大夫十分重视宗法统治。苏轼认为，秦、汉以后，由于官爵不能世袭，"天下无世卿"，"大宗之法不可以复立"，而可以用来收合亲族的"小宗之法"也存而不行，因此，北宋时民间习俗"不重族"，完全是"有族而无宗"的缘故。"有族而无宗"，族便不能收合，族人不能相亲，从而忘记祖先。如今"公卿大臣、贤人君子"的后代，不能"世其家如古人之久远者"，是因为"其族散而忘其祖也"①。张载提出，今天富贵者只能维持三四十年，身死之后"众子分裂"，家产"未几荡尽"，于是"家遂不存"，这样一来，"家且不能保，又安能保国家"！如果"宗法不立，则人不知统系来处……无百年之家，骨肉无统，虽至亲，恩亦薄"。"宗法若立，则人人各知来处，朝廷大有所益。"他赞成立嫡长子为"大宗"，又赞成实行"继祢之宗"即小宗。② 苏洵和欧阳修在提出编写族谱的方法时，明确主张实行"小宗之法"。程颐在议论祭祀制度时，主张在不同节序分别祭始祖、先祖、祢，而常祭则祭高祖以下，实际上综合了大宗和小宗之法。苏轼认为："莫若复小宗，使族人相率而尊其宗子。宗子死，则为之加服；犯之，则以其服坐，贫贱不敢轻。而富贵不敢以加之，冠婚必告，丧葬必赴，此非有所难行也。"他进一步指出："天下之民，欲其忠厚和柔而易治，其必自小宗始矣。"③ 朱熹在《家礼·通礼》中，规定在祠堂中设龛以奉"先世神主"，虽然其中也提出"大宗"的设龛法，但又声明如果大宗"世数未满"，则仿"小宗之制"；同时，规定祭祀止于高祖以下四代（高祖、曾祖、祖、父），因此实际上仍然是实行"小宗"制度。这一祭祀高祖以下四代的主张，成为南宋后期的民间习俗。

　　宋代地主阶级一般不实行世袭制度，官爵不能世袭，这一制度决定了除皇室家族组织即宗室同时行用大宗、小宗之法以外，民间家庭组织只能实行小宗

---

① 苏轼：《苏东坡应诏集》卷3，《策别十三》。
② 《张载集·经学理窟·宗法》。
③ 《河南程氏遗书》卷18，《伊川先生语四》；《苏东坡应诏集》卷3，《策别十三》。

之法。

第二节　宗子（族长）

　　宋代民间家族组织常常选立官僚地主为宗子（族长），形成以官僚地主为核心的宗族势力。

　　宋代以前的家族组织主要是按姓氏和门第论高下的世家大族，比较严格地按照嫡长继承制选立宗子。但宋代的民间家族组织则不强调这一点，而更多地从地位、财力、才能等方面考虑，选立本族中地位、财力、能力等最高的官僚地主，这是因为宋代重新建立的民间家族组织，一般是由官僚地主倡导，然后经过修族谱、置族产、订族规等过程而组成的。张载在立"宗法"上，虽然认为实行"大宗"或"小宗"法均可，但他更主张由有官职的族人当"宗子"来继承祭祀。他认为如果嫡长子"微贱不立"，而次子为"仕宦"，则不问长少，须由士人来当宗子，继承一家的祭祀。"次臣之家"也要照此实行，如果以嫡长子为"大宗"，就应根据家计尽力保证抚养"宗子"，再将剩余"均给族人"。"宗子"还应专请士大夫来教授；要求朝廷立法，允许族人将自己应升的官爵转赠"宗子"，或者允许族人将奏荐自己子弟的恩泽给予"宗子"。张载还把立宗法提到"天理"的高度。① 二程也说过与张载"明谱系世族与立宗子法"相同的话。他们还提出"夺宗法"，主张让官位高的族人取代原来的"宗子"，他们说："立宗必有夺宗法。如卑幼为大臣，以今之法，自合立庙，不可使从宗子以祭"②。程颢还主张"宗法须是一二巨公之家立法"，选择宗子，像唐代一样建庙院，不准分割祖产，派一人主管。③ 张载、二程的"宗法"显示，他们改变了古代选立宗子的旧标准，而提出了新标准。这一新标准透露出宋代地主阶级所要建立的新的民间家族组织，是以"仕宦"即官僚地主为核心力量，受到官僚地主的控制，其根本目的是要保证各个官僚地主家庭能够传宗接代、永世不绝，

---

① 《张载集·经学理窟·宗法》。
② 《河南程氏遗书》卷6，《二先生语六》；《二程外书》卷11。
③ 《河南程氏遗书》卷17，《伊川先生语三》；卷15，《伊川先生语一》。

并且借此来巩固赵宋王朝的统治。

第三节　族产

宋代民间家族组织以一定数量的族产作为物质基础。

宋代官僚地主为了解决各个家庭经济地位的不稳定性，以及为了模糊农民的阶级意识和培植本族的政治势力，创建一种属于宗族成员共有的财产即族产，作为宗族结合的物质基础。仁宗庆历间（1041—1048）至皇祐二年（1050），范仲淹在苏州长洲、吴县置良田十多顷，将每年所得租米，自远祖以下各房宗族，计口供给衣食及婚嫁、丧葬之用，称"义庄"。由各房中挑选一名子弟掌管，又逐步立定"规矩"，命各房遵守。范仲淹亲自定下"规矩"13条，规定各房5岁以上男女，计口给白米，每天一升；冬衣每口一匹，5岁到10岁，给半匹；族人嫁娶、丧葬，则分等给现钱。在以后的"续定规矩"中，进一步规定：义庄的经济管理有相对的独立性，即使"尊长"，也不得"侵扰干预"义庄掌管人或勾当人"依规处置"；族人不得借用义庄的人力、车船、器用，不得租佃义田，不得以义宅屋舍私相兑赁质当，不得占据会聚义仓；义庄不得典买本族人田土，遇有外族人赎回土地，即以所得价钱于当月另行典买。① 这些规定都是为了保证义庄经济的稳定和巩固，尽量避免因本族人的侵欺而破败。在范仲淹死后，义庄田产逐渐增多。到宁宗时，曾有族人购置田租500多石的土地，称"小庄"，用以"补义庄之乏"②。理宗时，范氏义庄田产增加到3000多亩。③ 范氏义庄还得到封建国家的保护。英宗治平元年（1064），宋朝特降"指挥"，允许在范氏各房子弟违犯义庄规矩而本家"伸理"时，由当地官府"受理"④。

范氏义庄的建立，为宋代民间家族组织树立了典范。从此，许多官员竞相仿效，独自置田设立义庄，成为当时十分光彩的一种义举。仁宗嘉祐间（1056—1063）大理评事、签书建康军判官刘辉"哀族人之不能为生者，买田数

---

① 范仲淹：《范文正公集》附录，《义庄规矩》。
② 清乾隆本《范氏家乘》卷5，《贤裔传·宋赠朝议大夫、次卿公（良遂）传附持家传》。
③ 《范文正公集》附录，《朝廷优崇·与免科徭》。
④ 《范文正公集·建立义庄规矩》。

百亩以养之"。北宋后期，官员吴奎、何执中、彭汝砺官员遗孀谢氏①等出钱买田或割己田宅为"义庄宅"，以供祭祀、赡养族党子弟，"永为家规"。这时，国家也立法，规定每名太中大夫（文阶从四品）、观察使（武臣正五品）以上官员，可占"永业田"15顷，由官府发给"公据"，改注税籍，不许子孙分割典卖，只供祭祀；有余，均赡族人。② 鼓励高级官员置办义田庄性质的"永业田"，以保证高级官员世代富裕。南宋时，义庄迅速增多。官员赵鼎、汤东野、何子埋在规定其子孙不得分割田产、世代永为一户的同时，又亲自出钱买田为义庄，以供给"疏族之贫者"。官员楼璹在明州买田500亩，立名义庄，订出"规约"，由四个儿子轮流主持。③

范氏义庄是由官员独立置田兴办的，这是族产的一个来源。另一个来源，是由族人共同筹田建立。官员汪大猷在庆元府鄞县率先捐田20亩，作为本族的义庄，族众"皆欣劝"。家铉翁与本族地主相约，按照范氏义庄的标准，由"族大而子孙众多者"，推举一人为"约主"，以十年为期，买田为义庄，使"仕而有禄食者，居而有余财，各分其有余以逮其不足者"。沈涣也在鄞县本族中倡导兴办义田，"乐助者甚众"，得田几百亩。④ 高宗时，绍兴府余姚县尉史浩，为本族"捐公帑之金"，市田数百亩，名曰义田。此后，"好义者""或捐己产，或输财，以广费，积田渐多，郡太守相继缀在官之田或钱"。到理宗时，丞相史弥远"又捐楮券附益之，岁得谷斛六百，米半之，买地作屋15楹，于郡之望京门里，扁曰义田庄"⑤。此外，还通过祖传产业、户绝财产、官府赏赐等途径获得族产。

宋代的族产一般沿用范氏义庄的"义田"、"义屋"等名称。有些地区称为"公堂田"。江西抚州金溪县陆九渊的宗族，置有"公堂之田"，供给全族一年之食，"家人计口打饭，自办蔬肉"⑥。有些地区还设置另一种族产，称为"祭田"或"蒸尝田"。相传朱熹在《家礼》中主张初立祠堂，即置祭田，由宗子主持，供给祭祀之用，不得典卖。朱熹的弟子黄榦，在福州的古田等处置祭田四亩多，每年收租谷16石，充祭祀之用。规定先在每年租谷内拨6石充祭祀的经费和纳

---

① 王辟之：《渑水燕谈录》卷4，《忠孝》；朱熹：《三朝名臣言行录》卷10，《尚书彭公》；《宋史》卷316，《吴奎传》；卷351，《何执中传》；张衮：《嘉靖江阴县志》卷18，《列女》。

② 《长编》卷414，元祐三年九月乙丑；卷478，元祐七年十一月甲申。

③ 赵鼎：《忠正德文集》卷8，《家训笔录》；《要录》卷96；王元恭：《至正四明续志》卷8，《学校》；汪应辰：《文定集》卷21，《徽猷阁直学士、左太中大夫向公墓志铭》。

④ 《宋史》卷400，《汪大猷传》；家铉翁：《则堂集》卷2，《积庆堂记》；袁燮：《絜斋集》卷14，《通判沈公行状》。

⑤ 罗浚：《宝庆四明续志》卷11，《乡人义田》。

⑥ 罗大经：《鹤林玉露》卷5。

税，交族长掌管；所余谷物积存起来，10年后即以增置田产，轮流赡养宗族中贫乏者。黄榦把所置祭田称为"蒸尝田"。福州福清人陈藻也说："今自两府而至百姓之家，物力雄者，则蒸尝田多。其后子孙繁庶，而其业依律以常存，岁祀不乏。"① 说明福州以及建宁府②等地都设祭田或蒸尝田作为族产。祭田或蒸尝田主要用来祭祀祖先，与义田的效用不尽相同。

以义田为中心，各地区官员、地主及富裕农民还为本族举办"义学"、"义田塾"，聘请教师以训族里子弟③；设置"义廪"，资助"仕进及贤裔贫者"；设置"义冢"，以葬宗族的贫苦者。④

宋代地主阶级为了克服自身的矛盾，找到了设置族产这一非官方的解决方法。族产名义上是一族的公产，但实际上都被官僚、地主把持着。按照规约，族产只准添进，不准典卖，具有相当的稳定性，因此它的存在首先在一定限度内保证了官僚地主经济地位的相对稳定，也保证了一部分地主土地所有制的相对稳定。按照规约，族产都是以散财宗族、救济贫者和培养士人的名义建置的，还不准本族族人租种，其用意无非是要模糊农民的阶级意识，避免在族内发生阶级冲突；同时，供此培植本族政治力量，使本族地主豪绅成为当地的强大势力。有的义庄还规定：凡"患苦乡间，害及族党者，虽贫勿给；男婚越礼，女适非正者，虽贫勿助"⑤。这就剥夺了族内一些稍有反抗行为的贫苦农民分得义田一部分收益的权利，由此官僚地主得以加强对于族内贫苦农民的控制。

第四节　族谱

宋代的民间家族组织依靠族谱来结合全族族人。

---

① （传）朱熹：《朱子家礼》卷1，《通礼·祠堂·置祭田》；黄榦：《勉斋集》卷34，《始祖祭田关约》；陈藻：《乐轩集》卷8，《宗法》。

② 《名公书判清明集》卷8，《嫂讼其叔用意立继夺业》。

③ 田顼：《尤溪县志》卷6，《人物志》；曾丰：《缘督集》卷3，《寄题项圣予卢溪书院》；洪迈：《夷坚志》卷30，《界田义学》。

④ 刘松等：《隆庆临江府志》卷11；朱熹：《朱文公文集》卷88，《龙图阁直学士吴公神道碑》。

⑤ 游九言：《默斋遗稿》卷下，《建阳麻沙刘氏义庄记》。

    宋以前的谐牒记录"世族继序"①,主要用来夸示门第,并由官方的图谱局记录副本,核实备案,作为任用官员的依据。宋代不置谱官,族谱都由私家编修,主要用来"敬宗收族",即结合、维持本族族人。与范仲淹在苏州举办义庄同时,即仁宗皇祐、至和年间(1049—1056),欧阳修、苏洵不约而同地最先编写本家的族谱,并提出了编写族谱的方法和体例。欧阳修将家藏旧谱与族人所藏诸本考正其同异,发现大抵"文字残缺,其言又不纯雅"。他看到"遭唐末五代之乱,江南陷于僭伪,欧阳氏遂不显"。他认为,"祖考"相传的"遗德"是"以忠事君,以孝事亲,以廉为吏,以学立身",希望子孙"守而不失",所以采用司马迁《史记》表和郑玄《诗谱》法作"谱图",画出世系,传给族人。同时,把"安福府君"欧阳万以来的迁徙、婚嫁、官封、名谥及其行事等编成新族谱。②苏洵这时也编写了《苏氏族谱》,以便使后人观谱后,"孝弟之心可以油然而生"③。欧阳修、苏洵都采用"小宗之法"(五世以外则易宗)。欧阳修的"谱例"是:"谱图之法,断自可见之世,即为高祖,下到五世玄孙而别自为世。"原则是以远近、亲疏为别,"凡远者、疏者略之,近者、亲者详之"④。苏洵的"谱法"是:"凡嫡子而后得为谱,为谱者皆存其高祖,而迁其高祖之父。"苏洵认为:"独小宗之法,犹可施于天下,故为族谱,其法皆从小宗。"宋代官僚地主要想追溯五世以上的祖先事迹,往往遇到其间贫贱的几世,既缺少记载,又于族人脸上无光,因此最好的办法是只记五世,即用小宗之法。但是,对于皇室贵族而言,他们的政治和经济地位是比较稳定的。所以可以按照"大宗之法"(百世不迁)来编族谱。苏洵正是基于这种理由而提出"大宗谱法"的。⑤

    欧阳修、苏洵编写族谱的目的是"收族",即在区别远近、亲疏的基础上,结合本族的族人,即使有些族人"贫而无归",也应由富者"收之"⑥由此来结合、维持封建家族组织。

    宋仁宗以后,欧阳修、苏洵的新式族谱成为宗谱形式的规范,他们所定"谱例"成为宗谱的准则,影响极为深远。北宋后期,官员王安石、文彦博、杨杰、朱长文、游酢、程祁等都编有世谱或家谱。⑦南宋时,许多官员都为本族编

---

① 《旧唐书》卷46,《经籍志上》。

② 欧阳修:《居士外集》卷21,《欧阳氏谱图序》。

③ 苏洵:《嘉祐集》卷13,《谱例》、《苏氏族谱》。

④ 《居士外集》卷21,《欧阳氏谱图序》。

⑤ 《嘉祐集》卷13,《族谱后序上篇》、《大宗谱法》。

⑥ 《嘉祐集》卷13,《苏氏族谱亭记》。

⑦ 王安石:《王文公文集》卷33,《许氏世谱》;司马光:《温国文正司马公文集》卷79,《文潞公家庙碑》;游酢:《游鹰山集》卷4,《家谱后序》;朱长文:《乐圃余稿》卷9,《朱氏世谱》;杨杰:《无为集》卷8,《杨氏世谱序》;《新安篁墩程氏世谱》,程敏政述:《程氏统宗世谱序》等。

写族谱。据各种文集、方志以及《宋史·艺文志》、郑樵《通志·艺文略》等书记载，有曾丰《重修曾氏族谱》、方大琮《方氏族谱》、吴潜《吴氏宗谱》、欧阳守道《欧阳氏族谱》、游九言《游氏世谱》①，又有《三院吕氏世谱》、《胡氏世谱》、《陶氏世谱》、《东平刘氏世谱》、《赵清献家谱》、《尤氏世谱》。这些族谱往往请著名的士大夫撰序或作跋，如文天祥曾为《燕氏族谱》写序，为《吴氏族谱》、《彭和甫族谱》、《李氏谱》作跋，又撰《李氏族谱亭记》。② 陈亮为其家谱石刻写后记。黄震也为《姜山族谱》写序。③ 在新谱编成后，隔一段时间，即须续修，如江西丰城《孙氏世谱》在乾道九年（1173）、庆元五年（1199）、咸淳元年（1265）三次增修，浙乐淳安《桂林方氏宗谱》也在北宋末和咸淳十年（1274）两经编修。④

宋代的族谱显然还属于开创阶段，一般考订不够精确，同时数量也远比不上元、明、清各代。南宋末文天祥说："族谱昉于欧阳，继之者不一而足，而求其凿凿精实，百无二三。"原因是"士大夫以官为家，捐亲戚、弃坟墓，往往而是"，甚至苏轼也不免如此。⑤ 欧阳守道认为欧阳修所编族谱尚有粗疏之处，这是因为欧阳修"游宦四方，归乡之日无几，其修谱又不暇咨（谘）于族人"，所以谱中"虽数世之近、直下之流，而屡有失亡"。欧阳守道还认为，现今"世家"，也罕有族谱，虽然是"大家"，但"往往失其传"⑥。这反映直到南宋末年，族谱的编修还不十分普遍。

第五节 祠堂

宋代的民间家族组织以祠堂作为全族祭祀祖先、举行重要典礼、宣布重要

---

① 曾丰：《缘督集》卷17，《重修族谱序》；方大琮：《铁庵集》卷31，《方氏族谱序》等。
② 尤袤：《遂初堂书目·姓氏类》；文天祥：《文山先生全集》卷9、卷10。
③ 陈亮：《陈亮集》卷16，《书家谱石刻后》；黄震：《黄氏日抄》卷90，《姜山族谱序》。
④ （元人）吴澄：《吴文正集》卷32，《丰城县孙氏世谱序》；方之连：《桂林方氏宗谱》卷1，《序》。
⑤ 文天祥：《文山先生全集》卷10，《跋李氏谱》。
⑥ 欧阳守道：《巽斋文集》卷19，《书欧阳氏族谱》；卷11，《黄师董族谱序》。

决定等活动的中心。

北宋初年，"士大夫崛起草茅，致通显，一再传而或泯焉，官无世守，田无永业"，即使官员也只在"寝室奉先世神主"，不曾建立家庙。① 这种祭祀方式称为寝祭或家祭。仁宗庆历元年（1041），开始允许文武官员，依照"旧式"建立家庙。皇祐二年（1050），又规定正一品平章事、枢密使、参知政事等以上大臣建立家庙，其余官员祭于寝（室）。但是，由于有庙者的子孙可能因官低而不能承祭，朝廷又难以尽推"袭爵之恩"，因此此事不了了之。以后，必须朝廷下诏，少数大臣才得建立家庙。② 北宋时，已经出现了一些"祠堂"。范仲淹死后，庆州、淄州长山县等地为表彰他的功绩，陆续为他建立纪念性的祠堂。③ 王安石死后，在江西抚州故居，当地官员建筑了"荆国王文公祠堂"④。范仲淹的义庄，也只建有功德寺。这些事实说明，宋代相当长的一段时间里，只有大臣因朝廷的特诏得以建立家庙⑤，一般家族组织都还没有建立祠堂。

宋代民间家族组织建立祠堂，把它作为全族的活动中心，应该说是从朱熹、陆九渊等人的提倡开始的。朱熹在《家礼》一书中开宗明义地宣扬设置祠堂的重要性，他认为这体现了"报本反始之心、尊祖敬宗之意，实有家名分之守，所以开业传世之本"。由于当时一般士庶都不得立庙，为与家庙之制不致混淆，"特以祠堂名之"。他主张在居室之东建祠，由宗子主持，子孙不得据为己有。祠堂内设四龛，供奉高祖以下先世神主。他还规定了祠堂内设祭器以及祭祀的仪式、服装等。⑥ 这时，抚州金溪的陆九渊宗族已经为本族建立起"祖祢祠堂"，每天清晨，家长率领子弟"致恭"于此，"聚揖"于厅，妇女在堂上道"万福"；晚上安置也如此。祠堂不仅是祭祀祖先之处，族内有重要事情都要到这里来宣布决定，甚至族人每天要到这里请示、汇报。南宋时，有关祠堂的记载并不很多，到元、明以后就逐渐增多。

① 《朱子家礼》卷1，《通礼·祠堂》。

② 《宋史》卷109，《礼志十二·吉礼十二·群臣家庙》；司马光：《温国文正司马公集》卷79，《文潞公家庙碑》云，文彦博在嘉祐四年秋最早建成家庙。

③ 《范文正公集·褒贤祠礼》卷1、卷2。

④ 陆九渊：《象山先生全集》卷19，《荆国王文公祠堂记》。

⑤ 孟元老：《东京梦华录》卷5，《娶妇》条云，新人、新妇"至家庙前参拜"，但这一习俗只可能在贵族、大臣中实行。

⑥ 《朱子家礼》卷1，《通礼·祠堂》；罗大经：《鹤林玉露》卷5。

第六节　族规

宋代的民间家族组织依靠"家法"、"宗法"、"义约"、"规矩"、"家训"等条法即族规来统治族人。不过，家训和族规还有一些区别：家训偏重于劝导，族规偏重于制约；族规是从家训演变而成的。

从宋代开始，随着民间家族组织的重新建立，这类成文的或不成文的条规便逐步增多起来。宋太宗时，大臣李昉"家法尤严"，即使子弟已经在京做官，"俸钱皆不得私用，与饶阳庄课并输宅库，月均给之，故孤遗房分皆获沾济"①。北宋中期，京兆府蓝田人吕大钧制定了《乡约》。吕大钧系张载的门生。《乡约》要目有四：德业相劝、过失相规、礼俗相交、患难相恤，详细地规定了自愿入约者应该遵守的事项。后来，朱熹又根据这一《乡约》及吕大钧其他著作稍稍增损，撰成《增损吕氏乡约》，流行于世。② 这一《乡约》虽然不是民间家族组织的规约，但显然对"家法"、"义约"等影响很大。哲宗时，大臣刘挚"家法俭素，闺门雍睦"③。南宋时，吉州永新人颜诩，全族百人，"家法严肃，男女异序，少长辑睦，匦架无主，厨馔不异"。江西抚州宜黄县"巨室"涂氏，"自其祖六秀才济者，素称善人，教训五子一孙，家法整整"。孝宗淳熙八年（1181）婺州吕祖谦制定"宗法条目"，详细规定了本族祭祀、忌日省坟、婚嫁、生子、家塾、合族、宾客、庆吊、送终、会计、规矩等活动的细则，注意事项、惩治办法。理宗时，台州黄岩县有的家族订有"义约规式"④。绍兴府会稽县裘氏家族，同住一村中，世推一人为族长，"有事取决，则坐于听事"。族长要制裁有过失的族人，就用竹箄。竹箄是世代相传的。⑤ 饶州鄱阳县朱氏家族，该族尊长每天聚集子弟"训饬"，"久而成编"，共分父母、兄弟、宗族三部分，外族人"或疑其太严"。抚州金溪县陆氏家族，由一位最长者任"家长"，总管全家之

---

① 吴处厚：《青箱杂记》卷1。
② 《朱文公文集》卷74，《增损吕氏乡约》。
③ 叶梦得：《石林燕语》卷10。
④ 《宋史》卷456，《颜诩传》；杜范：《杜清献公集》卷17，《跋义约规式》。
⑤ 王栐：《燕翼诒谋录》卷5，《越州裘氏义门族表》。

事。每年选派子弟分管田畴、租税、出纳、厨炊、宾客等家事。公堂田只供给米饭，菜肴各家自办。私房婢仆，各家自己供给，准许交米附炊，每天清晨将附炊的米交到，管厨炊者登记于历，饭熟，按历给散。宾客到，则先由主管宾客者会见，然后请家长出见，款以五酌，仅随堂饭食。每天早晚，家长领子弟到祠堂请安致礼。子弟有过，家长聚集众子弟"责而训之；不改，则挞之；终不改，度不可容，则告于官，屏之远方"。清晨，击鼓三叠，一名子弟高唱："听，听，听：劳我以生天理定，若还懒惰必饥寒，莫到饥寒方怨命，虚空自有神明听。"又唱："听，听，听：衣食生身天付定，酒肉贪多折人寿，经营太甚违天命，定，定，定！"① 从唱词的内容看，可能出自陆九渊兄弟之手。

宋代不少官员、学者撰写"家训"、"家戒"、"庭戒"、"示子篇"等，以教育本家的子弟。这些官员、学者中，北宋时有邵雍②、宋祁、范仲淹、范纯仁、包拯、欧阳修、司马光、梁焘、邹浩、黄庭坚、贾昌朝等，南宋时有赵鼎、陆游、叶梦得、吕祖谦、朱熹、袁采、倪思、江端友、陆九韶、真德秀、何耕等。其中著名的有包拯"家训"③，要求后代子孙如果做官，"有犯赃滥者，不得放归本家；亡殁之后，不得葬于大茔之中。不从吾志，非吾子孙。"丝毫不讲遗产的处置问题。赵鼎"家训笔录"④ 共30项，首先提出"闺门之内，以孝友为先务，平日教子孙读书为学，正为此事"。其次，对"士宦"的家人要求做到廉和勤。再其次，要求"本家田产等，子子孙孙并不许分割"，"岁收租课，诸位计口分给"。赵鼎期望目前的小家庭，以后扩大成宗族，所以又说："同族义居，唯是主家者持心公平，无一毫欺隐，乃可率下，不可以久远不慎，致坏家法。"李光"家训"⑤ 大都已经散佚，只知其主要内容有告诫子孙后代要励志读书节俭等。陆游"放翁家训"⑥ 不讲遗产的管理和分割问题，只谈丧事从简，不信佛、道；子孙"复能为农"是上策，"杜门究经，不应举，不求仕"是中策，"安于小官，不慕荣达"是下策；子孙"不可不使读书"，但若能布衣草履，从事农圃，足迹不至城市"弥是佳事"。这些家须后来逐步变成各该家族的族规内容的一部分。

据宋人零星记载，族长是各个家族的统治者，掌有主管全族的一切权力。

---

① 黄震：《黄氏日抄》卷90，《〈训族编〉序》；《鹤林玉露》卷5。
② 朱熹：《朱文公文集》卷81，《书康节戒子孙文》。
③ 张田编：《包拯集》补遗，《家训》。
④ 赵鼎：《家训笔录》。
⑤ 《越中金石记》卷6，《李庄简家训碑》。
⑥ 陆游：《放翁家训》。

按照各族"规矩"，族长掌管义庄、祭田的收支①；族长到族人家里，必须坐在主位，不论亲疏都如此。国家法律还规定，凡族人无子，如要立继，必须得到族长的同意。②

从宋仁宗时开始，经过政治家和学者的提倡，以官僚地主为核心，以"小宗之制"为宗法，以族产为物质基础，以族谱为结合维持工具，以祠堂为活动中心，以"家法"、"义约"、"规矩"为统治手段，民间家族组织便在全国范围逐步建立起来。

---

① 黄榦:《勉斋集》卷34,《始祖祭田关约》;《名公书判清明集》卷8,《立继类》。
② 《朱子语类》卷91,《礼八·杂仪》;《名公书判清明集》卷8,《立继类》。

第二十六章

　　每一个民族的节日都是一定历史时期的产物，而每一特定的历史时期，都会出现特定的节日风情。中唐以后直到辽、宋、西夏、金代，随着社会物质生活和精神生活的愈加丰富，节日风情也变得多姿多彩，欢乐愉快。尤其是宋代社会经济的繁荣，科学技术的进步，给节日注入了新的内容，带来了轻松愉快甚至侈靡的风情，反映了当时人们丰富的生活情趣和相对平衡的社会心态。

第一节　帝后"圣节"

　　"圣节"是指皇帝和太后的生日。

　　辽代皇帝大都立"圣节"，甚至有些皇太后也仿此建节。辽代各朝皇帝的"圣节"如下表：

节　　名	圣节时间	皇帝庙号	建节时间
天授节	十月二十三日	辽太宗	天显三年九月癸巳
天清节	七月二十五日	辽景宗	应历十九年五月壬午
千龄节	十二月二十七日	辽圣宗	统和元年九月辛未
永寿节	二月二十三日	辽兴宗	太平十一年闰十月辛亥
天安节	不详	辽道宗	清宁元年十月丁亥

辽代皇帝立"圣节"始于太宗天显三年（928）。辽世宗可能因在位期短，未及立圣节。随后继位的辽穆宗，在19年统治期内，每逢生日也作些纪念活动，但始终没有建立圣节。辽兴宗虽然立了永寿节，但其生日在正月或二月二十三日，不详。① 辽道宗立了天安节，但生日记载阙如。

一般每逢新皇帝即位，"有司"即有关官署即奏请为皇帝生日立节，老皇帝的"圣节"便自然消失。遇"圣节"那天，百官上殿向皇帝祝贺。辽朝制定了隆重的皇帝生辰接受百官祝贺的仪式。有时祭日月。朝廷发布曲赦令，释放京师或全国所有在押囚犯，或"曲赦"徒罪以下的犯人；招待僧徒吃斋。有时因恰遇"大赦"或某位大臣病危，也临时取消百官祝贺的仪式。② 宋朝一般每年派遣贺生辰使至辽京师，辽方还规定了宋朝"贺生辰使"朝见辽朝皇帝的仪式。辽朝有时逢已故皇帝的生日，也举行纪念活动，如下诏"曲赦徒以下罪"，宴请百官，命各赋诗等。③

辽朝特有的祝贺皇帝生日的礼节称"再生仪"。每逢12年举行一次，在皇帝本命年的前一年季冬之月（十一月），选择吉日，事前布置再生室、母生室和诸先帝神主舆。至日，皇帝从寝殿至再生室，释服、赤足，三次走过倒栽的岐木之下，产医妪致词，拂拭帝体。皇帝躺在木旁，一叟以矢箙（盛箭的器具）敲击说："生男矣。"太巫蒙住皇帝的头部，起身。群臣皆献褓褓、彩结等物祝贺。然后，皇帝拜见诸先帝画像，再举办宴会，招待群臣。据说，坚持举行再生礼，是为了使皇帝不忘孝心。所以，常由皇太后主持这一仪式，举行的时间有时改在七月或九月、十月、三月，有时两个月连续举行两次。④ 每逢举行再生礼，有时也下诏"曲赦"某一地区的罪犯，或减各路徒刑以下犯人的罪一等。⑤

辽朝曾三次为皇太后立过节名。第一次是辽太宗时为皇太后述律平十月一

①　《辽史》卷21，《道宗一》，清宁二年（1056）二月乙巳（23日）条。
②　《辽史》卷53，《礼志六》；卷6、卷7、卷20。
③　《辽史》卷51，《礼志四》；卷19，《兴宗二》；卷21，《道宗一》。
④　《辽史》卷53，《礼志六》；卷10，《圣宗一》；卷11，《圣宗二》；卷12，《圣宗三》。
⑤　《辽史》卷22，《道宗二》。

辽宋西夏金社会生活史

日生日立永宁节。第二次是辽兴宗时为皇太后萧绰（即承天皇太后）十二月五日生日立应圣节。但重熙十五年（1046）三月乙酉（五日），又"以应圣节，减死罪，释徒以下"。萧绰至辽道宗时仍然在世，所以逢应圣节仍为太皇太后萧绰祝寿。第三次是辽道宗时为皇太后萧氏（小字挞里）十二月三日生日建坤宁节。咸雍六年（1070）十二月己未（三日），"以坤宁节，赦死罪以下"。咸雍八年十二月丁丑（三日），再次"以坤宁节，大赦"。但何时为谁立此节，《辽史》等均失载。据辽代礼制，必定是道宗为皇太后萧氏（小字挞里）而立。辽朝也制定了皇太后生辰朝贺的礼仪，皇帝、百官、各国使臣等均上殿祝寿。常常在庆祝皇太后生日时，发布"赦死罪以下"或"大赦"一类的诏令，并且宴请群臣和命妇。①

宋朝每个皇帝都立"圣节"，也有两位皇后仿此建节。北宋九朝皇帝的"圣节"如下表：

节　　名	圣节时间	皇帝庙号	建节时间
长春节	二月十六日	宋太祖	建隆元年正月十七日
乾明节	十月七日	宋太宗	太平兴国二年五月十四日
承天节	十二月二日	宋真宗	至道三年八月八日
乾元节	四月十四日	宋仁宗	乾兴元年二月二十六日
寿圣节	正月三日	宋英宗	嘉祐八年八月二十三日
同天节	四月十日	宋神宗	治平四年二月十一日
兴龙节	十二月八日	宋哲宗	元丰八年五月五日
天宁节	十月十日	宋徽宗	元符三年四月十一日
乾龙节	四月十三日	宋钦宗	靖康元年二月二十六日

宋太宗"圣节"最初称乾明节，淳化元年改名寿宁节。哲宗生于熙宁九年（1076）十二月七日，因避僖祖（赵匡胤的四世祖）的忌日，改用八日。宋徽宗生于元丰五年（1082）五月五日，也因避俗忌，改用十月十日。② 说明"圣节"的名称和时间可依统治者的愿望稍加改变。

南宋六朝皇帝加上帝显的"圣节"如下表：

---

① 《辽史》卷19，《兴宗二》；卷22，《道宗二》；卷23，《道宗三》；卷53，《礼志六》；卷21，《道宗一》。

② 《长编》卷356；周密：《齐东野语》卷20，《月忌》；《癸辛杂识》后集，《五月五日生》。

节　名	圣节时间	皇帝庙号	建节时间
天申节	五月二十一日	宋高宗	建炎元年五月六日
会庆节	十月二十二日	宋孝宗	绍兴三十二年八月二十六日
重明节	九月四日	宋光宗	淳熙十六年二月二十一日
瑞庆节	十月十九日	宋宁宗	绍熙五年九月十七日
天基节	正月五日	宋理宗	嘉定十七年十一月二十七日
乾会节	四月九日	宋度宗	景定五年十二月四日
天瑞节	九月二十八日	宋帝显	咸淳十年七月十二日

《点石斋画刊》中的宋代天庆节宴饮图

（选自徐海荣主编《中国饮食史》第 4 卷）

宋宁宗的"圣节"原名天祐节，使用一个多月后改称瑞庆节。①

① 《宋会要》礼 57 之 18—19，《诞圣节》。

每逢新皇帝即位，由宰相率领群臣上表奏请，为皇帝生日建节。老皇帝的"圣节"一般自然消失。仅孝宗时，高宗尚健在，逢天申节依例祝贺；光宗时，孝宗也健在，逢会庆节也照例祝寿。到"圣节"那天，皇帝坐殿，文武百官簪花，依次上殿祝寿，进献寿酒。皇帝退入另殿，设御宴款待群臣以及外国使臣：先由百官进酒祝寿，然后由皇帝赐百官酒食，乐坊伶人致语，同时奏乐；酒数行而罢。皇帝又赐百官衣各一袭（套）。各州军除向皇帝进贡银、绢、马等礼物外，在僧寺或道观开建"祝圣寿"道场，长官进香、享用御筵，用乐，放生，以示庆祝。朝廷下令禁止屠宰、丧葬和决大辟罪（死罪）数日，还给赐度牒、紫衣师号，准许剃度僧侣和试放童行。①

北宋时，两位皇太后的生日也先后立过节名。仁宗初年，为太后刘氏正月八日生日立长宁节。哲宗初年，为宣仁太后高氏七月十六日生日建坤成节。庆祝活动的内容，包括文武百官上殿祝寿，献纳金酒器，内外命妇进献香合和入宫祝寿，开启道场斋筵，京城禁止行刑和屠宰七天，剃度僧道三百名。② 徽宗初年，皇太后向氏依照嘉祐、治平"故事"，仍称"圣节"，但不应立生辰节名，遂成为定制。③

金朝女真族早期没有历法，不懂纪年，百姓的年龄"以草一青为一岁"。自兴兵南下，渐受辽，宋习俗影响，"酋长坐朝，皆自择佳辰"。如完颜宗翰（粘罕）以正旦为生辰，完颜希尹（悟室）以元宵节为生日等。金太宗始在登基的第二年即天会二年（1124）十月，立天清节，当天北宋和西夏皆派使臣前来祝贺④。从此，每朝皇帝大都建立"圣节"（如下表）：

节　　名	圣节或生日时间	皇帝庙号	建节时间
（未立）	七月一日	金太祖	
天清节	十月十五日	金太宗	不详
万寿节	正月十七日	金熙宗	天会十三年六月二十一日
（未立）	正月十六日	海陵王	
万春节	三月一日	金世宗	大定元年十二月二十六日
天寿节	九月一日	金章宗	大定二十九年三月己酉
万秋节	八月十日	卫绍王	不详
长春节	三月十三日	金宣宗	不详
万年节	八月二十三日	金哀宗	不详

① 《宋会要》礼 57 之 14—23，《诞圣节》、《节日》。
② 《长编》卷 354；《宋会要》礼 57 之 37—38。
③ 《宋史》卷 243，《后妃下》。
④ 洪皓：《松漠纪闻》卷上；《金史》卷 3，《太宗纪》。

海陵王每逢生辰举行祝寿活动，南宋、高丽、西夏使臣都会前来祝贺，但未见建立"圣节"。金熙宗生于七月七日，与其生父完颜宗峻（绳果）的忌日相同，故改为正月十七日。金章宗的生日是七月二十七日，大定二十九（1189）年三月己酉下诏以生辰为天寿节。六月，右丞相完颜襄认为"圣节"之月"雨水淫暴，外方人使赴阙，有碍行李"，乃改为九月一日，并通报南宋和高丽、西夏。但明昌五年（1194）七月丙戌（二十七日）和九月初一，两次庆祝天寿节，前一次是在枢光殿宴请百官，后一次是接受南宋、高丽、西夏的使臣祝贺。泰和八年（1208）五月癸亥，又下诏将天寿节推迟至十月十五日。①

金朝制定了"圣节"上寿的仪式：皇帝升御座，鸣鞭，报时，殿前班起居毕，舍人领皇太子及官员、使臣全班进殿陛，舞蹈五拜，平立。閤使奏报各道州郡贺表目录，皇太子以下皆再拜。皇太子擂笏献寿酒。世宗时，二閤使齐揖入栏子内，拜跪致辞："万寿令节，谨上寿卮，伏愿皇帝陛下万岁、万岁、万万岁！"宣徽使宣告"有制"，又宣答："得卿寿酒，与卿等内外同庆。"臣僚分班，教坊奏乐。皇帝举酒，殿下侍立的臣僚皆再拜。然后，在殿上设宴招待臣僚和外国使臣。圣节那天，禁止断狱和屠宰。从世宗大定十三年（1173）开始，规定连续三天禁止断狱和屠宰。金章宗时，天寿节在都城施舍老、病、贫民七百贯，各京二十五贯，各府、州、县从二十贯至五贯不等。②

西夏各朝皇帝并没有为自己的生日立节名。夏景宗（元昊）生于五月五日，西夏"国人以其日相庆贺"，具体庆祝活动不详。③

第二节　官定重要节日

除"圣节"外，各国还有一些官定的重要节日，其中有传统的节日，也有统治者出于政治需要而一时制定的节日。

————————

① 《金史》卷4，《熙宗纪》；卷9，《章宗一》；卷83，《张汝霖传》；卷10，《章宗二》；卷23，《五行志》；卷12，《章宗四》。

② 《金史》卷36，《礼志六》；《大金集礼》卷23，《圣节》；《金史》卷58，《百官志四》；王寂：《拙轩集》卷3。

③ 《宋史》卷485，《外国一》。

辽朝官定的重要节日较多，有正旦、中和节、六月十八日、中元节、狗头节、重九节、烧甲节、冬至、腊辰日等。

正旦：正月一日，皇帝将糯米饭与白羊髓掺和成拳头大小的团，每帐分赐四十九枚。候至五更三点，皇帝等各在帐内从窗中向外掷米团，如果得双数，当夜奏乐和举办宴会；如果得单数，则不奏乐、饮宴，命十二名师巫绕着帐外摇铃执箭，边唱边叫，帐里的人则在火炉里爆盐，点燃地拍鼠（又称"地老鼠"，一种在地上盘旋的烟火），称这种仪式为"惊鬼"。在帐内住七天才出门。契丹语称正旦为"乃捏咿呢"或"妳捏离"。

中和节：二月一日称中和节。国舅族萧氏在家设宴招待"国族"耶律氏。契丹语称"悍里咡"。

六月十八日：耶律氏在家设宴回请萧氏。也称"悍里咡"。

中元节：七月十五日称中元节。十三日夜，皇帝离开行宫，在西三十里卓帐下榻。十四日，随从各军和部落，都奏本族乐曲，饮宴。至晚上，皇帝才归行宫，称"迎节"。十五日，奏汉乐，大宴。十六日清晨，皇帝向西方行走，命随行各军、部落大叫三声，称为"送节"。契丹语称此节为"赛咿呢奢"。

狗头节：八月八日称狗头节。皇帝杀白狗，在寝帐前七步处掩埋其头，嘴露出地面。再过七天，即中秋节，皇帝移寝帐于此处。契丹语称此节为"捏褐耐"。

重九节：九月九日称重九节。皇帝带领群臣、部族围猎射虎，罚射少者请重九宴席。围猎结束，选高地设帐，与蕃、汉臣僚饮菊花酒。兔肝生切，拌鹿舌酱吃。又研茱萸酒，洒在门窗，以消除疫病。契丹语称此节为"必里迟离"。

烧甲节：十月十五日称烧甲节。十月内，五京进贡纸做的小衣甲和枪、刀、器械各一万副。十五日，皇帝与群臣一起望木叶山（今内蒙古奈曼旗东北老哈河与西喇木伦河汇合处。为契丹族先世所居之处，山上有辽始祖庙），奠酒，跪拜，用契丹字写状，与器甲一起焚烧。契丹语称此节为"戴辣"。

冬至：杀白羊和白马、白雁，各取其生血兑酒。皇帝北望黑山跪拜，并焚烧五京所进纸人、纸马一万多副，祭奠山神。契丹族相信人死后，其魂魄归黑山神管辖。契丹族非祭不敢接近此山。此外，朝廷还举行冬至"朝贺仪"，臣僚全部出席，仪式如同正旦。①

腊辰日：皇帝率领诸司使以上的蕃、汉臣僚，皆戎装，在五更三点坐朝，

① 《辽史》卷53，《礼志六》。

奏乐饮酒，按等级各赐甲仗、羊、马。契丹语称此节为"炒伍侕厨"①。

宋朝官定的重要节日，有元旦、上元节、中和节、天庆节等。

元旦：又称正旦、元旦、旦日，俗称年节、新年。是日，朝廷下令免收公、私房租，准许京城百姓"关扑"（主要是赌博）三天。民间用鸦青纸或青绢剪成大小幡，由年长者戴之，或贴于门楣。家家饮屠苏酒和术汤，吃年馎饦。从早晨开始，百姓穿上新衣，往来拜节，并燃放爆竹。②各坊、巷摆设食物、日用品、水果、柴炭等，歌叫关扑。如马行、潘楼街、州东宋门外等处，都搭起彩棚，铺陈冠梳、珠翠、头面（首饰）、衣着、靴鞋、玩好之物等。其间开设舞场、歌馆，车马交驰，热闹异常。傍晚，贵家妇女出游、关赌，入场观看或进市店饮宴。朝廷举行正旦"大朝会"，皇帝端坐大庆殿，四名魁伟武士站在殿角，称"镇殿将军"。殿庭列仪仗队，百官都穿戴朝服冠冕，各州进奏官手持土特产，各路举人的解元也穿青边白袍、戴二梁冠立班。高丽、南蕃、回纥、于阗等使臣，随班入殿祝贺。朝贺毕，皇帝赐宴。宫城前，已结扎起山棚（灯山），百官退朝时山棚灯火辉煌，金碧相射。③各州官员、士大夫在正旦日，赴州衙序拜，各依年齿为序，而不是按官位高低。④

上元节：正月十五日为上元节，又称元夕节或元宵节。京城张灯五天，各地三天，城门弛禁，通宵开放。宋太祖时，因为"朝廷无事，区宇咸宁"，加之"年谷屡丰"，决定上元节再增十七、十八日两夜举行庆祝。⑤

节日期间，京城的士民群集御街，两廊下歌舞、百戏、奇术异能鳞次栉比，乐声悠扬。有击丸踢球者，踩绳上竿者，还有表演傀儡（木偶）戏、魔术、杂剧、讲史、猴戏、鱼跳刀门、使唤蜂蝶等。又朝北搭起台阶状鳌山（又称灯山、彩山），上面画有神仙等故事，左右用彩绢结成文殊、普贤菩萨，还张挂无数盏彩灯，极其新巧。许多灯以琉璃制成，绘有山水人物、花竹翎毛。鳌山顶端安置木柜贮水，不时放水，像瀑布飞溅而下。还用草把缚成双龙，遮上青幕，草上密置灯烛数万盏，远望如双龙蜿蜒飞腾。从鳌山到附近大街，约一百多丈，用棘刺围绕，称"棘盆"，实际是大乐棚。盆内各色彩灯"照耀有同白日"。乐人奏乐，同时演出飞丸、走绳、爬竿、掷剑等杂戏。皇帝和妃嫔在宫城门楼上

① 以上未注出处者皆见（宋）陈元靓：《岁时广记》卷7至卷39，引武珪《燕北杂记》；《辽史》卷53，《礼志六·岁时杂仪》。

② 吕原明：《岁时杂记》；《岁时广记》卷5，《元旦上》。

③ 孟元老：《东京梦华录》卷6，《正月》、《元旦朝会》；吴自牧：《梦粱录》卷1，《元旦大朝会》。

④ 施宿：《嘉泰会稽志》卷13，《节序》。

⑤ 《宋会要》礼57之28，《上元节》。

观灯戏嬉，百姓在楼下观看露台（露天舞台）演出杂剧，奏乐人不时引导百姓高呼"万岁"①。

朝廷在上元夜设御宴于相国寺罗汉院，仅赐中书和枢密院长官。百姓们以绿豆粉做成的蝌蚪羹、糯米汤元、焦䭔、春茧为节日美食，还迎邀紫姑神，预卜当年蚕桑。② 十八日夜或十九日开始"收灯"。

苏州制造的各色彩灯最为精美，且品种很多。元宵节期间，苏州"灯最盛，而菜园罗帛尤壮观"，所谓罗帛是指剪罗帛制成的灯。是日，苏州民间还有"旱划船"上街表演。成都府正月有灯市，从元宵节开始至四月十八日，富室"游赏几无虚辰，使宅后圃名西园，春时纵人行乐"。辰（治今湖南沅陵）、沅（治今湖南芷江）、靖（治今湖南靖州县）三州的仡伶、仡獠、山瑶等少数族也于此日"入城市观灯"③。

中和节：二月一日称中和节。皇帝开始换单罗服（单袍），官员换单罗公裳。民间用青囊盛上百谷、瓜果种子，互相赠送。百官进献农书，显示重农务本。④

开基节：正月四日称开基节。宣和二年（1120）四月，徽宗为纪念太祖在后周显德七年（960）正月四日登位、建立宋朝，决定立此节名。是日，禁止屠宰和行刑，各级官员皆赴宫观等处进香。⑤

天庆等节：宋真宗为掩饰澶渊城下之盟的耻辱，决定编造神人颁降天书的谎言和用封禅泰山等办法来"镇服四海、夸示外国"，陆续创立了五个节名。景德五年（1008）正月三日，伪造天书下降承天门，下令改元，并于十一月决定以正月三日为天庆节，命各州兴建天庆观。百官赴宫观或僧寺进香。朝廷赐百官御宴。各州军提前七天派道士在长官廨宇或宫观建道场设醮，特令官员、士庶宴乐，五天内禁止行刑和屠宰。大中祥符元年（1008）四月一日、六月六日，又陆续两次伪造天书下降，事后决定分立二日为天祯节和天贶节。遇此二日，不准屠宰和行刑。⑥ 天祯节后因避宋仁宗讳（赵祯），改称天祺节。大中祥符五年闰十月，以后唐天成元年（926）七月一日"圣祖"轩辕皇帝下降日定为先天节，又以十月二十四日"圣祖"降临延恩殿日定为降圣节，不准行刑，禁止屠宰，准许请客和奏乐，互赠"保生寿酒"。各州选派道士建道场设醮。宋仁宗初

① 《岁时广记》卷10，《立棘盆》；《东京梦华录》卷6，《元宵》。
② 欧阳修：《归田录》卷2；沈括：《梦溪笔谈》卷21，《异事》。
③ 《永乐大典》卷20354，《夕字》；《鸡肋编》卷上；陆游：《老学庵笔记》卷4。
④ 《梦粱录》卷1，《二月》。
⑤ 李埴：《皇宋十朝纲要》卷18，《徽宗》；赵昇：《朝野类要》卷1，《诸节》。
⑥ 陈公亮：《严州图经》卷1，《寺观》；《事物纪原》卷1，《天祺》。

年，因天庆等五节"费用尤广"，增加百姓负担，决定将各宫观同时设醮改为轮流设醮。①

天应等节：政和四年（1114），宋徽宗借口"天帝"降临，旌旗、辇辂等出现云端，以十一月五日立为天应节。规定该日建置道场，各级官员前往进香朝拜，停决大辟刑，禁止屠宰。此后，又陆续立宁贶（五月十二日）、天符等节名。②

天庆等节，最初京城的宫观每节斋醮七天，后来减为三天、一天，逐渐废罢。到南宋时，京城不再举行庆祝活动，也不休假，仅外州官员赴天庆观朝拜和休务两天。③

金朝女真在建国前无所谓官定的节日。即使在建国初，还不懂得元宵节。迁到燕京后，逐步理解此节，后来就习以为常了。④ 汉族的传统节日逐渐与女真原有的节日融合一起。金朝官定的重要节日有元旦、元宵节、重五、中元节、重九日等。

元旦：即元日。金熙宗天眷三年（1140）正旦，始依辽朝旧例起盖山楼一座。海陵王贞元二年（1154）正月，称之为万春山。世宗大定五年（1165）二月，改称仁寿山。金朝制定了元旦皇帝登殿接受群臣祝贺的仪式，基本与圣节相同。只有二閤使的致词改为"元正启祚，品物咸新，恭惟皇帝陛下与天同休"。宣徽使的宣答改为"履新上寿，与卿等内外同庆"。然后在殿上赐群臣和宋、西夏、高丽等外国使臣御宴。⑤ 民间则百姓拜日，互相庆祝。还燃放爆竹，烧烛，饰桃木人，饮屠苏酒等。⑥

元宵节：海陵王天德三年（1151），第一次在宫中造灯山，庆祝元宵节。贞元元年（1153）元夕，又一次在燕京新宫中张灯，宴请丞相以下官员，"赋诗纵饮，尽欢而罢"。金世宗大定二十四年（1184），元夕张灯，"琉璃、珠璎、翠羽、飞仙之类不一，至有一灯金珠为饰者"。都人男女盛饰观赏游乐，至十八日才结束。⑦

重五：又称重午、端午节。金朝最重视此节。是日，举行祭天和射柳之礼。在球场设拜天台，台上刻木为船状的盘，"赤为质，画云鹤纹"，放在五六尺高

① 《宋会要》礼57之28—31、57之29。
② 《宋会要》礼57之31—33。
③ 《容斋五笔》卷1，《天庆诸节》。
④ 《松漠纪闻》卷上。
⑤ 《金史》卷36，《礼志九》；《大金集礼》卷39，《元日称贺仪》。
⑥ 《会编》甲集政宣上帙三；王寂：《拙轩集》卷4；《大金国志》卷35，《杂色仪制》。
⑦ 《金史》卷5，《海陵纪》；《大金国志》卷13，《海陵炀王上》；卷18，《世宗圣明皇帝下》。

的架上，盘中放置食物。黎明，皇帝至拜天台，降辇至褥位，皇太子以下百官皆诣褥位。宣徽使赞"拜"，皇帝再拜。上香，又再拜。排食抛盏毕，跪饮福酒，又再拜。百官在此过程中皆陪拜。然后在球场插两行柳枝，参加射柳者以尊卑为次序。最后是举行类似现代的曲棍球、马球之类的比赛，参赛者各乘坐骑持球杖击球，杖长数尺，一头像偃月：击球者分为两队，争击一球，以击球入网或出门者为胜。再赐给御宴。这一节礼乃沿袭辽朝的旧俗。有时，皇帝在端午日回上京（今黑龙江阿城白城子），"燕劳乡间宗室父老"。官府是日放假一天。① 汉族百姓则插菖蒲、系彩丝、饮酒、浴兰汤、吃筒包等进行庆祝。②

中元节：即七月十五日。皇帝在内殿建造拜天台，行拜天之礼。至时，也集合宗族拜天。③

重九日：即九月九日。皇帝改在都城外筑拜天台，行拜天之礼。仍集合宗族一起拜天。④ 汉族百姓插茱萸、赏菊、唱歌。⑤

西夏的官定节日不多，仅"以孟朔为贺"，即以正月初一、四月初一、七月初一、十月初一作为节日，具体庆祝活动不详。⑥

地处今新疆吐鲁番县东南高昌废址的高昌国，宋初称西州回鹘。宋太宗雍熙元年（984），王廷德等从其地回来，向宋廷报告行程。其中，说到该国仍使用唐开元七年（719）的日历，"以三月九日为寒食，余二社、冬至亦然"。说明该国每年庆祝寒食、春社、秋社、冬至四节。此外，在每年春月居民们到五十多所佛寺"群聚遨乐"，"游者马上持弓矢射诸物"，称"禳灾"⑦。

第三节　节气性和季节性节日

辽朝的节气性和季节性的节日有立春、重午、夏至、中秋节、岁除等。

---

① 《金史》卷35，《礼志八》；卷8，《世宗下》；《大金国志》卷35，《杂色仪制》。
② 元好问：《中州集》卷10，滕茂实《五日》。
③ 《金史》卷35，《礼志八》。
④ 《金史》卷35，《礼志八》；《大金国志》卷35，《杂色仪制》。
⑤ 元好问：《中州集》卷10，姚孝锡《重九偶成》。
⑥ 《宋史》卷485，《外国一》。
⑦ 《宋史》卷490，《外国六》；《长编》卷25。

立春：是日，宫内举行庆祝立春的仪式。皇帝进入内殿，率领北、南臣僚拜先帝画像，献酒。可矮墩（又作"可贺敦"，高级官员之妻的称号）以上入殿，赐坐。皇帝戴幡胜，也赐臣僚幡胜簪戴。皇帝在土牛前上香，三奠酒，教坊奏乐。皇帝持彩杖鞭土牛。司辰报告春至，可矮墩以上北、南臣僚持彩杖鞭土牛三周，再引节度使以上登殿，撒谷、豆，击土牛。撒谷、豆时，允许参与仪式者争抢。臣僚依次入座，饮酒，吃春盘，再喝茶。民间妇女"进春书，刻青缯为帜，像龙御之，或为蟾蜍，书帜曰'宜春'"①。

重午：五月五日，黎明，臣僚齐赴御帐，皇帝系长寿彩缕，坐在车上，引导北、南臣僚合班，再拜。各官员皆赐彩缕，揖臣僚跪受，再拜。引臣僚退下，随车驾至膳所，酒三行。午时，采艾叶与绵相和絮衣七事，皇帝穿着，北、南臣僚各赐艾衣三事。皇帝和臣僚们一起宴乐，渤海族厨师进献艾糕，用五彩丝做绳缠臂，称"合欢结"。又用彩丝婉转做成人形簪戴，称"长命缕"。契丹语称"讨赛咿呢"②。

夏至：又称"朝节"。妇女进献彩扇，以粉脂囊互相赠送。

岁除：即除夕。皇帝亲自主持宫中岁除的仪式。至除夕，敕使和夷离毕率领执事郎君到殿前，将盐和羊膏放在炉中燃烧。巫和大巫顺次赞祝火神，然后閤门使赞皇帝面对火再拜。最初，皇帝皆亲自拜火，至辽道宗始改命夷离毕拜火。③

宋朝的此类节日，有立春、社日、寒食、清明、端午、七夕、中秋等。

立春：立春前一天，开封或临安府奉献大春牛（土牛）和耕夫、犁具到宫中，用五色彩杖环击牛三下，表示劝耕，称为"鞭春牛"。各州县也造土牛和耕夫，清晨由长官率领官吏举行"打春"仪式。打春毕，百姓争抢其"肉"，但不敢触动号为"太岁"的耕夫。百姓互赠装饰着花朵而坐在栏中、上列百戏人物和春幡雪柳的小春牛。当时以牛为丑神，击土牛用以表示加速送走寒气。④ 朝廷还赐给百官金银幡胜。⑤

社日：每年有两个社日。宋代以立春后第五个戊日为春社，立秋后第五个戊日为秋社。朝廷和各州县都举行祭祀社稷的仪式，官衙各放假一天。民间做社糕、社酒相送，并用肉、饼、瓜、姜等切成棋子大小，浇在饭上，称社饭。⑥

① 《辽史》卷53，《礼志六》。
② 《辽史》卷53，《礼志六》；《岁时广记》卷23，《端午下》。
③ 《辽史》卷53，《礼志六》；卷49，《礼志一》。
④ 《岁时广记》卷8，《立春》；袁文：《瓮牖闲评》卷3。
⑤ 《东京梦华录》卷6，《立春》；《梦粱录》卷1，《立春》。
⑥ 程大昌：《演繁露》卷12；《岁时广记》卷14，《二社日》。

寒食和清明：自冬至后一百零五天，称寒食节，又称"一百五日"、"百五节"、"禁烟节"。陕西人称为熟食日，京东人称为冷烟节，太原人称为一月节。寒食前一天为"炊熟日"，蒸成枣糕，用柳条串起，插在门楣上，称"子推"或"子推燕"①。子女长大后，多在此日上头。寒食节前后三天，家家停止烟火，只吃冷食。为此，节前多积食物，谚云："馋妇思寒食，懒妇思正旦。"寒食第三天为清明节。是日，宫中赐新火给近臣、戚里。百姓纷纷出城扫墓，只将纸钱挂在墓旁树上。客居外地者，登山望墓而祭，撕裂纸钱，飘向空中，称"擘钱"。城市居民乘此携带酒食春游。②

端午：宋代始以五月五日为端午节，又称端五、重五③、重午、天中、浴兰令节。自五月一日至端午前一天，市中出售桃、柳、葵花、菖蒲、艾叶，端午那天家家铺设在门口，吃粽子、五色汤元、茶酒等，"士庶递相宴赏"。还将泥塑张天师像，挂在门额上，以禳毒气。宫中全天奏乐。南方很多地区还赛龙舟竞渡。④

七夕：七月七日为七夕节。北宋初仍沿用五代旧习，七夕用六日。太宗太平兴国三年（978），开始改用七日。民间崇尚果实、茜鸡（以茜草熬鸡）和摩睺罗即泥塑幼童像，精致者装上彩色雕木栏座，遮以纱罩，甚至用金玉珠翠装饰。傍晚，妇女和儿童穿上新衣，在庭院中立长竹竿，上置莲花，称"花竿"⑤。设香桌，摆出摩睺罗、酒果、花瓜、笔砚、针线，姑娘们个个呈巧、焚香列拜，称"乞巧"。有些妇女对月穿针，或把蜘蛛放入盒子内，次日观看网丝圆正，即为"得巧"。此日又是晒书节，朝廷三省六部以下，各赐钱设宴，为晒书会。⑥

中秋：八月十五日为中秋节。节前，京城酒店出售新酒，市民争饮，不到中午便销售一空。晚上，金风送爽，丹桂飘香，富豪皆登楼台酌酒高歌，通宵赏月。贫民也质衣买酒，"勉强迎欢，不肯虚度"。南宋时，浙江上放"一点红"羊皮小水灯几十万盏，浮满江面，灿烂如繁星。⑦

重阳：九月九日为重阳节，又称重九节。民间在蒸糕上插小彩旗，镶嵌石榴子、银杏、松子肉等，称重阳糕，用来互相馈赠。又用粉做成狮子蛮王形状，放在糕上，称"狮蛮"。各僧寺都设斋会。此时菊花盛开，民间竞相赏菊，将菊

---

① 蔡絛：《铁围山丛谈》卷2；《岁时广记》卷15，《寒食上》；《鸡肋编》卷上；金盈之：《醉翁谈录》卷3。

② 《宋朝事实类苑》卷32，《赐新火》；《鸡肋编》卷上；《东京梦华录》卷7，《清明节》。

③ 《容斋随笔》卷1，《八月端午》；郑刚中：《北山文集》卷22，《重五》。

④ 《东京梦华录》卷8，《端午》；《岁时广记》卷21，《端五上》。

⑤ 王林：《燕翼诒谋录》卷3，《七夕改用七日》；《嘉泰会稽志》卷13，《节序》。

⑥ 《东京梦华录》卷8，《七夕》；《武林旧事》卷3，《乞巧》；《朝野类要》卷1，《曝书》。

⑦ 《梦粱录》卷4，《中秋》；《武林旧事》卷3《中秋》。

花和茱萸插在头发上，并且饮茱萸酒或菊酒。① 绍兴府（治今浙江绍兴）民间多吃栗粽，亲友间非遇丧葬，不相往来。十日，士庶再集宴赏，称"小重阳"②。

立冬和冬至：十月内立冬前五天，北宋都城上自宫廷，下至民间，开始贮藏蔬菜，以供一冬食用。③ 十一月冬至，民间重视此节，为一年三大节之一。士庶换上新衣，备办食物，大多吃馄饨。还用馄饨祭祀祖先。店铺罢市三天，垂帘饮酒赌博，称"做节"。官府也特准百姓关扑和减免公私房租三天。皇帝于此日受百官朝贺，称"排冬仗"，百官都穿朝服。④

除夕：腊月（即十二月）八日，僧寺做成五味粥，称腊八粥，馈赠施主。百姓也用果子、杂料煮粥而食。二十四日，民间用蔬食、胶牙饧（麦芽糖）、萁豆等祭社。⑤ 腊月底，被认为"月究岁尽之日"，故称"除夜"。而二十四日为"交年节"或"小节夜"，三十日为"大节夜"⑥。民间都洒扫门闾，除尘秽，净庭户，换门神，挂钟馗，钉桃符，贴春牌，并祭祀祖先。晚上则准备迎神的香、花、供品，以祈新年的平安。宫中举行大驱傩（驱逐疫疠）仪式：军士等戴面具、穿绣画杂色衣，手执金枪、龙旗，装扮成六丁、六甲、判官、钟馗、灶君、门神、土地等，共一千多人，从宫内鼓吹驱祟到城外，称为"埋祟"，而后散去。与此同时，点燃爆仗，声震如雷。农民们还点起火炬，称"照田"⑦。百姓合家围炉而坐，饮酒唱歌，奏乐击鼓，坐以达旦，称为"守岁"。⑧

金朝的这类节日也有立春、寒食节、七夕、中秋、除夕⑨等。

立春：金朝皇帝在宫中庆祝立春，可能始于海陵王。天德三年（1151）正月癸未立春，海陵王"观击土牛"。从此，他还在此日将土牛分赐各地官员。⑩

寒食和清明：寒食节又称熟食节。女真族较早采用此节。天辅十六年（实为金太宗天会十一年，1133）正月，女真族"例并祭先祖，烧纸钱，埋肉脯，游赏外各在水际"。汉族百姓在清明节也点燃新火，纷纷出城扫墓。麻九畴《清明》诗描写："村村榆火碧烟新，拜扫归来第四辰。城里看家多白发，游春总是少年人。"刘从益赋诗《清明即事，用前韵》："一度清明了一年，温风袅袅雨班

①　《东京梦华录》卷8，《重阳》；《梦粱录》卷5，《九月》。
②　《嘉泰会稽志》卷13，《节序》；《岁时广记》卷35，《重九中·再宴集》。
③　《东京梦华录》卷9，《立冬》。
④　《东京梦华录》卷10，《冬至》；《岁时广记》卷38，《冬至》。
⑤　《梦粱录》卷6，《十二月》。
⑥　《岁时广记》卷39，《交年节》；《武林旧事》卷3，《岁除》。
⑦　《玉峰志》卷上，《风俗》。
⑧　《东京梦华录》卷10，《除夕》；《梦粱录》卷6，《除夜》。
⑨　元好问：《中州集》卷8，边元勋《七夕》；卷7，张本《中秋雨夕呈君美》等。
⑩　《金史》卷5，《海陵纪》；卷132，《徒单贞传》。

班。……宿草新坟惊世短，落花流水占春闲。"描写了清明那天人们的活动。①
章宗明昌元年（1190）二月，王寂在宜民县（今辽宁辽阳东北），遇熟食节，看
到"山林间，居民携妻孥上冢，往来如织"。官府放假五日，也以冬至后一百零
五天为限。②

　　居住在荆湖南路沅州（治今湖南芷江）四周的苗、瑶、獠、仡伶、仡佬
"五溪蛮"，乃近代壮、侗、水、布依、仡佬等族的先民。他们在这一时期有岁
节、重午等节。岁节似即元旦、新年，史称："土俗，岁节数日，野外男女分两
朋，各以五色彩囊、豆、粟往来抛接，名'飞蛇'。"又称"蛮乡最重重午"，是
日，"不论生、熟界，出观竞渡，三日而归"。竞渡的船只，在一个月前就要下
水，"饮食，男女不敢共处"，称"爬船"。至五月十五日，再次出观，称"大十
五"。船分为五色，黑船的神"尤恶"，"来去必有风雨"。山瑶在此日青年男女
在山坡相亲，"相携而归"③。

第四节　宗教性节日

　　这一时期佛、道二教流行，加上一些新的信仰的出现，使民间的节日增添
了不少新的内容。

　　辽朝的这种节日，有人日、佛生日等。

　　人日：古代占卜书以正月一日为鸡，二日为狗，三日为猪，四日为羊，五
日为牛，六日为马，七日为人，八日为谷。占卜其日天晴为吉祥，阴天为灾难。
民间习俗于此日在庭院中食煎饼，称"薰天"④。

　　佛生日：四月八日，为释迦牟尼（又称悉达太子，即佛教的创始乔达摩·
悉达多）的生日。都城和各州都用木头雕刻佛像，人们抬着佛像游行，前面用
仪仗、百戏导从。又允许僧、尼、道士、百姓们"行城一日为乐"。各佛寺皆举

　　①　元好问：《中州集》卷6。
　　②　《永乐大典》卷19742，《录字》引《窃愤录》；王寂：《辽东行部志》；《大金国志》卷35，
《杂色仪制》；元好问：《中州集》卷10，朱弁《寒食》。
　　③　朱辅：《溪蛮丛笑》。
　　④　《容斋三笔》卷16，《岁后八日》；《辽史》卷53，《礼志六》。

办"菩萨会",共庆佛的生日。①

宋朝的这类节日较多,有人日、玉皇生日、梓潼帝君生日、上巳日、佛日、中元等。

人日:即正月七日。民间在此日剪彩绢人像,称"人胜",贴在屏风或戴在头髻上,表示人入新年后形貌更新。民间还用面粉做成肉馅或素馅春茧,内藏写有官品的纸签或木片,食时探取,以卜将来官品的高低。②

梓潼帝君生日:二月三日为梓潼帝君生日。帝君即晋代张恶子,本庙在剑州梓潼县七曲山(今四川梓橦县北),宋时屡被加封。相传该帝君专"司桂籍,主人间科级",各地任官之人都就观建会,祈求仕途顺利。③

祠山张真君生日:二月八日为祠山张真君生日。张真君即张渤,宋时又称张王、祠山真君,本庙在广德军(治今安徽广德),赐额广惠王庙或祠山行宫。江、浙各地也都建此庙。五代以来,此庙"素号灵应,民多以牛为献"。宋统治者屡加封号,尊崇备至。逢其生辰,百姓竞赴朝拜,乘时演出百戏如杂剧、相扑、小说、影戏等。祭者必诵《老子》,且禁食猪肉。④

花朝节:二月十五日为花朝节。此时浙中百花竞放,正是游赏季节。州县长官到郊外,赐父老酒食,劝谕农桑。僧寺和尼庵建释迦涅槃会,信徒前往烧香膜拜。⑤

上巳日:中国古代以三月中第一个巳日为上巳节。魏晋以后到宋代,改为专用三月三日为上巳日。民间在流水上洗濯,除去宿垢,称"禊"(即洁)。南海人不做寒食,而在上巳扫墓。⑥ 此日又是北极祐圣真君和真武(又名真武灵应真君)生日,百姓都去祐圣观和祥源观(醴泉观)烧香。各道观也建醮,禳灾祈福。⑦

东岳帝生日:三月二十八日为东岳圣帝生日。各地善男信女前一天在大路上通宵礼拜,会集到东岳行祠(行宫),称"朝岳",祈求农业丰稔。⑧

佛日:俗称四月八日为释迦佛的生日,又称浴佛节。各寺院都建浴佛斋会,

① 《辽史》卷53,《礼志六》作"二月八日"。《岁时广记》卷20,《佛日》作"四月八日"。《辽文汇》四。

② 《全宋词》,第533页。

③ 《宋会要》礼21之25;郑瑶等:《景定严州续志》卷4,《祠庙》;《梦粱录》卷19,《社会》。

④ 《宋会要》礼20之83、163;《梦粱录》卷14,《外郡行祠》。

⑤ 《梦粱录》卷1,《二月望》;《玉峰志》卷上,《风俗》。

⑥ 王观国:《学林》卷5,《节令》;葛立方:《韵语阳秋》卷19;《岁时广记》卷18,《上巳上》。

⑦ 《夷坚志》卷24,《婺州两会首》。

⑧ 陈淳:《北溪字义》卷下,《世俗鄙俚》;常棠:《澉水志》卷上,《寺庙门》。

僧徒用小盒装铜佛像，放入香药糖水（浴佛水），一面铙钹交迎，遍走街巷闾里，一面用小勺浇灌佛像。临安六和塔寺集中童男童女和信徒举办朝塔会，西湖上举行各种放生会，观众达数万人。尼庵也设饭供茶，称"无碍会"①。

崔府君生日：六月六日为崔府君生日。崔府君一说是东汉人崔瑗（字子玉），一说是唐滏阳令。本庙在磁州（治今河北磁县）。额曰崔府君庙，朝廷经常派官员主持庙事。② 据说，高宗在北宋末出使到磁州境时，崔府君神曾显灵护驾，南宋时乃在各地兴建显应观，以褒其功。是日，百姓纷集该庙烧香，而后为避暑之计。③

解制日：佛教以四月十五日为"结制"或"结夏"开始之日。僧、尼从此日起，安居禅教律寺院，不能单身出外云游。佛殿也建楞严会。至七月十五日，僧尼寺院都设斋解制（又称解夏），称"法岁周圆之日"。自结制到解制，前后共90天。④

中元：七月十五日为中元节。各州长官往圣祖庙朝谒。百姓在家搭起圆竹架，顶部放置荷叶，装满各种食物和"目连救母"画像，借以祭祀祖宗。或赴墓地拜扫。僧寺也建盂兰盆会，向施主募捐钱米，代荐亡人。是日，百姓一般不吃荤食，屠户为之罢市。⑤

金朝的这类节日也有人日、上巳、佛日等，但因缺乏记载，只能略述一二。如人日，即正月七日。元好问《南歌子》词云："人日过三日，元宵便五宵。共言今日好生朝。……"上巳日，即三月三日。郝俣《上巳前后数日皆大雪，新晴游临漪亭上》诗写道："十月阴风料峭寒，试从花柳问平安。野亭寂历春将晚，山径萦纡雪未干。足踏东流方纵酒，手遮西日悔投竿。渊明正草《归来赋》，莫作山中令尹看。"⑥ 由于北方天寒，有时上巳日还下着大雪，因此没有南方人在流水上洗濯之类的活动。段克己《鹧鸪天（上巳日再游青阳峡，用家弟诚之之韵）》词也没有描写这类活动。海陵王正隆三年（1158），在五台山北麓创建岩上寺。朔漠地区佛教信徒每年于此日纪念佛诞，纷纷越长城、跨北岳，远道前来朝拜五台。岩上寺是当时香客进山的第一接待处所，颇具规模，香火很盛。⑦

———————————

① 《武林旧事》卷3，《浴佛》；《梦粱录》卷19，《社会》；《玉峰志》卷上，《风俗》。
② 王象之：《舆地纪胜》卷1，《两浙西路·显应观》；《宋会要》礼21之25。
③ 《武林旧事》卷3，《都人避暑》；《梦粱录》卷4，《六月》。
④ 《梦粱录》卷3，《僧寺结制》；卷4，《解制日》。
⑤ 《岁时广记》卷29、卷30，《中元》；《事物纪原》卷8，《盂兰》；《武林旧事》卷3，《中元》。
⑥ 《全金元词》；《中州集》卷2。
⑦ 张博泉：《金史简编》，第413页，辽宁人民出版社1984年版。

说　　明

　　本书图片主要选自下列各种图书：

　　1. 上海市戏曲学校中国服装史研究组编著：《中国历代服饰》，学林出版社1984年版。

　　2. 沈从文著：《中国古代服饰研究》，商务印书馆香港分馆1993年版。

　　3. 中国美术全集编辑委员会编：《中国美术全集·绘画编》3、4《两宋绘画》上、下卷，文物出版社1988年版。

　　4. 上海博物馆编：《宋人画册》，上海人民美术出版社1979年版。

　　5. 文物出版社编：《两宋名画册》，文物出版社1979年版。

　　6. 福建省博物馆编：《福州南宋黄昇墓》，文物出版社1982年版。

　　7. 故宫博物馆藏画集编辑委员会编：《中国历代绘画·故宫博物院藏画集》Ⅱ、Ⅲ之《宋代部分》（一）、（二），人民美术出版社1981年版。

　　8. 肇靖编：《中国古代陶瓷》，文物出版社1986年版。

　　9. 陶文平编：《中国古陶瓷鉴赏》，上海科学普及出版社1990年版。

　　10. 中国美术全集编辑委员会编：《中国美术全集·绘画编》13《寺观壁画》，文物出版社1988年版。

　　11. 台北故宫博物院编辑委员会编：《婴戏图》，台北故宫博物院1996年版。

　　12. 徐海荣主编：《中国饮食史》第4卷，华夏出版社1999年版。

13. 《中华文明史》第 6 卷《辽宋夏金》，河北教育出版社 1994 年版。

14. 《中国文明史》第 6 卷《宋辽金时期》第一、二、三、四册，台北地球出版社 1993 年版。

15. 韩世明编著：《辽金生活掠影》，沈阳出版社 2002 年版。

16. 宿白著：《白沙宋墓》，文物出版社 2002 年版。

17. 河北省文物研究所编：《河北古代墓葬壁画》，文物出版社 2000 年版。

上海师范大学古籍研究所张丽同志为本书复印黑白文物图片，谨此致谢。

后

记

后　　记

　　20 世纪 90 年代初，中国社会科学院历史研究所提出编写各个断代社会生活史的任务。我个人没有学力单独撰写宋辽西夏金社会生活史（此次出版修订本，将书名定为《宋辽西夏金社会生活史》），所以邀请朱瑞熙、张邦炜、刘复生和蔡崇榜先生合作。此书朱瑞熙先生出力尤多。集体写作的经验，是大家平等合作，共同审稿，对别人提意见，补充史料，避免矛盾和重复。各章节虽是个人执笔，其实已是你中有我，我中有你。社会生活史的内容本来就比较烦琐，不易周全，此书具有初探性质，但与同类著述相比，涉及的问题较为宽泛。此书之后，社会生活史的书出了不少，如宋德金先生的《中国风俗通史·辽代卷》等，质量高于我们的作品。

　　此次再版，也作了些补充和修订，包括增加了"生活燃料"、"宋辖汉族居住区的养生"、"礼仪"等内容，并将第三章、第四章、第十三章等重新改写，在质量上有所提高，但篇幅不可能大幅度增加。特别是使用电脑重新制图，工作繁重，全由朱瑞熙先生一人承担。应当指出，此次修订本为重新排版，我们虽然复校一遍，仍可能出现本书初版未有的新的错误，这应由我们负责。恳望细心的读者审阅时，给予批评和指正。

　　目前历史题材影视剧的大量制作，已成不可抑勒的时髦。然而很少有创作者能认真学习历史，于是出现了大量所谓"气死历史学家"的制品。最近，《北京日报》一位编辑给我来电话，想请我就《大宋提刑官》写一短文，介绍提刑官的情况和职能。我稍看了一下电视剧，剧中称"提刑宋大人"，使用的货币是银子，这当然是置起码的史实于不顾。其实，什么是"提刑"，本书中就有介绍，按宋时的习俗，人们称"宋提刑"即可，根本不需要画蛇添足般地加上"大人"一词；宋慈为南宋晚期人，东南一带的主要货币当然是纸币会子。我想，如果愿意成为一个高明的影视剧创作者，不妨认真读一下本书，或许会有所裨益。

王曾瑜

2005 年 6 月 17 日